浙江青年发展报告
（2020）

ZHEJIANG QINGNIAN FAZHAN BAOGAO
(2020)

蔡宜旦　卫甜甜　主编

浙江工商大学出版社
ZHEJIANG GONGSHANG UNIVERSITY PRESS
·杭州·

图书在版编目（CIP）数据

浙江青年发展报告 . 2020 / 蔡宜旦，卫甜甜主编 . —杭州：
浙江工商大学出版社，2021.6
ISBN 978-7-5178-4535-5

Ⅰ . ①浙… Ⅱ . ①蔡… ②卫… Ⅲ . ①青年—现状—
调查报告—浙江—2020 Ⅳ . ① D432.855

中国版本图书馆 CIP 数据核字（2021）第 109318 号

浙江青年发展报告（2020）
ZHEJIANG QINGNIAN FAZHAN BAOGAO (2020)
蔡宜旦　卫甜甜　主编

出 品 人	鲍观明
责任编辑	姚　媛
封面设计	沈　婷
责任印制	包建辉
出版发行	浙江工商大学出版社
	（杭州市教工路 198 号　邮政编码 310012）
	（E-mail：zjgsupress@163.com）
	（网址：http://www.zjgsupress.com）
	电话：0571-88904980，88831806（传真）
排　　版	杭州市拱墅区冰橘平面设计工作室
印　　刷	杭州高腾印务有限公司
开　　本	787mm×1092mm 1/16
印　　张	26.5
字　　数	483 千
版 印 次	2021 年 6 月第 1 版　2021 年 6 月第 1 次印刷
书　　号	ISBN 978-7-5178-4535-5
定　　价	198.00 元

序 言

青年兴则国家兴，青年强则国家强。当代中国青年是与新时代同向同行、共同前进的一代，生逢盛世，肩负重任。当前，我国已开启全面建设社会主义现代化国家新征程，"十四五"时期青年发展将迎来全新的"大时代"。

推动青年更好发展，习近平总书记高度重视。在习近平总书记的亲自关心、指导、推动下，2017年4月，中共中央、国务院印发了《中长期青年发展规划（2016—2025年）》。对标国家规划，2018年12月，浙江省委、省政府印发了《浙江省中长期青年发展规划（2017—2025年）》，提出了建设"青年发展型省份"的目标，推动浙江对青年发展更友好、更关爱，青年对浙江发展更担当、更有为。在新的顶层设计和制度性安排下，青年发展政策不断推出，青年成长环境不断优化，青年自我发展更加全面。但同时，我们也看到，由于"出生于独生、成长于市场、生活于网络"，青少年群体呈现出许多新特征、新问题，如青年思想观念、价值取向日趋多元，青年群体流动、圈层分化不断加速，青年自主意识、创新意识显著增强，青年个体需求、发展愿望日趋多样，等等。社会问题青年化、青年问题社会化的趋势越发明显，就业创业、教育婚恋、权益维护等青年民生问题逐步显现。

"明者因时而变，知者随事而制。"习近平总书记指出，青年工作必须深入研究当代青年成长的新特点、新规律，紧跟时代步伐、把握青年脉搏，始终走在时代前列、青年前列。为进一步对浙江青年做出更为深入、精准的研究、判断和分析，为青年工作推进提供支持，为党委政府决策提供参考，共青团浙江省委、浙江省青年发展研究中心组织编撰了《浙江青年发展报告（2020）》。全书共分三部分，总报告部分主要对21世纪以来，浙江经济社会发展的宏观背景、浙江青年工作的基本态势、浙江青年的基本变化进行描述。专题调研篇是在共青团浙江省委、浙江省青年发展研究中心2020年针对14—35周岁的青少年及部分学生家长，聚焦思想动态、就业创业、志愿服务、婚恋家庭和住房保障等话题，开展大样本问卷调查、深度访谈的基础上形成的系列成果。课题交流篇面向各大中专院校、职能部门、基层团组织、学术类研究协会等力量，聚焦疫情常态化阶段大学生社会心态、青年创业创新扶持、青年心理健康、青年跨文化交际等主题，征集优秀课题成果，从不同视角对浙江青年的发展现状进行多维呈现。

星满天空亮，人多智慧广。借《浙江青年发展报告（2020）》出版之机，希望更多的团干部和青年工作者能够走近青年、了解青年，激活基层青年研究的组织末梢，夯实青年研究的工作基础。希望更多的专家、学者能够关注浙江青年发展，大力支持浙江青年研究工作，打造更多具有浙江标识性的研究成果，活跃浙江青年研究学术氛围，扩大浙江青年研究学术影响力，为进一步推进新时代浙江省青年研究工作新发展，做出新的更大贡献！

目 录

MULU

总报告

专题调研篇

课题交流篇

总报告

ZONGBAOGAO

2020 年，是进入 21 世纪的第二个十年结束之年。20 年来，伴随经济社会的快速发展和深刻变革，浙江青年群体发生了持续不断的变化演进，青年工作的现实基础也因此发生显著变化。为进一步了解浙江青年的基本特征，精准把握浙江青年的发展规律，提升共青团组织的引领力、组织力、服务力和贡献度，共青团浙江省委于 2001 年、2009 年、2020 年针对不同青年群体，分别组织开展了 3 次全省性调查研究，从不同侧面、不同代际认识青年、感知青年。总报告在梳理 20 年来浙江经济社会变化图景和青年工作变迁脉络的基础上，对比分析了 20 年间，面对不同的发展环境和空间，青年在思想、文化、就业创业、社会参与、生活方式等方面呈现出的数据特征和演变规律。

迈入 21 世纪的浙江青年

迈入 21 世纪以来，在推进新时代中国特色社会主义事业的伟大实践中，浙江在经济、政治、文化、社会、生态等方面创造了发展奇迹，积累了发展经验，是中国发展、中国智慧、中国自信的典型样本。浙江各级政府不断探索体现时代特征、符合青年规律、具有浙江特色的青年工作新路子，为青年提供了更为丰富的发展机遇，推动青年勇立时代潮头，争做时代先锋，青年发展的核心领域呈现鲜明的时代印记，发展水平实现质的跃升。

一、21 世纪浙江经济社会发展的宏观背景

回顾 20 年的生动实践，在"八八战略"指引下，浙江以排头兵的姿态、先行者的担当、"咬定青山不放松"的韧劲、"不破楼兰终不还"的拼劲，干在实处、走在前列、勇立潮头，全省经济、政治、文化、社会和生态文明建设"五位一体"发展的格局逐渐形成，为青少年发展和青少年工作的开展提供了坚实的制度和环境保障。

（一）经济强省迸发新活力

1. 现代产业体系逐步构建

对浙江而言，当改革开放步入第三个十年，"成长的烦恼"便日渐成为阻碍发展的一座大山。改革的民间活力能否持续增强，资源匮乏的瓶颈如何突破，物美价廉的低端制造如何提质升级，市场大省如何向市场强省过渡，等等，成为急需破解的时代命题。2003 年 7 月，在省委十一届四次全会上，时任省委书记习近平代表省委完整地、系统地提出了"八八战略"。此后，浙江坚定不移地沿着"八八战略"指引的路子，坚持一张蓝图绘到底，一届接着一届干，砥砺前行，全力打造经济强省。在实施"八八战略"的过程中，时任省委书记习近平又提出了"腾笼换鸟、凤凰涅槃"理论。2009 年，省委明确提出"扎实推进大平台、大产业、大项目、大企业建设"，以此推动浙江经济转型升级。2013 年，省委做出加快推进"四换三名"的重大决策，即加快腾笼换鸟、机器换人、空间换地、电商换市，大力培育名企、名品、名家。从"腾笼换鸟"到"四大建设"，再到"四换三名"，浙江大大提升了制造能力、产品质量和劳动生产率，逐步构建

了现代产业体系。高新技术装备制造、战略性新兴产业发展速度加快，规模以上工业新产品产值率提升，水泥、有色金属、钢铁等八大类高能耗行业增加值下降，传统产业得到了有效的改造和提升，丝绸、黄酒等历史经典产业重焕青春。与此同时，浙江的产业结构也发生了显著的变化。至2020年，浙江省生产总值为64613亿元。分产业看，第一产业增加值2169亿元，同比增长1.3%；第二产业增加值26413亿元，同比增长3.1%；第三产业增加值36031亿元，同比增长4.1%。三次产业增加值结构为3.3∶40.9∶55.8。

2. 创新始终是经济发展的驱动力

浙江在从经济大省迈向经济强省的过程中，始终坚持创新驱动发展战略。2000年，浙江召开全省技术创新大会，提出要"与浙江提前基本实现现代化的目标相适应，建立以企业为主体，高校和科研院所为依托，科技中介为纽带，产学研相结合、比较完善的技术创新体系"。2009年，浙江成为国家技术创新工程首个试点省，开始全面实施"八个一批"工程，创新型省份建设进入新阶段。2012年6月，浙江提出深入实施科教兴省战略，以创新引领现代化建设。2017年6月，浙江首次提出人才强省工作导向，以超常规力度加快创新型省份建设。同年，浙江被列为全国首批技术创新工程建设试点省、全国首批创新型试点省、国家科技成果转移转化示范区和全国农村信息化建设示范省，创新已成为浙江发展最鲜明的时代特征。至2020年，全省加快推进创新驱动，新产品产值率持续提高，在被列入国家"三新"统计的11种新产品中，新能源汽车、碳纤维及其复合材料、光缆、工业机器人、太阳能电池、集成电路等产量快速增长。数字经济引领发展，高技术产业贡献较大。规模以上工业中，人工智能、高技术、装备、战略性新兴、节能环保等产业增加值同比分别增长16.6%、15.6%、10.8%、10.2%、8.7%，增速均高于规模以上工业。

3. 统筹推进城乡一体化发展

协调发展一直是浙江对社会发展的价值取向和目标追求。2004年，浙江制定和实施了《浙江省统筹城乡发展推进城乡一体化纲要》，是全国第一个颁布并实施的城乡一体化纲要。为加快推进城乡一体化建设进程，省委、省政府一方面提出新型城市化理念，加快构建杭州、宁波、温州都市经济圈和浙中城市群，大力发展中小城市，积极培育中心镇；另一方面，通过发展效益农业、实行农村税费改革、扎实推进"千村示范万村整治""山海协作"等系列工程，加快社会主义新农村建设和支持欠发达地区发展。至2012年，全省统筹城乡发展水平基本处于整体协调阶段。党的十八大后，在新型城市化战略指引下，独具特色的浙江现代城市已成了经济社会发展的"火车头"、深化改革创新的"主阵地"、国际竞争合作的"桥头堡"和统筹城乡发展的"助推器"。在农村，浙江继续推进现代农业，实施粮食生产功能区和现代农业园区建设，促进欠发达地区转型发展，着力提高基本公共服务均等化水平。至 2017 年，浙江是全国唯一一个省内所有地级市的城镇居民人均可支配收入都超过全国平均水平的省份。浙江区域一体化发展的路子越走越宽，越走越远，越走越深入。

（二）政治生态持续优化

1. 始终坚持把深化理论武装作为首要任务

浙江省委始终坚持把思想建设放在党的建设工作的首位，强调党员领导干部要坚定共产主义远大理想和中国特色社会主义共同理想，坚持用马克思主义中国化的最新理论成果武装全党，用最新的理论指导浙江的社会主义现代化建设。党的十六大以后，省委不断加强思想政治建设，通过健全理论学习中心组及干部理论学习制度，增强各级领导干部的理论思维和战略眼光，提高领导水平和执政能力，推动全省广大党员深入开展理论学习。党的十七大以后，在省委带动下，各级党委普遍建立集体学习、脱产培训、学习考核等制度，组织广大党员深入学习中国特色社会主义理论体系，进一步坚定了理想信念，激发了创业创新热情，干部善思好学蔚然成风。党的十八大以来，省委对学习习近平总书记系列重要讲话精神十分重视，坚持带头学习，率先垂范。坚持用好思想建党传家宝，抓牢思想政治工作生命线，始终把加强思想理论武装，作为全面从严治党的首要政治任务，不断夯实全党共同奋斗的思想政治基础。

2. 弘扬红船精神激发新动力

2005 年 6 月，时任浙江省委书记习近平在《光明日报》发表署名文章《弘扬红船精神，走在时代前列》，首次公开提出红船精神的概念，并对红船精神的内涵进行了概括和论述，认为开天辟地、敢为人先的首创精神，坚定理想、百折不挠的奋斗精神，立党为公、忠诚为民的奉献精神是中国革命精神之源，也是红船精神的深刻内涵。10 多年来，省委始终坚持联系浙江实际，在新的实践中继承和弘扬红船精神，把红船精神的内涵特质和价值追求融入中国特色社会主义在浙江的生动实践，并就平安浙江、法治浙江、文化大省、生态省建设和加强党的执政能力建设等方面，做出了部署安排。红船启航于浙江，"红色根脉"是党在浙江百年奋斗最鲜明的底色，浙江始终坚持守住"红色根脉"，充分运用"红色根脉"资源，发挥"红色根脉"优势，淬炼红色信仰，砥砺奋进意志，扛起"五大使命"，赋能"重要窗口"打造和社会主义现代化先行省建设。

（三）文化大发展大繁荣

1.惠民文化工程广泛实施

历届省委一以贯之地推进文化惠民工程，从提出文化强省到向文化浙江迈进，浙江始终把加强公共文化服务体系建设作为文化强省建设和改善民生的主要内容。党的十八大以后，浙江加快构建全覆盖、高水平、可持续的公共文化服务体系，加强面向基层务工人员、低收入人群、残障人群等特殊群体的文化关怀，通过下移服务中心、下沉服务资源、创新服务机制、统筹服务标准，逐步实现了全省城乡区域文化发展一体化新格局，全面提升了标准化、均等化水平，迈入了发展新阶段。如通过大力开展文化走亲活动，充分运用文化舞台车、流动图书馆、流动博物馆、流动美术馆方式送文化下乡，向欠发达地区开展"耕山播海"文化扶贫活动。至 2020 年末，浙江公共文化服务设施网络不断完善，全省县级以上公共图书馆 105 个、文化馆 101 个、文化站 1378 个、博物馆 376 个，世界遗产 4 个，县级文化馆和图书馆覆盖率均达 100%，乡镇文化站和行政村文化活动室覆盖率均达 100%，公共图书馆虚拟网络基本全覆盖。

2.文化产业迅猛发展

改革开放以来，浙江文化产业发展经历了从自发到自觉的过程。浙江市场化、工业化、城市化的迅猛进程，以及现代大众传媒的迅速成长，市场经济先发优势的形成，都为文化产业的运营和发展提供了得天独厚的条件。2001 年 4 月，省政府印发《关于建设文化大省若干文化经济政策的意见》，进一步把以体制改革推动文化产业发展的思路具体化。2002 年 5 月，为了适应浙江经济社会新一轮发展趋势，加快文化产业发展，推进文化大省建设，省委、省政府召开全省文化工作会议，提出发展"文化经济"的新命题。党的十八大以后，在把发展文化产业上升为国家战略的新背景下，省委、省政府围绕建立两个现代化支柱性产业的目标要求，把文化体制改革纳入全面深化改革的总体布局，推动文化产业不断向规模化、集约化、专业化方向发展。新兴文化产业快速壮大，文化软实力加速成为产业硬实力，成为浙江国民经济发展的重要组成部分和新的增长极。当前，浙江文化体制改革释放出巨大活力，文化产业发展势头强劲，逐步形成了出版发行、广播电视、文化旅游、演艺娱乐等优势文化服务产业，文化产业呈现出繁荣发展的生动局面。

3.在国际文化交流中大放异彩

改革开放以来，作为全国实施文化体制改革的试点省份，浙江在经营性文化单位转企改制、引进民营资本进入文化产业、建设文化资源公共服务体系、利用新技术发展新兴文化业态等方面走在全国前列的同时，坚决贯彻中央提出的文化"走出去"战略，充分利用浙江历史文化资源丰富、对外商贸活动活跃、浙商人士遍布海外的优势，积极开展对外文化交流与合作，大力推动文化"走出去"。2005年开始举办的浙江文化节，是浙江对外文化交流的品牌活动，旨在以文化艺术为载体，开展与国际社会的沟通和对话，向国际社会介绍浙江经济、社会、文化的建设和发展成果。2013年以来，浙江紧紧抓住"一带一路"倡议这一战略机遇，立足区域文化优势，助力打造丝路之绸、丝路之茶、丝路之瓷三大交流品牌。注重在海外发展文化产业，初步培育了华策影视、美盛文化、画之都等一批文化跨境电商企业，浙江文化产业在海外掀起热潮。随着G20杭州峰会的成功举办，浙江紧紧抓住文化传播契机，成功向海外输出版权，利用义乌文交会、中国（杭州）国际动漫节等国际文化会展平台，大力促进对外文化交流与商贸发展。

（四）社会发展成效不断凸显

1. 社会治理机制不断完善

平安和稳定是人民群众的期盼，也是和谐社会的基础。2004年，浙江做出建设平安浙江，促进社会和谐稳定的决策部署，将社会建设推向新的阶段。党的十八大以来，省委、省政府继续以建设平安之家为载体，开展基层社会治理机制创新试点，创新发展"枫桥经验"，完善矛盾调处化解机制，切实保障人民群众安全，有效巩固了社会大局持续稳定，为全省经济社会发展提供了强有力的保障。2007年底，舟山市普陀区在桃花镇开展"网格化管理，组团式服务"试点工作，掀起推进社会管理机制创新的热潮，也使浙江在基层治理方面走在全国前列。在浙江，优化基层政府公共服务，努力提升政府效能，成为政府治理创新的方向。近年来，在"八八战略"指引下，浙江大力推进"最多跑一次"改革，加快政府数字化转型，在全国率先推出"亩均论英雄"、"标准地"、特色小镇、矛盾纠纷调处化解"最多跑一地"、移动微法院等一批改革创新举措，有力推动了体制机制优化、治理效能提升，得到了企业、群众的普遍赞誉和社会各界的广泛认可。

2. 社会保障制度体系不断健全

进入21世纪以来，浙江持续不断地探索建立健全社会保障体系，使其真正成为社会的"减震器""安全网"。养老保险制度是社会保障制度的龙头。2010年，浙江在全国率先建立了城乡统一的居民养老保险制度，把城镇非从业居民和农村居民一起纳入社会养老保险范围，实现了基本养老保险从制度全覆盖到人员全覆盖。医疗保险制度改革是社会保障体系建设的重头戏。2000年6月，全省各市的医保改革方案相继制定完成并付诸实践。经过多轮改革，到2003年，浙江已初步建立起以基本医疗保险为基础的多层次医疗保障体系。2006年8月出台的《浙江省人民政府关于推进城镇居民医疗保障制度建设试点工作的意见》，是全国第一个以省级人民政府名义发出的关于建立城镇居民医保的文件。2008年，全省医疗保险实现了制度全覆盖。党的十八大以来，浙江通过加快养老服务体系建设，全面建立大病保险制度，完善社会救助体系等措施，继续健全社会保障体系。当前，浙江已经进入全民医保时代，并建立起以基本医保制度为主体，大病保险为延伸，医疗救助为托底，社会慈善和商业保险为补充的多层次医疗保障体系。2020年，浙江城乡居民基本养老保险代缴政策对象扩展到全体持证残疾人、低保边缘户，低收入农户医疗补充政策性保险实现全覆盖，符合社会救助条件的农村困难群众全部纳入社会救助范围。

3. 教育医疗保障措施逐步提升

教育和医疗对人民群众来说是息息相关的民生大事。进入21世纪以来，浙江进一步推进教育和医疗卫生事业改革，取得了一系列新的进步和成绩。2000年，浙江提出建设"教育强省"的战略目标。2011年底，教育普及程度大幅度提高，全省实现了普及9年义务教育，向普及学前3年到高中段15年教育的跨越。2012年秋季，浙江在全省普通高中学校全面实施调整必修课程、建设选修课程等10个方面的配套性政策措施，标志着浙江在从制度上变更教育模式上迈出了重大且具有历史意义的一步。近年来，浙江高标准普及15年教育，大力推进高中段教育普职融合，持续推进高校三位一体综合评价招生改革试点工作等举措也取得了新的成效。截至2017年底，浙江教育发展水平总体上已经达到了中高收入国家平均水平，进入了教育现代化的历史新阶段。2020年，全省小学学龄儿童入学率为99.99%，初中入学率为99.99%，高等教育毛入学率为62.4%。

早在2011年底，浙江就启动了县级公立医院改革试点。到2012年底，全省所有县级公立医院全部启动了以取消药品加成、实施药品零差率、破除"以药养医"机制为核心的县级公立医院改革试点工作。2014年4月，全省省级公立医院及杭州市公立医院的综合医改全面启动。至此，浙江公立医院全面告别长久以来"以药养医"的局面，又一次走在全国前列。2016年6月，浙江全面启动深化实施医改综合试点，作为国家指定的第二批综合医改试点省，浙江推动医改向纵深发展的步伐进一步提速。浙江将以试点为契机，努力给出一个对全国有示范意义的答案。

4. 城乡居民收入稳步增加

浙江的改革从农村率先起步，推行家庭联产承包责任制、积极扶持乡镇企业发展、恢复和发展商品经济，开放建设商品市场，使农村获得了快速发展。2001年，全省城镇居民人均可支配收入达到10464.67元，位居全国各省（区、市）第一位，并在此后也一直牢牢占据着全国各省（区、市）第一的位置。党的十八大以来，省委、省政府持之以恒地把保障民生放在首位，努力促进农民增收，加大社会保障力度，实现了城乡居民收入持续较快增长和城乡收入差距的进一步缩小，在高水平全面建成小康社会的道路上又迈出了一大步。2012年以来，浙江居民收入稳步增长，民生不断改善，继续走在全国前列。除了收入的增长，城乡居民收入比的逐步缩小更为可贵。2013年浙江城乡居民收入比约为2.1 : 1，2017年则缩小至2.054 : 1。至2020年，全省居民人均可支配收入为52397元。按常住地分，城镇和农村居民人均可支配收入分别为62699和31930元，农村居民人均可支配收入首次跨上30000元台阶，城乡居民收入水平分别连续第20年和第36年居全国各省（区、市）第一。城乡居民收入比为1.96 : 1，是自1993年以来首次降至2以内。脱贫攻坚取得显著成效，低收入农户全年人均可支配收入比2019年增长14.0%，人均可支配收入8000元以下农户全面消除。浙江正努力向着实现城乡居民的"共创共享、共同富裕"的目标前进。

（五）生态文明建设奋力前行

1. 科学理念统领生态建设

2002年6月，中共浙江省第十一次代表大会正式提出建设"绿色浙江"的战略目标。2002年12月，时任省委书记习近平在省委十一届二次全会上明确提出要"积极实施可持续发展战略，以建设'绿色浙江'为目标，以建设生态省为主要载体，努力保持人口、资源、环境与经济社会的协调发展"。浙江的生态建设进入打造生态省，努力建设"绿色浙江"的新阶段，"绿水青山就是金山银山"重要理念逐渐在浙江大地酝酿诞生。从绿色浙江到生态省建设，再到生态浙江建设，最后到"建设美丽浙江，创造美好生活"浙江建设，浙江生态文明建设总共经历了3次战略深化。2015年3月，中共中央政治局会议通过了《中共中央 国务院关于加快推进生态文明建设的意见》，正式把牢固树立"绿水青山就是金山银山"的理念写进中央文件，作为这一重要理念萌发地的浙江，将继续照着"绿水青山就是金山银山"的路子走下去，干在实处、走在前列。2020年，全省累计建成国家生态文明建设示范市1个，国家生态文明建设示范县（市、区）

24 个，国家"绿水青山就是金山银山"实践创新基地 8 个，省级生态文明建设示范市 7 个，省级生态文明建设示范县（市、区）61 个。

2. 制度保障护航有序发展

自开展生态省建设以来，浙江就一直注重创新体制机制，切实强化生态文明建设的制度保障。2005 年，浙江在全国率先出台了完善生态补偿机制的若干意见。2008 年，浙江对全省八大水系源头地区 45 个县（市、区）实施生态环保财力转移支付政策，也是全国第一个实施全流域生态补偿的省份。生态制度的全面创新有力推进和保障了生态文明建设。党的十八大以来，浙江已经形成了包括生态文明建设组织领导、工作协调、考核激励、要素配置、社会参与等方面的制度性安排，有力保证了生态文明建设一张蓝图绘到底，努力实现永续发展。美丽浙江建设制度体系是浙江在建设生态文明过程中逐渐构建起来的。如今，完善的制度体系又成了维护生态文明建设成果、实现生态文明建设长效化最有力的保证。

3. 生态经济推动转型升级

进入 21 世纪以后，生态文明建设受到重视，传统的高能耗、高污染的发展模式难以为继，浙江开始探索新的出路，大力发展生态经济。党的十五大以后，经过调整产业结构和产品结构，以及对传统行业和企业加强技术改造，工业污染得到有效控制，尤其是棉纺、丝绸、水泥三大传统行业，经过整体结构调整，污染物排放量明显减少。2007 年，经国务院同意，浙江被列为第二批全国循环经济试点省。党的十八大以来，浙江继续大力发展生态经济，推动转型升级，加快循环经济发展，初步展现了节约环保的生态经济的魅力，为全国经济转型升级提供了示范。至 2014 年，全省循环经济发展已经取得显著成效，国家循环经济试点省建设全面完成，顺利通过国家验收。同时，生态循环农业是党的十八大以来，浙江发展循环经济的最大亮点。通过积极推进农业水环境治理、全国现代生态循环农业试点省建设、现代生态循环农业建设，全省上下发展现代生态循环农业理念不断提升，力度不断加大，氛围不断浓郁，成效逐渐显著。2017 年 9 月，成果被农业部评估为"优秀"。无论城市还是乡村，工业还是农业，都向着更绿色、更高效、更生态的方向前进。

二、21 世纪浙江省青年工作的基本态势

青年富有朝气、充满活力，勇立时代潮头，引领风气之先，是推动社会发展进步的

一股最为活跃、最有生气、最具创造性的力量。因而，重视青年工作就是重视未来、制胜未来，是战略之举、根本之策。一个有远见的政党必然是高度重视青年和青年工作的。中国共产党成立百年以来，始终将青年工作作为党和国家发展的重中之重，不断在历史的进程中回答"为什么培养青年、培养什么样的青年、怎么样培养青年"的深刻时代主题。

进入 21 世纪以来，在"八八战略"指引下，浙江以"三个地"的气魄和担当，坚持一张蓝图绘到底，一任接着一任干，生动展现了中国道路的实践样本。站在时代和战略的高度，浙江省委、省政府也高度关注、重视青年发展，不断加强和改进党对青年工作的领导，积极探索体现时代特征、符合青年发展规律、具有浙江特色的青年工作新路子，不仅为青年提供了更为丰富的发展机遇，而且开创了新时代青年工作的新局面。

（一）对标党中央决策部署，践行青年优先发展战略

党和国家领导人继承和发展马克思主义青年观的基本原则，多次论述青年和青年工作，坚信青年是祖国的未来、民族的希望，也是我们党的未来和希望；普遍重视加强和改善党对青年工作的领导。这些关于青年工作的论述都集中体现了执政党政策选择的明确指向，即青年工作不可或缺，各级党委要高度重视、关怀和信任青年，为青年在现代化建设中施展才华、实现人生理想创造条件、提供舞台。浙江历任党政领导继承党的优良传统，高度重视青年和青年工作，在浙江工作期间，在不同场合、从多个方面、多次强调做好青年工作的重大意义。如 2001 年 10 月，时任省委书记张德江在团省委调研时复述了江泽民总书记在纪念中国共产党成立八十周年大会上的部分讲话内容："全国各族青年，代表着我们祖国和民族的未来，代表着我们事业兴旺发达的希望……"；2006年 11 月，时任浙江省委书记习近平在共青团浙江省第十二次代表大会上指出："历史的机遇需要青年去把握，时代的挑战需要青年去应对，宏伟的目标需要青年去实现。希望全省广大团员青年认清使命，不负重托，切实做到'励志、修身、勤学、有为'。"

随着 21 世纪信息技术的发展，青年日益成为技术革新、产业变革的主要推动力量，同时，互联网使青年拥有了前所未有的话语权，在一定程度上强化了青年问题与社会问题的"同构性"。2017 年，《中长期青年发展规划（2016—2025 年）》首次提出党管青年原则和青年优先发展理念。"党和国家事业要发展，青年首先要发展"——这是顶层设计者对于中国未来战略性的思考。对标党中央战略部署，《浙江省中长期青年发展规划（2017—2025 年）》作为浙江省历史上首个中长期青年发展规划，也旗帜鲜明地提出了党

管青年原则和青年优先发展理念，并在全国第一个提出创建"青年发展型省份"的引领目标："推动浙江对青年发展更友好、更关爱，推动青年对浙江发展更担当、更有为。"而"青年优先发展"就是指将青年发展摆到全省工作全局中更加重要的战略位置，充分照顾青年的利益关切和长远发展需求，注重优先解决制约青年发展的突出矛盾和问题，促使青年从"青年发展型省份"建设中实现更多的获得感。

综上，青年发展理念经历了从青年发展与经济社会发展同步，到青年发展优先经济社会发展的重大转变。这一重大转变，体现着青年在发展中的分量，蕴含着青年的时代价值。为确保实现青年优先发展，青年权利得到不断扩充和有效落实，青年代表在政治结构中的政治参与受到较严格的制度保障。

（二）建立健全青年工作领导体系，"大青年"工作格局逐步形成

2000 年，在省未成年人保护委员会、省综治委预防青少年违法犯罪工作领导小组等领导机构的基础上，浙江省新建由省委、省政府领导担任组长，14 个部门参加的省青少年思想教育工作协调小组。2001 年，根据时任省委书记张德江的指示要求，为扩大协调幅度和协调力度，青少年思想教育工作协调小组提升为省青少年工作领导小组，协调小组办公室设在团省委。领导小组每年召开一次会议，围绕事关青少年发展的一系列重点难点问题进行专题研究。如 2000 年 8 月，为贯彻落实中央思想政治工作会议和江泽民总书记关于"原有少儿活动场所严禁移作他用，同时各级政府还要尽可能设法多建设一些健康的青少年活动场所和设施"等批示的精神，浙江省青少年思想教育工作协调小组第一次会议将积极支持青少年宫（包括少年宫、青少年宫、青少年活动中心）的规划建设列为重要议题。会后，团省委、省计委、省教育厅、省人事厅、省财政厅、省文化厅、省国税局、省地税局等联合出台了《关于加强浙江省青少年宫建设和管理工作的若干规定》（团浙联〔2000〕29 号）。在省青少年工作领导小组各成员单位的紧密配合和共同努力下，浙江省青少年思想道德教育和青少年校外活动场所建设等工作取得了长足的进步，实现了全省 100% 市、县（市、区）建有（含在建）青少年活动中心的目标。浙江的工作经验得到教育部和团中央充分肯定，中央电视台《焦点访谈》栏目对此做了专题报道。2007 年，省志愿服务工作委员会成立并与省青少年工作领导小组合署办公，有力推进了全省志愿服务工作的深入开展。

2019 年，根据《浙江省中长期青年发展规划（2017—2025 年）》提出的"在省委统一领导下，遵照党委领导、政府主责、共青团协调、各方齐抓共管青年事务的机制安

排，推动建立省、市、县三级青年工作部门议事协调机制，形成覆盖全省的青年工作组织网络和工作格局，负责推动本规划在本地区的落实，协调解决规划落实中的问题"，5月，由省委分管领导、省政府联系领导担任双召集人的浙江省青年工作联席会议制度正式建立，19 家省直厅局成为联席会议的成员单位，联席会议办公室设在团省委。2020 年9 月，浙江省全部市县完成了联席会议机制建立、召开会议两项任务，初步形成了全面覆盖、上下联动的工作格局。

综上，单一的青年群众工作模式已经逐渐被"大青年"工作格局取代，形成了党委领导、政府主责、共青团协调、各方齐抓共管青年事务的机制安排，成为 21 世纪浙江青年工作实践的新时代特征。

（三）青年政策体系不断丰富，制度保障体系日益完善

一是从保护青少年权益出发，较早推动青少年专项立法出台。作为权益保护最有力、最基本的手段，早在 1990 年，浙江省在国家尚未建立相关法规的情况下就制定出台了《浙江省未成年人保护条例》。30 年间，《浙江省未成年人保护条例》经历了 3 次修改（1997 年、2010 年、2016 年），针对反映强烈的校园安全和学生欺凌、监护人监护不力甚至监护侵害、未成年人沉迷网络等问题都做出了针对性的规定。2019 年，浙江省又在全国率先出台《浙江省家庭教育促进条例》，以地方立法推动政府履行家庭教育指导服务主导责任，明文规定强制性亲子教育内容。

二是聚焦青年发展的关键领域和突出问题，专项政策密集出台。如聚焦校园安全问题，进入 21 世纪，特别是 2004 年以来，浙江省密集出台了《浙江省中小学校学生人身安全事故预防与处理办法》（2004）、《浙江省中小学幼儿园校园治安管理办法》（2007）、《浙江省中小学生交通安全保障工程实施办法》（2012）、《浙江省中小学幼儿园安全防范工作实施细则》（2016）、《关于加强中小学校园欺凌综合治理工作的通知》（2017）、《浙江省学校消防安全管理办法（试行）》（2020）等制度，狠抓校园及周边安全，建立"人防、物防、技防"三位一体保障机制，校园伤害事件明显减少。又如，浙江省各级党委政府始终把创业创新工作作为一项战略性任务来抓，加强制度供给，基本形成部门多元、层次多元、内容多元的青年人才创业扶持政策体系。从政策层级看，基本形成服务青年人才创业的省、市、县三级联动，区域政策和部门政策联动，普适性政策和专项性政策联动的政策体系。如在引领大学生创业时，省级层面先后下发《关于进一步促进普通高等学校毕业生就业创业的意见》《浙江省大学生创业引领计划实施方案（2014—

2017年)》等。市、县也陆续出台相关配套文件，如《台州市大学生就业创业指导站认定管理办法》、宁波市《进一步促进高校毕业生就业创业扶持政策实施细则》等。从政策内容看，浙江省致力于营造创业环境、提供创业资源要素和减少创业风险相结合，基本形成包含综合指导型政策、要素扶持型政策、配套保障型政策在内的政策体系。如在引领浙商创业创新时，有综合指导型的《浙江省支持浙商创业创新促进浙江发展三年规划（2013—2015年）》，要素扶持型的《浙江省人民政府办公厅关于实施"两进两回"行动的意见》、杭州市关于《建立支持浙商创业创新重大项目并联服务机制的意见》，配套保障型的"四张清单一张网"、《杭州市区高层次人才住房保障实施意见》等。在政策引领下，浙江省青年创业创新的活力被极大激发，青年大众创业创新氛围呈现良好态势。

三是以《浙江省中长期青年发展规划（2017—2025年）》为引领，推动青年发展迈上新台阶。2012年3月，省发改委、团省委联合签发了《浙江省青少年事业发展"十二五"规划》（专项规划），意味着青年发展政策从局部型、分散型、专项型政策开始上升为全局性、综合性、系统性的省级政策。2017年4月，50多个部委参与，历经中央书记处办公会议、国务院常务会议、中央政治局常委会会议审议的《中长期青年发展规划（2016—2025年）》由中共中央、国务院印发，青年发展政策正式成为国家战略。对标国家规划，2018年12月，省委、省政府联合签发《浙江省中长期青年发展规划（2017—2025年）》（简称《规划》）。首先，《规划》基于"党和国家事业要发展，青年首先要发展"的战略判断，构建了涵盖10个发展领域、8个重点项目的青年发展政策体系，从身体健康到心理健康，从教育青年到服务青年，从强调树立正确婚恋观到关注青年社会融入与社会参与，等等，充分回应当代青年的普遍关切，助推青年的全面发展；其次，《规划》不再是针对"事"的规划，充分体现出"以人为本"的政策取向，青年政策开始将青年作为一个独立的个体，关注他们的根本利益，注重其合法权益的保护，标志着浙江特色的青年发展政策体系和制度建设迈上新台阶。

综上，21世纪以来，在省委、省政府的支持下，浙江省青年发展政策实现了质量和数量上的突破。以《规划》出台为标志，整体性、协同性、衔接性和连贯性的浙江省青年政策体系及其实施机制得以构建。历史也雄辩地证明，不断完善的青年发展政策，是浙江省青年和青年工作实现一次次发展和飞跃的强大推手。

（四）坚持"党建带团建"原则，引领浙江共青团工作始终走在前列

共青团作为党联系青年的桥梁与纽带，是党的青年工作的主体。坚持"党建带团建"

原则既是党的优良传统，也是党加强对共青团和青年工作的领导，推动共青团和青年工作可持续发展的有效载体。2004 年，省委召开全省工青妇工作会议，研究部署新形势下如何加强和改善党对工青妇工作的领导，同年，出台了《中共浙江省委关于加强和改善党对新世纪新阶段工会、共青团、妇联工作领导的意见》（浙委〔2004〕10 号），为共青团工作的开展提供了有力的政策支持。2008 年 12 月，为认真贯彻落实党的十七大和省第十二次党代会精神，在构建城乡统筹的基层党建新格局中更好地带领和带动团的基层组织建设，浙江省委组织部、共青团浙江省委联合出台了《关于加强新形势下全省基层"党建带团建"工作的意见》（浙组〔2008〕61 号），要求各级党组织将基层团组织建设纳入基层党组织建设的整体格局，带动团组织逐步建立健全与浙江省经济、政治、文化、社会建设相适应，与基层党的建设相配套，与青年群体结构和流向分布相一致的区域覆盖的基层组织体系、尊重主体的民主运行机制、开放互联的基层工作格局、坚强有力的工作队伍保障、科学合理的评价考核体系。2012 年 5 月，为深入贯彻落实中组部、团中央《关于加强新形势下基层党建带团建工作的意见》（组通字〔2010〕76 号）和省委《关于进一步加强新形势下工会、共青团、妇联工作的意见》（浙委〔2011〕92 号）精神，中共浙江省委组织部、共青团浙江省委再次联合下发《关于加强新形势下全省基层党建带团建工作的意见》（浙组〔2012〕24 号），要求"以带思想建设为根本，以带组织建设为基础，以带团干部队伍建设为关键，以带作风建设为保障，以带创先争优活动为载体，切实加强工作机制建设，推动建立广泛覆盖、富有活力的团的基层组织，造就一支忠诚党的事业、热爱团的岗位、竭诚服务青年的团干部队伍"，并明确规定"党组织要将党建带团建工作纳入党建工作目标考核体系并占一定分值，做到团建不合格，党建不评优"，"各级共青团必需的业务经费和重大活动所需经费要列入财政预算，乡镇（街道）团组织年度工作经费列入财政预算不少于 2 万元"。

"新形势下，党的群团工作只能加强、不能削弱，只能改进提高，不能停滞不前。"2015 年 7 月，中央党的群团工作会议在北京召开，这在党的历史上还是第一次。习近平总书记出席会议并发出了包括共青团在内的群团改革动员令。2015 年 9 月，省委党的群团工作会议召开，要求将学习领会习近平总书记重要讲话精神作为重要政治任务，进一步发挥群团组织做群众工作的重要作用，巩固政权的重要作用，助推改革发展的重要作用。2019 年 2 月，为认真落实新时代党的建设总要求，进一步加强党对群团工作的领导，中共浙江省委办公厅下发《关于高质量推进新时代党建带群建工作的意见》（浙委办发〔2019〕17 号），要求以增"三性"、去"四化"为根本指向，以突出政治属性、强化政治功能为鲜明要求，以实现高质量群建为工作主线，大力推动党建带群建的思路、理念、方法、载体和机制创新，努力把党建优势转化为群团事业的发展优势，并明确提出"进一步畅通团组织与党政职能部门沟通协商渠道，建立工作联动机制""各级党组织要为群团组织开展工作创造有利条件，提供必要的财力物力保障，着力解决好缺资源缺手段缺力量等问题"。2020年，第二次省委党的群团工作会议在杭州召开，会议要求深入挖掘浙江"三个地"的政治资源，积极探索体现时代特征、符合群团规律、具有浙江特色的群团工作新路子，具体体现为党建引领立格局、守正创新立品牌、改革攻坚立根基、干在一线立新功、锻炼队伍立形象。

综上，21世纪以来，站在为党做好青年工作、巩固党的青年群众基础的高度，浙江省各级党组织在抓好自身建设的同时，切实加强和改进对团组织的领导，浙江省共青团工作的外部环境不断优化。各级团组织在"党建带团建"的引领下，对标"忠诚、敏锐、活泼、实干"的重要要求，以保持和增强政治性、先进性、群众性为根本方向，勇于自我革命，锐意进取、真抓实干，努力使团的目标定位、组织设置、工作内容、运行机制与浙江省经济社会发展的现状和趋势相适应、与团员青年的特点和需求相适应，形成了一些具有浙江特色并在全团产生一定影响的工作优势和品牌，团的组织力、引领力、服务力和大局贡献度不断提升，一个更加充满活力、更加坚强有力的共青团正日渐清晰。

三、浙江青年发展变化20年（2001—2020年）

21世纪以来，随着浙江经济社会的发展以及青年工作的蓬勃开展，浙江青年思想状态、生活和工作的方方面面都发生了巨大的变化。本节将结合2001年、2009年和2020年的调查数据，2019年浙江大学生政治素养调查数据，以及各类权威的新闻报道、数据报告等，聚焦于浙江青年思想道德、就业创业、社会参与、生活方式和文化样态5个领域，对20年来这些领域的变化趋势和发展特点进行归纳总结和梳理。在行文结构上，每个领域由"关联事件""发展特征和趋势"两部分组成。"关联事件"主要是以线性时间为框架，梳理20年间与青年特定领域发展密切相关的重要事件；"发展特征和趋势"则是从线性时间比较的视角梳理变化。

（一）青年思想道德

1. 20 年来浙江青年思想道德关联事件

2001 年，全省先后有 60 余万青少年走上街头，深入社区、机关、学校、企业开展以"反对邪教，破除迷信，崇尚科学，传播文明"为主题的宣传教育活动，揭批"法轮功"的邪教活动。4 月 1 日，解放军海军防空兵某团飞行中队长王伟（湖州籍）为维护国家主权和民族尊严，驾机监视美机时献身，全省团员青年开展向"海空卫士"王伟学习活动。

2002 年，浙江、河北、山东联手大力推进大学生素质拓展计划。浙江大学、浙江工业大学、浙江万里学院等院校被设为浙江省"大学生素质拓展计划"首批试点单位。大学生的责任意识、价值取向、职业规划、心理素质、品质意志等方面得到了全方位的塑造和培养。

2003 年，邬丽娜等 5 名团员被团中央授予"全国防治非典型性肺炎工作优秀共青团员"荣誉称号，沈民玉、王蕾被授予"全国防治非典型性肺炎工作优秀团干部"荣誉称号。

2004 年，为深入贯彻《公民道德建设实施纲要》以及中发〔2004〕8 号、16 号文件精神，团省委在全省广泛开展了社会主义荣辱观学习教育，部署开展了"五爱四有""永远跟党走""民族精神代代传""知荣辱、共奋进"等系列主题教育活动，唱响了爱党、爱国、爱社会主义的时代主旋律。

2005 年，因勇斗歹徒而光荣牺牲的嘉兴籍好青年张康杰被省公安厅追授"浙江省见义勇为勇士"荣誉称号，被共青团浙江省委追授"浙江青年五四奖章"，成为浙江青年学习的楷模。

2006 年，彭宇案发生，引发社会争议和讨论。此后，"扶不扶"倒地老人屡次成为公众话题，冲击了原有的道德伦理体系，对青年的伦理价值观造成比较大的影响。

2007 年，"共创和谐，从我做起"——纪念建团 85 周年、五四运动 88 周年活动在杭州高级中学①举行。近 2000 名基层一线团员青年现场参与活动，186597 人次团员青年通过互联网观看并参与活动。

2008 年，北京奥运会成功举办，中国运动健儿的表现激发了一代青年的爱国热情。

2009 年，为喜迎中华人民共和国成立 60 周年，纪念少先队建队 60 周年，团省委、省教育厅、省少工委、下城区委区政府、浙江电视台少儿频道等共同主办了"歌唱祖国歌唱党，快乐童年大家唱"活动，全省近 300 万少先队员参加。

2010 年，马诺在《非诚勿扰》中发出"宁愿坐在宝马里哭，也不愿坐在自行车上笑"的择偶宣言，青年纷纷在搜狗问问和百度贴吧等平台上发帖讨论，引发对择偶观、金钱观和幸福观的讨论。

2011 年，"2011 年度青春领袖"评选活动颁奖晚会在杭州举行。广大青年受到"青春领袖"正能量的感召，更自觉地践行和弘扬社会主义核心价值观。

2012 年，浙江省各地掀起讨论践行"我们的价值观"的热潮。据不完全统计，截至 2012 年 7 月，全省各地共举办各类座谈会、报告会和研讨会 8000 余场，超过 1000 万人参与价值观的大讨论。省第十三次党代会报告中正式提出"务实、守信、崇学、向善"，成为当代浙江人的共同精神支柱和价值观体系。

2014 年，"最美青春——浙江省第一届感动校园人物"活动启动，全省共有 160 万人次参与了评选，最终评选出 10 名"感动校园人物"，发掘、宣传了一批大学生学习实践社会主义核心价值观的"最美青春"典型。第一届浙江省"最美教师"活动举办，"爱心、责任、奉献"的共同价值观在全省得到了弘扬和宣传。

2016 年，演员林更新评论歌手周子瑜针对涉嫌"台独"一事的道歉视频，引发以"90 后"为主体的青年发起"帝吧出征""两岸表情包大战"等网络爱国主义行为。《人民日报》和共青团中央官方微博等纷纷发文、发博支持。

2017 年，"佛系青年"火遍网络，"怎么都行""随便""没关系"等人生态度影响越来越多的年轻人。

2018 年，浙江省新世纪人才学院成立 20 周年总结活动举行。截至 2018 年，省级新

---

① 杭州高级中学的前身是创办于 1899 年的"养正书塾"和创办于 1906 年的"浙江官立两级师范学堂"。1923 年，两校合并成为"浙江省立第一中学校"；1928 年，改称"浙江省立第一中学"；1929 年，成立"浙江省立高级中学"；1933 年，改名为"浙江省立杭州高级中学"；后经过多次合并和更名，于 1988 年，复名为"浙江省杭州高级中学"。其前身之一的"浙江官立两级师范学堂"曾于 1913 年改设为"浙江省立第一师范学校"。五四运动前后，"浙江省立第一师范学校"是浙江宣传新文化、新思想的中心和摇篮，其旧址现位于杭州高级中学内。

世纪人才学院已累计培养学员 1970 名。

2019 年，纪念五四运动 100 周年大会在人民大会堂举行。浙江各级各领域青年收听、收看直播，认真学习贯彻习近平总书记在大会上的重要讲话精神。

2020 年，新型冠状病毒肺炎疫情暴发，浙江青年积极担当、勇于作为。浙江省杭州市中医院重症监护室副护士长朱佳清和浙江大学医学院附属第一医院新型冠状病毒肺炎救治青年突击队分别荣获第 24 届"中国青年五四奖章"和"中国青年五四奖章集体"。在中外抗疫对比中，浙江青年对党委政府以及社会主义制度优越性的认同度得到进一步提高。

2.20 年来浙江青年思想道德变化趋势与特点

社会转型必然会引起思想道德价值观念的变化，改革开放带来的以经济变革为核心和基础的社会转型有力地促进了浙江青年思想道德观的嬗变，主要表现出以下几个方面的趋势。

（1）爱国情怀始终饱满，呈现出归属感认同和赞同性认同并存的态势。调查数据显示：爱国主义始终是高扬在浙江青年心中的一面大旗。2001 年，有 91.6% 的浙江青年对"在全球化的形势下，更应该讲爱国主义"这一观点表示"比较同意"与"非常同意"。78.9% 的浙江青年表示"在国家需要的时候甘愿做出自我牺牲"。84.6% 的浙江青年认同"作为一个中国人，我感到非常自豪"这一观点。2019 年对浙江省大学生政治素养的调查结果显示，93.7% 的在浙大学生将"爱国"视为"中国公民最重要的品质"之一，居所有选项第一。但影响国家认同感建构的因素比较多，既有传统的家国情怀、血缘和地缘等原生性、情感性文化因素带来的归属感认同，也有"他者"冲击下对"我族"观念的强化，还有基于国家发展而产生的赞同性认同。2000 年以来，我国经济、政治、文化、社会和生态各方面改革和发展进一步取得巨大成就，在国际上我国也正走向世界舞台中心，国际话语权得到了很大提升。面对良好的发展态势，青年对祖国的未来和民族复兴充满了信心，对祖国的文化也充满了自信。正是在这一背景下，青年人对国家繁荣与民族富强产生了朴素的自豪感，而这种朴素的自豪感是爱国主义情感的基础，也激发了青年对国家的赞同性认同。如在 2008 年，北京奥运会的成功举办充分展示了中国改革开放 30 年的成就，我国的国际形象和国家地位也得到了提升，极大地鼓舞和振奋了全国人民。2020 年，新型冠状病毒肺炎疫情暴发，中国政府将人民生命安全放在第一位，迅速控制疫情，有序复工复产。浙江青年爱国主义情感高涨，并在国际比较中感受到中国特色社会主义制度的优越性，增强了对党和政府的认同度。基于国家发展所产生的赞同性认同对青年的认知和行为都有比较大的影响：一是在认知方面，这种对国家发展的赞同性认同会进一步激发青年对中国共产党、中国特色社会主义制度、马克思主义理论的认同。数据显示，2001 年，分别有 79.7% 和 74.6% 的浙江青年认同"社会主义道路是中国发展的必然选择"和"只有共产党的领导才能实现现代化"；有 20% 左右的浙江青年对这两个问题的认识是模糊的，甚至是持反对意见的。2020 年，在针对浙江省青年疫情防控期间思想动态的访谈调研中，"只有中国可以""党中央国务院的应对措施让人感到有安全感""关键时刻更见中国制度优势""全国动员、全员参与、全国一盘棋，让我们对打赢疫情防控阻击战充满信心""疫情防控展现出的强大制度优势，对外交有积极影响"等评价话语高频出现，青年对于中国共产党、中国特色社会主义制度、马克思主义理论的认同程度明显增加。二是在行动方面，这种对国家发展的赞同性认同会让青年自发性地参与甚至是发起一些维护国家利益的行动，青年中的"小粉红"①"自干五"②人数越来越多。例如青年群体在线上线下发起的"围堵肯德基""帝吧出征 Facebook"等一系列行动，都体现出青年对国家高度的赞同性认同。

（2）生活态度始终积极向上，呈现出"想活得好"和"活出自我"并存的态势。2001 年、2009 年和 2020 年的 3 次调查数据显示，发奋图强是浙江青年生活态度的主基调。在对"应当怎样度过自己的一生"这一问题的调查中，2001 年的数据显示，有 89% 的青年选择"努力工作多赚钱"，84.7% 的青年认同"为国家和社会多做贡献"。在 2009 年的调查中，"努力拼搏，奋发向上"仍是机关事业单位青年、大学生、浙商青年等各类人群的首选。2020 年，有 86.47% 的青年对"努力拼搏，奋发向上"观点表示赞同，高于其他选项。这些数据表明，绝大多数浙江青年都愿意通过个人努力和拼搏脚踏实地地实现美好生活。20 年来，一代代浙江青年秉持务实、向上的态度，敢闯敢拼，书写了一个又一个浙江故事，创造了一个又一个浙江传奇。但调查数据也显示，"混日子"这类"丧"的生活态度在青年群体中的比例越来越高：2001 年，分别有 6.1% 和 4.1% 的浙江青年倾向于"随大流，人家怎么样我就怎么样"和"过一天算一天"这样的人生态度；2009 年，以在浙大学生群体为例，有 19.3% 的大学生选择"人生如梦，及时行乐"；到了 2020 年，有 21.1% 的浙江青年认同"人生如梦，及时行乐"的人生态度。这种变化趋势与近些年来青年人中流行的以"废柴""葛优躺""佛系文化"等为代表的"丧文化"相互印证。虽然"丧文化"的背后是青年对"奋斗文化"的解构、质疑和反

---

① "小粉红"泛指中国国内以网络为主要活动区域，通过流行文化刺激而成的年轻一代民族主义网民。
② "自干五"，全称为"自带干粮的五毛"，指那些自觉、自愿为社会正能量点赞、为中国发展鼓劲的网民。

思，是"阶层固化背景下奋斗无用"思想的产物，但值得注意的是，这并不代表这些青年真的就放弃了奋斗和拼搏，这种"丧"更多的是那些正在不断努力拼搏的年轻人进行自嘲、宣泄焦虑情绪，以及表达不满的"话语武器"，"线上吐槽，线下奋斗"成了大部分浙江青年的真实写照。对于"人生应该怎么过、活成什么样"这一议题，除"积极向上""假丧"取向之外，尊重个性、崇尚自由、"活出自我"、"活成自己喜欢的样子"也是这个时代浙江青年生活态度的基调之一。数据显示，在 2001 年，82.9% 的浙江青年认为完全应该或比较应该"按照自己的兴趣和意愿自在地生活"。2020 年，青年对这个观点的认同度达到了 84.21%。这是因为这些生活在和平年代和互联网时代的浙江青年从小就知道世界上有"一万种活法"。

（3）个人主义价值取向凸显，呈现出个人利益优先和重视经济价值的倾向。调查数据显示，在社会变迁和多重思潮的影响下，青年对"以自我为中心还是以群体为中心"这一问题的回答发生了比较大的变化，呈现出比较明显的个人主义倾向。而这种个人主义倾向在青年对"个体与社会之间关系""自己与他者之间关系"以及"个体自我实现"等的认知上都有所体现。在"个体与社会之间关系"这一宏观层面上，呈现出从"重集体轻个人"到"重集体重个人"的变化趋势。中华人民共和国成立初期，青年大多奉行集体主义，总是把自己的价值实现融合在社会发展之中。改革开放以来，集体主义的行为准则开始被解构和质疑，个人主义在青年群体中抬头。在集体利益和个人利益之间，青年更聚焦个人利益，呈现出一定的去公共化的倾向。但这并不意味着青年就真的将自己完全置身于公共事务之外。在紧急关头，青年在公共事务中还是勇于担当的。例如，在 2020 年新型冠状病毒肺炎疫情防控中，青年的表现可圈可点。同时，青年在日常志愿服务中也表现得很突出。在"自己与他者之间关系"这一中观层面上，也呈现出个人利益优先的倾向。在 2000 年的调查中，有 36.7% 的浙江青年对"人人都是主观为自己，客观为别人"这一观点持认同态度；有 32.0% 的浙江青年对这一观点持"说不清"的态度。到了 2020 年，有 68.50% 的青年愿意"在不损害自己利益的前提下，帮助别人"，还有 8.48% 的青年认为"只要管好自己的事就行了，不要管别人的事"。在"个体自我实现"这一微观层面上，呈现出从重视道德价值向重视经济价值转化的倾向。2000 年的调查显示，33.8% 的青年认为"享乐"比较重要或很重要，21.6% 的青年认为"钱财"很重要。到了 2020 年，"健康"（72.79%）和"生活舒适"（59.21%）等与个人生活、利益密切相关的事项成为青年判断个人价值的主要维度。同时，"事业是否成功"和"财富多少"也成为青年的重要选择之一，占比分别达到 42.91% 和 28.47%。这种变化在一些社会热点事件中也有所体现，比如2010年《非诚勿扰》中马诺"宁愿坐在宝马里哭，也不愿坐在自行车上笑"的择偶宣言，2011年"郭美美红会炫富事件"，等等，无不反映出这种变化。

（二）青年创业

1. 20年来浙江青年创业关联事件

2001年，中国正式签署加入世界贸易组织（World Trade Organization，WTO）议定书，一批浙江本土民企就势入世。

2002年，开办了7年的义乌小商品博览会正式更名为义乌国际小商品博览会，并首次升级为国家级国际性展会。浙江创业青年代表丁磊（时年31岁）创办的网易首次实现净盈利，网易股票开始领涨纳斯达克，成为当年纳斯达克表现最优异的股票。浙江青年创业影响力逐渐"走出国门"。

2003年，浙江企业家马云成立淘宝网，形成成熟的运作模式。

2005年，浙商论坛2005年峰会在杭州召开，来自全国各地的2000多名嘉宾参加了论坛。

2006年，浙江开始全面实施"浙商回归工程"。浙江吉利控股集团董事长李书福当选首届"长三角自主创新青年领军人物"。

2007年，中共浙江省委召开十二届二次全体（扩大）会议，审议通过了《关于认真贯彻党的十七大精神，扎实推进创业富民、创新强省的决定》（简称《决定》）。《决定》明确提出，"创业富民、创新强省"是今后一个时期推进浙江发展的总战略。宁波家业长青民企接班人专修学校首期开课，这所学校被媒体称为中国首家民营企业接班人的"黄埔军校"。

2008年，浙江确立了首批30个青年创业创新示范基地。

2009年，为更好地服务"创业富民、创新强省"总战略，11月，首届"2009浙江·杭州国际人才交流与合作大会"举办，进一步加强与海外高层次人才的交流与合作，吸引更多海外高层次留学人才来浙（杭）创业。

2010年，浙江青年改革家李书福创办的浙江吉利控股集团成功收购沃尔沃，成为当时中国民营企业最大的海外汽车收购案。

2011年，《中共浙江省委　浙江省人民政府关于支持浙商创业创新促进浙江发展的若干意见》出台，青年创业得到进一步重视和支持。浙江省慈溪市成立了全国第一个

"创二代"联谊会。

2012年，由共青团浙江省委联合省经济和信息化委员会、省商务厅和义乌市委市政府共同发起的"浙江青年网商创业行动"在国际贸易综合改革试点区浙江义乌正式启动，计划5年内在全省免费培训1万名青年电子商务人才。

2013年，据浙江省工商局数据统计，浙江平均每13个人中就有1个老板，浙江全民创业的氛围浓厚。5月13日，团省委、省农办联合举办浙江省农村青年创业培训班，省农办基层建设处、浙江农林大学新农村发展研究院负责人，以及来自杭州、绍兴2市的100余名农村创业青年参加了培训班。

2014年，阿里巴巴在美国成功上市，成为全球市值最大的互联网公司之一。第一届世界互联网大会在浙江乌镇举办，乌镇被确定为世界互联网大会的永久会址。

2015年，李克强总理在政府工作报告中指出，要把"大众创业、万众创新"打造成推动中国经济继续前行的"双引擎"之一。同年，浙江创立的第一个特色小镇——杭州市余杭区梦想小镇揭牌。7月14日，首届中国青年互联网创业大赛在杭州梦想小镇正式拉开帷幕。浙江还在全国率先提出"农创客"概念并开展农创客培育工作。

2016年，宗庆后"炮轰"马云提出的"五新"（新零售、新制造、新金融、新技术和新资源）理念，引发青年创业者对于"实体经济"与"虚拟经济"交锋的关注和讨论。

2017年，"数字经济"被写入国务院政府工作报告，浙江启动实施数字经济"一号工程"，提出加快构建以数字经济为核心、新经济为引领的现代化经济体系。

2018年，首届浙江省青年创新创业大赛（"创青春"浙江省青年创新创业大赛）在湖州举行。大赛期间，团省委主导发布了"亲青创"青年创客服务体系平台。"双创"被列入2018年度经济类十大流行语。

2019年，首届"浙江数字经济创业创新峰会"在杭州梦想小镇召开，浙江省青年数字经济"鸿鹄奖"评选正式启动。4月2日上午，"企业传承与创新发展"2019年浙江—瑞士青年企业家创新论坛在杭州举行，浙江省青联委员、浙江省青企协会员、浙江省青科协会员、上海浙江商会会员等100余人参加了论坛。

2020年，受疫情影响，青年就业形势不容乐观，全国双创活动周的主题为"创新引领创业，创业带动就业"，并首次采用"云上活动周"方式举行。

2. 20年来浙江青年创业变化趋势与特点

浙江青年创业氛围浓厚。20年来，在浙江这片创新创业的热土上，青年创业队伍、创业方式不断变化，主要表现出以下几个方面的趋势和特点。

（1）从精英到大众：青年创业队伍不断充实。21世纪初，经过了改革开放初期鼓励和支持青年自筹资金、走集体创业和自谋职业之路的洗礼，浙江初步形成了以马云、丁磊、李书福等为代表的创业精英队伍。2008年之前，是这群少数创业精英领跑探索的阶段。随着浙江创业氛围越来越浓厚，政府鼓励青年创业的政策和举措不断丰富，以创业促就业，通过强化创业服务和创业培训，改善创业环境，在市场准入、场地安排、税费减免、小额担保贷款、免费就业服务和职业培训等方面进一步加大扶持，全民创业成为趋势。尤其在浙江中部、南部广大地区，更是呈现了"全民言商，人人做老板"的浓郁氛围。根据2014年度的数据统计，仅2014年一季度，全省共有各类市场主体377.9万户，同比增长9.25%；全省新设企业4.5万户，同比增长47%，其中私营企业4.35万户，相当于每天诞生483家私营企业。2014年9月，在夏季达沃斯论坛上，李克强总理提出，要在960万平方公里土地上掀起"大众创业""草根创业"的新浪潮，形成"万众创新""人人创新"的新态势，进一步激发浙江青年的创业精神和创业基因。《浙江省新设小微企业活力指数报告》显示，浙江新设小微企业主体呈年轻化趋势，35岁以下负责人的人数，从2014年的9.72万增加到2016年的15.19万，占全部新设小微企业负责人的比例从46.69%提高到60.02%。"80后""90后"创业主体占比不断增加，浙江创业热潮也逐渐渗透到大学生中。《浙江省青年双创2016年度蓝皮书》调查显示，有86%的大学生对在校创业持积极态度，同时有40%的大学生有创业创新的想法，有3%的大学生已经踏上创业路。2015年，时任浙江省省长李强提出，在当下的浙江，活跃着"创业新四军"。以浙江大学为代表的高校系、阿里巴巴上市后出来创业的阿里系、以"千人计划"人才为代表的海归系，以及以"创二代"、新生代为代表的浙商系等各具特色的青年创业群体，为浙江省创业增添了新的动力和活力。2020年，在新型冠状病毒肺炎疫情影响下，就业压力突出，创业仍是带动就业的重要杠杆。为进一步贯彻落实《国务院关于推动创新创业高质量发展打造"双创"升级版的实施意见》，浙江省发展和改革委员会印发《2020年浙江省推进大众创业万众创新工作要点》，提出要激发"双创"市场主体活力，推进创业带动就业能力升级，提升科研人员创新创业积极性，推进技能人才增量提质，强化大学生创新创业教育，推进高校创新创业平台建设等，借力双创升级拉动青年就业。2020年，浙江全年新设个体工商户117.9万户，在册个体工商户515.3万户，分别增长26.1%和11.0%。

（2）从传统制造业到"三新"经济：青年创业方式更为多元。以"低小散"为特点的浙江民营经济，在 21 世纪初开始陷入低端化、要素匮乏、技术落后的制约中。2007年之前，浙江下决心改变粗放型增长方式，坚决推动浙江经济从"低小散"向"高新尖"质变，从块状经济向产业集群转化，从"浙江制造"向"浙江创造"跨越。不少浙江从业青年，如吉利控股集团董事长李书福、正泰集团股份有限公司董事长南存辉等，开始在所从事的传统制造业基础上转型升级、创新创业。同时，进入 21 世纪以来，随着互联网的迅猛发展，马云、丁磊等一批青年在"网"上下功夫，阿里巴巴、网易、19楼、蘑菇街、淘淘搜等知名互联网企业不断涌现。2012 年，浙江青年网商创业行动正式启动，计划在 2012 年后的 5 年重点实施千家青年创业企业网络广告服务计划，培训万名青年电子商务人才。2016 年，随着网络直播的兴起，以薇娅、雪梨等为代表的一批青年网络主播不断涌现。随着 5G 技术、人工智能、物联网、大数据等新技术的发展，以及网约车、线上购物、移动支付等生活方式逐渐融入并改变着人们的生活，以新产业、新业态、新商业模式为代表的"三新"经济悄然崛起，青年创业内容及形式也随之更迭。梦想小镇 2015 年一亮相就集聚了 4000 多名来自全国各地的创业者、400 余个创业项目，进驻创投机构近 100 家。以数字经济为核心的云栖小镇，截至 2018 年底已有 1061 家企业落户。近年来，"在线新经济"成为青年创业的热门领域，从消费互联网到"在线新经济"，浙江青年在精致精细、跨界融合、专注专业等方面都进行着新的尝试。

（3）走向田野：乡村成为浙江青年创业新"蓝海"。浙江是习近平新时代"三农"思想的重要萌发地、中国美丽乡村建设的重要发源地。2003—2018 年的 15 年间，"千万工程"造就万千"美丽乡村"，浙江率先走向乡村振兴，为乡村创业提供了更多可能。2008 年，不期而至的全球金融风暴对我国的经济和就业影响明显，以出口型、加工型为特征的浙江经济更是首当其冲。城市已不再是"遍地商机""处处机遇"的就业圣地，青年就业的城市溢出效应更加凸显。而乡村振兴则为大学生就业提供了新方向和新出口。对浙江省高校毕业生的抽样调查显示，当问及"你愿意去农村发展吗？"，有 43.9%的高校毕业生明确表示"愿意"。同时，2010 年农业部抽样调查发现，1.3 亿外出务工的农民工中，有 4%的农民工（共计约 520 万人）回乡创业，近半数青年农民工愿意回到农村发展。在浙江省调查数据中，青年农民工也呈现出明显的"回荡效应"：40.8%的青年农民工表示"如果失业，将返乡就业或创业"，其中，15.8%的青年农民工表示"如果有一天失业，会回老家创业"。随着乡村振兴政策体系的构建，越来越多的大学毕业生、青年农民工"逆流"下乡、回乡，与乡村振兴"同频共振"。《浙江省青年双创 2016年度蓝皮书》显示，从创业地点来看，有 43%的大学生表示会选择回乡创业，特别是在高职高专样本中，回乡创业的占比达到57%。阿里研究院发布的《2016年返乡电商创业研究报告》指出，返乡电商创业正在成为一种新潮流，电子商务有效释放了草根创造力，成为推动年轻人返乡创业的最大动力，其中，浙江是返乡网商最多的省份。2020年，全省已累计培育农创客6173名，为浙江乡村振兴注入了新活力。他们掌握的知识较为丰富，具备新时代互联网思维，且学习能力和创新精神强，有望在乡村"异军突起"成为乡村振兴的源头活水。随着浙江加快推进城乡一体化，得益于互联网的开放和渗透，城乡间的"数字鸿沟"在缩小，农村电商发展迅速，突破了制约乡村发展的市场壁垒，城乡之间生产要素双向良性互动，这为大批"新农民"回流乡村提供了技术支撑。

（4）先赋性优势下的创业：浙江"创二代"的崛起。21世纪的第一个十年，浙商二代传承问题开始浮现。2000年前后，随着浙江"第一代"企业家步入耳顺古稀之年，民营企业正集体进入交班传承高峰，家族企业慢慢兴起。第一代浙商多数是草根出身，文化程度不高，他们在市场竞争中备感知识和技术的重要，于是在对下一代的安排上，民营企业家普遍选择将子女送往海外读书。随着国内经济的腾飞与社会制度的不断完善，"人才磁铁"效应逐渐凸显，这些"80后"、"90后"、海归"创二代"也纷纷回国，或是传承接班，或是自主创业。据调查，2017年，浙江有新生代企业家3000多人，"创二代"占比为65%左右，自主创业的约占35%。2018年，浙江省新生代企业家联谊会有理事成员306人，"创二代"占比76%，且多数有海外留学或工作经历；青年企业家协会省市县三级会员中，海归"创二代"约500人，且群体数量呈上升趋势。以宗馥莉、莫雪峰等为代表的浙江"创二代"已然成为当前浙江经济活动的重要主体，他们拥有富裕的先赋性创业资源，具有国际视角和前瞻视野，拥有全新的经营管理理念，是打造新时代浙江民营经济高质量发展"金名片"的生力军和中坚力量。"创二代"拥抱技术革新，筑造技术壁垒，拥抱数字化改革机遇，赋能企业发展，为浙江民营企业发展带来新的生机和活力。

（三）青年文化

1. 20年来浙江青年文化关联事件

2000年，中国台湾男歌手周杰伦发行原创专辑 *Jay* 正式出道。其创作的中国风歌曲广受青年喜爱。

2001年，《蓝色生死恋》在国内21个频道播出，形成了一股强劲的"韩流"文化现象。很多青年热衷于观看韩剧，效仿剧中的生活方式、服饰打扮、文化习俗等，竞相将韩国明星视作自己的偶像。

2002年，起点中文网创建，随后，文学殿堂、晋江文学城等国内原创文学阅读与写作平台成立，不少业余作家在平台上连载自己的原创小说，网络小说中的玄幻、穿越、修仙等元素让青年读者着迷。

2004年，以"弘扬中华服饰文化，引领青年时尚潮流"为主题的"青春中华——首届中国青年服装周"活动在宁波开幕。该活动充分展现了当代浙江青年积极向上的精神风貌。在这一年，浙江省博物馆、中国丝绸博物馆免费开放，方便青年了解浙江历史文化。

2005年，第一届中国国际动漫节在杭州举办，这是全国唯一的国家级动漫专业节展，也是国内规模最大、人气最旺、影响最广的动漫专业盛会。该节展吸引了大批同好相聚，也进一步促进了相关文化产业的发展。

2007年，浙江湖州籍作家吴雪岚（笔名流潋紫）出版长篇小说《后宫·甄嬛传》，2011年，该小说被拍摄成电视剧《甄嬛传》，并在青年群体中引发"甄嬛体"效仿热，一时间形成了"满城尽说甄嬛话"的局面。

2008年，开心网成立，并在青年中风靡一时，不少青年废寝忘食只为完成"偷菜""抢车位"等游戏任务。

2009年，B站（全称"哔哩哔哩"）成立。经过10多年的发展，B站已经成为涵盖7000多个兴趣圈层的年轻世代高度聚集的文化社区和视频平台。

2011年，快手上线。2016年，抖音上线。目前，快手和抖音成为颇受青年欢迎的短视频社交和直播平台。

2012年，浙江卫视《中国好声音》（第一季）播出，挖掘了一批优秀的青年歌手，并在青年中掀起一波观看热潮。

2013年，首届以"汇聚电影力量，放飞青春梦想"为宗旨的浙江青年电影节在杭州举办，扩大了浙江电影的影响力，吸引了一大批优秀青年电影人才来浙工作。

2015年，国庆黄金周期间，看电影、欣赏歌舞剧等文化消费大热。全省影院消费增幅较大，影院营业额增长23.3%。其中，宁波市影院票房异常火爆，晚间场次上座率基本在90%以上。县域文化类消费也有显著增长，长兴大剧院黄金周期间实现营业额50.65万元，同比上涨28.3%；永康市影剧院营业额为42万元，同比增长156%。其中，青年是影院消费的主流。

2018年，中国网络作家村落户杭州，促进了优秀的青年网络作家聚集和相关文化产业的发展。

2020年，新型冠状病毒肺炎疫情暴发初期，"饭圈女孩"自发组织物资救援队，其组织动员能力、与官方机构和平台的协作能力赢得了普遍赞誉。

2. 20年来浙江青年文化变化趋势与特点

青年文化是一种为青年群体所特有，并生动体现青年思想观念、行为模式的文化样态。21世纪以来，在青年文化生产、传播和消费，以及青年文化与主流文化之间的关系等方面发生了比较明显的变化，主要表现为以下几个方面的趋势和特点。

（1）生产和传播空间互联网化，呈现多元化特征。在前网络时代，青年只能在由长辈掌控的实体空间中建构自身文化，他们的奇思妙想、观点看法、文化创作往往只能寄托在纸张、口头之中。但进入21世纪后，互联网媒介技术的广泛使用，催生了丰富的青年文化实践，为青年流行文化的衍生与传播提供了数字平台和自主的"书写"空间，为青年自由地表达、交流，以及进行社交娱乐提供了多样化的路径。可以说，数字传播与移动互联网技术为青年文化的生产和传播开启了一个虚拟与现实交互的多维文化空间和一个技术赋权的"后亚文化时代"。在这个具有匿名交流、张扬个性等特征的技术空间里，青年可以随时随地进行基于自我体验和自身感受的个性化文化生产和传播，并以"虚拟群落"和"文化圈层"的方式不断进行着形式扩张。因而，在互联网空间里，逐渐形成了"韩流"现象、粉丝文化、二次元、无厘头、"丧文化"、"佛系青年"等多元化、混杂性的青年文化格局。例如，2020年，在网络空间里既出现了引发青年群体对职场竞争和生活压力自我调侃的"打工人"，又有"黑人抬棺""尾款人""工具人"等展现青年多重社会心态的网络热词。

（2）反抗与合流并存，与主流文化关系更为复杂。中华人民共和国成立以来，青年文化与主流文化的关系一直处在流变之中：从改革开放之前两种文化形态的高度统一到改革开放初期青年文化对主流文化的反叛和质疑，再到21世纪后两者之间呈现出反抗与合流的多重样态。具体而言，21世纪以来，一方面，青年仍会向主流社会发出质疑和反抗，呈现出消解经典、否定权威等非主流文化景观。同时，青年人又善于以新媒介技术为武器，在自我与父辈文化之间筑起一道自我保护的"高墙"，通过技术壁垒和恶搞、拼贴、挪用等技巧和手段来消解主流文化原来的意义，重建出新的文化形态。例如，2020年，青年用无厘头的方式剪辑和拍摄出《前浪》《非浪》等视频以解构《后浪》视频中关于"何为青年""谁是后浪""青年与社会之间关系"等宏大议题的论断。另一方面，正如前文所提，随着社会经济的发展，青年对国家、社会等主流话语体系的认同度进一步提升，这种认知变化也影响了青年文化和主流文化之间的关系，呈现出青年文化向主流文化归流的趋势。一些青年会用群体特有的文化形式来宣传、展示、巩固和再建构主流话语。比如，2016 年周子瑜事件引发的"表情包大战"就是大陆年轻人用群体特有的"表情包文化"向台湾同胞宣传中华文化，表达自身的爱国主义热情。再如，2020 年初，在 B 站跨年晚会上，电视剧《亮剑》中楚云飞的扮演者张光北代表的红色文化、国乐艺术家方锦龙象征的传统文化与虚拟歌手洛天依表征的青年亚文化同台亮相且成功实现跨次元合作，获得广泛好评。此外，汉服文化、国货潮牌文化、老字号"复兴文化"等借助直播带货、网红传播及线下夜市经济模式，不断升温发酵，促进了青年亚文化与传统文化、主流文化之间的互相认知和接受。可见，随着社会的发展，青年亚文化与主流文化之间的关系更为复杂、多元。

（3）文化商业化与产业化发展迅速，资本对青年亚文化收编明显。在改革开放以前，青年文化仅是主流体制文化的复制品，这导致了政治成为影响青年文化生产和传播的主要因素。但随着市场经济的发展，青年文化逐渐被资本收编，呈现商业化的趋势。进入 21 世纪，青年文化商业化和产业化趋势更加明显。一是除了青年流行文化被商业化，一些以青年趣缘群体为基础的小众文化在资本加持下，不断成为创意文化产业、影视文化产业乃至数字文化产业的重要文化资源。同时，青少年文化在影视、出版、服装、饮食等产业领域渗透，推动着产业化浪潮的发展。网络小说被改编成热播剧，小猪佩奇周边产品热销，说唱类综艺节目流行，动漫产业发展，等等，就是比较好的例证。二是在青年文化的制作、推广、传播等诸环节都建立起了完整的市场化机制。"双 11 购物狂欢节"就是比较好的例证，它的出现、宣传和传播都是在市场化的逻辑机制下推动和推展开来的。在商业化和产业化背景下，青年文化生产、传播和消费的主体更加多元，不同主体力量都会对青年文化的生产、传播和消费产生影响。但可以看到的是，在资本和青年文化融合的同时，青年群体与资本之间的博弈从未停止。例如，青年群体可以通过"潮玩文化"送泡泡玛特上市，也可以在"阅文事件"中与平台资本抗争，这些事件都传递出青年主体在自身群体文化生产和建构过程中的强大力量。

（四）青年社会参与

1.20 年来浙江青年社会参与关联事件

2000 年，为贯彻落实江泽民总书记对青年志愿者行动的重要批示精神，充分发挥青联组织的人才智力优势，积极服务"科教兴国""科教兴省"战略，团省委、省青联于 1

月 21 日在杭州成立浙江省青年博士生志愿服务团，并举行了授旗仪式。

2001 年，"杭州市青年志愿者协会"更名为"杭州市志愿者协会"。3 月 3 日，团省委发出《关于集中力量强势推进保护母亲河行动的通知》，全省掀起春季保护母亲河行动高潮。

2002 年，全省 11 个地市都建立了青年志愿者协会，88 个县（市、区）都成立了服务中心或服务队，省属企业、高校、省直机关也都建立了青年志愿者服务组织。浙江省人大常委会批准了《宁波市青年志愿服务条例》，宁波成为全国第一个进行志愿服务立法的地市级城市。

2003 年，按照共青团中央、教育部、财政部、人力资源和社会保障部、省委组织部、团省委、省教育厅、省财政厅、省人力资源和社会保障厅的统一部署，浙江省开始实施大学生志愿服务西部计划。

2004 年，中共浙江省委组织部、共青团浙江省委、浙江省教育厅、浙江省财政厅、浙江省人事厅联合出台《关于实施浙江省大学生志愿服务欠发达地区计划的通知》，大学生志愿服务全省欠发达地区计划开始实施。

2006 年，《浙江省青年志愿服务条例》被省人大常委会列为 2007 年度立法计划一类项目。

2007 年，省十届人大常委会第 35 次会议落下帷幕。会上，《浙江省志愿服务条例》被审议通过，并于 2008 年 3 月 5 日"学雷锋日"正式施行。全国首个以网络 QQ 群为会员的民间组织——金华青年 QQ 群联合会在金华市正式成立。

2008 年，经团省委和省民政厅批准，浙江省青年绿色环保协会正式成立，这是全国首个由青年群体组成的省级环保协会。协会会员为来自全省各地的青少年生态环保社团代表和热心环保事业的社会各界青年人士。北京奥运会期间，浙江省有 100 名青年入选志愿者。

2009 年，共青团开展协商代言工作的特色品牌"共青团与人大代表、政协委员面对面"活动启动。

2010 年，6 月 23 日，团省委、省司法厅联合在浙江省强制隔离戒毒所隆重举行"浙江省戒毒帮教志愿者队伍"成立仪式。7 月 21 日，浙江省绿色生态志愿者服务总队成立仪式暨"情系钱塘，绿满浙江"暑期社会实践出征仪式在浙江工业大学隆重举行。

2011 年，中华人民共和国第八届残疾人运动会在浙江隆重举行。比赛期间，来自全省 80 所高校和 11 个地市的 12438 名志愿者先后走上检录管理、记者接待、综合保障等

19 类服务岗位。

2012 年，9 月 3 日，省网络文明志愿者总队成立大会暨"共建文明 e 家园"活动启动仪式在杭州举行。

2013 年，围绕省委"五水共治"这一重大决策部署，团省委、省志愿者协会组织开展了"助力治水，青春建功"志愿服务行动，积极推广治水护水"段长"负责制。

2014 年，即实施《浙江省志愿者服务事业发展纲要（2014—2017 年）》的开局之年，浙江省制定了《浙江省志愿服务事业发展纲要（2014—2017 年）》《浙江省注册志愿者管理办法》《浙江省志愿服务工作委员会工作制度》等一系列制度文件，志愿服务的规范化水平有了大幅提高。

2015 年，G20 杭州峰会会场志愿者招募工作于 12 月启动，面向省内 15 所高校定点招募，最终招募 3760 名青年组建了志愿者队伍。

2016 年，G20 峰会在杭州召开，第三届世界互联网大会在乌镇举行。青年志愿服务形成"小青荷""小梧桐"等品牌。全省共青团系统统一推广使用全省首个线上智慧公益平台——"志愿汇"。

2017 年，浙江省首场青年社会组织的"大聚会"——以"公益论剑江湖　青年影响社会"为主题的浙江青年社会组织面对面专题座谈会在省团校召开。1 月 18 日，团省委召开 2017 年浙江省"志愿汇"系统建设现场推进会。会上，团省委首度发表了浙江智慧志愿 2016 年大数据报告。9 月 22 日上午 10 点，"志愿汇"注册志愿者人数突破千万，浙江省也因此成为全国注册志愿者人数最多的省份。

2019 年，浙江省志愿者协会第十二次理事会暨大型赛会志愿服务浙江地方标准和浙江省青少年事务社工榜样、示范机构发布活动在杭举行。会上发布的大型赛会志愿服务浙江地方标准，是全国首个大型赛会志愿服务省级地方标准。9 月 24 日，浙江青年"热血先锋"无偿献血志愿服务年度总结暨《浙江青年献血白皮书》发布活动在浙江工业大学举行，团省委副书记王慧琳为首个"热血先锋团"（浙江工业大学）授旗，并带领在场 200 余名青年宣读"热血誓词"。

2020 年，全省形成 400 余家宣传新思想的基层特色宣讲团（名嘴、名师工作室），其中 300 余家由"80 后""90 后"负责运行；5000 多名基层宣讲骨干中，"80 后""90 后"宣讲员占 80% 以上。5 月 18 日，《光明日报》"红船初心特刊"推出整版报道《浙江龙游"8090"理论宣讲团：青春力量让创新理论飞入寻常百姓家》，引起广泛关注，浙江青年理论宣讲团成为全国典范。截至 2 月 9 日，全省共有 62145 名青年志愿者投入疫情防控工作中，共组建疫情防控青年突击队2919支。

2.20年来浙江青年社会参与变化趋势与特点

青年是社会参与的重要力量，进入21世纪以来，青年社会参与的组织方式、参与内容、参与路径都不断发生着变化，主要表现在以下几个方面。

（1）由"自上而下"到"自下而上"：青年社会参与的组织方式更加主动积极。进入21世纪，青年社会参与的组织方式逐渐从被动的组织参与向主动自愿参与转变。一方面，浙江省青年志愿服务活动蓬勃发展。2004年，全省注册志愿者近54万人；2012年，全省登记在册的志愿者已达249万人；2020年，全省共有注册志愿者1517.7万人，即每4个浙江人中就有1个注册志愿者。从2008年北京奥运会至今，经过第八届残运会、G20峰会、互联网大会等多项国际会议和赛事的历练和发展，在全省青年中形成了"小青荷""小梧桐""河小二""跑小青"等一系列志愿服务品牌，志愿服务成为青年主动进行社会参与的重要方式。另一方面，青年群体开始通过组建"网络为先导、自愿为前提、社团为主体、信任为机制、分享为目的"的"自组织"来实现社会参与，浙江省社会组织迅猛发展。浙江省民政厅社会组织相关数据显示，浙江省社会组织总量每年保持10%左右的增长速度，到2016年10月，全省经各级民政部门依法登记的社会组织已有46752个，其中社会团体21862个，民办非企业单位24408个，基金会482个，社会组织数量和每万人平均数都位居全国前列。到2018年，浙江省在民政部门登记的社会组织已超过5万个，纳入备案管理的社区社会组织超过14万个，青年社会组织参与社会治理成效显著。

（2）从政治吸纳到多渠道参与：青年政治参与的方式更加直接有效。21世纪初，青年政治参与的主力是少数优秀青年。20年来，进行政治参与的青年对象范围进一步扩大，方式更加有效。一方面，政治参与的青年对象范围不断扩大，通过政治吸纳，各领域的基层和一线青年纷纷加入政协、共青团、青年联合会等组织中。各地也以创新性工作培育青年后备干部，推动青年政治参与。如2015年，团武义县委联合多部门实施"红领新青年"培育工程，探索建立农村后备干部培养机制、优秀团员青年推优入党机制、优秀创业青年助力乡村振兴机制，推动县域社会治理现代化。截至2020年6月，已培养"红领新青年"1280名，其中团员378名，35周岁以下青年796名。浙江"一村一委员"工作机制的推行，促使更多青年参与社会治理。如义乌以深入开展"红领青年"选用为契机，扎实开展农村、社区基层团干部暨村社青年后备人才培养工作，实现每村一名35周岁以下"红领青年"全覆盖，不断提升农村、社区基层团组织活力。2020年，团省委大力推荐优秀青年骨干进入村社"两委"班子并兼任团组织负责人，"两委"班子内有 35 岁以下青年的村社占比为 80.8%。另一方面，青年政治参与的方式更加直接有效。2009 年起，浙江每年举办"共青团与人大代表、政协委员面对面"活动。2011—2016 年，青年参与该活动累计提交提案建议 775 件。2019 年，省、市、县三级团组织形成提案、建议和大会发言 286 件，青少年有序参与社会治理的决心与信心进一步增强。同时，青年不仅是"学"的主角、"听"的主体，也逐渐开始成为"讲"的主力。在浙江，"青年讲给青年听"现象正蔚然成风，"后浪潮音"带着信仰的力量，在青年中引发共情、共鸣。党的十八大以来，广大青年学习党的理论、传播党的声音、宣讲党的政策，形成了龙游县"8090 新时代理论宣讲团"、高校"新时代博士生讲习团"、宁波青年宣讲团等一大批青年宣讲团队，在广大青年中播下党的创新理论的种子。2020 年，近 10 万名来自基层一线的青年党员走上讲台进行微型党课宣讲，超过千万人次的观众通过现场观看和网上直播等方式听微型党课。仅 2018—2020 年，参与全省各级微型党课宣讲比赛的宣讲员就超过 20 万名。

（3）从单一到多元：青年社会参与的内容不断丰富。进入 21 世纪以来，浙江青年社会参与的内容从单一地响应国家、省委、省政府等号召的政治参与，拓展到政治、经济、社会、文化、生态等多个方面。一是助力经济发展。青年紧跟乡村振兴战略和脱贫攻坚战略部署要求，积极参与打赢脱贫攻坚战。在 2020 年寻访新时代脱贫攻坚青年网络主播活动中，团省委示范带动青年网络主播扶贫助农，帮助销售产品 8380 万元。二是助推社会发展。从大学生到在职青年群体，都用自己的方式贡献着力量。青年学生群体依托"两项计划"大学生志愿服务、"双百双进"、暑期"三下乡"等活动服务社会、传播知识。仅 2001—2006 年，大中学生暑期"三下乡"和中学生"四个一"社会实践活动就有累计 80 余万人次参加。在职青年积极助力"最多跑一次"改革，2020 年，95 万名"跑小青"在优化营商环境、提升公共服务、调处矛盾纠纷等方面发挥了积极作用。同时，青年通过参与"青少年维权岗"、无偿献血等方式，为社会发展贡献青春力量。据统计，2017 年，全省 18—35 周岁青年献血比例达 56.02%，青年是当之无愧的无偿献血主力军。2019 年度，全省 18—35 周岁青年献血总人次达 42.71 万，青年献血人次占总献血人次的 56.06%。另外，青年突击队在新的历史阶段也发挥了新的作用。自 20 世纪 50 年代浙江省第一支青年突击队成立至 21 世纪初，青年突击队一直是青年战线发动面广、组织深入的队伍。2020 年新型冠状病毒肺炎疫情暴发后，青年突击队迅速响应。截至 2020 年 2 月 9 日，全省共组建疫情防控青年突击队 2919 支，其中，口罩和防护服等物资生产领域 69 支、食品加工领域 75 支、物流配送领域 108 支、交通站点领域 831 支、服务保障单位领域 1450 支及其他领域 386 支，累计吸纳 7.8 万名共青团员奋战在抗击疫情的一线。三是积极进行文化参与。浙江青年积极参与网络文明建设，共同探讨当代浙江人的共同价值观。仅 2014 年国庆节期间，就有 8 万名青年参与"我和国旗合个影"活动，晒出与国旗的合影，写下对祖国的祝福。四是助力生态发展。2014 年，围绕省委、省政府部署"五水共治"攻坚战工作，超过 35 万团员青年参与河道水质的监督、检测，植绿护绿，清理漂浮物，清扫垃圾等行动。2011—2016 年，在团省委带领下，青年助推经济转型升级，围绕"五水共治"，贯彻落实省委"河长制"工作部署，实施"助力治水、青春建功"三项行动和"清三河、护三水"主题行动，配备助力治水"段长"9500余名、志愿服务队 5224 支，113 万名青少年参与了行动。青年社会参与的范围已经延伸到政府中心工作和社会发展的方方面面。

（4）从现实参与到网络参与：青年社会参与路径的不断升级。在信息化浪潮的推动下，青年社会参与呈现出了较为明显的网络化趋势。非正式结社和通过网络等新媒体进行意愿表达，成为当代浙江青年社会参与方式的最明显变化。身处领跑数字经济发展的浙江，浙江青年通过微博和微信等通信工具实时交换意见、表达态度，通过微信公众平台、博客、论坛和贴吧等讨论公共议题，结成意见同盟。2016 年开始，青年活跃地参与到支付宝等手机应用平台推出的"蚂蚁森林""蚂蚁庄园"等服务中，利用线上活动，完成线下的环保、捐助行动。2019 年，团省委组织青年创作推出《爱国是最燃的事》《星星火炬耀 70》等原创视频 9 部，全平台浏览量超 1000 万次。2020 年抗击新型冠状病毒肺炎疫情期间，全省青年踊跃创作的各类网络微作品也成为微博、朋友圈中火热分享的"掌上读物"。青年社会参与主要路径已由现实参与升级为网络参与。

（五）青年生活方式

1. 20 年来浙江青年生活方式关联事件

2000 年，浙江省城镇居民人均可支配收入和农村居民人均纯收入分别达到 9279 元和 4254 元，继彩色电视机、电冰箱、洗衣机等之后，电话、空调、电脑等又成为新的消费热点，城乡电话普及率从每百人 9.1 部增加到 41.6 部，城镇居民和农村居民每百人空调拥有量分别从 16.6 台和 0.3 台增加到 57.5 台和 5.9 台，互联网注册上网用户达到 45 万户。村村通广播、电视的目标基本实现，全省电视和广播综合覆盖率分别达到 95.8% 和 92.9%。

2001 年，随着信息时代的到来，网络逐渐成为青年人生活的一部分。"网恋""网游"等现象在青年人中屡见不鲜。

2003 年，淘宝网诞生。有关数据显示，2020 年 8 月，手机淘宝活跃用户数已达76149.7 万人，淘宝已经成为当代青年购物的重要方式和渠道。

2004 年，中国已经成为手机拥有量世界第一的国家。单以浙江工业大学为例，相关数据显示，学生中拥有手机的比例高达 93.22%，其中发短信是其最主要的沟通交流方式。在这一年，支付宝创立。作为第三方支付工具的代表，经过近 20 年的发展，支付宝已经从单纯的网购支付工具，成长为涵盖网购、转账、理财、公共事业缴费、航旅等多个生活场景的支付平台，彻底改变了青年人的生活方式和支付方式。

2008 年，随着带薪休假制度的确立以及《全国年节及纪念日放假办法》的实施，"周边游""跨省游"和"出国游"逐渐火热。

2009 年，微博推出，成为引领社会话题的重要网络平台，改变了青年人的信息接收与发布方式。淘宝网在 11 月 11 日举办网络促销活动。此后，每年的 11 月 11 日成为固定的网络促销日。10 多年来，每年"双 11"销售额屡创新高。2020 年 11 月 11 日 0 时30 分，"天猫双 11 全球狂欢季"实时成交额突破 3723 亿元。

2010 年，代表世界领先水平的 2 列国产"和谐号"CRH380A 新一代高速动车组从上海虹桥站、杭州站同时相向发车，以 350 公里的时速"贴地飞行"，拉开了沪杭高速铁路正式通车运营的帷幕，也拉开了长三角同城时代的序幕。

2011 年，微信推出，青年人的通信方式和社交方式随之发生巨大变化。

2012 年，杭州首条地铁 1 号线开通，杭州成为华东地区第四个、浙江省首个开通地铁的城市，市内交通出行方式发生巨变。

2015 年，《王者荣耀》手游发行，在中小学生、大学生、在职青年群体中广泛流行，成为现象级手游。到 2020 年，《王者荣耀》活跃用户数达日均 1 亿。

2016 年，直播电商首创者蘑菇街在全行业率先上线视频直播功能。之后，淘宝推出淘宝直播。目前，直播购物已经成为青年购物的主要渠道之一。截至 2020 年 6 月，电商直播用户规模达 3.09 亿，网络零售用户规模达 7.49 亿。其中，网络零售用户占网民整体的 79.7%。哈罗单车、摩拜等多家共享单车企业诞生并大规模发展，共享单车成为青年短距离出行的重要工具之一。

2019 年，"工作 996，生病 ICU"网络热词出现，引发青年大讨论。该词发源于每周工作 6 天，每天从上午 9 点工作到晚上 9 点的"996"工作制。该词代表着加班成为以程序员为代表的青年的生活常态。

2020年，新型冠状病毒肺炎疫情暴发，全民宅在家。远程办公、网上学习在一段时间内成为青年工作生活的常态。

2.20年来浙江青年生活方式变化趋势与特点

生活方式是指人们围绕自己的生命存在，为满足自身生存和发展需要而展开的各种实践活动的典型样式和总特征。21世纪以来，随着浙江经济社会发展，青年人的衣食住行用、休闲娱乐和生活理念等发生了很多变化。纵观20年，青年人的生活方式呈现以下几个方面的趋势。

（1）生活消费结构不断升级。随着浙江经济的发展、青年人购买能力的增强，青年人的消费结构发生了比较大的变化。这主要表现在3个方面：一是青年人消费结构不断升级。在中华人民共和国成立初期，衣食等生存性需求是青年人消费的主要内容。随着经济的发展，衣食等生存性需求的消费比例不断降低。以食品消费为例，2000—2013年《浙江统计年鉴》的数据显示，食品在家庭消费中所占比重总体呈下降状态，从2000年的39.20%下降到2013年的34.43%。同时，一些发展性和享受性消费比重不断增加并不断被刚需化。以家庭耐用消费品为例，洗衣机、冰箱、汽车、电视、空调等在中华人民共和国成立初期尚属于享受性消费，但从2000年开始，这些商品逐渐刚需化，成为青年人消费的主流，以及青年人日常开支的重要部分。二是品质化消费和升级型消费已成常态。随着消费结构和消费能力的不断升级，青年人对产品质量和功能等有了更高的需求。以彩电和汽车消费为例，2015年的相关监测数据显示，由于青年人对彩电的清晰度、舒适度和互联网功能等要求增强，50寸以上大屏彩电、曲面彩电等"升级版"产品的销售额大幅提升。在汽车消费方面，相关监测数据显示，2015年国庆节期间，新款车、高档车等体现新消费需求的"升级车型"最为热销。杭州汽车城、杭州宝荣汽车、浙江五菱等汽车销售商合计实现销售额20310万元，同比增长43.9%。2020年，升级类商品零售势头较好，可穿戴智能设备、新能源汽车、计算机及其配套产品销售额分别增长40.8%、23.9%、16.3%。

（2）生活理念更加多元化。20年来，随着社会经济的发展，青年人的生活理念变得更加多元，比如发生变化的"工作—生活"理念，"独居"的生活理念，再比如更加追求快速便捷的生活，更加追求绿色环保的生活，更加追求智能高效的生活，等等。因为发生变化的"工作—生活"理念和"独居"理念涉及的青年人数较多且引发社会讨论也比较多，故而本文对此做详细的阐释。一是与以往的"以厂为家""拼命三郎"的"工作—生活"理念不同，越来越多的青年人更愿意追求生活和工作之间的平衡。这种变化既可以从青年人对"工作996，生病ICU""预备役退休人员"等热词的讨论中感受到，又能从青年人对休闲娱乐、养生健康、个人成长提升等非物质性生活需求增大的趋势中发现。目前，健身房、游泳馆、电影院、KTV、商场等早已成为青年人缓解工作压力的场所。同时，接受教育、泡图书馆、逛博物馆、游名山大川、欣赏音乐会等也成为年轻人青睐的业余休闲方式。例如，2015年国庆黄金周期间，浙江省出国游就十分火爆。据统计，杭州机场共起降航班约4623架次，同比增长9.5%；旅客进出港约60.05万人次，同比增长13.7%。二是独居作为一种新的生活理念和生活选择正在青年群体中兴起。据民政部数据统计，截至2018年，我国单身成年人口已达2.4亿，其中7700万人是独居状态。预计至2021年，我国将有9200多万独居成年人口。人民智库发布的数据显示，这些青年人中绝大多数是主动选择独居。其中，因"想有自己的隐私空间"而选择独居者占比为47.5%，因"自己的生活作息和别人不同，不想受到他人影响"而选择独居者占比为39.2%。选择"一个人生活很方便"和"没什么特别的原因，单纯地想体验独自生活"的"独居青年"占比分别为33.5%和32.2%。目前，"一人独居，两眼惺忪，三餐外卖，四季淘宝，五谷不分"是很多独居青年的真实写照。

（3）生活方式全面互联网化。进入科技迅速发展的21世纪，快捷便利的现代技术全面渗透到青年的生活之中，移动电话、计算机、智能家务机器人走入寻常百姓家。而这些以信息化为代表的技术工具使年轻人的生活方式出现了前所未有的变革，青年人的生活全面"e化"，网上购物、网上叫车、网上点外卖、网上交友聊天、网上休闲娱乐（看电影、打游戏、看书）、网上远程办公或者从事网络主播等新兴职业等，原有的社交方式、出行方式、娱乐方式、日常起居、工作方式等都被重塑。例如在网上购物方面，《浙江省2017年上半年网络零售统计数据》显示，2017年上半年，浙江省实现网络零售5350.74亿元，省内居民网络消费2797.31亿元。2020年，受疫情影响，居家消费需求明显增长，"宅经济"带动网络消费持续较快增长，全年通过公共网络实现的零售额比上年增长19.2%，拉动限额以上单位商品零售额增长3.3个百分点。据有关部门统计，2020年浙江省实现网络零售22608亿元，比上年增长14.3%；省内居民网络消费11072亿元，增长10.9%。在网络社交和休闲娱乐等方面，微信、QQ已经是青年社交的主要工具。手机游戏、刷弹幕、观看网络直播等也深刻浸染着青年群体的日常娱乐休闲生活。

专题调研篇

ZHUANTI DIAOYAN PIAN

2020 年，共青团浙江省委、浙江省青年发展研究中心组织力量开展专题调研，深入浙江 11 个地市，针对 14—35 周岁的青少年及部分学生家长，聚焦思想动态、就业创业、志愿服务、婚恋家庭和住房保障等话题，开展了大样本问卷调查、深度访谈，在此基础上，形成了系列专题调研报告。

问卷调查分为大学生问卷（涵盖思想动态、婚恋、住房和就业创业 4 个方面）、在职青年问卷（涵盖思想动态、婚恋、住房和就业创业 4 个方面）、中学生问卷（考虑到中学生的年龄阶段特征，该问卷仅涉及思想动态相关内容）和志愿者问卷（志愿服务专项问卷）4 份问卷，通过问卷星电子二维码形式发放。共发放问卷 6550 份，其中，大学生问卷发放 2400 份，回收有效问卷 2156 份，有效回收率 89.83%；在职青年问卷发放 2500 份，回收有效问卷 2261 份，有效回收率 90.44%；中学生问卷发放 800 份，回收有效问卷 751 份，有效回收率 93.88%；志愿者问卷发放 850 份，回收有效问卷 822 份，有效回收率 96.71%。具体样本结构见附录。同时，从杭州、温州、金华、嘉兴和丽水 5 地选取了 150 名（30 名 / 地市）具有代表性的青年进行深度个案访谈（志愿服务专题的 80 名受访者通过"志愿汇"单独抽取，不含在上述 150 名青年内），进一步详细了解各类青年群体在不同发展领域的具体需求和痛点难点问题。

此外，需要说明的是，本篇各专题调研报告如未特别指明调查样本来源，则说明其所用调查样本均来自附录。样本如有其他来源，各专题调研报告将会在文中单独指出。

浙江青年思想动态专题报告

青年是新时代的奋斗者、书写者和塑造者，是推动社会进步最活跃的力量，是国家的未来和民族的希望。赢得青年才能赢得未来，塑造青年才能塑造未来。青年一代的理想信念、精神状态、综合素质，是一个国家发展活力的重要体现，更是一个国家核心竞争力的重要因素。新时代，各行各业各领域的浙江青年在忠实践行"八八战略"、奋力打造"重要窗口"、争创社会主义现代化先行省的新征程中积极发挥着突击队、生力军作用。思想动态作为一个多对象、多层次的衡量系统，外延宽泛，内容包含理想信念、人生价值、思想道德、政治意识等方面。本次专题调研的调查问卷与访谈提纲设计，从浙江青年的理想信念和价值观、政治立场和态度、政治参与和行为等 3 个维度具体展开，分析把握浙江青年的时代特点和发展规律，为全面实施《浙江省中长期青年发展规划（2017—2025 年）》提供阶段性浙江新青年样本检测。

一、浙江青年思想动态总体状况

作为一支最积极、最活跃的中坚力量，浙江青年在革命、建设与改革各个历史时期秉承"浙江精神"天然基因，勇于行动，敏于担当，见证、亲历、参与、创造社会经济发展全过程，在广阔舞台上筑梦奋斗。新时代浙江青年正在高水平推进省域治理现代化、争创社会主义现代化先行省新征程中施展青春才华，实现自身价值。把握浙江青年思想动态，把青年的政治热情、现实理想和切身利益实现置于现代化进程中考察，具有现实意义。

（一）本色彰显：浙江青年思想动态之景与思

1. 理想信念积极坚定，价值选择趋于自我

（1）理想信念坚定，人生态度积极。理想指引人生方向，信念决定事业成败。一个人有了理想，就有了奋斗的目标，所谓心中有梦想，脚下有力量。总体而言，浙江青年具有坚定的理想信念和积极向上的人生态度。浙江青年坚持理想，并根据现实情况阶段性调整目标。调查数据表明，96.83% 的青年认为理想信念对一个人具有重要的作用。其中，74.90% 的青年认为理想信念"很重要，是个人价值实现的有力保障"，21.93% 的

青年认为理想信念"比较重要，对个人存在影响"。（见图1）访谈中也有很多青年表示"理想信念是航向标，有理想信念，就有奋斗方向""理想信念挺重要，没有理想等于咸鱼"。与此同时，青年普遍认为"大理想不会变，但是小目标会改变"，并会一直朝着自己的目标前进，甚至会尝试用"曲线救国"的方式逐渐接近目标。在共同理想方面，大部分青年具有坚定的政治信仰。调查显示，在学习马克思主义方面，63.86%的青年认为"很有必要学习马克思主义，应该用马克思主义武装自己"；在是否想加入中国共产党和共青团的问题上，在职青年和大学生"已加入"和"争取加入"的比例高达85.16%，中学生更是达到了94.11%（见图2），68.24%的青年和71.29%的中学生认为加入中国共产党和共青团是出于对"理想信念的追求"；在人生态度方面，奋斗是青年人生的主基调，高达87.93%的青年认为人生应该"努力拼搏，奋发向上"，按照程度来说，其中持"完全应该"态度的超半数（55.57%），相对于其他选项来说，这个比例也是最高的（见表1）。

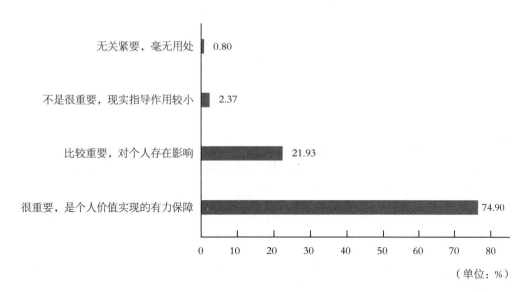

（单位：%）

图1 理想信念对一个人的重要性

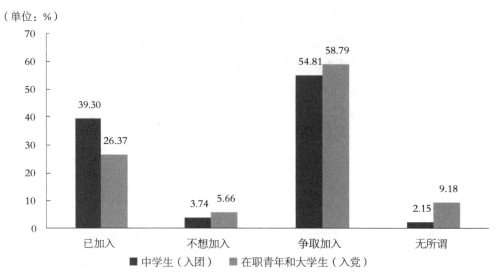

（单位：%）

图2　是否想加入中国共产党（共青团）

表1　青年对不同人生态度的评价

选项	完全不应该 / %	不太应该 / %	说不清 / %	较应该 / %	完全应该 / %
按自己的兴趣和意愿 自在地生活	3.92	2.50	9.33	42.87	41.38
顺其自然，随遇而安	6.88	11.39	22.22	38.18	21.33
人生如梦，及时行乐	9.39	16.27	24.79	30.35	19.21
努力拼搏，奋发向上	3.01	1.19	7.86	32.36	55.57

（2）人生选择偏重现实，个人主义倾向渐显。调查显示，浙江青年虽然具有坚定的理想信念，但是在人生选择上更加现实。随着时间的推移，部分青年屈从于现实。访谈中，大部分青年表示，随着年龄、知识、阅历等的增加，会改变自己以往的想法，更加注重现实需要；少数青年因为生活压力大，放弃了自己最初的梦想。例如，当问到为什么从事现在的行业，而不继续坚持自己最初的想法时，有青年回答"小时候我的理想是当一名漫画家，所以大学就读了动漫设计专业，毕业以后在杭州做设计，但是生活压力太大，刚好父母做农业，我就回来了，理想和现实还是有很大差别的"，或是"我比较尊重现实，在企业待的时间长了，对企业更了解，就选择一直待在这个舒适圈里"。可见，人生经历、生活压力成为浙江青年人生选择更具现实性的直接动因。

同时，浙江青年更加注重个人需求，有忽视满足社会和他人需要的倾向。调查显示，浙江青年认为人生价值集中体现在"自己和家人是否安康""生活是否舒适""社会贡献大小""事业是否成功"等方面。值得注意的是，数据显示，中学生群体中"社会贡献大小"在"价值体现"中占比最高；大学生与在职青年中，选择"自己和家人是否安康"的占比最高，"社会贡献大小"位列第三；同时，对"社会贡献大小"的选择，大学生比在职青年高近 10 个百分点。（见图 3、图 4）随着从少年到青年的蜕变，青年越来越把"个人"和"生活"排在前面，不经意间忽视了"他人"和"社会"。在对与他人关系的处理上，大部分青年认为自己是第一位的，尤其在面对自我利益和他人利益的关系上，67.09% 的青年选择"在不损害自己利益的前提下，愿意帮助别人"（见图 5）。同时，浙江青年更加关注与个人工作、兴趣或切身利益相关的信息，比如"我会关注目前做的行业""我自己跳街舞，肯定比较关注街舞相关内容""我关心与自己切身利益相关的（有关政策）"。究其原因，一是浙江处于改革开放的前沿，市场经济的繁荣发展促进了青年的思想解放，加上多元社会思潮对青年价值取向的影响，青年在思考方式和行为选择上都更加倾向于满足个人需要。二是在数字化浙江建设进程中，网络空间的社会责任感培养仍然是浙江青年成长题中应有之义，但网络虚拟性一定程度上会造成青年自我、孤立的心理趋向，削弱青年的社会责任意识，这也成为浙江青年个体社会化的时代特征。

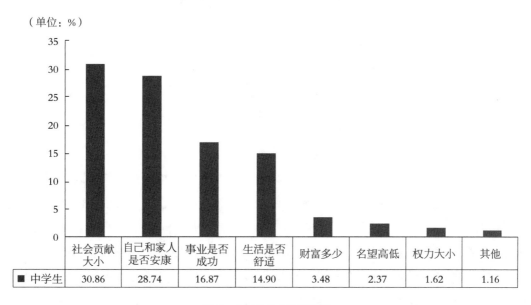

（单位：%）

	社会贡献大小	自己和家人是否安康	事业是否成功	生活是否舒适	财富多少	名望高低	权力大小	其他
■ 中学生	30.86	28.74	16.87	14.90	3.48	2.37	1.62	1.16

图 3　中学生的人生价值观

（单位：%）

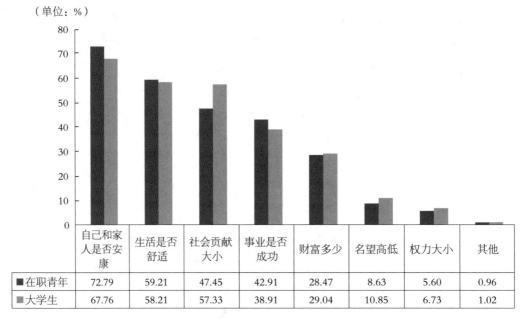

	自己和家人是否安康	生活是否舒适	社会贡献大小	事业是否成功	财富多少	名望高低	权力大小	其他
■在职青年	72.79	59.21	47.45	42.91	28.47	8.63	5.60	0.96
■大学生	67.76	58.21	57.33	38.91	29.04	10.85	6.73	1.02

图4 大学生和在职青年的人生价值观

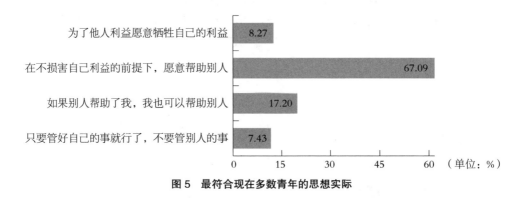

图5 最符合现在多数青年的思想实际

2. 政治意识主流向上，政治认知尚待成熟

（1）政治立场鲜明，家国认同度高。政治意识，主要是指政治思想、政治观点，以及对于政治现象的态度和评价。浙江青年政治意识符合主流，具有鲜明的政治立场、浓厚的爱国情感，家国认同度高。浙江青年政治态度坚决，特别是在国家主权、安全和发展利益等问题上毫不含糊，访谈中涉及相关"中美贸易战"、台海问题、"香港事件"时，多名访谈者表示："特别在香港、台湾问题上面，我觉得要有基本的认知和立场。"浙江青年爱国情感强烈，访谈中，每个人都表示自己是爱国的，认为爱国是一个人最基本的政治素质，并且在国家危难、民族兴衰、大是大非、获得巨大成就等展示集体主义精神之时更能激发出爱国情感及行为。对中学生的调查显示，高达 97.80% 的中学生认为作为一名中国人感到非常自豪，90.73% 的中学生表示"在国家需要的时候甘愿做出自我牺牲"，94.44% 的中学生表示"在全球化趋势下，更应该讲爱国主义"。（见图 6）

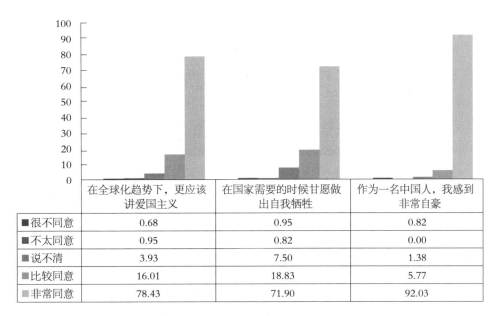

	在全球化趋势下，更应该讲爱国主义	在国家需要的时候甘愿做出自我牺牲	作为一名中国人，我感到非常自豪
■很不同意	0.68	0.95	0.82
■不太同意	0.95	0.82	0.00
■说不清	3.93	7.50	1.38
■比较同意	16.01	18.83	5.77
■非常同意	78.43	71.90	92.03

图 6　中学生对不同观点的认同度（一）

浙江青年的家国认同度高。一是在地区对比中展示出对浙江的高度认同。浙江坚持一张蓝图绘到底，忠实践行"八八战略"、奋力打造"重要窗口"，浙江社会经济建设与发展勇立潮头，走在全国前列。访谈者对浙江发展成就认同度很高。例如，"杭州这边的环境、人的思维都更活跃，交通（也要）更好"；"我从小是在福建长大的，浙江的绿化、道路建设都全面领先，创业就业环境也比福建好"；"江苏大企业比较多，浙江小企业和民营企业偏多，浙江（人民）更倾向于创业"。二是在抗击新型冠状病毒肺炎疫情中展示出对国家的高度认同。调查数据显示，94.99% 的中学生认为"中国特色社会主义制度是具有明显制度优势和强大自我完善能力的先进制度"。（见图 7）访谈中，青年普遍表示，中国制度优势在抗击疫情的过程中得到充分展示，"以前说国外月亮比中国圆，抗击疫情很好地展现了中国的月亮比外国圆，更加强调了党和国家的治理能力。作为青年，我们一定要坚信一点：政治上坚定党的领导，对国家更有信心"。可见，新型冠状病毒肺炎疫情发生以来，中国政府本着对中国人民和世界人民生命安全和身体健康高度负责的态度，采取最全面、最严格、最彻底的防控举措，展示出国家治理体系和治理能力的强大优势，大大增强了青年对国家的自信和认同感。

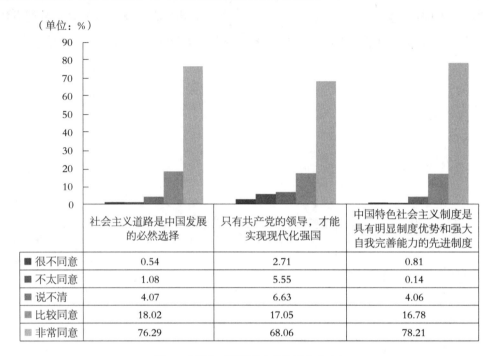

（单位：%）

	社会主义道路是中国发展的必然选择	只有共产党的领导，才能实现现代化强国	中国特色社会主义制度是具有明显制度优势和强大自我完善能力的先进制度
■ 很不同意	0.54	2.71	0.81
■ 不太同意	1.08	5.55	0.14
■ 说不清	4.07	6.63	4.06
■ 比较同意	18.02	17.05	16.78
■ 非常同意	76.29	68.06	78.21

图 7　中学生对不同观点的认同度（二）

（2）时政关注呈体制差异，政治认知有待成熟。浙江青年对国内时政信息的关注程度存在明显的体制内外差异。为更好地调查分析不同体制青年政治关注情况的差异性，本次调查以"习近平总书记在浙江考察调研"为例，对青年关注度进行卡方检验（交叉分析）后，发现差异显著（$p<0.01$）（见表 2）。通过比较发现，体制内青年（主要是机关单位和事业单位青年）对"习近平总书记在浙江考察调研""非常关注并且主动了解"的占比最高，"完全不关注"的占比最低，关注程度从高到低所占的比例呈现逐级下降趋势，而民企/私企单位青年对该事件"完全不关注"的占比最高，"非常关注并主动了解"的占比最低，关注程度从高到低所占的比例呈现逐级上升趋势，这说明体制内青年对"习近平总书记在浙江考察调研"的关注程度要比体制外的青年关注程度高。（见图 8）访谈发现，当谈到是否了解"重要窗口"一词时，机关单位和事业单位的青年普遍表示知道，并且有学习过；而体制外的青年知道"重要窗口"的比例较低，甚至某些青年把"重要窗口"理解为实体的办事窗口。究其原因，对重要国内时政内容的知晓度和关注度，与青年所在单位的性质和工作内容关联度高。相对来说，体制内单位的党建和

群团工作基础好，作用发挥较体制外单位明显，凝聚青年、组织青年学习实践的常态化机制较体制外有优势。民企／私企、新兴领域内的青年，虽然学习和实践诉求比较强烈，但是渠道狭窄，途径有限。

表2　不同职业对"习近平总书记在浙江考察调研"关注度的差异分析

题目	名称	交叉（卡方）分析结果							总计	X^2	p
		目前从事职业／%									
		1	2	3	4	6	7	10			
习近平总书记在浙江考察调研	非常关注并且主动了解	182（45.84）	144（36.56）	138（34.5）	101（22.15）	50（37.31）	24（30.38）	26（23.22）	665（33.72）	84.065	0.0001
	有关注相关新闻，但了解得不多	147（37.03）	172（43.65）	177（44.25）	202（44.30）	52（38.81）	32（40.51）	57（50.89）	839（42.55）		
	听说过，没怎么关注	60（15.11）	64（16.24）	67（16.75）	120（26.32）	28（18.66）	15（18.99）	22（19.64）	373（18.91）		
	完全不关注	8（2.02）	14（3.55）	18（4.50）	33（7.23）	7（5.22）	8（10.12）	7（6.25）	95（4.82）		
	总计	397	384	400	456	134	79	112	1972		

（注：1代表机关单位公务员，2代表事业单位工作人员，3代表国企工作人员，4代表民企／私企工作人员，5代表外企工作人员，6代表自主创业者，7代表自由职业者，8代表"两项计划"志愿者或大学生村官，9代表军人，10代表其他。由于5、8、9的样本量数据太少，会影响p值计算，不具有参考意义，故表格中不显示）

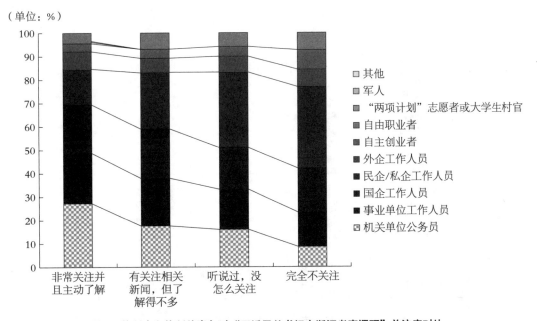

图8　体制内和体制外青年对"习近平总书记在浙江考察调研"关注度对比

浙江青年政治意识符合主流，但是对某些政治问题的认识存在偏差。例如，在对马克思主义、社会主义道路、中国共产党的认识及加入中国共产党（共青团）的动机方面存在提升空间。调查发现，在学习马克思主义方面，1.47%的青年认为"没必要，马克思主义已经过时了"；1.51%的青年认为"没必要，马克思主义是大而空的理论，离生活实践比较遥远"。（见图9）关于是否要加入中国共产党（共青团），亦有极少部分青年呈现出不想加入和无所谓的态度。有一部分青年把加入中国共产党（共青团）当作一种荣誉，也有一部分青年认为加入中国共产党（共青团）"对个人发展有好处"，还有的青年没有主观意识要积极向中国共产党（共青团）靠拢，而是为了完成"父母长辈的意愿"或者干脆"随大流"。（见图10）对中学生的调查数据也显示，还有极少数中学生对坚定社会主义道路和党的领导，对中国特色社会主义制度不够自信。（见图7）究其原因，一是社会环境影响。面对深刻变化的国内外社会环境、多元的社会思潮和多样的生活选择，青年在意识形态上难免会受到影响。二是由青年特点决定。青年正处于人生成长的关键期，特别是学生，他们的知识体系、价值观、情感心理都尚未成熟，政治敏感度、认识度、辨别度不够，理论学习深度不够，对历史的认识不清，不能有效地将理论知识转化为实践认知。

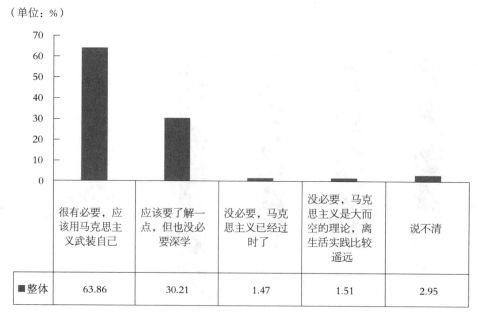

（单位：%）

	很有必要，应该用马克思主义武装自己	应该要了解一点，但也没必要深学	没必要，马克思主义已经过时了	没必要，马克思主义是大而空的理论，离生活实践比较遥远	说不清
■整体	63.86	30.21	1.47	1.51	2.95

图9　学习马克思主义的必要性

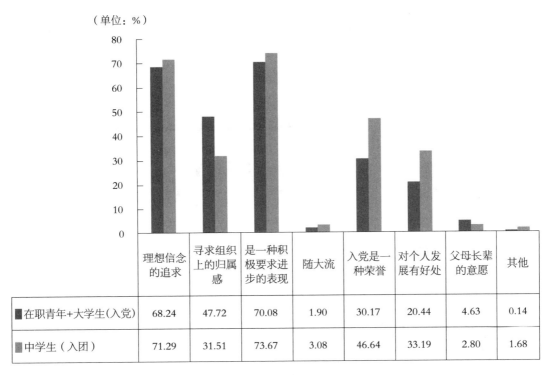

（单位：%）

	理想信念的追求	寻求组织上的归属感	是一种积极要求进步的表现	随大流	入党是一种荣誉	对个人发展有好处	父母长辈的意愿	其他
■ 在职青年+大学生（入党）	68.24	47.72	70.08	1.90	30.17	20.44	4.63	0.14
■ 中学生（入团）	71.29	31.51	73.67	3.08	46.64	33.19	2.80	1.68

图 10　加入中国共产党（共青团）的动机

3. 政治参与意识显性强烈，但政治参与行为隐性分化

（1）普遍关心政治，参与行为理性。当代浙江青年普遍关心政治，关注国家大事。调查数据显示，包括中学生在内的87.94%的青年表示自己关心政治。（见图11）从青年对不同事件的关注度上也发现，浙江青年不仅关注"肖战227事件""仝卓伪造高考身份""科比去世"等社会热点事件，也关注"中美贸易战""香港修例风波""习近平总书记在浙江考察调研"等时政热点事件，如在"中美贸易战"问题上，不论是中学生、大学生还是在职青年的关注度都超过了80%（见图12），并且在职青年对时政热点事件的关注度要比对社会热点事件的关注度高。在访谈中，我们也了解到，凡是涉及国家利益的有关问题，特别是关系到我国和其他国家的关系问题，青年人都非常关注。例如，关注中美贸易战中美国针对中兴、华为，调查TikTok等事件。

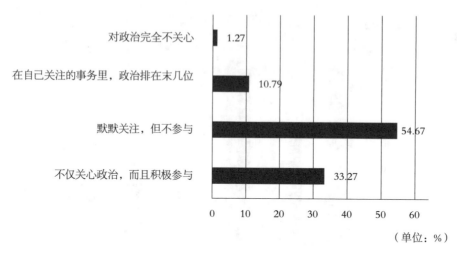

图 11　对于政治的关心和参与态度，哪一个与您的情况最为贴近

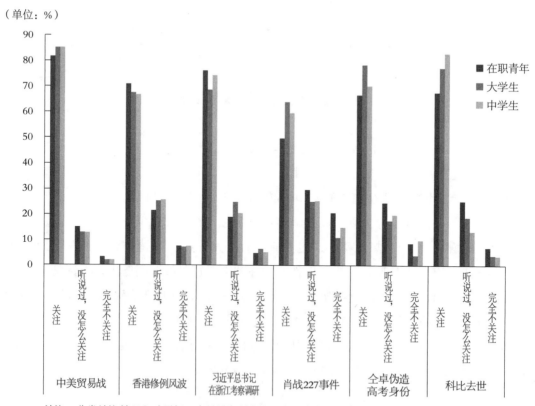

关注：非常关注并且主动了解；有关注相关新闻，但了解得不多

图 12　不同群体对不同事件的关注度

　　浙江青年具有承担相应社会责任的普遍意愿并积极付诸行动。调查表明，当政府就某项涉及公民个人利益的政策草案向社会征求修改意见时，大部分浙江青年表示会参与讨论和提出自己的意见。（见图13）同时，不仅希望能够"表达自己的不同见解"，而且希望"唤醒更多人及政府的重视（社会责任感）"（见图14）。疫情期间，很多青年响应国家号召，奔走在抗疫路上，积极为政府和社会做贡献："正月初三，我在老家泰顺，泰顺县政府缺口罩，我跑到杭州花了10万块钱买了2万个口罩送给他们。"大学生也积极参加政府组织的志愿活动。如有同学说："疫情期间我去做过（志愿者），我的很多同学也去了，就是在自己的乡镇和小区门口测体温等。"访谈中发现，在职青年一般会通过写信、打电话、发邮件、面对面提意见等各种形式参与到社会治理中来。如有在职青年说："十字路口一开始没有设红绿灯。后来出了三四次车祸，我就通过一个公共邮箱给政府提意见，说路口车祸越来越多，最后真的安装了红绿灯。"学生积极参与学校的建设和管理，主动表达自己的观点，为学校的发展建言献策，如有同学说："我们学院针对评奖评优征集意见，我就提了。之前还参加过党委书记和学生代表座谈会。""我们比较喜欢集智帮帮团活动，就是学校发布任务，征集大家的提案。"调研也发现，不论是中学生、大学生还是在职青年，平时都积极致力于社会公共事业，表示有时间、有机会就会积极参加社会公益活动，为政府、国家和社会贡献自己的一分力量。

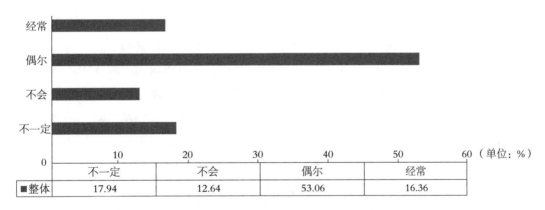

	不一定	不会	偶尔	经常
■整体	17.94	12.64	53.06	16.36

图13　参与政府向社会征求涉及公民个人利益的政策草案的讨论或发表意见

（单位：%）

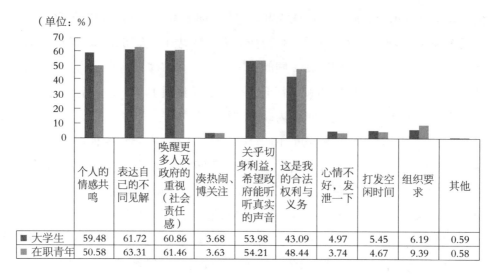

	个人的情感共鸣	表达自己的不同见解	唤醒更多人及政府的重视（社会责任感）	凑热闹、博关注	关乎切身利益，希望政府能听听真实的声音	这是我的合法权利与义务	心情不好，发泄一下	打发空闲时间	组织要求	其他
■ 大学生	59.48	61.72	60.86	3.68	53.98	43.09	4.97	5.45	6.19	0.59
■ 在职青年	50.58	63.31	61.46	3.63	54.21	48.44	3.74	4.67	9.39	0.58

图 14　参与讨论、评论或发表意见的主要原因

在打造"互联网＋"科创高地背景下，网络成为浙江青年获取信息和发声的重要途径，浙江青年的网络参与呈现出比较谨慎和理性的特点。第 46 次《中国互联网络发展状况统计报告》显示，截至 2020 年 6 月，我国网民规模达 9.40 亿，手机网民规模达 9.32 亿，网民使用手机上网的比例达 99.2%，互联网普及率达 67.0%。《浙江省互联网发展报告 2019》显示，浙江有 4729.8 万网民，其中 99.5% 用手机上网。浙江 5G 建设规模全国领先。随着新一代数字技术的应用，浙江不断加强和创新社会治理，坚持"整体智治""数字赋能"，持续深化"数字浙江"建设，高水平推进省域治理现代化。在这样的背景下，网络成为浙江青年获取信息和发声的重要渠道。面对网络平台的多样化和网络信息的复杂化，青年的网络参与显得谨慎而理性，具体表现在，如果在网上看到有损国家利益的言论，59.34% 的青年表示会"经过理智分析后再进行反驳，对自己的行为负责"，且这一占比远远高于其他几项的占比（见图 15）。不想进行网络参与或不进行网络参与是因为"网上有太多过激情绪或调侃言论，不想参与""不懂相关知识和背景，不知道该讨论什么""信息杂乱，很难辨别真假"（见图 16）。在社会生活环境全面数字化背景下，浙江青年的网络参与具有超越他们这个年龄段的成熟与理智的特点。

（单位：%）

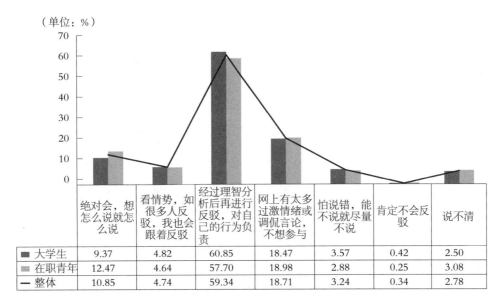

	绝对会，想怎么说就怎么说	看情势，如很多人反驳，我也会跟着反驳	经过理智分析后再进行反驳，对自己的行为负责	网上有太多过激情绪或调侃言论，不想参与	怕说错，能不说就尽量不说	肯定不会反驳	说不清
■ 大学生	9.37	4.82	60.85	18.47	3.57	0.42	2.50
■ 在职青年	12.47	4.64	57.70	18.98	2.88	0.25	3.08
— 整体	10.85	4.74	59.34	18.71	3.24	0.34	2.78

图 15　会不会反驳网上有损国家利益的言论

（单位：%）

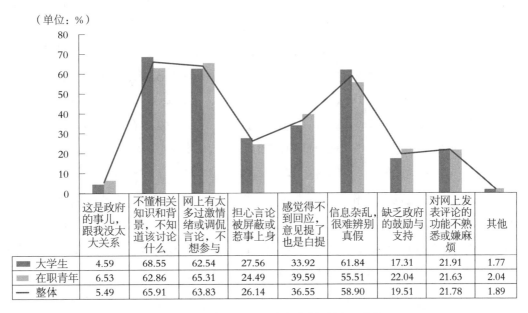

	这是政府的事儿，跟我没太大关系	不懂相关知识和背景，不知道该讨论什么	网上有太多过激情绪或调侃言论，不想参与	担心言论被屏蔽或惹事上身	感觉得不到回应，意见提了也是白提	信息杂乱，很难辨别真假	缺乏政府的鼓励与支持	对网上发表评论的功能不熟悉或嫌麻烦	其他
■ 大学生	4.59	68.55	62.54	27.56	33.92	61.84	17.31	21.91	1.77
■ 在职青年	6.53	62.86	65.31	24.49	39.59	55.51	22.04	21.63	2.04
— 整体	5.49	65.91	63.83	26.14	36.55	58.90	19.51	21.78	1.89

图 16　不参与讨论、评论或发表意见的主要原因

（2）政治参与行为"线上、线下"差异大，参与的主动性、引领性偏弱。青年在政治参与的内容上呈现差异性，在政治参与方式选择上呈现"线上、线下"分化特征。访

谈发现：青年对于政治色彩不是特别浓厚的社会公共事务表现出建言献策和积极参与的主动性；对于政治色彩比较浓厚的新闻以及时政热点，青年表示很少参与，即使参与也仅集中在线下、小范围内交流，几乎不在网络上发表评论。尤其是体制内青年政治参与理性有余，顾虑较多，具有代表性的回答如："我们是机关内部的，首先自己肯定不信谣，不传谣，也不随便转发。因为职业的缘故，网络上的东西我们都不去参与。其次，我也知道，虽然网上需要有更多正能量去引导，但是具体到我个人身上，很怕说错话，就不敢讲，不去网络上发表一些评论。"即使他们觉得网络上需要有更多正能量的转发和引导，但是从个人角度考虑，还是很少发声。也有极少部分青年政治参与消极被动，例如个别青年直接就提到"和政府相关的都不要评论"。

浙江青年的网络政治参与主动性需要加强。调查数据显示，虽然包括中学生在内的87.94%的青年表示自己关心政治，但其中54.67%表示"默默关注，但不参与"（见图11）。访谈发现，浙江青年平时通过今日头条、微信公众号、微博热搜、学习强国、抖音等不同的方式关注时事新闻及社会热点事件，很少主动去搜索，一般就是推送什么看什么。青年表示"现在资讯太多，我就看它是否推送给我""看微博热搜，有什么看什么关注什么，自己也不太去主动搜索"。被动接受的多，积极吸收的少。此外，不论是中学生、大学生还是在职青年均表示很少参与网络评论，特别是新闻类，涉及政治热点的时候，就更少了。调查数据也显示，即使大部分青年认为政府在回应网络意见或评论方面的效率高，认为"非常有效率"的占24.53%，"比较有效率"的占52.55%（见图17），但还是有少部分青年表示，不参与网络讨论、评论或发表意见是因为"感觉得不到回应，意见提了也是白提""缺乏政府的鼓励与支持"（见图16）。究其原因，一是青年生存压力大，导致政治参与浅显化。青年在学习、生活、工作等紧张状态下，缺少足够的时间和精力去主动关注和搜索各类时政新闻，思考政治问题，发表正确观点。二是网络舆论的复杂化和难控化增加了青年网络参与的难度。网络信息来源多、传播广，网络和新媒体的交互性、便捷性和隐匿性特点突出，虚实真假混杂的舆论传播增加了青年的政治参与风险，增加了青年选择和参与的难度。

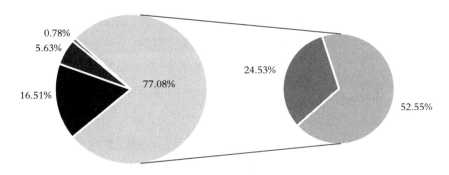

0.78%
5.63%
16.51%
77.08%
24.53%
52.55%

■ 一般，遮遮掩掩的　■ 不太有效率　■ 完全不理睬　■ 非常有效率　▨ 比较有效率

图17　政府在回应网络上的意见或评论时的态度

（二）行远自迩：浙江青年思想政治引领的对策及路径

思想是行动的先导，行动是思想的外化。浙江青年思想面貌总体健康向上，理想信念坚定、价值观积极、政治关注度高、网络参与理性，但是在某些方面还存在认识不足的问题，需要加强对青年思想的引导，提高青年思想政治素养，持续为浙江高水平现代化和"重要窗口"建设贡献青年之智和青春力量。

1. 情理兼施：全面提升青年思想政治素质

提高青年的政治认同，让青年扛起新时代浙江社会经济发展的责任担当，尤显现实而紧迫。一是要寻根溯源，深化青年的理想信念教育。一方面，加强青年的"四史"教育，学史使人明智，让青年从"党史、中华人民共和国史、改革开放史、社会主义发展史"中汲取营养，了解中华人民共和国的历史，感受浙江的发展历程，认可党和人民的智慧之举，夯实青年的思想基础，增强历史责任和使命担当。另一方面，加强中华优秀文化教育，从文化中吸取智慧，通过定位、继承、弘扬和创新"优秀传统文化、革命文化、社会主义先进文化"，用博大精深、源远流长的中华文化滋养青年，让优秀的中华文化成为青年的精神之源和力量之源。二是要培育和践行社会主义核心价值观。一方面，要做好价值观的教育和引领，突出感染力和亲和力。通过润物无声、细水长流的形式，在整体背诵、分解讲述、融会贯通和平等沟通、互动交流的基础上，关注青年需要，实现社会主义核心价值观在青年心中生根发芽、枝繁叶茂、叶落根深，形成闭环效应。另一方面，在社会实践中把握机会、寻找突破口。发挥历史思维和辩证思维在政治热点剖析中的作用，正确引领，让青年在思辨中主动认可和建构社会主义核心价值观。

突出情境教育的作用，打造虚拟与现实相结合的教育平台，通过语言讲授和身心体验、直观性和知识性相结合的方式激发内在情感，弘扬"四德"（社会公德、职业道德、家庭美德、个人品德），坚定信念。三是发挥家庭教育的基础性作用。家庭作为社会的最小单元，是社会的细胞，家庭教育对青年的思想影响是排第一位的。注重家庭、家教、家风，从小培养孩子敢于吃苦、乐于分享、勇于承担的优秀品质；通过建立相对应的家庭教育咨询机构或家长培训机构，给青年家长以指导，让其了解孩子各阶段特征，做到教育及时有效；善于挖掘家庭中的思想政治教育元素，充分利用家庭人物和家庭故事，在日常生活中渗透思想教育；适当和孩子保持距离，注意家庭中说话、沟通和生活的方式，在日常家庭教育中提高教育的科学性、艺术性和有效性，发挥家庭教育早期性、及时性、感染性、连续性、永久性的优势特征，让青少年从小就在心里埋下爱国、爱党、爱社会主义的种子，加强对党、对社会主义、对国家的信心。

2. 协同共进：实现思想政治教育合力持久生效

思想政治教育工作是一项阶段性、持续性、复杂性的工作，在不同的历史时期、不同的社会发展阶段，针对不同的人生阶段都有不同的要求。青年思想政治教育工作必须根据阶段性要求和特点稳步推进，在"大思政"工作格局之下，要加强各领域思想政治教育主体的协同，增强思想政治教育的有效性，让教育合力持久生效。一是发挥党政机关和国家相关职能部门的作用。调查中发现，浙江青年在成长和发展中面临着各种各样的压力。压力是动力的来源，但过重的压力会成为对青年的严峻考验。所以，相关部门要切实关注青年所思所想所求，直面青年问题，解决青年困难，为各领域青年提供和谐、稳定、宽松的发展环境，让青年将"小我"融入"大我"，更多地思考如何让自己的人生和国家的发展同频共振。二是要充分发挥学校思想政治教育的作用。一方面，要凝聚学校思想政治教育的主体力量。通过把学校党政干部、共青团干部、思想政治理论课和哲学社会科学课教师、辅导员和班主任凝聚起来，不让任何一方掉链子、出漏洞，把教育网织紧、铺开，实现在党委统一领导下，各部门各方面齐抓共管的工作格局，为青年学生走上社会舞台做好"强身固体"、固本培元的工作。另一方面，要发挥思想理论教育的作用。调研中发现，思想政治理论的学习是非常有必要的，对个人思想的发展，特别是对个人对党和国家的认识具有重要的作用，因此要提高理论学习的有效性。首先，要创新思想理论教育方法。理论学习需要灌输，但是纯粹照本宣科会使理论学习变得枯燥乏味，所以要学会利用人物和事件，将问题具体化，增强现实存在感，拉近理论与学生的距离，让理论生活化。其次，要善于运用逻辑思维加强理论教学的逻辑性。

通过逻辑讲述理论内容引导学生去思考问题，给学生以反思，增强学生的"收获感"，转变学生对思想理论教育的刻板印象。最后，要衔接好思想理论教育内容。做好思想理论教育内容的系统谋划和整体设计，统一学校思想政治理论课程名称，设计课程体系，做好大中小学的思想政治理论教育的有效衔接。三是要做好学社衔接的思想政治教育工作。一方面，扩大青年马克思主义者（以下简称"青马"）培养工程的覆盖面。通过增加青马工程的培养人数和延伸青马工程的覆盖领域，加强不同领域青马学员之间的互动交流，发挥青马学员的辐射和带动作用，增强思想政治教育的影响。另一方面，发挥社会实践的桥梁和纽带作用。探索校企对接模式，加强学生和在职青年的沟通交流，利用"传帮带"，让理论教育进企业，让实践教育进校园，打破理论学习和实践技能的壁垒，实现学用结合，融会贯通。

3. 内外联动：提高体制外青年群体的思想认识

青年由于年龄、身份、所在的地方不同，对政治的关注表现出或多或少的差异。调查表明，相较于机关事业单位、国企中的青年，一些民企中的青年对政治的关注程度较低。要更好地组织凝聚全体青年，加强对青年的教育和引导。一是发挥现有党、团组织联系服务青年的作用。要加强联系服务青年的作用，主动联系青年，关心关爱青年，及时了解党员、团员的思想困惑，关注青年生活，为青年解决实际困难。党、团组织举办的活动要充分挖掘活动背后的意义，让活动作用真正落地见效，让青年在活动中获得"归属感"。二是创新青年工作方法。在没有建立党、团组织的单位探索建立党、团组织，加强青年间的交流和互动。一方面，对希望建立党、团组织的单位，加强拥有党、团组织的单位对其的带动和指导作用；另一方面，通过党、团组织之间的活动联建，加强党、团组织之间的交流和互动，探索、借鉴青年工作方法。三是建立有效的学习机制。通过创新学习机制，转变学习方式，培养青年的学习兴趣和习惯，让思想理论学习成为工作的解压剂，将思想理论学习纳入工作业绩中，列入年度表彰中，激发青年的学习欲望。四是动态把握体制外青年的思想脉搏。加强示范引领，培育选树新兴领域青年群体的优秀典型；深入开展调查研究，加强对基层组织和新兴领域青年的了解。

4. 管用结合：发挥网络在青年思想政治教育中的优势

青年一代是伴随互联网发展而成长的一代。他们天然与互联网结缘，互联网不仅是他们获取信息的地方，也是表达观点、参与社会生活的场所。海量信息、多样平台、多元文化充斥着网络，深刻影响着青年的价值判断。如何在纷繁复杂的新媒体环境中，在各种思潮的交融交锋中，在矛盾和热点叠加的事件中提高青年的辨别能力，促进青年对中国传统文化的理解、对历史的认同，培养青年群体的社会主义核心价值观非常重要。一是要加强对网上信息的管理和甄别。一方面，政府要加强网络管理，改进技术化手段。严格核查不良信息及虚假信息的来源，严查严管新媒体平台，提高制度的指导和约束作用，压实主体责任。另一方面，加强青年网络素养的培育，树立正确的舆论观念。通过教育信息化学科建设和信息技术课程设置，加强学生的网络伦理和信息伦理教育，不断推动青年信息素养的提升；教育青年正确认识网络舆情呈现的特点，培养青年独立思考的主体意识和能力，使其善于主动挖掘真相，积极参与到网络舆论生态建设中来，在大是大非面前，要做敢于斗争的"战士"，不做爱惜羽毛的"绅士"。二是树立主流媒体的绝对权威，因势利导，发挥作用。主流媒体堪称新闻界的中流砥柱，必须走进青年，关注青年，通过讲好故事、正风肃纪，加强对青年的引导作用，提高主流媒体的时效性，发挥主流媒体的作用。特别是针对一些社会重大问题和热点问题，要更加快速、及时、正确、有效地发表正面观点，要以理服人、以情动人，抓住青年对事件的关注点，因势利导，掌握舆论主导权，积极正向引导青年参与对社会问题的讨论，确立正确的价值观导向。三是要学会善用网络资源，主动出击。主动挖掘网络上的思想政治教育元素，并加以转化和利用，打造网络新形象。比如四川甘孜藏族自治州的丁真意外走红，成为旅游大使，传播了家乡文化。思想政治教育主体要主动发声，占领网络阵地，善于运用网络进行宣传。一方面，不仅要善于利用网络拓宽青年参与的渠道和手段，加大宣传力度，让青年熟悉网络参与平台和使用的流程，提高参与的有效性，还要把握关键时间节点（比如国庆、疫情防控等时间点）、关键人物和重大事件。另一方面，要将思想政治教育渗透到青年的日常生活中。调研中，看电影成为大部分青年工作之余的休闲和生活方式，青年觉得像《战狼》《八佰》这样的国产电影很好，能够给自己以激励。文艺文化工作者要围绕青年的思想教育，创作"正能量"的影视、动漫等文艺作品，创作反映中国政治、经济、文化、社会和生态发展的文艺作品，对青年产生潜移默化的作用，把思想教育做在日常。

二、浙江大学生思想动态总体情况

大学生是十分宝贵的人才资源。2016 年 12 月 7 日，在全国高校思想政治工作会议上，习近平总书记首次点评"95 后"大学生，认为他们"朝气蓬勃、好学上进、视野宽广、开放自信，是可爱、可信、可为的一代。对当代高校学生，党和人民充分信任、寄予厚望"。这是总书记站在治国理政全局高度做出的政治判断和长远期望。浙江大学生是浙江青年的重要组成力量，其思想动态与其他青年基本一致，但关于其理想信念价值观和思想行为方面有哪些鲜明的群体特点，他们的爱好与期待是什么，他们愿意以何种方式实现政治表达和政治参与，可能存在哪些风险，等等问题，仍有必要进行深入研究与分析。

（一）传承与重构：浙江大学生思想动态特征描摹与省思

1. 共生与契合：浙江大学生理想信念和价值选择特征描摹

理想是人们追求的目标，信念是人们向着这个目标前进的意志和定力。理想崇高，能强化信念；信念坚定，能坚守崇高。大学生作为中国特色社会主义事业建设者和接班人，坚定理想信念至关重要。当前，浙江大学生理想信念符合主流，同时多元化特征突出，主流与多元之间和谐共生、契合包容。

（1）理想信念顺应时代需求，主流价值观积极向上。调查显示，浙江大学生对理想信念的认同高度一致。一是高度认同理想信念的作用。在关于"理想信念对一个人的重要性"的调查中，71.66% 的大学生认为"理想信念很重要，是个人价值实现的有力保障"，24.35% 的大学生认为"理想信念比较重要，对个人存在影响"。访谈中，大学生一致认为理想信念很重要，表示"作为一名大学生，一定要有一个目标一个抱负，然后朝着目标抱负努力实现它"。二是将个人发展与社会需要紧密结合。访谈中，大学生就"理想信念的认识"深入分析、娓娓道来，可见他们在日常生活中是有所学习、思考和积累的。他们提出"理想会随着时间推移而变化，但信念不可改变"。在谈到个人理想时，他们会与个人能力、个人发展及精神成长自然结合，强调"在自己力所能及的范围内，做更多有价值的事情"，比如，有学生提到自己会选择通过"支教保研，为国家、社会做更多贡献，同时兼顾自己各方面的发展"。浙江大学生价值观整体积极向上，价值选择趋向务实理性。比如在谈到"好人与能人哪个更珍贵"时，大部分大学生认为当今社会更应珍惜好人，有学生提到，"纳粹分子都很厉害，但他们不是好人""好人可以成为能人，但能人如果不是好人的话，产生的破坏力更大"。谈到"五四精神"时，95.5% 的大学生认为"一代代青年在五四精神感召下不懈奋斗，改变了国家和民族面貌，这种精神仍然需要大力传承、弘扬"，反映出当代浙江大学生对"五四精神"内涵和启示的高度认同。谈到"帮助他人"时，92.08% 的大学生表示愿意帮助他人或者可以帮助他人。对于"努力拼搏、奋发向上"的人生态度，52.23% 的大学生认为"完全应该"，

35.58%的大学生认为"较应该"。（见图18）在是否赞同"人人主观为自己，客观为别人"的访谈中，大学生普遍表示赞同，他们强调帮助他人要以照顾好自己为前提，对新闻报道中"自己省吃俭用，把全部积蓄捐献出去"的做法不能认同，认为是"病态助人，不应倡导"。

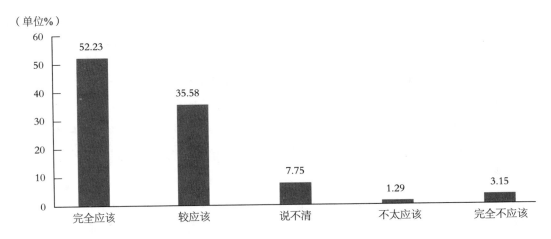

（单位%）

图18　浙江大学生对"努力拼搏，奋发向上"的人生态度的认同情况

（2）差异化特征及省思：多元化、层次化、复杂化。调查显示，浙江大学生个人理想信念呈现崇高性和功利性并存的特点。对"个人理想信念"的调查显示：选择"在不损害自己利益的前提下，愿意帮助别人""只要管好自己的事就行了，不要管别人的事"的大学生占比分别是66.98%和7.92%，总体占比相对较高；选择"如果别人帮助了我，我也可以帮助别人""为了他人利益愿意牺牲自己的利益"的占比分别为17.86%和7.24%，总体占比相对较低。（见图19）由此可以看出，呈现出一定的功利倾向。访谈发现，多数同学表示他们会将个人理想信念融入国家大局，尊重和服从国家利益，愿意为社会和他人提供帮助，表现出一定的崇高性。但同时，在明确融入大局的同时不希望以牺牲个人利益为代价，会主动考虑个人利益有无保障或个人能否从中受惠，呈现出一定的功利心理和复杂心理。

浙江大学生个人价值选择呈现多元性和层次性并存的特点。在对"个人价值主要体现在哪些方面"的调查中，排在前三位的依次是"自己和家人是否安康""生活是否舒适""社会贡献大小"，分别占67.76%、58.21%、57.33%（见图20），体现了浙江当代大学生价值取向的主流，个人进行价值选择时能主动将个人和社会同向考虑，高度黏合。

浙江大学生普遍认同"爱国、敬业、诚信、友善"的公民基本道德规范，并推己及人认为身边同学鲜有"自由主义""利己主义"等思想。部分学生认为"各类网站、贴吧发布的'保研攻略''考公秘籍'功利性和目的性太强，属于典型的'精致的利己主义'"，他们对此表示了反感并排斥，但又表现出一定程度的理解，认为"竞争太激烈了，为了成功还是要去试一试"。很多同学一边感叹着"除了学分绩点，是什么在证明我们的价值？""除了关注学分，我们是不是更应该关注人性的温暖？"，一边为了顺利保研、考公务员，又不得不筛选和尝试各种"秘籍"，这种矛盾又自洽的价值判断正是当代大学生价值选择复杂化的真实写照。大学生表现出的个人价值选择的多元化、层次化、复杂化特点，主要是由于当前中国经济快速发展、全球化不断深入、社会加速转型，多元文化深度融合、相互碰撞，以"仁爱孝悌""克己奉公"等为代表的中华优秀传统美德不再独领风骚。以"普遍性、民族性、崇高性"为基本特征的社会主义核心价值观、"主观为自己，客观为他人"的新价值观，以及各种西方文化思潮交互影响着大学生群体，当代大学生的价值观由纯粹走向繁杂，由单一走向多元。

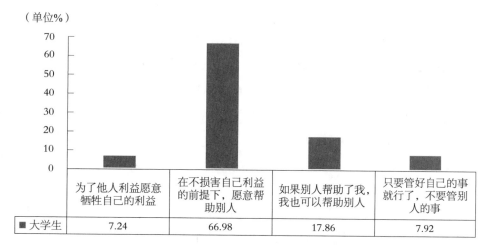

（单位%）			
为了他人利益愿意牺牲自己的利益	在不损害自己利益的前提下，愿意帮助别人	如果别人帮助了我，我也可以帮助别人	只要管好自己的事就行了，不要管别人的事
■大学生 7.24	66.98	17.86	7.92

图 19　浙江大学生对"利他精神"认知的基本情况

（单位%）

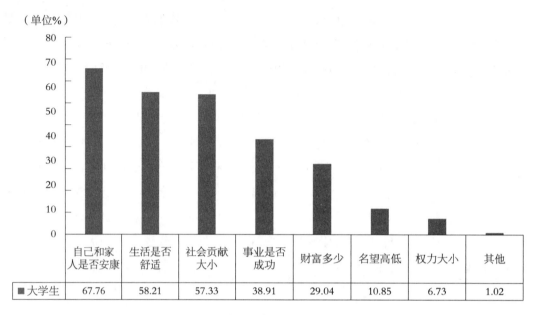

	自己和家人是否安康	生活是否舒适	社会贡献大小	事业是否成功	财富多少	名望高低	权力大小	其他
■大学生	67.76	58.21	57.33	38.91	29.04	10.85	6.73	1.02

图20 浙江大学生对个人价值评判的基本情况

2.底色鲜明，情感朴素：浙江大学生政治认同特征描摹

政治认同是指人们在社会政治生活中产生的一种感情和意识上的归属感。中国大学生的政治认同状况是稳固党的执政根基、推进中国特色社会主义事业顺利发展的重要保障。调查显示，浙江大学生高度认同中国共产党和中国特色社会主义制度，在大是大非面前政治立场鲜明而坚定，在维护祖国统一、民族利益方面和党中央保持高度一致。但同时，作为"天之骄子"的大学生，政治心理尚不成熟，在政治理论内化于心、外化于行上还有欠缺，政治自觉尚未完全形成。

（1）关注国家前途和民族命运，政治认同度高。浙江大学生高度认同党的领导和中国特色社会主义制度，彰显坚定的制度自信和道路自信。访谈发现，绝大部分同学认同"没有共产党就没有新中国""党的领导是根本保证，没有党的领导，就没有今天中国的繁荣发展""中国特色社会主义制度是具有明显制度优势和强大自我完善能力的先进制度""不照搬西方的政治模式，我国能够实现比西方更加广泛、充分和健全的民主"的政治判断。有不少大学生提到"在说到国家发展时，自然而然就会想到党，因为在我们看来，党和国家就是统一相融的关系""就像习近平总书记说的，社会主义制度确实能解决我们国家面临的历史性问题，是适合我国国情的"。在关于国内外政治事件的访谈中，全球疫情、"中美贸易战"、"华为事件"等受到大学生高度关注。谈及个人政治意识最强的场景时，大部分同学认为"在国家获得荣誉的时候，或者被外国人欺负的时候，个人政治意识最强"。这都体现了浙江大学生的政治认同整体上趋向成熟。

浙江大学生既关注社会热点，也关注国家前途，体现了较强的"国民"意识。2020年3月29日—4月1日，在全国抗击新型冠状病毒肺炎疫情最关键的时候，习近平总书记亲临浙江考察，向浙江提出"努力成为新时代全面展示中国特色社会主义制度优越性的重要窗口"的殷切期望。为考察浙江大学生对时事政治的关注情况，调查组选取了2020年4月前后发生的3件典型政治事件与同期高热的3起社会事件进行对比，发现体育、娱乐是大学生关注的社会热点，国家统一、民族主权和浙江发展等重大事件也是浙江大学生较为关注的，彰显了浙江大学生较强的"国民"意识和"主人翁"意识。（见表3）

表3 浙江大学对社会热点事件和新闻的关注情况

选项	非常关注并且主动了解 / %	有关注相关新闻，但了解得不多 / %	听说过，没怎么关注 / %	完全不关注 / %
中美贸易战	34.46	50.70	12.85	1.99
香港修例风波	25.61	42.02	25.23	7.14
3月29日—4月1日，中共中央总书记、国家主席、中央军委主席习近平在浙江考察调研	24.82	43.92	24.81	6.45
肖战227事件	27.97	36.09	25.00	10.94
仝卓伪造高考身份事件	34.93	43.65	17.53	3.90
科比去世	32.15	45.22	18.78	3.85

出生于世纪之交的大学生，在中国政治体制破旧立新、经济发展转型升级的时代洪流中茁壮成长，见证了中国经济、政治、文化、社会建设取得的巨大成就，由衷地为祖国感到自豪，"四个自信"情感天然、朴素。浙江大学生在以生为本、创业创新的教育氛围中，亲见、亲历着浙江高等教育的"小体量""大精彩"，"干在实处、走在前列、勇立潮头"的浙江姿态，以及习近平新时代中国特色社会主义思想在浙江的实践魅力，从而更加自觉认同中国共产党的领导，认同我国的国体和政体，认同中国特色社会主义的政治原则、政治理念与政治主张。

（2）差异性特征及省思：易受外界影响，政治自觉有待成熟。浙江大学生政治认同整体较高、积极向上，有"四个自信"基础，但大学生群体政治自觉仍有提升空间。中国共产党是浙江大学生表达政治理想、实现政治参与最向往的政治组织。调查发现，有85.00%的大学生积极向党组织靠拢。在入党动机方面，"理想信念的追求""是一种积极要求进步的表现"成为最主要的两种选项（分别占到71.08%、70.48%）。值得注意的是，仍有超过 1/4（29.90%）的大学生存在"入党是一种荣誉"的思想，选择"对个人发展有好处"的比例也不低，这种情况需要引起关注和深思。（见图 21）

（单位：%）

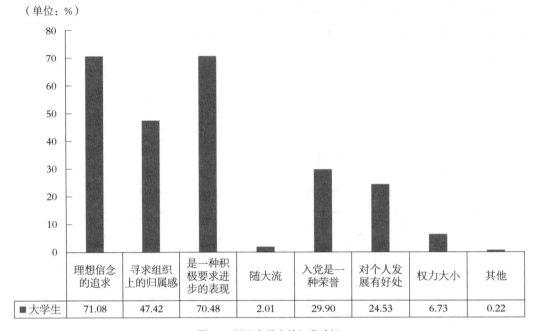

	理想信念的追求	寻求组织上的归属感	是一种积极要求进步的表现	随大流	入党是一种荣誉	对个人发展有好处	权力大小	其他
■大学生	71.08	47.42	70.48	2.01	29.90	24.53	6.73	0.22

图 21　浙江大学生的入党动机

　　浙江大学生政治理论学"思践悟"的行动自觉不足。浙江各高校利用思政课堂扎实推进大学生思想政治教育、政治理论学习和社会实践，但是大学生对政治理论的被动学习、知行偶有脱节的现象不同程度存在。调查发现：64.75% 的大学生认为"很有必要，应该用马克思主义武装自己"，比例偏低；选择"应该要了解一点，但也没必要深学""没必要，马克思主义已经过时了""没必要，马克思主义是大而空的理论，离生活实践比较遥远"的比例总计为 31.96%，占比偏高。（见图 22）访谈发现，除马克思主义学院的学生之外，认真学习研讨经典原著的大学生少之又少："我身边的同学理论学习基本限于思政课上的学习。""个别同学对哲学、政治感兴趣的，会去读原著，但是也很少，而且很难形成一种带动大家读原著的氛围。""我在青马学院的时候，大家还一起读原著，还可以就理想和时政谈谈原理的应用，但是我不可能跟青马学员之外的同学讨论原著，一是他们不熟悉，二是他们会觉得我有点怪，跟普通同学可能还是讨论专业、日常生活比较多。"可见，大学生政治理论学习的主动性和积累性不够。此外，对近年来举办的全省高校团支部风采大赛跟踪分析发现，高校二级学院分团委（团总支）干部和团支部委员普遍对政治理论知识的学以致用、基础团务知识的掌握和运用比较薄弱。伴随着信息化迅猛发展成长起来的大学生，一方面具有追新求异的本能，另一方面对外界兴趣点和关注度普遍存在小众化、碎片化、短时性特征，对时间长、具有复杂背景的政治事件缺乏持续关注的耐心，对关乎大局且比较专业、系统的政策、理论、制度等兴趣不大，导致主动学习意愿不够强，学习效率不够高。

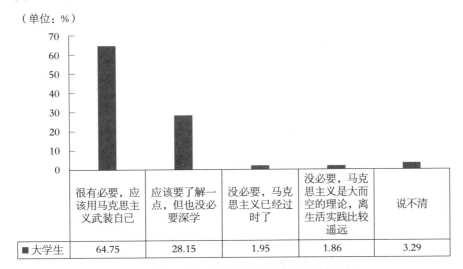

（单位：%）

	很有必要，应该用马克思主义武装自己	应该要了解一点，但也没必要深学	没必要，马克思主义已经过时了	没必要，马克思主义是大而空的理论，离生活实践比较遥远	说不清
■大学生	64.75	28.15	1.95	1.86	3.29

图22 浙江大学生对马克思主义学习必要性的认知

3. 在理性中成长：浙江大学生政治参与特征描摹

政治参与即公民通过各种合法方式参与政府生活的行为。本次调查将参与选举投票、政治学习、发表政治言论，以及参加游行示威、政治集会或政治结社等列入大学生政治参与的范畴，以此考察浙江大学生能否理性合法地表达政治诉求、主动积极地参与政府和公共事务。调查结果显示，浙江大学生政治参与意识较强，政治参与态度理性，政治参与途径较多、方式多样，但政治参与热情有所分化，政治表率作用偏弱。

（1）多途径多形式参与政治事务，政治行为有序、务实、理性。浙江大学生政治参与思考全面，行动理性。互联网时代，大学生政治参与的方式有传统的线下渠道，更有网络途径。关于大学生的网络政治参与行为，不少大学生表示"在不确定信息是否正确的情况下，不会随便发表评论、也不会轻易转发；愿意等官方媒体发布消息确认真伪，而不急于跟风表态；对一个热点事件，会通过看各种角度的评论来形成更为全面、客观的认识"。不少同学认识到"很多网络消息为了博取关注，会扭曲事实"。这些都清楚地反映了大学生网络政治参与的特征。浙江大学生最常参加的政治活动是"关心时事"和"学习政治理论"（见图23）；表达政治意见的主渠道是"向社会媒体反映""在论坛、微信、朋友圈等上发表政治意见"（见图24）；在互联网上遇到政治主张相悖的观点，部分同学会主动选择"微博举报、朋友圈拉黑、互怼脱粉"，网络口水战、集会示威、毁坏外来品牌产品等冲动行为鲜有发生，体现了大学生政治参与的有序性。一名大学生党员说："虽然我是党员，但我通常不会把自己的想法过多地发布出来，因为如果我的言论失之偏颇，可能会误导别人。"一名青马学员说："现在我们都不会因为贸易战或者国内外冲突就产生过激行为，比如打砸外国汽车这种，大家都理性冷静，才能更好地解决问题。"市场经济的发展培养了当代大学生注重现实的品格，在整个社会务实风气和校园环境的影响下，大学生夸夸其谈、好高骛远的少了，注重实干、积极进取、追求实效的多了，这一特点在政治参与的态度和行为上都得到了体现。

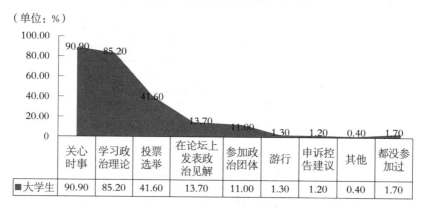

（单位：%）

	关心时事	学习政治理论	投票选举	在论坛上发表政治见解	参加政治团体	游行	申诉控告建议	其他	都没参加过
大学生	90.90	85.20	41.60	13.70	11.00	1.30	1.20	0.40	1.70

图23　浙江大学生最常参加的政治活动

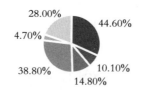

- 向社会媒体反映
- 集会，请愿
- 信访
- 在论坛、微博、朋友圈等上发表政治意见
- 其他
- 没有进行民主监督或表达过政治意见

图24　浙江大学生表达政治意见的渠道

浙江大学生在政治参与上呈现出明显的社会性、主动性和过程性。社会性体现在大学生的政治参与脱离不开社会大环境，社会热点、国内外大事都会影响他们的政治参与。大学生具有价值判断的主动性和能动性，他们较少被动接受外界的制约和引导，较多主动关注与国家声誉、利益有关的国际国内事件，他们通过自身需要、主观判断对外界表达自己的政治态度、做出行为反应。大学生的政治参与是一个逐步发展的过程，大学生在这一过程中会加深对政治体系的认识和理解。一名男生形象地说道："也许我仅仅是去关心时事，但我在不断搜索、思考的过程中，本身就已经更加靠近真相，这又能够帮助我形成更好的政治认同，推动我更深入地参与到政治活动中。"

（2）差异性特征及省思：关注实用、尚未形成表率作用。调查发现，大学生进行政治参与、政治表达的主要原因包括：表达自己的不同见解，希望唤醒更多人及政府的重视（社会责任感），个人的情感共鸣，关乎切身利益希望政府能听听真实的声音，履行合法权利与义务，等等。不容忽视的是，有1/5（20.88%）的大学生政治参与显得被动，且有世俗化倾向。他们或者是因为组织要求进行政治参与，或者是凑热闹、博关注，打发空闲时间，甚至仅仅是因为自己心情不好，发泄一下。（见图25）调查还发现，大部分大学生不愿意进行公开的政治表达，即使表达，也是经过了理性思考和研判后做出的决定。他们认为自己"不懂相关知识和背景，不知道该讨论什么"（68.55%），"网上有太多过激情绪或调侃言论，不想参与"（62.54%），"信息杂乱，很难辨别真假"（61.84%）。（见图26）此外，部分大学生的政治参与态度有些消极，对政府信任不够，比如"感觉得不到回应，意见提了也是白提"（33.92%），"担心言论被屏蔽或惹事上身"（27.56%），"对网上发表评论的功能不熟悉或嫌麻烦"（21.91%），"缺乏政府的鼓励与支持"（17.31%），"这是政府的事儿，跟我没太大关系"（4.59%）。（见图26）访谈发现，浙江大学生最关注的话题是就业信息、职业选择等与自身密切相关的话题，政治参与动机掺杂了一定的功利心理。比如：不少大学生认为通过参加班团竞选可以让自己在朋辈中更有"面子"；加入党团学组织可以让自己评奖评优更有优势；通过推优、入党、加入团学组织等各种形式的政治参与可以给自己今后的就业和升学提供更加丰厚的履历资本。当代大学生朋辈竞争激烈，现实压力大，他们对政治参与的认识存在某些偏差，衍生了某些功利心理。对以上表现进行分析，主要是因为在政治参与需求和愿望日益强烈，但政治参与认知和政治素养不足的巨大反差和矛盾之下，当代大学生政治参与关注实用、能力不足，所以不同程度地出现了与其高等教育知识背景不相匹配的政治参与表率作用弱化的现象。

（单位：%）

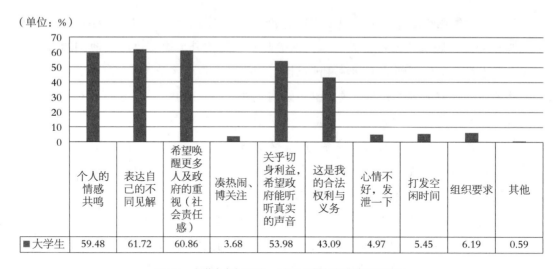

	个人的情感共鸣	表达自己的不同见解	希望唤醒更多人及政府的重视（社会责任感）	凑热闹、博关注	关乎切身利益，希望政府能听听真实的声音	这是我的合法权利与义务	心情不好，发泄一下	打发空闲时间	组织要求	其他
大学生	59.48	61.72	60.86	3.68	53.98	43.09	4.97	5.45	6.19	0.59

图 25　大学生参与评论、讨论或发表意见的主要原因

（单位：%）

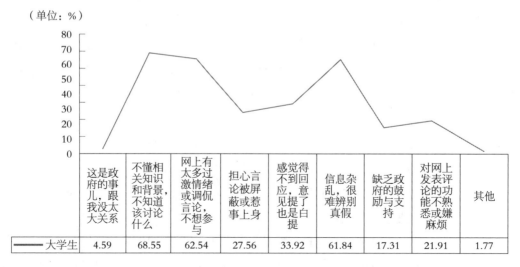

	这是政府的事儿，跟我没太大关系	不懂相关知识和背景，不知道该讨论什么	网上有太多过激情绪或调侃言论，不想参与	担心言论被屏蔽或惹事上身	感觉得不到回应，意见提了也是白提	信息杂乱，很难辨别真假	缺乏政府的鼓励与支持	对网上发表评论的功能不熟悉或嫌麻烦	其他
大学生	4.59	68.55	62.54	27.56	33.92	61.84	17.31	21.91	1.77

图 26　大学生不参与评论、讨论或发表意见的主要原因

（二）有序赋能：浙江大学生思想政治建设的创新与优化

2020 年 11 月 18 日—19 日，中共浙江省委召开十四届八次全体（扩大）会议，审议通过了《中共浙江省委关于制定浙江省国民经济和社会发展第十四个五年规划和二〇三五年远景目标的建议》，描绘了浙江高水平全面建设社会主义现代化的美好蓝图。在"争创社会主义现代化先行省"的新征程中，探索契合浙江实际和大学生群体特点的

思政教育新方法、新举措，对其进行科学有效的思想教育与价值引导，事关一代浙江青年的成长成才，也关乎浙江高水平完成忠实践行"八八战略"、奋力打造"重要窗口"的政治任务。

1. 弘扬主流价值，强化社会主义核心价值观教育知行合一

创新优化新时代高校大学生思政教育工作，首先要旗帜鲜明弘扬社会主义核心价值观，强化思想政治教育的"知行合一、学以致用"。一要弘扬主流价值，引导大学生树立崇高理想，将国家富强、社会进步与个人奋斗结合起来，避免过度个性化、过度务实、过度理性。引导他们正确处理个体、集体与国家的关系，在自觉坚持国家利益至上的前提下实现个体价值，自觉肩负中华民族伟大复兴的重要使命。二要坚持价值引导与情感疏导相结合，精准抓住当代大学生价值引领的着力点，把握当代大学生的情感倾向和心灵需求，让社会主义核心价值观入耳、入脑、入心，真正转化为大学生的内心信念。三要加强大学生党团组织建设，充分发挥高校党团组织和学生组织的组织优势，定期开展党员、团员和团学干部的先进性教育，强化先进意识，促使他们在朋辈中发挥先锋模范作用。创新党团组织的活动形式，依托生动有效的主题教育活动、校园文化活动、社会实践活动、学科竞赛活动、创业创新活动、志愿服务活动等载体，弘扬真善美、传递正能量。依托各级青马学院，加大青马学员的培养力度和"青马工程"的宣传力度，通过各类型青马学员的示范表率，团结凝聚带动大学生形成向善、向上的价值导向。四要建立知行转化的奖惩制度与评估机制，通过调查问卷、访谈等形式，定期对大学生的知行转化情况进行深入调查，对思想政治品德优良的大学生给予一定形式的精神奖励和物质奖励，营造积极向上、诚实守信、遵纪守法的校园氛围。对那些知行脱节、品德欠佳的大学生，要及时通过谈心谈话等形式开展批评教育，促使其发自内心认识到自身问题，必要时可进行处分和处罚，敦促其改正不良思想品德和行为。

2. 坚持协同推进，实现道德素质与政治素质有机耦合

道德素质是指具有高尚的道德情操，爱祖国、爱人民、爱劳动、爱集体，守纪律、为人正直、作风正派，善于团结同学，虚心学习他人长处，等等。政治素质是政治人在政治活动中应当具有的特质总和，即公民在从事社会政治活动过程中必需的基本条件与品质，包括个人政治的方向、立场、观念、态度、信仰及技能等的总和。二者相互融合、交叉共生，共同为大学生成长成才提供思想保障。要切实提升大学生思想政治教育实效，就是要以《新时代学校思想政治理论课改革创新实施方案》为指引，以道德素质和政治素质有机耦合为宗旨，构建党政统领下青少年思想品德教育与大学生思想政治

教育一体化工作格局，创设大中小学相衔接的课程体系，形成"以政治意识支撑道德自觉，道德自觉滋养政治意识"的思政教育闭环，达成"小学培养道德情感、初中打牢思想基础、高中提升政治素养、大学强化使命担当"的思政教育目标。一要从中华优秀传统文化中汲取有益营养。中华传统文化源远流长、博大精深，积累着中华民族最深层的精神追求，高校思政教育要充分汲取中华传统文化的优秀精华，结合时代要求予以继承和弘扬，培养当代大学生"天下兴亡、匹夫有责"的爱国精神，"鞠躬尽瘁、死而后已"的责任意识，"民贵君轻"的人本思想，"和而不同"的包容心态，重德贵义、诚实守信的社会道德，礼貌谦让、助人为乐的个人美德。二要认真学习以习近平新时代中国特色社会主义思想为主线的党的创新理论。及时学习党的方针政策，积极了解时事政策，关心国计民生，树立远大志向，明辨是非善恶，在复杂的社会矛盾和激烈的国际竞争中始终保持清醒头脑和正确方向，及时发现错误倾向。三要认真学习以"四史"为核心的基本理论知识。运用马克思主义的立场、观点、方法客观看待我国在国际局势中的优势和劣势，弄清楚、理解透中国共产党为什么"能"、马克思主义为什么"行"、中国特色社会主义为什么"好"，从而坚定中国特色社会主义的道路自信、理论自信、制度自信和文化自信。四要融合以"浙江精神"为代表的地域文化教育。整合独具浙江特色的历史文化资源、红色教育资源，积极发挥"三地一窗口"政治优势，把浙江创业名企、风云浙商、改革先锋的经典案例、生动故事嵌入高校思政课堂，融入思政教育，激发学生的学习热情，打通学思用链接，强化新时代大学生使命担当。

3. 创新教育方式，增强思政教育时代感召力

当代大学生出生、成长于互联网时代，他们通过网络进行学习、社交、娱乐、购物等活动。"无时不网、无人不网"的网络生活化，催生了他们注重交流互动、自由灵活，追求便捷高效等一系列特征。微博、微信、论坛、个人门户网站等自媒体技术的迅猛发展，拓展了思政教育的新空间，构建了开放、平等、包容的话语交流新范式。针对互联网时代的新特点，一要拓展"互联网＋思政教育"新渠道，发挥新媒体交流互动性强、自由灵活度高、检索便捷、受众面广、传播迅速等优势，在学校官网、官微基础上，开通 B 站、抖音、视频号等大学生使用率高的网络新渠道，拓展大学生获取政治信息的新途径，丰富网络政治参与新形式，使其快速了解中外时事新闻和重大社会事件，在体验"指尖上的思政教育"的方便快捷的同时，进一步激发公民意识和政治意识。二要丰富思政教育新形式，根据当代大学生的感官需求，可以通过动画作品、视频和图片等形式，形象、直观地呈现思政教育相关素材，也可以采用 App 微课程、视频配合文字等形

式，真实、鲜活地表现思政教育内容，通过"线上＋线下"、迁移应用、深度学习的思政学习模式，提高大学生的思政学习兴趣，形成学习自觉。三要增强思政教育话语生动性，大学生进行思政学习不仅是为信息而学、为知识而学，更是为理解而学、为生命意义而学。当前高校思想政治教育的内容大多偏重理论说教，枯燥乏味、抽象晦涩、不易记忆，可以尝试将思想政治教育的内容编成快板词、打油诗和顺口溜，也可以运用现实生活中的生动话语和鲜明事例打比方、讲故事，解释和传递思想政治的话语内容，让思政教育通俗有趣，又易于理解记忆，进而提升学习效果。四要加强网络政治参与的教育管理，通过分层分类的系统化培训，增强高校思政队伍网络媒介素养，提高大学生网络自我约束能力、网络信息鉴别能力，依托团学干部加强对大学生网络舆论的理性把握和意识形态的宣传引导，提高大学生网络安全法治意识，树立正确理性的网络观，养成良好的网络使用习惯，引导大学生带头在网络中建立舆论导向新风尚，引导"网民"合法有序地进行网络政治参与。

三、浙江省"青马工程"的创新与实践

青年是未来的希望，青年马克思主义者的培养是关系到党的事业后继有人的重大战略问题，"青马工程"是"赢得青年"和"赢得未来"的重大战略举措。2007 年 5 月，团中央、全国学联启动"青马工程"。10 月 16 日，共青团中央印发了《"青年马克思主义者培养工程"实施纲要》，提出对高校大学生骨干、基层团干部、青年知识分子等青年群体进行导向性培养，不断强化政治意识、提升理论素养、增强实践能力，教育引导他们坚定跟党走中国特色社会主义道路的信念，帮助他们真正成为对党忠诚、信仰坚定、素质优良、作风过硬的中国特色社会主义事业合格建设者和可靠接班人。2017 年 4 月，《中长期青年发展规划（2016—2025 年）》中，把"青马工程"作为十大重点项目之首。2020 年 6 月，共青团中央、教育部、民政部、农业农村部、国务院国资委联合印发《关于深入实施青年马克思主义者培养工程的意见》，强调要不断强化"青马工程"为党育人的政治功能，更凸显了培养青年马克思主义者的重要性。共青团浙江省委积极回应党和国家的时代发展需要，响应团中央的号召，围绕浙江省经济社会发展大局，抓住青年成长成才新特点、新需求，充分发挥团组织优势，以强烈的紧迫感和使命感，重视和加强青年马克思主义者的选拔和培养工作。聚焦 20 多年来浙江省"青马工程"学员的思想概况，回顾总结浙江省青马工程的实施特点及发展瓶颈，并在此基础上展望浙江省

"青马工程"的发展愿景，具有重要现实意义。

（一）在底色中彰显特色：浙江省"青马工程"的培养特点

1. 走在前列：青年马克思主义者培养的浙江示范

浙江省"青马工程"是在不断思考和创新推动青年成长成才的过程中发展起来的。1995 年，根据新的时代要求和发展变化中的青年状况，为推动青年工作再上新台阶，共青团中央制定了《跨世纪青年人才工程实施纲要》，明确提出"实施大学生跨世纪素质发展计划"。1998 年，根据我国跨世纪发展战略对人才的总体要求和科技兴国的战略目标，为了进一步推进《大学生跨世纪素质发展计划》，在浙江省委、团中央的重视、关心下，共青团浙江省委、浙江省学生联合会积极创新推出《浙江省大学生跨世纪素质发展计划》，并于 1998 年 4 月主导在浙江省成立了全国首家大学生骨干培养学校——浙江省新世纪人才学院。2007 年，团中央启动实施"青马工程"后，共青团浙江省委在具有浙江特色和浙江品牌的新世纪人才学院基础上，积极探索、不断创新，推动新世纪人才学院进入与"青马工程"并轨发展的新阶段，作为浙江省"青马工程"的实施载体，形成了独特的育人格局和培养路径，在全国走在了前列，形成了示范。学院秉持高尚、高远、求真、求实的院训，经过 22 年的不懈探索，浙江省"青马工程"已经初步形成了"省级本部＋杭州、宁波、温州等 10 个分院＋各高校青马学校"的"省级示范、多点辐射、分级培养、整体推进"的三级培养格局，全省共有 50 所高校的 20 多万名大学生报考各级人才学院，直接受训人数近万名，省级本部已累计培养学员 2169 名。

2. 因地制宜：浙江省"青马工程"的地市特色

在省级本部的带动下，新世纪人才学院于 1998—2003 年先后成立了师范（金华）分院、宁波分院和温州分院，初步形成了覆盖全省重要方位的培养网络，并于 2008—2016 年进一步成立了南湖（嘉兴）分院、绍兴分院、台州分院、西子（杭州）分院、东海（舟山）分院和湖州分院，形成了较完整地覆盖全省主要城市的培养网络。各市团委以人才学院市级分院为主要平台，结合本地情况推出了各具特色的人才培养计划，如：西子（杭州）分院针对大学生和中学生不同心理特点和成长规律，面向大学学生骨干成立杭州市西子青年人才学院，面向中学学生骨干成立杭州市中学生青苗学院；宁波团市委大力推进挂职锻炼活动；温州团市委坚持开展人才强化集训活动；嘉兴团市委大力弘扬"红船精神"，传承红色基因，倾力打造红色活动品牌；绍兴团市委重点建设"种子库"；舟山分院立足新区建设和自贸区发展，建立理论学习、交流考察、基层锻炼的三位一体培养模式；等等。各分院因地制宜地开展活动，对青年骨干进行了深入的思想引领和能力培养。

3.百花齐放：高校"青马工程"的品牌打造

自 2007 年团中央实施"青马工程"以来，浙江省各高校也结合本校实际推出富有特色的培养项目，如：浙江大学构建了"网上网下"互动的青年马克思主义者培养体系，学校相继建立了"中特理论学习网""大学生读书网"等红色网站，打造网上学习阵地；浙江工业大学实施"雏鹰—金鹰—飞鹰"学生骨干培养计划；浙江师范大学开展生存训练活动，并成立了浙江省首个大学生"青马工程"训练营；中国美术学院充分利用艺术类高校的特点，积极打造"千村千生基层服务实践"精品工程等社会实践项目，开展文化教育、艺术工艺支教等实践活动；浙江中医药大学探索实施"一二三四"（即 1 个培养方案、2 个管理办法、3 个培养层次、4 个课程模块）青年马克思主义者培养体系；等等。高校作为"青马工程"三级培养格局中最基础和最广泛的培养载体，在青年马克思主义者的普遍培养中发挥了重要作用。

4.寻求突破：扩大青马培养覆盖面的创新实践

经过 20 多年的实践探索，浙江省"青马工程"在不断完善体系的同时也在寻求新的突破。如国网浙江省电力有限公司于 2019 年 11 月启动实施第一期"新时代青年马克思主义者骨干培养工程"，历时 10 个月，成效显著。2020 年 6 月，共青团中央、教育部、民政部、农业农村部、国务院国资委联合印发的《关于深入实施青年马克思主义者培养工程的意见》指出"国企班逐步建立集团、二级单位培养的格局，强化对国有企业青年骨干的政治锻造"，从对"青马工程"学员选拔的标准和程序、具体的培养方式和培养内容等要求看，浙江省电力有限公司"青马工程"的培养模式已经走在前列，培训体系的设计较为完善，涵盖理论学习、红色教育、实践锻炼等标准化培养内容，为在国有企业中开展"青马工程"提供了示范。另外，自 2018 年浙江省新世纪人才学院成立 20 周年起，为进一步深化"青马工程"的实施，突出学院作为优秀大学生骨干培养平台的作用，浙江省新世纪人才学院开始面向高中学生招收"青苗班"学员，招收对象为中学学生，以高一、高二年级为主。"青苗班"的开启，也是浙江省扩大青年马克思主义者培养的覆盖面、寻求创新的重要举措。

（二）脚踏实地的理想主义者：青马学员的思想概况及行动实践

1.固本培元：理论高度、政治觉悟和道德品质不断提升

习近平总书记强调："作为马克思主义政党，必须旗帜鲜明讲政治。"政治性是马克思主义者的本质特征。经过"青马工程"培养的学员，在政治理论和政治觉悟方面的提升也非常明显。问卷调查显示：72.90%的青马学员认为学习马克思主义"很有必要，应该用马克思主义武装自己"，明显高于普通大学生对该问题的认识程度；64.75%的普通大学生认为学习马克思主义"很有必要，应该用马克思主义武装自己"；89.60%的青马学员表示会以积极参与或者默默关注的方式关心政治。访谈中也有青马学员说："（我认为）青马学员首先肯定是政治立场（坚定），这一点是毋庸置疑的。你首先得去信仰马克思主义，你才能成为青年马克思主义者。""青马班我觉得（可以帮助我们）很好地了解国家发展的一些政策情况，然后对自身思想的提升也很有帮助，思想政治方面，我们（也）更向党向团靠近。"此外，超过六成的青马学员认为个人价值最主要体现在"社会贡献大小"（64.20%）上，被选频次排在所有因素的首位。（见图27）访谈中也有青马学员说："（青马学员）（要有）坚定的政治立场，这是首要的。要敢于担当，普通同学不愿意做的事情，青马学员要冲出来，比如烦琐耗费精力时间的事情。要乐于在舞台背后发光，要有奉献意识。"理想信念坚定、道德品行出众已成为青马学员的重要"标签"。

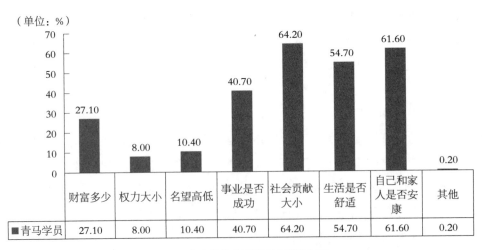

图27　个人价值主要体现在哪些方面

2.融会贯通：注重理论与实践相结合

将理论结合实践、勤于思敏于行，既是党对青年政治骨干的要求，也是青马学员不断提升自己的关键环节。浙江省"青马工程"尤其注重对青马学员的实践培养，学院实行理论学习与社会实践双管齐下的培养方式，每年带领学员前往井冈山、嘉兴南湖、舟山等地开展理论和实践集中教学学习；积极安排学员到基层团委、企业团委进行为期一个月的挂职锻炼，让学员走入基层一线，让他们更加直观地感受基层工作。多样化的实践探索，也给青马学员带来了更深刻的认知和体验。问卷调查显示，青马学员最喜欢的"青马工程"培养形式为"实践锻炼"，比例达到了67.11%。（见图28）访谈中，也有学员说："去延安触动很大，平常我们只是在书本上学习，没有实际感受过，你其实并不了解（革命前辈）那时候具体是什么样子的，触动其实是不大的。（但是）你去具体感受过以后，你就会发现书本上说的都是真的。""其实我觉得像本科（思政课）方面也可以（像"青马工程"一样）多一些社会实践，因为你只从书上学知识，大家肯定不会深刻了解，如果可以多一些社会实践，多一些自己亲身的体验，我觉得可能大家会对思政课更喜爱。"用理论指导实践，再由实践回归到理论，是浙江省青年马克思主义者思想和能力成长的重要路径。

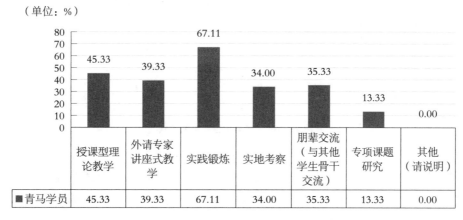

（单位：%）

	授课型理论教学	外请专家讲座式教学	实践锻炼	实地考察	朋辈交流（与其他学生骨干交流）	专项课题研究	其他（请说明）
■青马学员	45.33	39.33	67.11	34.00	35.33	13.33	0.00

图28 最喜欢青马工程的培养形式

同时，还有非青马学员认为："他（注：指的是该访谈对象身边的一名青马学员）本人是一个很正的人，你能感受到那种正气，而且特别踏实，我很敬佩。……虽然我不是青马学员，但是我想象过自己是青马学员，我觉得（青马学员在我印象里）用一个词来概括，就是'脚踏实地的理想主义者'，这也是我一直想成为的。"青马学员脚踏实地、干实事的作风，给普通青年也留下了深刻的印象。

3. 视野开阔：在更广阔的平台上寻求认同和成长

浙江省"青马工程"三级体系在青马人才的培养上，尽可能争取了党政领导和社会各界的支持，调动了更多体制内外的力量来充实培养过程，成为广大青年骨干凝聚力量、自我提升的更高平台。问卷调查中，认为自己在"青马工程"培养中的收获是"结交小伙伴"（50.44%）、"学习新知识"（58.22%）和"开拓视野"（61.11%）的青马学员超过了半数。（见图29）访谈中，不少学员也提到，"青马工程"为他们提供了更加广阔的平台和视野："（其他同学对我的）评价是我懂的比他们多，他们有时候会说'你们怎么懂这么多'，我就会说都是在青马班学习来的。""青峰班（注：工商校级青马班）是一个很好的平台，（能够）提高自己，让自己有更多机会，同时带领同学与自己一起把握机会。参加了青峰（班）后，我和（青峰班的）同学一起参加食品创新大赛，也获奖了。本来科研竞赛参加少，加入青峰（班）后（感觉）大家都很优秀（能共同成长）。"

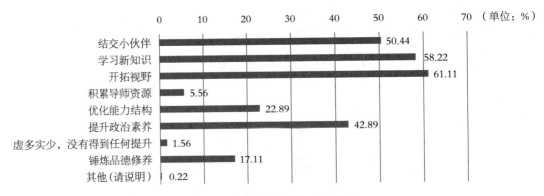

图29 在"青马工程"中的收获

同时，以导师带教为主要培养方式之一的"青马工程"拥有丰富的导师库，也为青马学员带来了更多资源和机会。问卷调查中，超过70%的青马学员认为导师对自己有非常大或者比较大的帮助。（见图30）访谈中也有学员认为："我们这一期是每个人配了三个导师，思政导师、成长导师和朋辈导师。三类导师提供不同方面的帮助，比如说：思政导师经常会跟我们一起谈话、聊天，也会带我们进行一些思想上的探讨；成长导师本身是企业家，他给我们介绍的是他的一些创业的经历；然后朋辈导师的话，因为他本身自己也还在读研，平时我们可能在线上远程跟他就一些学业方面的、大学里的生活情况进行交流。"

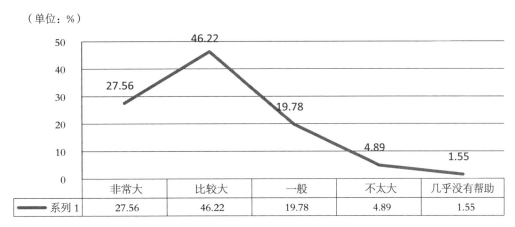

（单位：%）

图30　导师的帮助程度

4. 星星之火：以青马之光引领带动身边青年不断进步

尽管青马学员只是大学生骨干群体中的一部分，但他们以较高的政治素养、丰富的知识面，在大学生中发挥着一定的带动作用。访谈中，在被问及"作为青马学员的身份对其他同学有没有影响"时，有青马学员认为："对室友肯定是有（影响）的。（青马班）会进行各种学习和培训，有时（我）就会跟他们讲一些东西，比如说我今天去干什么，学了一些什么东西，然后他们对有些项目也会慢慢地感兴趣。"另一方面，非青马学员也认为青马学员积极向上的带动作用明显："我身边能接触到的青马学员挺多的，他们比较积极向上，思想上也比较上进，他们有时候也会分享一些思想上、文件上的内容，就比如之前习近平总书记的回信，他们就会跟我分享内容，以及心得体会之类的。""我们宿舍有人是青马学员，（她）会带动我们的思想（提升得）更高一点。有一点（崇拜她），下次有机会的话也想去（青马班）学习一下。"青马学员在与身边大学生交流和相处的过程中，逐渐渗透着自己的学习感悟。

（三）创新实践中的瓶颈：浙江"青马工程"高位徘徊

1. 在宣传推广上，"青马工程"的知晓度和推广度还较为局限

尽管浙江省"青马工程"在全国走在前列，成为培养青年骨干人才的重要载体，在青马学员和大学生群体中广受推崇，但其在青年中的知晓度和推广度仍然仅局限在大学生群体。调查发现，绝大多数校外青年，包括国企和机关事业单位等体制内青年，对"青马工程"知之甚少，知道"青马工程"的在职青年对"青马工程"也仅停留在"知道，好像有这么一个班"的层面。访谈中，当各行各业的青年被问及"青马工程"时，某快递小哥回答"不知道"；某体制内青年回答"青年马克思主义是吧？团市委好像有一个什么班的，具体不了解"；某社会工作者回答"青马工程没听过，青年大学习知道的，亲青筹、亲青恋什么的都知道"。从深度上，"青马工程"已经在高校中进行了很好的探索，但从广度上，"青马工程"的受众面尚未覆盖大学生群体之外的青年。

2. 在培养方式上，松散型项目化运作方式的约束作用还不够强

"青马工程"创新采用项目化运作方式组织学习和实践活动，解决了来自不同班级、学院甚至不同学校青马学员时间不统一等问题，具有较强的实际操作性。但这种相对松散的运作方式，加上相对宽松的考核条件，对学员的约束力不强，也在一定程度上造成部分学员对青马班学习的重视程度不足，减弱了培养效果。访谈中有学员认为："有一个最突出的感受就是人聚不齐，每次活动都会有人去不了，这个方面可能比较难协调。有的同学觉得这个活动有意思就来，如果觉得没意思，或者说跟自己其他的事情冲突的时候，他可能就选择不来了，感觉还是要加强对同学组织纪律性的培养。""我们班级有60多号人，还挺多的，而且是来自不同的年级、不同的学院。如果出现了思想上的松懈，请辅导员之类的偶尔督促一下学习，可能（效果）会更好。"问卷调查也显示，尽管有42.67%的学员认为对"青马工程"表示"很满意，没有问题"，但在认为"青马工程"还存在一些不足的学员中，有不少学员提到了"培训内容和形式吸引力不够"（47.11%），以及"学员积极性和自觉性不高"（34.00%）等问题（见图31）。松散型的教学方式、培训内容和形式上的吸引力不足，以及学员自觉性不高等主要问题的叠加，造成培养效果在一定程度上打了折扣。

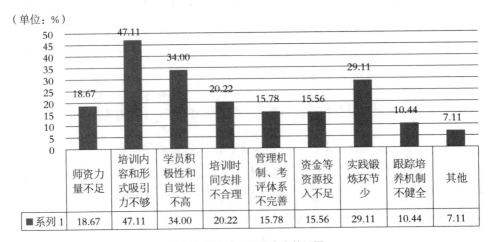

图31　认为青马工程存在的问题

3. 在培养效果上，青马学员以点带面的覆盖面不够广泛

青马学员在青马班群体内部提升自我以及带动身边同学，尤其是关系最为密切的室友方面的成效已经逐渐凸显出来，但以点带面地在更大范围内带动青年的覆盖面不足问题仍然存在。访谈中有非青马学员提出："校级（青马）的话建议要发挥青马学员在同学中的作用，不仅仅是为了'青马工程'而去搞'青马工程'。因为每个学院会把（参加青马班的）人推到学校进行一系列的学习，他学习完之后不能就自己消化掉，还要把这些自己学到的、见到的（内容）'传帮带'给自己学院的同学。（在）这一点上（作用）发挥得还不够，现在感觉是荣誉就在他自己身上，还没有达到一个更高的高度。"另一名省级青马学员说道："校级的这个情况还稍微好一点，像我们省级的这个问题就更明显了。因为我们认识的人相对还是有限的，像我是校级干部，我还可以把自己了解的情况用一些搞活动的方式去传播，有些同学没有我这种渠道，那可能就只能先去影响他周围的那一小部分同学。"如何开发更好的途径，让这批优秀的、希望宣传青年马克思主义理论和实践感悟的青马学员能够带动更多同学提升政治理论高度和实践，是急需解决的问题。

4. 在培养侧重点上，三级体系培养内容及培养形式同质性较高

尽管浙江省三级格局的青马培养体系已经较为成熟，各地市和高校也因地制宜、因时制宜地进行了不断探索，但青年身处信息高度共享的时代，内容和形式上的创新变得越来越有难度。对此青马学员也有一些感触："我以院青马的身份参加校青马，（发现）校青马的内容其实也不是很新。可能校青马有很多学习内容，但是我刚好就参加了这一次，而且刚好就碰到了校青马跟院青马的培训内容是一样的，所以我不知道其他内容是不是还是一样的。如果还是一样的话，我觉得这样不太好，还是希望（校级、院级青马）能够各自有所侧重。"另有省级青马学员认为："我的青马导师说她那时候（省'青马工程'）刚开始，还没有校级青马，感觉方式非常新颖，平台和资源也非常难得。但我们现在信息也发达了，而且不光有省级，还有校级，校级里面还有各个学院（青马班），形式上慢慢类似了，不过资源上还是省级的导师和实践机会更稀缺。"为青马学员引入更好的资源，广泛地了解青年关于进一步完善和提升青马培养的建议，以回应青年成长多元化的需求，是"青马工程"未来发展需要考虑的课题。

（四）新时代新发展：浙江省"青马工程"的展望

1. 打造"浙江样板"：浙江高校"青马工程"的未来发展方向

2018 年，浙江省高校"青马工程"风采展示暨省新世纪人才学院成立 20 周年总结活动中，时任团中央学校部副部长的石新明对浙江省高校"青马工程"接下来的工作提出了两点意见：一是新时代的"青马工程"要有新气象，聚焦核心目标，突出实践教育，在新时代继续为全团打造"青马工程"的浙江样板；二是新时代的青马学员要有新样子，要牢记总书记的嘱托，不辜负总书记的厚望，在紧跟党的奋斗中争做新时代青年马克思主义者。浙江省高校经过 20 多年的探索发展，在青年马克思主义者的培养上已经逐渐形成了校级品牌和培养体系，为大力推进"青马工程"创造了条件、奠定了基础。浙江作为中国革命红船的起航地、改革开放的先行地、习近平新时代中国特色社会主义思想的重要萌发地，为"青马工程"的深入实施提供了得天独厚的教育资源。立足新时代，高校应基于浙江"三个地"特点及以往良好的培养基础，在浙江共青团的带领下，合力打造"青马工程"的"浙江样板"。

2. 分层分类培养：逐步建立覆盖各领域青年的培养体系

为进一步扩大"青马工程"的覆盖范围、完善纵向联动和横向协同培养体系、强化为党育人的政治功能，《关于深入实施青年马克思主义者培养工程的意见》指出，"要逐步构建覆盖高校、国企、农村、社会组织等各领域优秀青年的分层分类培养体系，每年全国及以下各层级培养规模约为 20 万人"，也为浙江省"青马工程"的深入实施明确了方向。目前，在培养阶段和培养领域上都还存在一定的空白。在培养阶段上，主要集中在大学生这一阶段的青年人群；在培养领域上，除高校外，浙江省仅有国网电力有限公司尝试过进行青年马克思主义者的培养。分层分类培养既要注重扩大各领域青年的覆盖面，将"青马工程"实施要求下达到各领域团组织，落实工作开展，同时也要注重党团队一体化发展，进一步完善"青马工程"的党团队一体化阶梯式培养模式，螺旋上升地持续培养青年马克思主义者。

3. 差序培养：明确省内三级格局培养内容和形式差异

针对浙江青马三级培养体系中培养内容和培养形式出现同质化的情况，首先可通过大调研大走访，了解大学生成长成才的多元需求和建议，结合省、市、校（院）"青马工程"的培养定位，对培养内容和形式进行有针对性的设计。在明确总培养目标的前提下，可对省、市、校及院级培养目标、选拔标准进行进一步细化、区别和明确。还可借鉴浙江"红领巾学院"省、市、县、校四级联动的方式，创新打造"青马工程"特有的奖章、荣誉、服务岗位、实践体验等激励载体，递进开展分批分段教育、分级激励等，在增强组织归属感、提升参与积极性和自主性的同时，为参加不同级别"青马工程"的青年提供多元丰富的知识面和信息量，保障优秀的青马学员能够通过不断参与"青马工程"获得更大的成长和提升。

4. 跟踪服务：注重学社衔接和就业服务

为更好地引导走向社会、走上工作岗位的青马学员发挥思想引领和模范带头作用，要做好"青马工程"的学社衔接工作，将青马身份带入社会，使其在各自工作岗位上持续发挥学习和带动作用。探索高校党委和地方党组织协同培养和使用大学生青马学员的有效机制。一方面，院校党委要在大学生就业服务工作中积极向地方和基层党政部门举荐大学生青马学员。另一方面，地方党组织也应逐步把大学生青马学员的继续培养和任用纳入人才培养规划和后备人才培养体系，在挂职锻炼、选调选聘、支教扶贫、村干部录用等方面予以适当倾斜，帮助他们实现为中华崛起而服务，为大多数人民的利益而服务，并在工作实践中进一步强化马克思主义信仰。针对有考公、进入体制内工作意向的青马学员，进行专项能力培养，帮助他们进入意向行业，引领更多青年。

5. "直播时代"：数字经济特色推动培养方式创新

随着互联网技术的不断进步和直播等青年喜爱的传播方式的兴起，"青马工程"的宣传和培养方式都应随之不断更新。针对以往"线上、线下"松散型方式吸引力有待提高、知晓度不高等问题，可以利用直播等传播方式，实现青年与导师、企业家、网络大V等的即时和"零距离"互动；利用VR虚拟技术等，让更多青年身临其境，"重走"红色根据地；利用网络大数据抓取青年关注和喜欢的国家大事、社会热点及喜爱的网红思政教师等数据，为青年提供更加丰富多元、吸引力更强的课程和导师资源。

浙江青年就业创业研究报告

青年是最富有朝气、最具有创造性的群体，是就业创业的生力军，也是未来经济社会发展的希望所在。就业创业离不开青年，青年也离不开就业创业。近年来，世界经济逐渐出现下行态势，我国经济增长势头逐渐趋于平缓，中美贸易摩擦在一定程度上影响了我国经济发展，激烈的市场竞争进一步加重了青年就业创业的难度。尤其是2020年新型冠状病毒肺炎疫情（以下简称"疫情"）的暴发，导致全国社会经济活动进入停滞状态，青年就业创业面临空前难题：一方面，2020届高校毕业生人数再创新高，数百万大学生急需获得就业机会，而企业的岗位供给与大学生就业需求对接尚不顺畅；另一方面，青年创业者面临的创业风险和资源约束成倍扩大，创业行为受到较大程度的冲击，使得青年创业遇到了新的发展瓶颈。在全局危机的影响下，局部领域"危中有机"，许多行业如公共卫生、生物医药、智能制造等发展较为迅猛，这也给青年就业创业带来了一些新的发展机遇。为更好地了解浙江省青年的就业创业现状，本专题重点围绕青年就业创业的话题，总体研判浙江青年的就业创业特性、遇到的困难等，为服务青年就业创业提供方向。

一、浙江青年就业议题

就业是民生改善的"温度计"，经济发展的"晴雨表"，也是社会稳定的"压舱石"。我国是世界上人口最多的发展中国家，解决好超大规模就业问题，始终是国民经济和社会发展的重要环节。近年来，党中央把稳就业作为"六稳"之首，始终把就业工作摆在突出位置，保持了就业稳定和发展大局稳定。习近平总书记高度重视就业问题，反复强调"就业是民生之本"，"就业是最大的民生工程、民心工程、根基工程"。青年是就业的重要群体，《中国青年报》发布的"2020全国两会青年期待"调查显示：民生保障和就业创业，是年轻人最关注的两大议题。当前青年就业面临着史无前例的压力和挑战，如何保就业、稳就业，在平稳渡过疫情冲击的基础上，想方设法扩大就业、促进就业，不仅是当前政府工作的重中之重，更是中国社会发展的"决胜焦点"。

（一）浙江青年就业现状分析

1. 大学生就业概况

（1）浙江省高校就业率总体稳定，本科生国内深造比例走高。从大学生的毕业打算来看，近半数的大学生表示毕业后将求职就业。（见表1）2020年2月以来，应届大学生的求职就业活动虽然一度受到疫情的冲击，但总体上较稳定。2020年，浙江省的应届毕业生数量为32万，就业率较2019年有所下降。截止到2020年11月，浙江大学2020届毕业生的就业率为94.9%，低于2019年97.6%的就业率；截止到2020年11月，浙江理工大学2020届毕业生的就业率为95.0%，低于2019年98.3%的就业率。在有就业求职意愿的大学生中，硕士研究生及以上学历的大学生求职意愿更强，而本科学历的大学生求职意愿相对较低。相较于求职就业，半数以上的本科生打算继续在国内或国外求学深造。（见表2）受到国际形势以及疫情等因素的影响，2020年大学生出国（境）深造比例有所下滑，国内考研人数激增。2020年12月，浙江省参加2021年全国硕士研究生考试的人数相比去年增加了1.5万，再创新高。访谈中有多名大学生提及，绝大多数学生参加考研是为了提高就业和从业的核心竞争力。

表1 浙江省大学生对毕业后的考虑

选项	比例 / %
求职就业	49.2
国内继续求学	34.0
国外留学	5.9
自主创业	6.0
灵活就业	1.3
暂时没有就业打算	3.6

表2 浙江省大学生毕业打算差异

变量名	类别	求职就业 / %	国内继续求学 / %	国外留学 / %	自主创业 / %	灵活就业 / %	暂时不打算就业 / %	卡方检验
学历	专科	54.3	23.7	3.5	12.6	1.7	4.2	
	本科	40.3	42.7	7.5	4.6	1.2	3.7	显著
	硕士研究生及以上	81.8	10.4	2.3	2.3	1.3	1.9	

（2）教育行业是大学生的向往行业，体制内就业热潮持续。参与调查的浙江大学生最想选择的行业是教育行业，占比为42.7%；其次是文化、体育和娱乐业，占比为21.2%；随后是科学研究和技术服务业（占比14.4%），公共管理、社会保障和社会组织（占比14.3%），金融业（占比14.1%）；农业、林业、牧业、渔业、制造业、采矿业、建筑业等行业的被选比例则较低。（见图1）

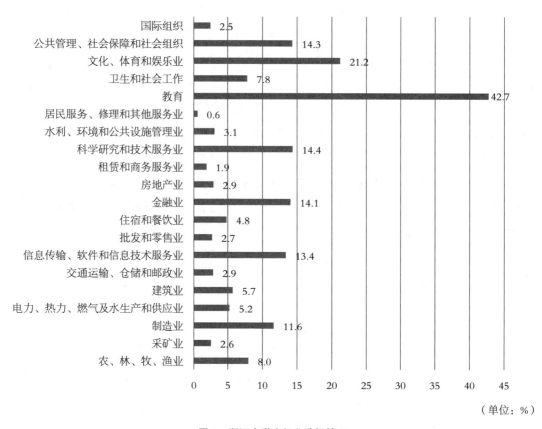

（单位：%）

图1 浙江大学生行业选择情况

体制内就业持续受到热捧。在中国的传统文化和价值体系中，体制内工作一直是处于顶端，其工资、福利、晋升都相对稳定，受到了家长、学生的"追捧"，从逐年增长的浙江省公务员报考人数中可见一斑。近5年的浙江省公务员报考人数逐年攀升，2021年报考人数为437423，比2020年增加39706。疫情发生后，大学生普遍存在"避险"情绪，就业方向更加集中流向体制内用人单位。参与调查的大学生最想进入的是事业单位，占比为59.9%；其次是国企，有989人，占比为48.8%；排在第三位的是公务员，占比略低于国企，为 45.6%。（见表 3）可见，大学生心仪的工作单位以体制内单位为主，而非体制内单位如民企/私企、自由职业者、外企等的被选比例则较低。与此同时，体制内单位的人才招引力度空前，这些单位纷纷对优秀大学生伸出橄榄枝，重新焕发出了巨大的吸引力。如 2020 年 8 月，杭州市余杭区招聘了一批清华大学、北京大学毕业的研究生到街道工作，引起了社会的热议。

表 3　浙江大学生职业选择情况

选项	比例 / %
公务员	45.6
事业单位	59.9
国企	48.8
民企 / 私企	28.2
外企	14.6
自由职业者	20.4
军人	3.4
"两项计划"志愿者 / 大学生村官	6.1
其他	1.1

（3）本地大学生留浙就业意愿高，青年返乡就业的比例有所上升。参与调查的浙江大学生选择毕业后留在浙江就业的占绝大多数，占比为 84.5%；在对在职青年的调研中，超九成的在职青年选择继续留在浙江就业。（见图 2）2019 年，约 80 万大学生在浙江就业，有超过 50 万名省外高校毕业生来浙江就业。浙江省各地经济发展势头较好，且纷纷出台力度较大的人才政策招揽青年人才，助力打造人才生态最优省份，对青年在浙江就业具有较大的吸引力。但值得注意的是，在有留浙意愿的大学生中，随着学历的提高，留浙意愿有所降低。（见表 4）可见，浙江省在吸引高学历人才方面仍然需要做出更多努力。

大学生和在职青年的离浙原因，既有共性又有差异。（见图 3）大学生和在职青年考虑离浙的共同原因是"返乡"，超四成的大学生和 35.8% 的浙江在职青年都选择了"父母家人希望我回原籍就业"。可见，随着乡村振兴、城乡差异进一步缩小，大学生和在职青年返乡就业的比例有所上升。不过，大学生和在职青年在离浙考虑上也存在一些差异，一部分大学生仍然向往北上广等一线城市，认为北上广的工作环境和工作机会更适合自己，占比为 29.3%；而在职青年主要考虑"浙江的生活水平和生活成本过高，较难承受"（35.8%），以及"另一半在其他城市，我需要跟随他（她）一起"（29.8%）等生活成本、婚姻机会等更实际的因素。

（单位：%）

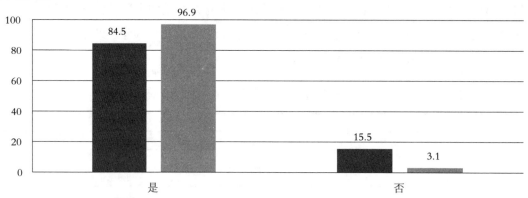

图 2　浙江青年留浙就业意愿情况

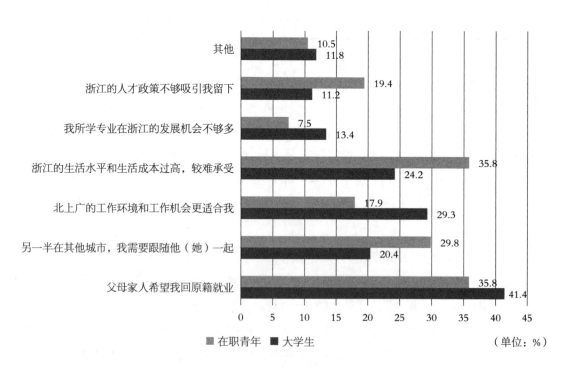

图 3　浙江青年离浙原因

表4　浙江省大学生留浙意愿差异

变量名	类别	是 / %	否 / %	卡方检验
学历	专科	93.3	6.7	显著
	本科	82.9	17.1	
	硕士研究生及以上	79.7	20.3	

（4）慢就业成为大学生就业新选择，本科生中慢就业族的比例较高。关于大学生毕业后的考虑，除明确的求职就业和继续求学深造意向外，有一部分大学生选择了自主创业、暂时不就业。（见表1）这种暂缓就业的打算被称为"慢就业"。访谈中，有大学生表示："我还是更想好好考虑自己未来的规划和就业质量，错峰就业能给我提供一个更长的缓冲期，让我充分预计自己的工作状态和生活轨迹。"这些大学生并没有选择"毕业就工作"的传统模式，而是通过支教、加入网店等新的就业选择来增加阅历。说明大学生的就业观念日趋多元化、理性化。

在选择慢就业的大学生中，学历对慢就业具有显著性影响，本科生选择成为慢就业族的比例最高，其次为专科生，最后为硕士研究生及以上。（见表5）究其原因，可能是大部分本科生的职业生涯规划较不明确，而就业期望相对较高，因此容易在择业时陷入"高不成低不就"的尴尬境地，选择通过暂缓就业来找到心仪的工作。而家庭收入对慢就业不具有显著性影响。

表5　浙江省大学生慢就业差异

变量名	类别	暂时不打算就业 / %	卡方检验
学历	专科	24.7	显著
	本科	67.5	
	硕士研究生及以上	7.8	

（5）大学生最希望学校提供职业生涯规划指导，最希望用人单位提供待遇和福利信息。大学生是未来就业的重要力量，能否获得学校和用人单位的支持关系到他们能否顺利就业。在学校方面，大学生最希望学校提供职业生涯规划指导，占比为62.0%；其次是对接用人单位招聘信息（如招聘会等），占比为48.4%；排第三位的是当前就业形势与政策分析，占比为47.8%；排第四位的是面试等求职技巧指导，占比为46.0%。（见图4）在访谈中，多名大学生表示对未来的就业方向很迷茫，学校虽然开设了一些课程和讲座，但个体仍然难以进行精准的职业生涯规划，找到明确的求职目标。在用人单位方面，大学生最希望用人单位提供待遇和福利信息，占比为53.8%；其次为员工个人发展机会，占比为47.1%；排第三位的是企业文化、发展规划和人事制度等信息，占比为

37.7%。（见图 5）

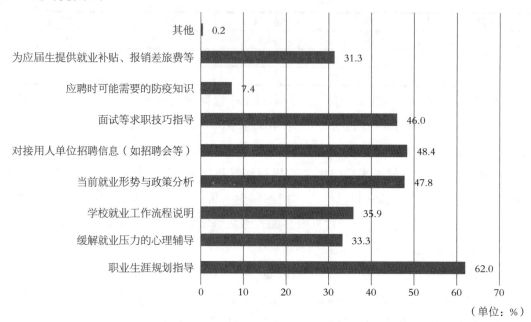

图 4 浙江大学生希望学校为毕业生就业提供哪些帮助

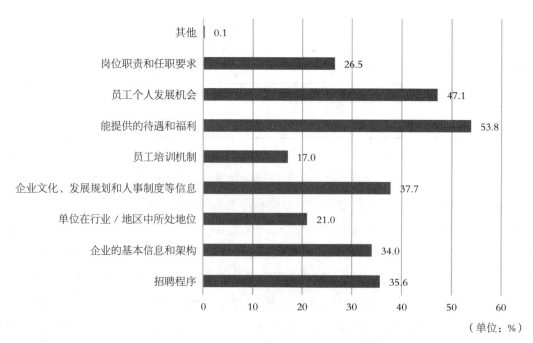

图 5 浙江大学生希望用人单位在招聘时着重向毕业生提供哪些信息

2. 在职青年就业概况

（1）浙江青年的择业观较为合理，工作经验、学历、工作能力等人力资本因素对职业发展的影响较大。调查显示，在职青年在选择工作时考虑最多的因素是薪资待遇，占比为85.1%；其次是工作稳定，占比为56.1%；排在第三位的是发展机会，占比为41.0%；工作地点、专业对口、兴趣爱好、工作自由度等受选比例均较低。（见图6）与在职青年相同的是，大学生择业时的主要考虑因素排在前三位的也是薪资待遇、工作稳定性和发展机会。在考虑因素中，薪资待遇属于经济性因素，工作稳定性属于福利性因素，发展机会则属于自我实现性因素，可见，浙江青年在择业时会综合考虑经济、福利、自我实现等因素，从而达到工作的最高"性价比"。

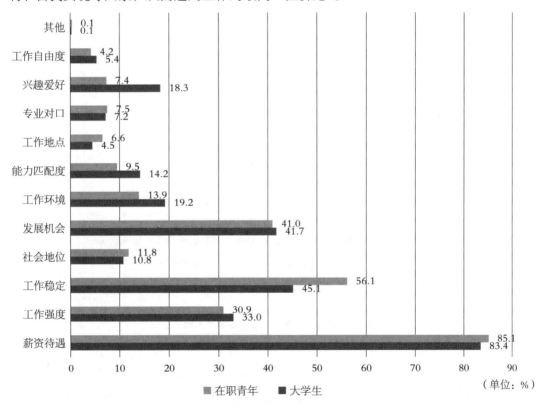

图6 浙江青年在选择工作时考虑最多的因素

职业发展是在职青年提升个人职业能力、增强职业获得感的重要途径。在访谈中，大多数青年表示，职业发展还是要靠个人，人力资本因素对职业发展的影响较大。超过六成的浙江青年认为工作经验或社会实践经历是进入职场后影响职业发展最重要的个人因素，占比为 63.6%；其次为学历，占比为 49.5%；排在第三位的是个人能力，占比略低于学历，为 46.9%；学校知名度、户籍、性别、年龄等被选比例则较低。（见图 7）由此可见，工作经验或社会实践经历为影响青年职业发展的最主要因素；学历作为用人单位评价应聘者能力的功能依然强大，社会对学历还是相当重视的；对于个人能力的认可，说明在浙江青年看来，进入职场后，用人单位能够给予应聘者展示能力的机会，一定程度上能做到唯才是举。此外，浙江青年认为专业、社会关系、专业技能等对青年职业发展也存在一定影响。

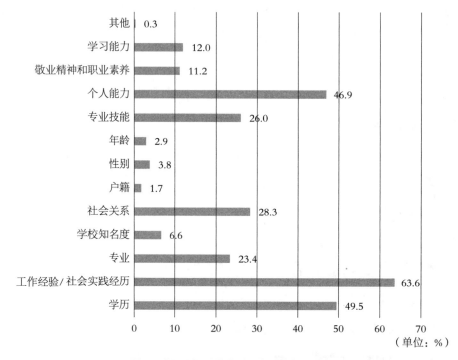

图 7　进入职场后影响职业发展的个人因素

（2）疫情对就业总体影响较小，民企／私企和自主创业的在职青年受疫情影响程度较大。自 2020 年 2 月疫情暴发以来，国民经济与社会运行受到严峻挑战，就业形势也迅速收紧。但是随着疫情的有效防控和复工复产工作的推进，64.9% 的青年表示疫情影响不大，工作仍然按部就班进行；只有 13.0% 的在职青年表示疫情影响很大，就业压力加大。（见表 6）职业对就业受疫情影响的程度有显著性影响，其中在民企／私企上班和自主创业的在职青年受疫情影响的程度最大，这与其工作单位性质有直接关系。（见表 7）根据中国企业改革与发展研究会报告显示，疫情对个体工商户、民营企业冲击最大，在职青年也无法幸免。

表 6　疫情对工作的影响

类别	比例 / %
没有任何影响	19.2
影响不大，按部就班进行	64.9
影响很大，就业压力加大	13.0
没考虑过	2.9

表 7　浙江省在职青年受疫情影响差异

变量名	类别	没有任何影响 / %	影响不大，按部就班进行 / %	影响很大，就业压力加大 / %	没考虑过 / %	卡方检验
职业	机关单位公务员	5.6	12.6	0.8	0.4	显著
	事业单位工作人员	4.2	13.5	1.3	0.6	
	国企工作人员	3.8	13.7	1.8	0.6	
	民企/私企工作人员	2.3	14.9	3.2	0.5	
	自主创业者	1.0	3.8	3.2	0.3	
	自由职业者	0.5	2.9	1.7	0.2	
	其他	1.1	3.7	1.6	0.2	
	合计	18.5	65.1	13.6	2.8	

（3）四成青年有过跳槽经历，跳槽主要是为了更高的薪资和更好的发展机会。跳槽是一个人对自身职业的新选择与规划，其目的是越跳越好，越跳越高。在机会层出不穷、职业竞争激烈的今天，面对众多的诱惑，人们随时可能做出新的选择，跳槽也已成为普遍现象。合理的跳槽有利于青年通过正常的职业流动，获得更高的工作价值，而过于频繁的跳槽可能会给青年的职业生涯带来负面影响。调查显示，43.8% 的在职青年有跳槽经历。跳槽次数一般在 2—3 次的最多，占比为 22.9%；其次是跳槽 1 次，占比为 16.8%；跳槽 4 次及以上的青年较少。（见表 8）此外，不同学历、不同婚育状况及不同职业情况在跳槽经历上呈显著性差异。（见表 9）在学历上，专科生中有跳槽经历的人数最多，其次为本科生，最后是硕士研究生及以上，可见学历越高跳槽的可能性越低。在婚育状况上，已婚的在职青年跳槽率最高，可能是因为已婚青年经济压力更大，尤其是已婚有孩的在职青年，大部分都面临着房贷、车贷、育儿等各种经济压力，跳槽是为了追求更高的薪资待遇。在职业上，自由职业和自主创业的在职青年跳槽率较其他职业青年高，而国企在职青年的跳槽率最低。

表 8　在职青年跳槽经历

类别	比例 / %
1 次	16.8
2—3 次	22.9
4 次及以上	4.1
没有跳过	56.2

表 9　浙江省在职青年跳槽经历差异

变量名	类别	有 / %	无 / %	卡方检验
学历	大专	57.5	42.5	显著
	本科	42.8	57.2	
	硕士研究生及以上	29.9	70.1	
婚育状况	未婚	37.2	62.8	显著
	已婚有孩	55.5	44.5	
	已婚无孩	50.7	49.3	
	其他	50.0	50.0	
职业	机关单位公务员	52.2	47.8	显著
	事业单位工作人员	42.7	57.3	
	国企工作人员	12.7	87.3	
	民企 / 私企工作人员	53.0	47.0	
	自主创业者	59.7	40.3	
	自由职业者	71.3	28.7	
	其他	56.6	43.4	

对于有过跳槽经历的在职青年，其跳槽原因多为追求更高的薪资待遇，占比为 59.8%；其次是为了更好的发展机会，占比为 43.7%；然后是为了更稳定的工作，占比为 28.7%；专业对口、能力匹配度、兴趣爱好等因素被选比例则较低。（见表 10）可见，追求更高的薪资待遇和更好的发展机会是在职青年跳槽的主要原因。

表 10　浙江省在职青年跳槽原因

选项	比例 / %
薪资待遇	59.8
工作强度	21.3
工作稳定程度	28.7
社会地位	9.2
发展机会	43.7
工作环境	17.0

续表

选项	比例 / %
能力匹配度	5.8
工作地点	17.4
专业对口	4.0
兴趣爱好	7.0
工作自由度	5.0
其他	1.4

（4）"两栖青年"群体兴起，"斜杠"兼职深入人心。"两栖青年"，指的是同时兼顾两种或以上职业的人。据统计，这个群体的规模已超过8000万人。《2020饿了么蓝骑士调研报告》显示，超过一半的骑手拥有"多重身份"：26%的骑手同时是小微创业者，4%的骑手为兼职自媒体博主，骑手们还有可能是司机、白领等。"副业刚需"成为青年的新需求。在访谈中，许多在职青年表示目前正在从事副业，如兼职做滴滴司机、外卖员、摆摊、抖音博主或者饲养宠物等。一名受访者是杭州地铁集团的工作人员，收入虽然稳定但不高，为了缓解经济压力他在业余时间饲养乌龟，通过转卖乌龟获得经济利益。还有一名受访者在一家私企工作，选择在业余时间兼职当一名外卖员。他们都表示通过兼职既高效利用了业余时间，充实了生活，还提高了自身的能力。在对大学生的访谈中，也有许多学生表达了以后会从事兼职的想法。如一名大一新生表示：我喜欢文字类的工作，以后会尝试在工作之余做自媒体工作。可见，无论是对于未出茅庐的大学生，还是已经工作数年的青年，兼职的观念已深入人心。副业一方面能增加青年收入，满足其业余兴趣爱好，尤其是就业不对口、不理想的年轻人可以另辟赛道、各尽所能，发挥青年的才华和潜能；另一方面也有利于发展出新的就业形态，提高就业韧性。

（5）"四险一金"基本到位，寻求法律援助是青年维权的主要途径。就业权益，是指在职青年在劳动就业过程中依法享有的一系列权力和利益的总称。绝大部分浙江青年所在单位都为其缴纳了相关社会保险，只有2.9%的浙江青年未享受所在单位为其缴纳社会保险的权益，有3.8%的青年不清楚社会保障的缴纳情况。（见图8）在享受的社会保障权益里，医疗保险（92.3%）、养老保险（89.4%）和公积金（83.6%）的保障力度最高，工伤保险和失业保险相对较低，可能是因为这两个险种的发生率相对较低、企业的宣传力度较小等。没有缴纳社会保险的群体大部分集中在自主创业和从事自由职业的青年中，可见这部分青年的基本社会保障权益还有待进一步关注。

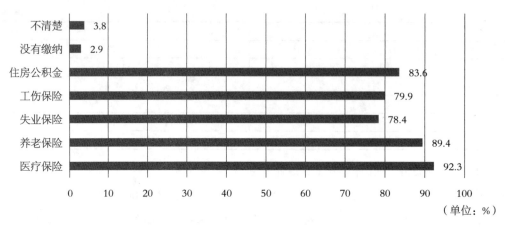

图8　浙江青年所在单位缴纳相关社会保险情况

当浙江青年的合法权益受损时，超过四成的青年会寻求法律援助，占比为42.6%；其次会选择向工会或团组织求助，占比为18.9%；排在第三位的是找政府劳动仲裁机构，占比略低于向工会或团组织求助，为15.5%；排在第四位的是找老板谈，占比略低于找政府劳动仲裁机构，为13.3%；忍气吞声、使用暴力、找媒体曝光等手段的被选比例则较低。（见图9）由此可见，在合法权益受损时，浙江青年更倾向于采取正规合法手段，认为寻找法律援助能更有效地解决问题。

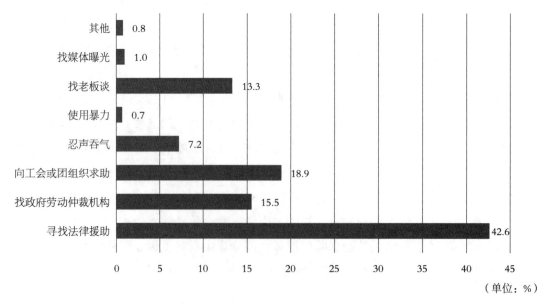

图9　浙江青年在自身合法权益受损时的第一反应

（二）浙江青年的就业困境

1. 供需对接错位：青年就业面临结构性矛盾

高校毕业生供给数量持续增多与有效岗位不足的矛盾凸显。目前我国仍处在由产业链中低端向中高端转型发展阶段，市场上适合高校毕业生的岗位还不充足。部分大学生专业技能水平、创新创业能力与市场和企业的用工需求存在较大差距，存在"就业难"与"招工难"并存的现象。一方面，企业反映招工难，技能人才的求人倍率一直在1.5以上，一线普通工人也面临短缺状况。另一方面，受疫情冲击和全球经济低迷的影响，部分高校毕业生等青年群体存在就业难题。这种"两难"并存的局面，其根源在于劳动力需求和供给的不匹配，是经济发展不平衡不充分的结构性问题在就业领域的集中体现。从需求端看，我国目前仍处于工业化中期和产业链的中低端，市场中增加的岗位大部分是制造业、服务业一线普通工人和服务员。从供给端看，新一代求职者更加注重职业发展、工作条件和自我价值实现。在调研中，表示愿意从事一线操作工的大学生只有29.5%，愿意去基层一线工作的在职青年也寥寥无几。可见，供需对接存在错位。

在严峻的整体就业形势影响下，青年的就业预判较悲观，也影响了部分大学生和青年的择业积极性。在访谈中，大部分大学生都对当下的就业形势判断悲观，许多求职的大学生降低了自己的就业预期，以通过先就业再择业的方式抢占就业先机。而对在职青年来说，就业形势也不容乐观，尤其在民企/私企上班的人和自由创业者。在对未来换工作的期望中，在职青年也表达了悲观情绪，只有21.6%的青年表示换工作后收入会有所提升，12.6%表示换工作后职务会提升，可见在职青年对职业发展前景的预判较差。

2. 择业理想化：青年择业观念不成熟

虽然大学生和在职青年的择业观会随着时代发展、职业发展发生变化，但仍有共性。一是基层就业意愿相对较低。虽然青年选择北上广深等一线城市的比例大幅下降，但大中城市仍然是大多数青年的择业首选，愿意到农村和基层一线的青年并不多。这种择业观念导致落后地区的人才供给得不到满足，影响这些地区的经济发展，导致经济的区域性发展不平衡。二是择业期望值偏高。在选择工作的类别调查中，体制内单位仍然是大部分高校学生所追求的。一些刚刚毕业的大学生眼高手低，刚毕业就希望找到工资高、待遇好的单位，对月薪相对较低的企业不予考虑，不但增加了求职的时间和成本，对自身的发展也带来了负面影响。一些已就业的青年也存在"骑驴找马"的心态，反而影响了自己的本职工作。三是择业心态不够成熟。调研发现，部分青年在求职遭遇挫折时，欠缺自省与思考；部分青年遭遇拒绝就一蹶不振；部分青年对择业缺乏主动性，消极等待，过分依赖父母的指导和帮助，有的甚至完全听从父母的安排。

3. 职业内卷化：青年面临的就业压力日益增大

职场压力已成为普遍的社会现象。通过问卷调查可知，有 63.8% 的浙江省在职青年觉得工作压力大，其中 18.6% 的在职青年表示压力很大。工作压力的来源主要有两个方面：一是居高不下的生活开支。在压力来源中，40.5% 的在职青年选择了经济状况，在职青年的实际收入与期望收入之间存有一定差距，同时面临着高额的房租或房贷压力，这些经济压力都转嫁到了工作中。二是工作时长拉长，加班成为常态。在问卷调查中，近半数的在职青年表示工作时长在 8 小时以上。（见表 11）在访谈中，许多青年表示"工作时间太长，工作生活分不开，压力大"，他们都提到了时下流行的"内卷"，认为主动或被动加班已成为职业竞争力的表现。伴随着不断拉长的工作时长，加快的工作节奏和增大的工作压力也随之而来。在数字经济领域，青年加班现象也比较突出，华为、阿里、京东、苏宁、拼多多等先后被列入"996 公司名单"，他们通过考勤打卡、严密监督进度等方式对员工的工作效率进行监控，从而使其员工处于一种高强度、长时间、重复性的低技能劳动状态中，折射出了在职青年超时工作问题。

表 11　浙江在职青年每天的工作时间

选项	比例 / %
低于 8 小时	11.9
8 小时	42.4
8—10 小时（不包含 8 小时）	35.1
10—12 小时（不包含 10 小时）	6.9
12 小时以上	3.7

（三）进一步促进浙江青年就业的建议

1. 推动就业优先战略，打造最优就业生态

一是创造良好的就业生态。推动实施就业优先战略，积极利用财税、金融等经济政策促进经济增长和扩大就业；大力发展就业吸纳能力强的产业，鼓励发展灵活就业新模式，提高青年就业率。拓宽就业渠道，建立起能够充分对接青年就业需求的服务平台，对各方信息资源进行整合，引导青年做好就业准备。二是鼓励青年前往基层就业。通过政策引导，增强基层对青年的吸引力。加大宣传力度，通过报刊、广播、电视、网络等媒体，深入宣传青年基层创业成才的先进典型，营造青年"下基层光荣"的良好氛围。三是提升就业服务。切实做好服务工作，及时向高校毕业生、在职青年、失业青年免费提供岗位信息、职业培训信息、职业介绍和政策咨询等。通过开展实践活动、职场体验活动等，让待业青年、失业青年走出家门，找到更多和社会接触的机会，创造更多就业机会。组织职业指导师、人力资源服务专家等专业力量共同参与活动，为青年解答求职困惑，帮助其树立就业信心。对有求职意愿的青年开展职业素质测评，量身定制"就业启航计划书"，帮助青年积极理性求职。在青年就业信息交流、缓解就业压力等方面发力，通过向"两会"提交提案议案、"共青团与人大代表、政协委员面对面"等渠道，为青年的就业难题发声，赢得社会关注。

2. 创新高校职业生涯教育，提升大学生职业能力

一是在源头上，合理设置专业。高校作为青年职业成长的重要平台，要结合市场需求，从专业设置这一源头做出必要的市场预测，及时优化招收计划，避免学历教育和职业教育的脱节。运用大数据手段常态化开展就业调查，将毕业生就业困难的情况及时反馈到学校人才培养部门，以改进培养过程，优化专业设置。二是加强大学生职业化教育。从入学初就重视职业生涯的规划，将学业培养和职业教育结合起来，进一步完善学生生涯教育系统建设。根据不同年级学生的需求，在教学培养环节为职业化培训预留空间，以学时学分的方式，鼓励不同发展方向的学生获得不同的职业生涯教育培训。要有效利用外部资源开展职业化培养，加强就业实践基地的建设，组织企业考察活动，协助学生参与各类企业实习，以实现毕业生和就业单位的长期双向考察和磨合，提升择业适合度和满意度。三是精准提供就业服务。进一步发挥就业指导咨询中心作用，优化专业就业服务队伍，为学生提供咨询，帮助学生定制个性化职业生涯规划。营造"百花齐放、百业争鸣"的就业文化氛围，推动学生的就业渠道多元化、就业目标理性化。

3. 增强用人单位就业吸纳力，维护青年职业发展权益

一是提升就业吸纳力。顶住经济下行和疫情叠加的双重压力，积极储备人才。积极利用国家对于企业吸纳重点群体就业的定额税收减免、担保贷款及贴息、就业补贴等政策，吸引青年人才就业。二是扩大职业发展空间。充分利用国家给予企业的职业培训补贴，大力开展职业技能培训。组织新招用高校毕业生参加岗前培训，建立定期员工培训机制，为青年入职后的知识技能掌握和长远发展提供保障。畅通员工晋升渠道，公开员工晋升评选标准，实行公正公开的内部晋升制度，让员工有努力的方向和动力，提升职业成就感和满意度。三是完善职业保障制度。科学制订人才录用标准，消除性别歧视、

民族歧视或生源地域歧视，消除院校、培养方式（全日制和非全日制）等限制性条件，为青年创造公开、透明、平等的招聘环境。合理保障合法劳动权益，提供定期体检，关怀员工的身体健康。加强心理健康评估和教育，使青年正确认识并积极应对自身工作压力，建立关怀机制，尊重、关爱在职青年。

4. 转变青年就业心态，适应就业新形势

一是建立积极的择业观和就业观。引导青年正确认识当前经济发展放缓和疫情冲击的外部环境，科学评估自身综合素质，找准求职定位，适当调整就业预期，主动出击捕捉就业机会，实现就业突围，避免"高不成低不就"。二是增强就业竞争力。充分利用在校时间和业余时间增长自己的知识、才干，积极参与社会实践活动，拓展自己的思维能力和动手能力，使自己符合企业对人才的需求。三是科学应对职业压力。坦然应对择业和就业挫折，进行正确归因，增强心理承受力。通过健身、社会交友等方式释放心理压力，以更加积极的心态应对职业压力。通过法律部门、政府部门等权威机构维护自身的合法职业权益。

二、浙江省青年创业议题

随着我国经济逐步向新常态发展，国家高度重视发挥"大众创业、万众创新"作为中国经济转型和增长的"双引擎"作用。2014年9月，李克强总理首次提出"大众创业、万众创新"的发展思路，并在首届世界互联网大会、国务院常务会议等场合发言中频频阐释这一关键词。2015年3月，国务院办公厅印发《关于发展众创空间推进大众创新创业的指导意见》，首次从国家层面提出部署"大众创业、万众创新"工作，掀起了"双创"的热潮。2018年9月，国务院又下发《关于推动创新创业高质量发展打造"双创"升级版的意见》，进一步将创新创业提升到一个新的高度。近年来，我国已成为全球创业活动最活跃的区域之一。创业已成为我国拉动经济增长的新引擎。创新创业引起了社会各界的关注，相关政府职能部门纷纷出台利好政策，各地政府大力兴建创业园区、孵化基地、创业小镇等基地，大专院校争相开设创业课程，加大毕业生创业帮扶和指导力度，鼓励青年加入创业大潮。特别是在浙江这样原本就有着浓厚创业氛围和较为成熟的创业环境的省份，青年创业意愿高涨，创业生态正逐步走向良性循环。

在经济新常态的背景下，知识经济时代对劳动者自身能力的更新速度提出了很高的要求，这也使得创新创业的主力军只能由青年来担当。根据全球创业观察（Global

Entrepreneurship Monitor，GEM）报告显示，中国创业者中 18—34 岁的群体约占创业者总数的一半。青年精力充沛、思维活跃，知识和技能水平较高，理应扛起双创大旗，成为创业创新的主力军。2020 年 5 月 6 日，时任浙江省省长袁家军在杭州调研青年浙商企业时指出，青年一代是浙商群体中最具朝气、最具活力、最具创新力的群体，是浙江数字化转型和经济高质量发展的生力军，大有可为、大有作为。据 2018 年统计数据显示，在浙江省新设的小微企业中，1990 年后出生的创业者占比达到 18.5%，比两年前增加了 5.6 个百分点。按照这一增长趋势，预计到 2022 年，"90 后"将成为创业群体主流。

为了准确了解当下浙江省青年的创业现状，为完善青年创业政策提供参考，课题组以高校大学生和在职青年为研究对象，聚焦创业主题，在全省开展调查，重点了解青年创业意愿、创业行为、创业融资，以及创业政策落实等方面的情况。

（一）浙江省青年创业现状

1. 创业意愿

创业意愿是激发创业行为的关键心理要素，美国学者 Bird 将其定义为"将创业者的注意力、精力和行为引向某个特定目标的一种心理状态"。蒋承等认为，创业意向主要包含人们对于创业的态度和能力，是一种渴望从事创业活动的倾向性，是创业行为最好的预测指标。

（1）浙江青年创业意愿走在全国前列，但创业热潮有所回落。调查结果显示，23.5% 的大学生有创业打算，24.0% 的在职青年有创业打算，可见在职青年的创业意愿略高于大学生，差异并不明显。（见表 12）另外，29.8% 的大学生还没想好是否创业，对创业持观望态度。浙江省大学生的创业意愿比例与 2019 年全国大学生创业意愿、2020 年广州市青年创业意愿接近，明显高于长春地区大学生创业意愿（12.0%）。在创业实践上，浙江省大学生毕业后自主创业的比例为 6.0%，明显高于历年全国大学生的平均创业比例[①]。

可见，浙江省青年的创业意愿较高，并有部分创业意愿顺利转化成了创业实践。但也应看到，浙江省不打算创业的青年数量占比也较高。在大学生群体中，有 46.7% 大学生不打算创业，近 60% 的在职青年也不打算创业，明确表示不打算创业的青年人数远超过明确表示会创业的人数，可见创业热潮正在回落，对创业的预期较为理性。随着我国

---

① 据《2019 大学生就业力报告》相关数据显示：2019 年的应届毕业生中，选择创业的学生占比 2.4%；据麦可思研究院报告，2015 年全国应届毕业生中，半年内选择自主创业的人数仅为总人数的 2.9%。

经济环境发展越来越呈现出复杂多变的不稳定态势，再加上创业活动存在高风险性，当下青年在对自己进行职业生涯规划时更理性，创业热潮在逐渐消退。

表 12　浙江省大学生与在职青年的创业意愿

大学生			在职青年		
	变量名	百分比 / %		变量名	百分比 / %
创业打算	是	23.5	是否创业和创业打算	是	16.2
	否	46.7		否，但有创业打算	24.0
	不知道	29.8		否，不打算创业	59.8

（2）不同青年群体创业意愿存在差异，内外部因素均有影响。大学生群体内部和在职青年群体内部的创业意愿存在明显差异。（见表13、表14）

在性别上，不同性别的青年在创业意愿上存在差异，男性的创业意愿明显高于女性。在大学生群体中，男生明确打算创业的占31.0%，高于女生明确打算创业的17.9%；同样，在在职青年群体中，男性明确打算创业的占47.4%，而女性明确打算创业的只占36.0%。对于创业的性别差异，国内外学者展开了较深入的研究，他们认为影响创业意愿的原因是多方面的，如男性比女性更容易获得创业资源，男性与女性的心理特质差异也对创业选择产生了影响，社会性别观念形成的性别定位刻板印象成为限制女性自我发展的"心理枷锁"，等等。

在学历上，大专学历的青年创业意愿较高。根据数据显示，在浙江省大学生和在职青年中，大专生的创业意愿最高，研究生及以上学历的创业意愿最低。可见，青年的文化程度与创业意愿呈负相关，随着受教育水平的提高，创业意愿逐步下降。究其原因，可能是有较高教育背景的青年更有机会和能力走向低风险、稳定收入的职业生涯，其付出的创业机会成本相对较高。然而在目前市场经济体制已较为成熟的背景下，寻找"价值洼地""风口"，构建新经营模式等都需要丰富的知识作为决策背景。如何鼓励高学历青年走向创业是当下需要破解的难题。

在家庭环境上，不同家庭环境的青年在创业意愿上存在差异。首先，独生子女大学生更倾向于创业。独生子女这一因素对大学生和在职青年的创业意愿影响程度不同。在大学生群体中，24.4%的独生子女有明确的创业意愿，高于非独生子女（22.7%）；而在在职青年群体中，独生子女这一因素对创业意愿无显著影响。其次，已婚已育的青年创业意愿更高。婚育状况对大学生群体的创业意愿无显著影响，对在职青年的创业意愿有影响，表现为：已婚有孩的青年创业意愿最高（49.1%），未婚青年次之（39.1%），已婚未育青年的创业意愿相对较弱（38.2%）。再次，家庭经济基础与创业意愿密切相关。家庭经济因素对大学生与在职青年创业意愿的影响不同。大学生创业意愿与家庭年收入呈正相关，家庭年收入越高创业意愿越强；而在职青年的创业意愿与家庭年收入呈 u 型分布，其创业意愿的高位分别在家庭年收入大于 60 万和低于 10 万两个选项上，而家庭年收入在 10 万（含）—30 万（含）的青年创业意愿较低。可见，较好的家庭经济环境对创业意愿有促进作用，能帮助青年获得创业的经济资本；同样，较大的经济压力，如有孩家庭经济支出增大、原生家庭的经济基础较差等，也会阻碍创业意愿的生成。

在创业能力培养上，创业能力提升有助于增强创业意愿。参加创业教育培训、创业大赛、实习兼职等工作、学习经历都有助于青年扩充社会阅历，提升自身的创业能力。调研数据显示，在大学期间有过实习或兼职工作经历的大学生，创业意愿高于没有实习或兼职经历的学生，同时随着实习或兼职次数的增多，创业意愿呈增强趋势。另外，创业大赛作为一种实战性较强的创新创业教育模式，也受到了许多大学生的关注。多名参与过创业大赛的大学生认为创业大赛提升了自己的商业经验、创业思维、创新精神、创业自信等创业能力。但也有一些受访者表示虽然参加了大赛，但并不会走上创业的道路。可见，当大学生越接近"创业的黑箱"时，越能体会到创业路上的不容易，也能更理性地面对创业。

表 13　浙江省大学生的创业意愿差异

变量名	类别	有打算 / %	没有打算 / %	没想好 / %	卡方检验
性别	男	31.0	40.9	28.1	显著
	女	17.9	51.1	31.0	
学历	大专	38.4	33.2	28.4	显著
	本科	20.8	48.8	30.3	
	硕士研究生及以上	15.6	55.5	28.9	
家庭年收入	＜ 10 万	22.6	46.8	30.6	显著
	10 万（含）—30 万（含）	22.8	48.5	28.7	
	30 万（不含）—60 万（含）	24.0	42.0	34.0	
	＞60 万	41.5	32.5	26.0	
是否独生子女	是	24.4	49.2	26.4	显著
	否	22.7	44.3	33.0	
是否有实习兼职经历	没有	20.2	51.6	28.2	显著
	1—2 次	22.0	46.9	31.1	
	3 次及以上	29.7	41.6	28.7	

表 14　浙江省在职青年的创业意愿差异

变量名	类别	有打算 / %	没有打算 / %	卡方检验
性别	男	47.4	52.6	显著
	女	36.0	64.0	
学历	大专	63.1	36.9	显著
	本科	37.7	62.3	
	硕士研究生及以上	30.6	69.4	
家庭年收入	< 10 万	47.1	52.9	显著
	10 万（含）—30 万（含）	35.9	64.1	
	30 万（不含）—60 万（含）	51.1	48.9	
	< 60 万	78.8	21.2	
婚育状况	未婚	39.1	60.9	显著
	已婚有孩	49.1	50.9	
	已婚无孩	38.2	61.8	

2. 创业行为

（1）创业动机：经济利益和政策支持的双重驱动。在个体层面，青年创业的内部驱动因素排在前三位的分别是获得经济利益（102.4%）、个人兴趣爱好（101.5%）和提升自己的能力（84.0%），说明青年同时具有注重自我实现的成就型动机和追求经济利益的生存型动机。（见表15）具体到不同群体，大学生最主要的创业动机是出于个人兴趣爱好（54.4%），以成就型动机为主；而在职青年最主要的创业动机是获得经济利益（61.3%），以生存型动机为主。这可能与在职青年已走向社会，经受的职场、社会的压力有关系。追求经济收入是作为"经济人"的合理诉求，而大部分大学生的经济尚未独立，更加注重个体的自我实现，使得二者存在一些差异。

在社会层面，促使青年创业的外部驱动因素排在前三位的分别是社会创新创业氛围浓厚（92.3%）、国家政策支持（84.3%）和接受过创业教育（77.1%）。（见表16）数据显示，84.3%的大学生选择在浙江创业。可见，浙江浓厚的创业氛围、优越的营商环境和一系列创业扶持政策已成为青年创业的重要推力。具体到不同青年群体，父母等家庭因素（32.2%）、有好的项目和机会（32.2%）也是促使大学生创业的外部因素，可见大学生创业与自身资源禀赋及高校的创业氛围有关系；而在职青年认为促使其创业的重要外部因素还包括接受过创业教育（60.4%），创业教育对在职青年创业具有积极的正向激励作用。

表 15　青年创业的内部因素

大学生		在职青年	
选项	百分比 / %	选项	百分比 / %
个人兴趣爱好	54.4	个人兴趣爱好	47.1
获得身份、地位等社会资源	25.6	获得身份、地位等社会资源	16.7
获得经济利益	41.1	获得经济利益	61.3
提升自己的能力	44.4	提升自己的能力	39.6
享受创业的过程	25.6	享受创业的过程	19.5
解决就业问题	5.6	解决就业问题	14.6
消磨时间	6.7	消磨时间	1.2
想体验、增加一种新的人生阅历	20.0	想体验、增加一种新的人生阅历	25.1
其他	1.1	其他	0

表 16　青年创业的外部因素

大学生		在职青年	
选项	百分比 / %	选项	百分比 / %
国家政策支持	42.2	国家政策支持	42.1
社会创新创业氛围浓厚	34.4	社会创新创业氛围浓厚	57.9
父母等家庭因素	32.2	父母等家庭因素	35.3
接受过创业教育	16.7	接受过创业教育	60.4
有好的项目和机会	32.2	有好的项目和机会	4.3

（2）创业经历：大部分创业青年为初次创业。创业经历是青年创业从创业意愿、创业动机转变为创业行为的重要测量指标之一。在选择自主创业的大学生中，46.7% 的大学生已经进行过 1 次创业，16.6% 的大学生进行过 2 次及以上的创业，另外有 36.7% 的大学生属于初次创业；而在职青年的创业经历明显比大学生群体丰富，有 64.6% 的在职青年进行过 1 次创业，超过 1/3 的在职青年进行过 2 次及以上的创业。（见表 17）

表 17　青年创业经历

大学生		在职青年	
选项	百分比 / %	选项	百分比 / %
初次创业	36.7	进行过 1 次创业	64.6
进行过 1 次创业	46.7	2 次	27.0
2 次	12.2	3 次及以上	8.4
3 次及以上	4.4		

（3）创业领域：集中在文娱、教育和零售业。浙江省青年创业较青睐的领域前 4 名

分别是文化、体育、娱乐业（42.6%），教育业（31.5%），批发和零售业（29.2%），住宿和餐饮业（26.9%）。（见表18）结合访谈来看，青年到文体娱乐领域创业主要是做摄影师、自由写作人等，与青年的兴趣爱好相吻合，尤其是大学生群体，文化、体育、娱乐业（28.7%）创业是他们的首要选择。对于在职青年来说，批发和零售业（17.3%）是他们的首要选择，可能是因为批发和零售业市场准入门槛低，对青年来说资金压力相对较小。

表 18　青年希望的创业领域

行业	大学生 / %	在职青年 / %	合计 / %
文化、体育和娱乐业	28.7	13.9	42.6
教育	25.6	5.9	31.5
批发和零售业	11.9	17.3	29.2
住宿和餐饮业	19.5	7.4	26.9
信息传输、软件和信息技术服务业	15.4	10.8	26.2
农、林、牧、渔业	12.5	12.7	25.2
制造业	15.8	7.4	23.2
金融业	10.6	1.2	11.8
公共管理、社会保障和社会组织	5.6	4.0	9.6
电力、热力、燃气及水生产和供应业	8.9	0.6	9.5
建筑业	5.8	3.1	8.9
采矿业	7.4	1.2	8.7
交通运输、仓储和邮政业	4.8	3.4	8.2
科学研究和技术服务业	7.3	0.6	7.9
卫生和社会工作	3.5	3.1	6.6
租赁和商务服务业	4.0	2.2	6.2
居民服务、修理和其他服务业	2.8	2.8	5.6
房地产业	4.3	0.9	5.2
水利、环境和公共设施管理业	2.0	0.6	2.6
国际组织	0.8	0.6	1.4

在创业项目的选择理由上，青年选择较多的前三位是：看好行业发展的前景（127.8%）、自己感兴趣（77.7%），以及与自身的专业特长相结合（63.1%）。（见表19）可见，青年在选择创业领域和项目时，多是基于市场观察和专业兴趣，对创业项目有较理性、科学的判断。根据2001年发布的《全球创业观察报告》，创业可以分为两种类型：一种属于就业市场上的竞争弱者，由于收入不足、贫穷推动而被迫做出创业选择，这种创业属于生存型创业；另一种是个体具有企业家才能和敏锐的商业感知，在对创业机会

进行快速识别后做出创业决策，这种创业行为属于机会型创业。从浙江省青年的创业选择来看，主要以机会型创业为主，是在对市场做出敏锐的判断之后，为实现自身创业梦想而进行的创业。

表 19　选择该行业创业的主要原因

行业	大学生 / %	在职青年 / %	合计 / %
看好行业发展前景	66.2	61.6	127.8
自己感兴趣	44.2	33.5	77.7
与自身的专业特长相结合	36.5	26.6	63.1
丰富的社会资源（政府关系、商界朋友、亲戚朋友支持）	28.4	20.9	49.3
主要合伙人的创业理念	26.6	20.9	47.5
风险比较低	9.4	17.9	27.3
父辈传承	3.8	5.7	9.5
其他	0.7	0.4	1.1

（二）浙江青年创业面临的问题及成因分析

1. 青年创业中的自身问题及原因

（1）创业意识不够。当前青年的创业热情普遍不高。调研显示，在大学生群体中，虽然有6%的大学生明确表示毕业后要进行创业，已高于全国平均水平，但在欧美发达国家，大学生自主创业的比例高达20%；同样，在职青年中不打算创业的比例高达59.8%，曾经或当前在创业的仅占16.2%。可见，浙江省青年的创业转化率依然有很大的挖掘空间。在疫情影响下，还有一部分青年存在创业想法动摇的现象，倾向于选择相对稳定的工作规避风险。另外，在访谈中发现，部分有创业意向的青年存在"有想法无创业项目"，甚至没有创业目标的现象。因此，促进青年找准创业项目，将创业意识有效转化成创业实践显得格外重要。

（2）创业经验不足。在有创业经历的青年中，只有1次创业经验的青年创业者占比较高，其中在职青年占64.6%，大学生占46.7%，可见绝大部分青年创业者都是第一次创业，没有创业经历和经验。调查中，25.4%的青年认为创业中最大的问题是"社会经验、行业经验不足"，特别是在项目选定、资本运作、市场营销等方面存在着经验还不够的问题。此外，分别有61.6%、33.5%的在职青年因"看好行业发展前景"和"自己感兴趣"而投身创业浪潮，存在着主观判断的问题。访谈中也发现，有的创业青年缺乏对相关创业领域的敏感度和敏锐性，收集、提炼的信息不足；有的创业青年不清楚相关创业领域的政策制度，在实际流程办理中碰壁；有的创业青年缺乏相关创业技能培训，遇到问题显得较为业余，专业性和有效性不够，没有做好创业的心理、能力等方面的准备。

（3）创业资源缺乏。一是青年自身的创业资源禀赋不突出。青年创业者多为初入社会的青年，其自身所具有的创业资源较少，也尚未形成资源积累，大部分创业青年在创业过程中常常面临创业网络尚未形成、创业资金不足、创业信息获取不及时等困难。在访谈中，一名受访者表示："刚创业的时候，特别想把自己的创业想法付诸实践，但空有想法，很难实现，要钱没钱、要人没人。后来幸亏有贵人相助，熬过来了，所以对年轻人来说，获得创业资源是最重要的。"二是青年在获取社会创业资源上存在不足。对青年来说，除了自身积累创业资源，获得来自政府、社会、市场等主体提供创业资源的帮助尤其重要，但当前许多创业青年在对创业政策的理解、市场信息的获取与甄别上仍存在明显的劣势，难以及时占据有利于自身的创业资源，在一定程度上增加了创业的风险。

2.青年创业中的外部环境问题及原因

（1）创业信息不对称。在青年创业群体缺乏经验的前提下，自设创业前景、跟着兴趣爱好走，往往会被激烈的市场竞争所淹没。虽然近年来各级政府都非常重视青年创业服务体系建设，但由于各种条件、因素限制和影响，上下级之间、区域之间尚未形成通畅的网络，还未真正实现全省创业信息实时传递和共享。在创业准备阶段，青年的一些创业问题，如，如何获得创业指导，如何选择创业领域，做哪些创业准备，等往往难以获得答案。而在创业过程中，青年对相关创业政策的了解程度也不够，只有19.94%的青年经常关注、很清楚相关创业政策，62.81%的青年对政策只给予一般关注和了解。青年创业一个很大的问题就是不了解政策，不了解相关的创业知识，容易犯一些低级错误，没有前瞻性战略判断，从而导致创业失败。对于青年面临的不了解政策、未参加合适的培训所带来的创业困境，最根本的原因是信息不对称，高校的创业课程培训、共青团提供的青年创业资讯、政府的创业扶持等未能直接到达创业青年本身，而创业青年本身对获取信息的重视程度较低，将重心放在了创业项目运营上，忽视了外部的重要因素。

（2）创业资金冷热不均。资金对于企业发展来讲是最关键的因素。即便是在经济发展水平相对较高的浙江，资金短缺仍然是青年创业的一个重大问题。调研发现，在资金支持方面，大学生群体较容易获得政府创业补贴或贴息贷款（37.8%）、相关创业大赛奖金（33.3%）、银行抵押贷款（27.8%）等外部支持，而在职青年的资金来源于自有资金

（38.4%）、他人合伙出资（26.2%）、父辈经济资助（22.4%）等个人、朋辈支援，来自外部的支持较少，反映出有利于在职青年创业的社会支持体系尚未完善。

受疫情影响，青年更难获得外部资金支持。在传统行业，疫情带来的贷款到期、房租断续、工资停发等经济问题，致使一些小微企业面临破产危机。而在一些热点项目、流量项目、明星项目中，"热钱"高度集中。这种资金的极端流向使整个青年创业圈显得更加不平衡，加之热点项目瞬息万变，创业青年在变化多端的市场中很难把握方向。

（3）青年创业环境有待完善。在当前特殊的社会环境下，服务青年创业成为省、市各级政府的一项重要工作，各地相继出台了一系列鼓励、规范、帮扶青年创新创业的制度和政策，服务平台和创业教育也取得了较大进展，创业不再仅仅是一种市场行为，而是处处可见"有形的手"。在调研中发现，目前能获得孵化支持的青年以大学生群体为主，53.3%的大学生入驻了创业园等服务平台，而只有28.5%的在职青年获得了入驻资格。大部分创业青年选择入驻创业园区是因为其租金低，而不是因为其有丰富内涵和长期有效的吸引力。一些政府职能部门在引导服务青年创业中存在急功近利现象，前期投入大量资源却收效甚微，对孵化基地的扶持、创业项目的补贴等流于宏观宣传而没有扎实有效开展工作，政府打造园区孵化创业项目的初衷并未实现。在提到创业最需要政府相关部门提供的帮助时，创业青年最希望政府提供"针对性、实效性更强的创业培训服务"（60.8%），在加快创业孵化基地等平台的建设、优化登记审批等制度方面需求也很大。虽然青年创业的热潮已经持续了4年，各地都出台了相关的青年创业政策，但对青年创业的保障和扶持机制体制仍不完备，青年对最基本的创业培训、孵化基地、办事流程等方面仍然十分渴求。另外，部分青年反映由于政府对青年创业的保障与协助机制尚未完善，创业政策不够细化，创业中的知识产权保护不力、保障不够，创业维权方面的帮扶比较欠缺，从而在一定程度上影响了青年的创业热情。

（三）进一步促进浙江青年创业的建议

受全球经济低迷、新型冠状病毒肺炎疫情等因素的影响，当前部分青年的创业意愿降低、创业企业效益下降，浙江需要在进一步营造良好的创业环境上下功夫。

1. 完善创业环境相关政策

（1）强化政策支持，多管齐下完善创业政策。从鼓励创业青年强化创业主体意识、给予创业机会、减轻创业压力、解除后顾之忧等方面入手，重点从以下三个方面考虑。一是针对不同类型的创业青年制定相应的创业政策，如农村创业青年、院校毕业生、海归青年、失业青年等，争取人社、教育、科创、卫生健康委员会等政府部门的支持，打造人才落户绿色通道，为国内外创新创业青年人才提供项目资助、人才落户、创业贷款、生活津贴、创新产品优先采购、税收减免、科研资助等便利。二是把创业技能培训纳入职业教育范畴，完善相关创业技能提升类政策，将青年创业技能培训纳入考核，以奖励、补贴等方式，引导和鼓励政府机关相关部门和社会培训中心对青年创业进行培训和指导，提升创业青年的理论素养、企业管理能力、市场营销技巧等，提高创业成功率。三是完善青年创业服务机制。依托"最多跑一次"政务服务，实现创业中的工商登记、税收、信贷、项目评估、行政审批等"一条龙"服务和"一站式"办理，让在浙江创业的青年切实实现"最多跑一次"；加大对创业孵化基地、创客空间等创新创业平台的政策支持力度，对入驻平台的企业提供税费减免、资源链接等配套政策，逐步降低青年创办小微企业的运营成本。

（2）优化金融环境，引流拓渠打好青年创业资金基础。创业能否成功，一个关键条件就是金融支持。针对资金缺乏现象，大力发展多层次股权投资，拓宽创业融资渠道。搭建有利于中小微企业融资的金融平台，强化与银行等金融机构合作，面向创业青年，扩大小额担保贷款的担保范围。鼓励、引导青年创业风险投资联盟等的发展，常态化开展投融资对接会等活动，帮助创业青年对接资金。

2. 搭建创业服务平台

搭建创业平台，注重资源整合。一是以共青团为牵引，加强全省各级青年企业家协会、青年创业协会、青年商会、青年创业俱乐部、青年创业联盟等涉"青"协（商）会建设，为创业青年提升素质、开阔视野、发展事业搭建平台、创造机会。二是推动整合龙头企业、重点产业园区、知名高校之间的合作，加强全省各级青年创业孵化基地、青年创业园区建设，优化培养入孵企业成长的生态环境，汇聚各项政策措施，实现创业服务模式的转型升级，达到全覆盖、全渗透、全陪伴。

3. 强化青年创业教育培训

（1）加强师资力量，发挥好各级青年创业导师团的作用。发挥好相关职能部门负责人、社会知名人士、企业家、专家学者、相关领域专业人士、创业培训师、农村青年致富带头人等青年创业导师的作用，以"创业讲堂""一对一""结对扶持"等创业辅导形式，对创业青年开展常态化创业知识培训，持续为全省青年创业提供有力的创业培训、创业指导等方面的服务。

（2）优化创业培训服务，提升培训实效。一是鼓励创业学院等开发一批符合青年需求、拥有自主知识产权的青年创业培训课程体系，引进国外知名、成熟的创业培训与实训课程，提升培训效果。二是积极打造青年创业培训阵地联盟，整合现有的孵化基地、园区、高校，为青年创业培训提供方便、完善的场地，为青年提供"家门口"的创业培训。三是依托青年创业学院，根据创业青年不同的发展阶段，分层分类实施培训服务。

4. 完善青年创业保障机制

（1）完善青年创业保障机制。面对青年创业失败案例居多的情况，共青团及政府职能部门有必要及早构建再创业服务机制。一是做好预警，联合多部门对创业青年进行全面摸排，了解创业青年自身情况、创业项目进展等，全程跟踪创业青年动向，及时更新创业数据，做好预警和指导。二是针对失败的创业青年进行再创业对接服务，对不愿意和不适合创业的青年进行就业指导和定向对接，避免因创业失败而产生一系列社会问题。三是转变观念，从以孵化成功项目为目标转向以培育青年创业人才为目标，重在人而不是项目本身，逐渐形成可以"流产"一个创业项目，但锻炼一个真正的创业青年的模式。

（2）完善青年创业社会保障机制。增强创业青年的风险意识，一方面，政府和高校要加强创业风险培训，让创业青年尽早了解市场风险和社会壁垒，做到在创业过程中心中有数；另一方面，要培育创业青年的保险意识，不仅要为员工购买社会保险，也要为自己购买社会保险，有条件的青年可以考虑购买一些商业保险，为自身和家庭的发展提供风险保障，解除全力以赴创业的后顾之忧。

（3）提供青年创业心理保障机制。创业青年由于长期处于高强度工作氛围，身心压力巨大，很容易出现心理问题。一是在推动青年创业工作中应联合一些专业的心理咨询机构对创业青年进行全程心理跟踪和咨询服务，探索在创业孵化基地、创业园区等设立专门的公益性心理咨询服务站。二是相关部门要积极与创业青年家庭进行互动，及时掌握创业青年的身体和心理状况，通过家庭这座桥梁来化解创业青年的心理危机。三是引入心理咨询方面的创业项目，通过心理咨询创业的形式来服务创业，实现创业项目之间的优势互补和资源共享。

（4）营造良好的创业氛围。一是增强青年创业意识。在青年中普遍灌输创业创新的职业理想和理念，将能力、智慧和创新等作为青年衡量人生价值的主要内容，推动青年自主创业、主动创新。二是营造创业氛围。通过网络媒体、创业者的"自媒体"等，积极发布创业成功相关信息，挖掘更多的创业典型，进一步提高创业者的社会影响力。在建立先进创业文化时，应积极结合社会民众广泛认可的价值理念，丰富创业文化内涵，推动创业理念的传播。

浙江青年的婚恋与家庭分析报告

青年是社会中最主要的恋爱和婚育人群，青年婚恋是青年发展中的重大问题。中共中央、国务院印发的《中长期青年发展规划（2016—2025年）》把青年婚恋列为10个发展领域之一，浙江省委、省政府印发的《浙江省中长期青年发展规划（2017—2025年）》也把青年婚恋与家庭列为十大主要任务之一，其目的都是希望从制度和政策层面帮助青年解决婚恋和家庭生活中存在的一些问题。本专题聚焦婚恋和家庭这两个议题，分析当下浙江青年婚恋和家庭生活的现状、特点和存在的问题，并针对性地提出一些对策建议。

需要说明三点内容：一是由于本书的调研对象分为大学生和在职青年两大类群体，但绝大多数大学生尚未独立组建家庭或拥有独立的家庭生活，所以在浙江青年"家庭"议题方面，以分析在职青年，尤其是已婚已育的在职青年为主，大学生群体仅在"家庭观""生育观"等可涉及的方面作为参照对比群体。二是青年婚恋与家庭问题兼具私人性和公共性。这主要表现在以下两个方面：一方面，婚恋和家庭问题本属于个人生命历程中的私人事务，处在不同年龄段的人对于这两个问题的感受和认知会具有比较明显的差异。同时，婚恋经历、职业身份，甚至是家庭文化氛围、地域文化都会对个人的婚恋和家庭的观念、行为选择带来影响。另一方面，在现代社会里，随着相关法律条例的制定和工作事务的开展，婚恋和家庭也是一个公共性的议题，这表现在相关职能部门出台关于青年婚恋和家庭问题的政策，以及市场等各方资源对于青年婚恋问题提供服务和支持等方面。本专题在分析时会将不同青年群体进行比较，也会将相关政策服务纳入考量。三是恋爱、婚姻以及家庭是个人生命历程中密不可分的阶段，三者之间具有较强的连续性和关联性，因此本专题将从整体性的角度对浙江青年婚恋和家庭问题提出对策建议。

一、浙江青年的恋爱议题

随着浙江经济的发展和社会的进步，浙江青年的恋爱动机、择偶观、恋爱交友的方式和渠道，以及对性行为的认知等方面都发生了巨大的变化，如青年在恋爱认知、行为模式、性观念等层面都具有鲜明的特点，也存在一些急需关注的问题。调研发现，处在不同生命阶段和拥有不同社会阅历的大学生群体与在职青年在恋爱这一问题上呈现出比较大的差异，因而下文中关于特点部分的分析主要从两个群体对比的视角展开。

（一）浙江青年恋爱观念、行为选择的特点分析

1."以结婚为目的谈恋爱"，但对"情感因素"的重视程度不同

调研数据显示，60.76%的大学生群体和71.23%的在职青年认为恋爱的目的是走向婚姻。可见，不管是大学生还是在职青年，绝大多数都是奔着"结婚"而恋爱的，尤其是在职青年。但是，两个群体中，"以结婚为目的谈恋爱"背后更深层次的动机是不一样的。大学生群体的恋爱动机中，"走向婚姻"是排在第二位的，而"走向婚姻"在在职青年的恋爱动机中则处于首位，高出大学生10个百分点。对于在职青年而言，之所以他们将恋爱直接与婚姻挂钩，主要是因为他们面对的社会舆论压力更大，甚至有的已经被推到"无路可退"的境地。但又因为平常工作节奏快，没有太多的时间、精力花在"恋爱"上，所以他们更看中恋爱的结果，希望能通过恋爱达成婚姻。如在访谈中，有白领青年说："我都这么一大把年纪了，也谈过了几年恋爱，已经过了拉锯战的年纪了，谈得好的话就早点把婚结了，这样家里人也不用太担心。""每年都不敢回家过年，催婚的压力实在太大了。""一回家我就成了饭桌上谈论的焦点，就会被问有没有男朋友，（催我）要早点结婚了。"对于大学生群体而言，很多学生还是希望恋爱的情感能够延续到婚姻中去。如有热恋中的学生说："我觉得要是能从大学恋人走到婚姻，成为一辈子的伴侣，那也是极好的事情啊！毛主席都说了，不以结婚为目的的谈恋爱都是要流氓。"在恋爱和婚姻的相互关系上，大学生们认为恋爱与婚姻之间具有一定的关联，绝大部分大学生认为，恋爱是婚姻的前提和必经阶段，例如："我不能接受没有爱情的婚姻，谈恋爱都谈不好，还结什么婚啊，这不是给自己挖坑吗？""恋爱必须有，还得有点久。"需要指出的是，很多大学生受访者表示，恋爱走向婚姻具有两层含义：一方面，恋爱是婚姻的必要阶段；另一方面，一段恋爱并不意味着必须走向婚姻，而仅仅是为走向婚姻而做尝试和准备，也就是说，即便是无果而终的"恋爱"也是为最后"修成正果"的婚姻做铺垫的。但同时，也有不少学生认为大学期间的恋爱能否最终走入婚姻殿堂，受到地域文化、风俗习惯、物理空间、经济水平、家庭氛围等诸多因素的影响。如有大学生说："我觉得谈谈恋爱就可以了，毕业以后在哪工作都不知道呢，怎么考虑结婚的事。"

在职青年"以结婚为目的谈恋爱"夹杂了社会舆论和传统文化压力的因素，而大学

生则相对而言更为纯粹，更注重情感的因素，更想以"婚姻"的形式将恋爱中的情感延续和升华下去。在调研数据中也可以看到，在大学生群体中，"情感需要"排到首位，占到77.69%。如杭州某高校大二女生说："我谈恋爱就是想要那种被男朋友捧在手心里的感觉，同时我也能'甜'到他。这种感觉很美好。"这种情感的需要，一方面是人类追求情感共鸣、心灵慰藉的本能使然；另一方面，是由于大学生处在青春期，更为追求恋爱过程中纯粹的情感体验，追求情投意合的意愿非常强烈，这样的情感需要表现得尤为强烈和直接。"谈了恋爱以后，整个人像被打了鸡血一样，感觉活力十足，在女朋友面前总想好好表现一下。"某大三受访男生直接表达了自己谈恋爱前后的变化，"以前，总觉得谈恋爱没啥好的，但是现在有了女朋友以后，发现一天不见她，如隔三秋似的。"

当然，在职青年在追求婚姻的同时，并不排斥情感需要。调查中，68.2%的在职青年表示谈恋爱是一种情感需求，虽然比大学生群体低了近10个百分点，但情感需求排序远在其他选项之前。这反映了当前青年在恋爱中对于情感满足的高度重视，其他恋爱目的如人生经历（40.89%）、社交需要（18.17%）、生理需要（12.97%）等的被选比例都远远落后于情感需求。

2. 注重性格和"三观"，对原生家庭也有不同程度的重视

调研数据显示，性格和"三观"是大学生群体（占比分别为62.80%和58.02%）和在职青年（占比分别为63.00%和57.24%）在择偶时最先考虑的因素。访谈中，两个群体的青年均表达了对这两个因素的重视，如某企业青年认为："性格真的很重要，我身边的朋友和我说过无数次，要我找一个性格合得来的人。我觉得很有道理。"再如某大学生说："物以类聚，人以群分。与和自己性格相似的人在一起，不会太累。"说明当代浙江青年在择偶时均要尽可能找到在性格和"三观"上与自己匹配的异性。总体来说，青年择偶标准越来越理性化，会从长远生活状态考虑配偶的性格、"三观"匹配等内涵性标准，强调双方价值观、人生观的相似。

调查还显示，在注重性格、"三观"等精神层面、内涵性标准的同时，两个群体也都会考虑经济条件和传统的"门当户对"等因素。只不过在大学生群体中，经济条件（45.59%）的占比要稍高于家庭情况的占比（40.58%）。比如有大学生说："我妈妈就说了，也不能太委屈了自己，恋爱不用'门当户对'，但总要基本上能凑合，要过得去。"在职青年择偶中考虑对方家庭情况因素的占比达42.5%，高于考虑对方经济条件因素的占比（35.64%）。这说明，现在的青年人更懂得，选择对象其实是一个全方位社会关系选择的过程，为了追求今后婚姻生活的收益最大化和家庭的和谐，青年会着重考虑对方

原生家庭的情况，会选择与自身家庭条件和环境等方面相似或相近的对象。例如，有青年说："我觉得对方的家庭环境比经济条件更重要，不然的话，以后婆媳关系是很难处好的。"还有青年说："钱是可以挣的，但是成长环境是既成的，无法改变。有好的家长，小两口即便发生了些矛盾，也容易化解。"

3. 性观念越来越多元化，但仍然更认同健康的性行为

青年时期是性生理、性心理发育最为活跃的时期，也是性观念形成的重要时期。中国社会面临性观念的传统与现代、保守与开放的交叉和转型，集中体现在青年性观念的分化与多元上。从调查中可以看出，青年的性观念越来越宽容，对于多元化的性观念容忍度较高。在恋爱的主要目的中，有19.25%的大学生和12.97%的在职青年选择"满足生理需要"。一名大三男生表示："生理需要也是一种正常需要，能通过恋爱满足那是最好的了，但这是在充分尊重对方，在自尊和自爱的前提下实现的。"在可以接受的婚姻形式中，有54.92%的大学生接受未婚同居，例如："法律都没有禁止未婚同居，只要两个人打算结婚，未婚同居有什么呢？""有很多生活习惯、行为方式还真需要通过未婚同居来进行更多的了解。"

数据显示，24.58%的大学生接受试婚，26.39%的大学生认同同性婚姻，例如："虽然我不能接受同性婚姻，但存在的即是合理的，只要不违法我也认同这种存在。"未婚同居是婚前双方自愿生活在一起，过着婚姻实质状态下的生活，但不一定走向婚姻。作为一种两性相处方式，这是近年来在青年家庭和情感领域发生的重大变化之一。试婚则目的性更为明确，是婚姻生活的准备。同性婚姻则是同性恋的结果。对这三项的认可度较高，反映出青年性观念的宽容、多元和个性化。

性暴力、劈腿、性交易和"约炮"是两个群体最不能接受的两性行为。（见表1）这说明，虽然当代青年在成长过程中接受了很多非传统的文化理念的影响，但总体恋爱价值观还是趋于追求忠诚，追求情感体验，对劈腿、性交易和"约炮"等行为有较强的道德批判，对于性暴力持反感态度，对恋爱期间的"不忠""不贞"行为特别不齿，纯粹满足生理需求的恋爱观在大学生中并没有得到大范围的认同。

表 1　浙江青年不能接受的两性行为

两性行为	大学生 / %	在职青年 / %
性暴力	84.46	80.92
劈腿	78.76	73.95
性交易	74.35	73.65

续表

两性行为	大学生 / %	在职青年 / %
"约炮"	73.52	73.35

但是对比两个群体，仍能发现一些细微的差异：一是在职青年对劈腿这种不忠行为的容忍度和婚前性行为的接受度相对大学生要高一点。数据显示，78.76%的大学生不能接受劈腿行为，而在职青年在这一选项上低近5个百分点，反映出在职青年在现实生活中对于这种不忠行为的接受度要高一点。在婚前性行为方面，在职青年对于婚前性行为不能接受的比例是16%，低于大学生群体（23.01%），说明在职青年对于婚前性行为的态度较为宽容，看得较淡，这可能与年龄结构、社会阅历、受教育程度等因素有关。二是在职青年对同性恋的接受度相较于学生群体要低一点。在职青年对于同性恋不能接受的比例高达60.98%，远高于大学生群体（44.2%）。这说明同性恋作为一种现实存在的恋爱现象，在低年龄段、受教育程度较高的群体中接受度较高，而在职青年群体在这一问题上显得较为传统，对同性恋的接受程度较低。在访谈中，大学生访谈对象认为"只要是爱就好，无所谓爱的是同性还是异性，只要是爱就可以接受"，但在职青年在被问到这一问题时往往回答没有这么明确，一般表示"有人可以接受吧，但身边人或自己还是接受不了"。

4. 交友渠道仍偏爱熟人网络中的资源

在回答"您愿意通过哪种方式结识恋爱对象"时，88.68%的大学生表示更愿意"自己在工作、生活、学习中结识"恋爱对象，例如："毕竟同学都在一起学习，也都比较熟悉，和陌生人的交往，信任基础弱了一些。""在同学中认识更靠谱，我可以通过身边的人去了解她的情况，要不然我一点了解渠道都没有。"这反映出大学生的恋爱对象主要是在校园内以同学、校友为主的熟人网络中。虽然总体而言，随着社会变迁，青年的交往方式更为自主，但自己在工作学习中认识然后确立恋爱关系在当代大学生看来更为"靠谱"。

同时，大学生中愿意依靠亲友介绍的占比43.27%，说明大学生并不排斥这种较为传统的形式，例如："亲戚朋友介绍的，更知根知底一些，能从恋人走到家人的概率也更大一些，我还是比较喜欢通过亲友介绍的方式来认识对方。""相比一些新出现的结识方式，如网络交友、线下交友活动等，亲友介绍更具有现实性和安全性。"这是比较有中国特色的一个现象，也从侧面说明家人亲友对青年婚恋问题的关注度较高。当然这种介绍已经完全不同于昔日的包办婚姻，青年的自主性非常强，即亲友只是起到一个中间桥梁作用，双方结识后就进入自主交往阶段。同时在调查中发现，浙江青年对婚介中心介绍的认同度非常低，因此，当前社会上的婚介中心在信誉度及服务青年婚恋问题的效果上有待提升。

（二）浙江青年恋爱中存在的主要问题

随着社会的发展，青年的婚恋观、择友方式等方面出现了一些问题。

1. 物欲化的婚恋交友倾向逐渐显现

随着经济的发展和生活压力的增加，金钱在当今婚恋观中的地位上升。尤其是在大众传媒推波助澜的情况下，这种过度重视金钱的"物欲化"婚恋观在一定程度上有了扩散和蔓延。受社会大环境的影响，浙江青年婚恋观中物欲化的倾向稍有显现，不少青年将婚恋交友置于"金钱光环"之下，而淡化对情感、责任、相互扶持等婚姻基础的需求，从而造成"金钱是婚姻的基础""有房有车我才嫁给你""有房有车之后我才娶你"等重婚姻"硬件"而轻婚姻"软件"现象的出现。甚至少数青年将婚姻变成一种投资或投机行为，出现了"嫁得好还得要趁早""干得好不如嫁得好"等带有太多功利色彩的认知。

2. 圈子小、工作忙限制了青年交友的空间和时间

调查显示，"生活圈子小""工作忙"是浙江青年单身的主要原因之一。其中，38.96% 的在职青年认为单身的原因是生活圈子太窄，51.21% 的大学生认为单身的原因是学习太忙。

3. 现有的相亲活动与青年婚恋交友需求"供需不对等"

目前，团委、工会等群团组织也会举办一些相亲主题类活动。但是调研发现，青年参与活动的意愿和积极性不高。在各种交友方式中，青年更倾向于参与熟人网络中的朋友聚会。在线下访谈中也发现，青年普遍比较宅，参与各项活动的积极性不高。浙江青年总体仍偏向于接受传统的交友方式。对于新兴的恋爱方式，如相亲活动的认可接纳度不高。这反映出青年对待交友恋爱的态度较为谨慎，对熟人网络的依赖和信任度较高。另外，随着恋爱交友方式的多样化，青年也面临着网恋被骗、婚恋市场化不规范等问题。

二、浙江青年的婚姻家庭观议题

婚姻是青年社会化的重要步骤，是青年离开原生家庭，开始新的家庭这一生命历程

的分水岭。青年的婚姻家庭观是关乎青年个人幸福感与家庭稳定的重要因素。

（一）浙江青年婚姻家庭观的特征

1. 传统婚姻观念仍占主流，但不婚不育主义也有一定市场

在还是普婚社会的中国，青年中"男大当婚、女大当嫁"的观念仍占主流。这主要表现在两个方面：一是仍有 59.77% 的在职青年和 45.27% 的大学生认为婚姻是非常必要的，是人生的"必做题"。二是在婚育年龄方面，数据显示，55.58% 的在职青年希望在 28 周岁之前初婚，32.10% 的在职青年希望在 29—34 周岁初婚，即共 87.68% 的在职青年希望自己的初婚年龄在 35 周岁以前。36.85% 的在职青年希望自己在 22—28 岁时生育，47.25% 的在职青年希望自己在 29—34 周岁生育，说明共有 84.10% 的在职青年希望自己的生育年龄在 35 周岁以前。

但是，数据也显示，不婚主义和不育主义在青年中有比较大的市场。对于一些青年而言，组建家庭生儿育女不再是人生的"必做题"。例如，调研数据显示，分别有 38.11% 和 2.12% 的在职青年表示婚姻可有可无和不需要婚姻。也就是说，中国传统社会观念中的家庭主义并不被这些青年完全认同，成家才能立业的想法在很多青年中，尤其是一些高学历、高收入的城市青年中认同度不是很高。对于这部分青年而言，把自己的日子过好就行，有爱情和婚姻当然最好，没有爱情和婚姻自己也可以把生活过得有滋有味。例如访谈中，有青年认为："我觉得自己一个人挺好的，为什么要为了结婚而拉低了自己，宁可单身一辈子。""我们有自己的圈子，有自己的闺蜜、死党，我不觉得必须结婚，单身就挺好的。""看到身边结婚的同事，他们的生活品质一点都不高啊，整天被家里的事搅得焦头烂额。"

同时，相较于在职青年，大学生群体对于不婚不育的接受度更高。如，在对婚姻的认知方面，有 50.60% 的大学生表示婚姻可有可无，比在职青年高出 12.49%；在对生育的认知方面，有 10.67% 的大学生表示不想生育，比在职青年高出 5.87%。

2. "因爱而婚"的观念是主流，但感情不是影响婚姻质量的最重要因素

与前文青年恋爱议题中"以结婚为目的谈恋爱"和"恋爱择偶注重'三观'和人品"的结论一致，青年的婚姻家庭生活也呈现出类似的特征：一是"因爱而婚"。在调查中问到结婚的主要目的时，有 80.31% 的在职青年认为婚姻是爱情的归宿，是因为爱情才走向婚姻。二是"婚姻生活因'三观'一致而和谐"。在问到影响婚姻质量的主要因素时，排在首位的是共同的价值观（76.93%），说明青年在婚姻中极其重视价值观念的匹

配，希望能有志同道合的伴侣，双方能互相理解包容，在今后生活中遇到问题能有较为一致的理念。

但是，不管是在结婚动机上还是在影响婚姻质量的因素上，浙江青年还是展现出了其他的一些特征：一是传统观念仍对青年的结婚动机有不小的影响。数据显示，有34.93%的在职青年是为了传宗接代而选择结婚，说明传统的延续家族血脉的观念在青年中具有一定的影响力。同时，有22.56%的在职青年认为结婚是为了缓解"男大当婚，女大当嫁"等传统观念所带来的社会舆论压力。二是感情不是维系婚姻和谐的最主要因素。有意思的是，青年普遍认为应"因爱而婚"，但以爱为基础的感情因素不是维系婚姻生活的主要因素。数据显示，仅有12.77%的在职青年认为"感情因素"是影响婚姻质量的主要因素之一，远远排在受教育程度（48.71%）、性格人品（36.4%）、原生家庭背景（34.88%）、生活习惯（25.04%）、性生活质量（16.86%）、经济实力（13.48%）等因素之后。

可以看出，虽然爱情因素在婚姻目的中占比最高，但在日常的婚姻家庭生活中，共同的价值观和精神层面的契合是最重要的，感情基础并不是影响婚姻质量的主要因素。这说明当今青年已经认识到婚姻和家庭是承载人类社会诸多关系的一种载体，并不仅仅是情感功能的实现。

3. 对婚房、彩礼和婚礼仪式有要求，但没有硬性的统一标准

调研显示，当代浙江青年普遍对婚房、彩礼和婚礼仪式有要求：一是在婚房上，绝大多数青年希望婚后有住房。数据显示，只有28.32%的在职青年可以接受租房结婚。二是在彩礼上，超过2/3（66.78%）的在职青年认为彩礼是必需的，只有10.85%的在职青年明确表示彩礼没有必要。三是在访谈中，青年都认为婚礼仪式很有必要，需要通过婚礼仪式请亲朋好友见证自己的婚姻。

虽然青年对此有一定的要求，但是也有一些新的变化：一是更多的青年希望拥有自有产权性质的婚房。调查中，相较于44.93%的表示可以接受居住在父母名下的房产的在职青年，有更多在职青年认为必须拥有自有产权性质的住房，但接受婚后一起还房贷（53.76%）。二是对彩礼没有硬性要求。虽然天价彩礼的事件屡见报端，但是调研显示，绝大多数在职青年对聘礼并没有硬性要求。50.73%的在职青年认为彩礼多少可以视男方的经济条件而定，22.36%的在职青年认为有无彩礼都无所谓。访谈中也出现这样的回答："其实彩礼并不是女方父母需要的，只是一种对于女方的尊重，这些钱一般也用于小家庭的建设。"三是婚礼形式更加多元。相对而言，摆喜宴、办喜酒不再是婚礼仪式

的唯一选择了，旅行结婚、小规模朋友聚餐等形式也受到不少年轻人青睐。

4. 生育意愿较强，但二胎生育意愿较为理性谨慎

调研数据显示，浙江青年总体生育意愿强烈，超过87.00%的在职青年有生育意愿。其中，有49.47%的在职青年希望有2个孩子，有35.69%希望有1个孩子，有1.87%希望有3个及以上孩子。只有4.19%的在职青年明确表示不要孩子，还有8.78%的在职青年处于摇摆状态，表示还没有考虑过这个问题。

但在实际生育二胎的问题上，有超过半数的在职青年（53.93%）表示不愿意生二胎。其中，不愿意生育二胎的原因主要是没时间精力照顾孩子（69.95%）、孩子花销大导致经济压力太大（68.94%），以及担心给不了孩子好的生活品质（60.8%）。从中可以看出，虽然相当一部分青年理想化的生活状态是拥有2个孩子，但是养育孩子的时间精力成本和经济成本较大所带来的压力抑制了青年将希望生2个孩子的想法转化为实际行动。所以，"二孩政策"在实施过程中要更聚焦当下青年养育孩子过程中的实际困难。

5. 家庭观念较强，但家庭关系处理日益平等多元化

家庭关系主要由以夫妻关系为基础的家庭横向关系和以代际关系为基础的家庭纵向关系组成，其中纵向关系主要涉及对老人的赡养和对子女的抚育。

一是青年更倾向于核心家庭模式。调查显示，不少青年表示考虑到代沟问题和生活习惯等问题，婚后会选择与父母分开居住，有自己的生活空间，家庭结构以"夫妻+子女"的核心家庭模式为主。但部分青年生育孩子后需要祖辈照顾孩子，三代人一起居住的家庭也较多。二是养老方式中，居家养老是主流，社会养老渐增。在问及理想的赡养老人的方式时，59.77%的在职青年选择老人居住在自己或兄弟姐妹家中，在同一个屋檐下对老人尽孝。有14.84%的在职青年选择父母单独居住，等行动不便时请保姆照顾老人生活。总体而言，有近2/3的在职青年还是希望家庭养老，让老人在自己或兄弟姐妹家中享受天伦之乐。同时，社会养老的观念开始影响青年的家庭观，有青年认为自己要工作，没有时间和精力照顾父母，加上以后社会养老设施和服务会越来越好，老人到养老院生活质量也许会更高。数据显示，有19.33%的在职青年希望老人去住老年公寓或敬老院获得社会性照顾养老。访谈时，有些青年也谈到父母并不希望与子女同住，希望有自己的生活空间。大多数青年都认为自己会尊重老人意愿，这说明青年在观念新旧融合的过程中，处理与父辈之间的关系时更尊重各自的主体地位，既"孝亲"又注重"顺亲"。三是"养不教、父（或母）之过"的教养观念得到普遍认同。在问到"谁负责对孩子进行家庭教育"时，有84.55%的在职青年回答应该由父母同时负责，有7.12%回答应该由父亲负责，有 5.2% 回答应该由母亲负责，另外有 1.67% 认为可以委托专门校外培训机构负责，只有 0.56% 认为应该由家中祖辈负责。这首先说明青年对于孩子的家庭教育已经非常重视，认为这是自己义不容辞的责任，一般不会委托他人。青年普遍认为教育孩子是自己必须承担的家庭责任，这种责任意识在家庭亲子关系中往往置于首位，"养不教、父（或母）之过"是被普遍认同的。其次还反映出现代青年已经不把教育子女纯粹作为母亲的责任，认为这是父母双方共同的责任。这与当前女性受教育程度的提高、社会地位和家庭地位的提高都有一定的因果关系。传统的"男主外、女主内"的家庭格局已经发生了一定的变化。在家庭成员之间，特别是夫妻之间树立起平等的观念，成员之间强调互相尊重、合理沟通，共同完成教育子女的责任。

6. 对离婚持宽容态度，但大部分不赞同因经济利益而离婚的行为

当前大量研究成果表明青年的婚姻稳定性呈下降趋势，青年婚姻寿命缩短，离婚风险逐步上升。在对离婚这一现象进行调查时，发现有 70.32% 的在职青年认为，合则聚、不和则分是很正常的婚姻情况，说明青年总体对理性离婚持理解和宽容的态度，对于出现问题的婚姻，青年赞同解除婚姻关系，而不是因为各种因素强忍着保持婚姻关系。但也有 23.88% 的在职青年认为，如果有孩子，为了孩子的成长考虑就尽量不要离婚，比例达到近 1/4。这说明了当前孩子在婚姻维系中的重要性，也侧面解释了每年高考后是夫妻离婚的高峰期这一中国独有的社会现象。有 2.32% 的在职青年选择不管发生什么都不离婚，虽然比例较低，但不可否认还是有部分青年有"从一而终"的观念；还有少数青年因经济利益（1.92%）和自身社会形象（1.56%）选择不离婚。

在问到如何看待为了物质利益而假结婚或假离婚这种社会现象时，有 70.37% 的在职青年明确表示这是非常不好的行为，非常不认可。有 28.17% 的在职青年认为是可以理解的，关键看所获得的利益到底有多大，如果足够大，还是可以考虑的。这说明青年群体总体婚姻价值观还是正面的，认识到纯物质利益驱动的婚姻行为是不可取的，但也有相当部分青年在婚姻行为中有一定的逐利性。

（二）浙江青年婚姻家庭生活中存在的主要问题

婚姻家庭是青年生命演进过程中不可回避的问题，同时也是青年社会化进程中与社会大环境密切相关的问题，青年的婚姻家庭观念和行为选择变迁的背后是深刻的社会变迁。总体来说，新时代浙江青年的婚姻家庭观念和行为选择的特征可以用 3 个词来概括：多元、自主和宽容。这是与浙江经济社会发展的大环境相匹配的。但也应该意识到，浙

江青年婚姻家庭的议题中仍存在一些问题。

1. 步入婚姻家庭的压力较大，青年成家难

高速发展的社会产生的城乡差异、阶层差异、贫富差异等等，使众多青年处于一种"集体性的焦虑"。"996"的工作现状、"内卷化"的生存状态，使青年的生活压力和工作压力都偏大。青年要么没有过多的精力和时间寻找对象和经营情感，要么在找到对象的情况下苦于"无房无钱"，难以走入婚姻的殿堂。调查反映出的青年对于婚房的需求，对于彩礼和婚礼仪式的需求，等等，都对刚步入社会的青年产生巨大的压力。以婚房为例，在高房价背景下，除非有"六个钱包买一套房"的支持，否则大部分青年依靠自己的工资收入很难买房。这些因素都给青年"成婚生子"带来巨大的经济压力和精神压力。但若大量青年在适婚年龄难以成家，就会对个人和社会的发展都产生不利的影响，甚至会成为社会潜在的危险因素，不利于社会的稳定发展。

2. 亲子教育压力较大，青年养育"二孩"难

中国社会的快速转型、经济的中高速增长、城镇化的快速推进、科学技术的日新月异等时代特征，使得青年的育儿观念和子女教育观念产生新的变化和新的特点。2010年之后，国家陆续出台"双独二孩"政策、"单独二孩"政策和全面二孩政策，开始有序引导青年生育二孩。但在实际生活过程中，有半数青年选择只生育一胎，原因就在于养育孩子的精力负担、经济负担都过重，而国家和社会在这方面对于家庭的支持非常少。与生育二孩相比，青年更重视子女的养育质量。因为现在的育龄青年很多为独生子女（本次调查中独生子女占比为46.49%），是在改革开放环境下伴随国家的经济腾飞成长起来的一群人，他们中的绝大多数人获得相较他们的父辈更多的资源，接受了更好的教育，也拥有了较高的文化水平和较好的收入，这使得他们更加坚定了为下一代做好各项投资的决心，必须保证孩子今后的生活质量，所以相比"多生"他们更愿意选择"优生"。

3. 代际观念差别较大，青年"养老难"

青年是领社会风气之先的人群，对社会的现代观念、先进思想的接受能力要远高于其父辈。受到现代化和个体化进程的影响，青年婚姻家庭观的转变要明显快于父辈。但同时，受我国传统家庭文化观念和社会结构的影响，青年在婚姻家庭生活中又保留有传统的一面。因此，方方面面的代际理念差异带来了不少家庭矛盾。一方面，一些青年很想跟父母一起生活，以便更好地照顾他们；另一方面，随着父母逐步步入老年，养老理念的差异又使得一部分青年焦头烂额。总之，现在的很多代际问题已经不是上一辈中较

多见的经济问题，而是代际在婚姻家庭观念上存在的巨大差异所带来的矛盾对青年的困扰，很多青年切身感受到"养老难"。

三、婚恋领域法律政策服务的现状和对策建议

公共政策与青年婚恋的稳定性、和谐性息息相关。目前，我国在婚恋和家庭领域已经出台了比较多的法律、条例和做法措施。本章节将梳理现行已有的法律和服务措施，分析青年在婚恋及家庭生活中的法律使用情况和服务活动参与过程中存在的问题，并针对目前青年婚恋及家庭生活中的问题提出相应的对策建议。

（一）现行婚恋、家庭领域相关的法律及政策服务

1. 法律制度覆盖全面，体系完善

1950 年 4 月 13 日，中华人民共和国的第一部法律《中华人民共和国婚姻法》（以下简称《婚姻法》）诞生，当年 5 月 1 日起正式施行。这部法律规定了一夫一妻、保护妇女和儿童权益等新婚姻家庭制度，尤其强调了婚姻自由、男女平等。1980 年颁布的《婚姻法》是中国的第二部《婚姻法》，增加了实行计划生育的规定，其中一个突出变化是将离婚自由的权利以法律形式明确下来。2001 年 4 月 28 日全国九届人大常委会修订了 1980 年婚姻法。修改后的婚姻法，规定了"夫妻之间相互忠实"的义务，加大对重婚等行为的遏制力度，对重婚的依法追究刑事责任等，遏制"包二奶"，禁止家庭暴力，确立无效婚姻和可撤销婚姻的制度规定。在之后的 20 年里，最高人民法院陆续发布了关于婚姻法的 3 个司法解释，明确了"家庭暴力"的概念，对"未婚同居"持否定态度，对婚前财产做出了明确的规定。这些法律条例一方面适应了社会的发展，另一方面促进和加速了青年人婚恋观念的转变。

近 30 年来，我国还针对婚姻家庭生活的其他层面制定了一系列的法律政策，如 1992 年 1 月 1 日起施行的《中华人民共和国未成年人保护法》，1992 年 10 月 1 日起施行的《中华人民共和国妇女权益保障法》，1995 年 6 月 1 日起施行的《中华人民共和国母婴保健法》，1999 年 11 月 1 日起施行的《中华人民共和国预防未成年人犯罪法》，2008 年 7 月 1 日起施行的《中华人民共和国残疾人保障法》，2016 年 3 月 1 日起施行的《中华人民共和国反家庭暴力法》，等等。2021 年 1 月 1 日起《中华人民共和国民法典》开始施行，《婚姻法》《中华人民共和国继承法》《中华人民共和国民法通则》等法律同时

废止。

2. 社会服务规范，注重实效

近 10 年来，从中央到地方、从各级政府到社会团体，各方都推出了一系列涵盖婚恋政策、性健康政策、计划生育政策、医疗服务政策、住房贷款政策、母婴保健政策等多个方面的政策和措施服务，为青年提供婚姻家庭方面的社会支持。在全国层面，如 2017 年 9 月共青团中央、民政部和国家卫生计生委制定的《关于进一步做好青年婚恋工作的指导意见》，2019 年国务院发布的《关于促进 3 岁以下婴幼儿照护服务发展的指导意见》，民政部于 2020 年 5 月 20 日颁布的《关于开展婚俗改革试点工作的指导意见》，等等。在省市层面，如 2016 年共青团浙江省委打造了一个专门帮助单身青年牵线搭桥的"亲青恋"交友平台。这个平台依托全省各级团组织与广大机关、企事业单位、新闻媒体及有影响的婚恋组织合作，利用"互联网＋"的信息技术优势，开展线上线下相结合的青年婚恋交友活动。2017 年共青团浙江省委婚恋交友事业部挂牌成立，依托"亲青恋"，建立"单身青年数据库"，并对当代青年男女的交友方式、婚恋需求进行分析，"量身定制"举办他们需要和喜爱的各种交友活动。

目前，我国婚恋和家庭生活领域已经形成了以《中华人民共和国宪法》为保障之本，以《中华人民共和国民法典》为核心，以《中华人民共和国反家庭暴力法》《中华人民共和国母婴保健法》《中华人民共和国未成年人保护法》《中华人民共和国预防未成年人犯罪法》《中华人民共和国残疾人保障法》《中华人民共和国妇女权益保障法》等法律中有关婚恋、家庭的条款为重要来源，以行政法规、部门规章、司法解释、地方性法规为补充的青年婚恋法律体系，为青年婚恋提供行动依据，促进了青年婚恋领域的权益保护和发展进步。

（二）青年婚姻家庭生活中法律政策服务的特点和问题

虽然目前婚恋领域的相关法律政策和社会服务是比较全面和系统的，但在此次调研中，青年在婚姻家庭涉法事务上还是呈现出一些特点和问题。

1. 家暴等涉法事务发生概率加大

调研过程中发现，目前在青年婚姻家庭生活中，家暴、财产协定、离婚、抚养权安置等涉法事务逐渐增多。近 1/3 的大学生（29.64%）和在职青年（25.33%）表示在自己的家庭生活或认识的人当中有发生过家庭暴力现象。（见图 1）从这些数据可以看出，家暴是一种较为多见的情况。因而，当前婚姻家庭生活中家暴问题不容忽视。

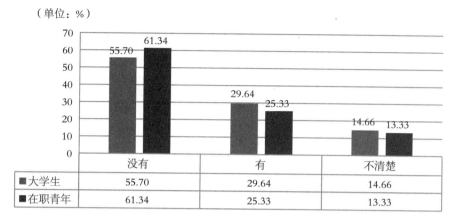

（单位：%）

	没有	有	不清楚
大学生	55.70	29.64	14.66
在职青年	61.34	25.33	13.33

■ 大学生　■ 在职青年

图1　浙江青年周围家庭暴力现象发生的概率

2. 依法处理家庭事务的意识增强

在中国传统社会中，家庭事务原属于私人事务，其处理多是在家庭和村落家族中完成的。但随着社会的发展和制度的完善，家庭事务逐渐走出私领域，成为公共领域事务的一部分。在这种背景下，青年人依法处理婚姻家庭事务的意识逐渐增强。如，在被问到"如果遭受家庭暴力，您会选择如何应对"时，回答最多的选项是"报警，进行伤情鉴定"（28.71%）；其次是"请求法律援助"（23.59%）；再次是"请长辈亲戚出面调解"（20.01%）。再比如，有33.02%的大学生表示无论什么情况下都需要签订婚前协议和进行财产公证。由此可以看出，随着青年法律意识的逐渐增强，运用法律法规进行自身权益的维护将会日益成为主要手段。

3. 对法律规定有一定的知晓，但了解程度不高

调研发现，绝大多数在职青年（52.25%）和大学生（50.32%）表示听说过《中华人民共和国民法典》中关于婚前财产分割、离婚冷静期等相关法律知识，但并不了解，有24.89%的在职青年和23.65%的大学生认为自己了解一些，有8.43%的在职青年和7.61%的大学生表示基本了解。在访谈中，大学生和在职青年都表示听说过"离婚冷静期"，但对于"离婚冷静期"的看法不一、争议不断。总体上，《中华人民共和国民法典》中关于婚恋条款的法律设定在青年中的知晓率是非常高的，绝大部分青年都通过各种渠道知道国家已经出台了相关的法律。虽然目前很多人不了解具体细则，但在访谈中，青年也表示如果遇到问题就会去详细学习了解。

4. 特殊人群法律保障缺位，政策亟待加强

在访谈中，有青年提到，在目前的法律体系中，针对一些特殊人群的法律保障政策仍需要加强，如全职妈妈群体。近些年来，家庭主妇在青年中的比例逐渐增加。在孩子逐渐长大，渐渐有能力脱离父母的时候，有约六成的母亲打算重新就业，这时候发现适合她们的往往只有一些营销类的工作，曾经的知识和工作经验已经找不到可发挥的地方，再就业难度加大。同时，由于长期没有固定收入，一旦发生婚姻危机，离婚后权益得不到保障。2001年我国修订《婚姻法》时增加了一项被称为"家务劳动补偿制度"的内容，在一定程度上有助于保护婚姻家庭生活中弱势一方的合法利益。但是上述条款的适用范围实际上很窄，家庭主妇的家务劳动并未被考虑在内，实际上是否定了家务劳动的经济性、财产性价值。当夫妻共有财产较少时，很难保障女性离婚后的生活水平，因此，实际上离婚后家庭主妇得到的经济补偿的数额并不高，无法体现其作为全职一方的付出，现有法律对离婚的家庭主妇的权益也缺乏保障，不利于新时代婚姻家庭关系中女性合法权益的保护。

（三）对策建议

1. 引导青年树立健康理性的恋爱和婚姻家庭观念

青年需要幸福的婚姻家庭生活，前提就是要构建积极健康的恋爱和婚姻家庭观。青年尚处在价值观形成阶段，对于恋爱、婚姻家庭则更处于初步踏入的阶段。青年真正理解爱情、婚姻的真谛和家庭的内涵，需要有相应的道德观加以支撑和保障。引导青年树立健康理性的恋爱和婚姻家庭观，是各级政府、社会和青年自身需要为之努力的方向。一是以"自尊、自爱、自信"为前提的自我教育，要让青年意识到爱情是美好的，认识婚姻家庭的本质和实际内涵。要让青年更加清晰地认识自我，使青年意识到"在什么年纪做什么事情"，对个人的恋爱、婚姻事务有比较清晰的规划。二是引导青年对婚姻家庭有正确的认识，使青年懂得婚姻家庭是人生完整、生活幸福的重要基础。在婚姻家庭中充分发挥家庭的积极功能，营造其乐融融的家庭氛围，减少焦虑感，充分实现青年在家庭中合理的情感诉求，将家庭打造成温馨和谐的心灵港湾。提倡平等和谐的家庭关系，家庭成员之间相互尊重、彼此平等，共同维护和发展幸福和谐的家庭关系。从价值理念上提倡个人、家庭、国家三者并重，将个人的理想奋斗、家庭幸福、国家发展有机融合。要从实际出发，既要尊重青年对自主、独立、平等的追求，正确评价青年对婚恋家庭观的选择，又要引导青年遵循、传承传统观念中的精华部分，减少青年不成熟的行为给自身和社会带来的不良影响。要引导青年男女在把握平等、理解、沟通、道德的原则上正常交往，从恋爱走向婚姻家庭，避免基于生理冲动或不良动机的恋爱行为产生的消极后果。要培养青年对婚恋情感的忠实意识、责任意识，强化青年对个体的尊重、平等意识，引导青年对婚姻制度有崇敬意识，帮助青年树立理性健康的婚恋观。三是加强对正确恋爱观的宣传，营造积极健康的婚恋大环境。特别是舆论媒体要坚持正确的宣传导向，以弘扬正气、宣传正确的恋爱观为责任。首先，要规范婚恋节目。婚恋节目设置必须符合党和国家的各项政策，符合社会主义核心价值观，符合社会道德评价标准，不得宣扬和炒作拜金主义等不健康、不正确的恋爱观。其次，要加大对抖音、斗鱼等新媒体平台涉及婚恋输出内容的审核。目前，大多数平台都具有用户喜好推送功能，平台通过后台大数据，会按照受众喜好，对用户实施精准推送，这也就意味着更多用户偏好的内容会被经常性推送。很多青年习惯使用手机浏览 App 推送视频，如果平台缺乏有效监管，缺乏对视频的审核，那么宣扬拜金主义、炫富攀比的视频势必会对青年造成消极影响。要加强对不良恋爱观的批判，尤其是对明星、网红，以及其他社会公众人物的不端"婚恋"行为进行批判与否定，从而弘扬正确的恋爱价值观。

2. 加大研究，实施动态跟踪，创新系统思维

当今青年生活在传统与现代社会的急剧转型期，青年的婚恋观念、婚恋特点、婚恋形式、婚恋目的、家庭结构、家庭生活模式等都发生了重要的变化。但目前，学术界对于青年婚恋、家庭模式的研究内容较为零散与片面，往往对青年的恋爱、婚姻、家庭、亲子关系、家庭赡养等领域各自割裂开来研究，缺乏对青年婚姻家庭观念、状态、模式的整体性、系统性研究，因而难以提出真正有价值、能引导青年树立健康婚姻价值观的策略与方法。

青年的婚恋、家庭是涉及社会生活方方面面的系统化工程，关于青年婚恋、家庭的研究应注重从总体上进行全面分析，涵盖青年婚恋、家庭的各个方面，探索当代青年在婚恋、家庭方面的一般行为模式。比如现在江浙经济发达地区出现的"两头婚"现象，作为一种不要彩礼、不要房、不要车的新型婚姻方式，双方共同出资举办婚礼，婚后共同赡养老人，生育两个或以上子女，一个随男方姓，一个随女方姓。这种婚姻形式产生的根源、今后发展的趋势，都值得学术界进一步跟踪调研。学术界应将青年婚姻家庭行为与新的时代发展背景相结合，对青年婚姻家庭行为的不断变化进行新的探索与阐述，以便对当代青年婚姻家庭现象进行全方位的解释，从而为青年树立积极健康的婚姻家庭观提供更好的视角与方法。

3. 完善法律体系，确保制度执行

应积极出台相关政策提升青年生育意愿，减轻青年在婚姻、生育、子女教育等方面的压力。住房问题已成为影响婚姻决策的重要因素。在住房制度上，继续大力推行公租房制度，制定倾向于租客的保障制度，租售同权；进一步完善"限购政策"，提高"刚需"的中签率；尽快出台房地产调节税，减轻住房问题给青年带来的压力。近年来，涌现了一种为获得额外的经济利益而假结婚、假离婚以规避政策障碍、牟取政策红利的现象，必须加以打击。另外，彩礼问题已成为部分青年的沉重负担。司法机关应该主动通过判例引导彩礼风俗，弘扬感情忠诚、相互包容的婚恋理念，积极号召废除不合理的高额彩礼。此外，医疗服务是青年家庭生活的保障，母婴保健是青年家庭生活的定心丸。政府应积极出台相关政策，增加相关的基本公共服务，比如鼓励设立月子中心，加强月嫂、婴幼儿看护人员的培训，规范月子中心的母婴保健措施等，提升青年的生育意愿。子女教育是青年家庭关注的焦点。在社会就业形势紧张、高等教育普及率低、职业教育质量不高的情况下，要严格执行小学、初中入学的"公民同招"政策，提高职业教育质量，打通职业教育学生在学历上的上升通道和就业渠道，进一步发展职业学校订单式培养模式，减轻青年对子女教育和就业的焦虑。

4. 提供婚恋辅导，加强婚恋服务

一是政府应建立婚恋服务行业规范，引导婚恋服务行业的健康有序发展。过去由于信息不畅，需要相关组织为青年提供交友信息。而今由于信息过剩，需要政府制定规范，约束各个交友平台核实、筛选信息，保证信息准确、动机正确，帮助网络婚恋市场建立和完善信任体系。二是青妇组织和其他社会团体应打造青年婚恋沟通的平台，拓宽青年婚恋交友渠道。通过线上和线下服务相结合，广泛开展各类联谊活动，为青年提供展示自我及婚恋交友的机会。要针对青年的不同需求提供多种形式的服务，尽可能地扩大服务的覆盖面。这既有赖于政府部门、群团组织和社会力量密切合作以提升和完善现有的服务，比如借鉴日本、新加坡等相关青年婚恋社会服务的经验，也有赖于规范和引导以网络婚恋交友为主的市场化青年婚恋服务，比如推动网络婚恋交友市场规范化等。三是要发展青年婚恋服务机构，提高婚恋服务机构专业化服务水平。培育发展婚恋服务类社会组织，鼓励婚姻家庭指导师、专业社会工作者、心理咨询师等参与咨询服务，提高专业服务人员的专业能力，为青年婚恋、家庭服务提供专业化的辅导和支持。依托社工服务站点、青年地带等服务平台，以项目化和社会化形式，开展专业化家庭治疗服务。

5. 关照特殊群体，加强定向引导

在此次调查中，我们也了解到，一些特殊青年群体因为自身境遇和观念问题，在婚姻家庭方面遇到的问题比较多。比较突出的就是城市高收入、高学历女性群体，青年外来务工人员群体和家庭主妇。对于城市高收入、高学历女性群体，必须引导她们突破一些观念的藩篱，使她们对自身的人生规划和设计有足够的现实可操作性，在接受各种新的繁杂的婚姻价值观时也要清晰认识到传统文化中关于婚姻、家庭、责任、孝道等观念在现代中国还是有一定适用性的，从而理性做出自己的价值分析和判断，通过自我调整寻求美满的婚姻和家庭生活。对于青年外来务工人员群体，需要对他们进行正确的健康的婚姻家庭观的教育。当前外来务工人员的婚姻家庭处于不稳定状态的较多。由于农村相关婚姻家庭知识包括性知识教育比较薄弱，外来务工人员进入城镇后也缺乏相应的教育体系和观念体系引导，传统婚姻家庭观在与现实的冲撞中被撞得支离破碎，新的观念产生的来源又都是一些网络和媒体的片面报道，因此婚姻家庭矛盾层出不穷，甚至出现激化现象。外来务工人员在城市和乡村间游走，总体心理成熟度较低，心理较为脆弱，生活的磨难使得他们容易处于焦虑、紧张状态中，面对不断变化的社会，他们很难通过自我调节来保持心理上的相对平衡。有些人选择和异性在一起，将情感作为人生休憩的港湾。由于离开家乡后，乡村里的道德和舆论都无法对其进行约束，因此在婚恋问题上缺乏慎重和理性，早婚、事实婚姻多，离婚多，婚姻违约成本低，离婚后一走了之，子女权益得不到保障。

基于此，政策要覆盖到这些人群。一是要坚持"全国一盘棋"，建立和完善面向外来务工人员的包括工伤保险、医疗保障、失业保险和养老保险在内的社会保障体系，从制度层面为外来务工人员的婚姻提供保障。二是要保障家庭主妇的权益。一方面，家庭主妇的家务劳动应得到法律的承认。《中华人民共和国民法典》第一千零八十八条"离婚家务补偿"规定，夫妻一方因抚育子女、照料老年人、协助另一方工作等负担较多义务的，离婚时有权向另一方请求补偿，另一方应当给予补偿。但在实际操作中，《中华人民共和国民法典》中的新婚姻法律制度强调保护当事人的合法权益，对家庭中妇女的家务劳动并没有做具体规定，导致在司法判决中其适用受到很大的限制。近几十年来，原本实行夫妻分别财产制的一些欧美国家，都引入了家事劳动评价理论，逐渐建立了复合型财产制，并通过补偿扶养费的形式来保障从事家务一方当事人的经济利益。这些制度认可了家务劳动的社会价值，给予了专职家务劳动者一定的社会地位，有助于全职从事家务一方自我价值的实现。如德国在《家庭法》中把婚姻生活中的家务劳动视为一种职

业，并且在个人所得税法律中规定了高收入的配偶每年将其报酬的一定数额支付给低收入的配偶，不必缴纳所得税。日本也规定，如果妻子为家庭主妇，那么在丈夫的薪水中要额外添加妻子的专项补贴。在法国，家庭主妇跟普通上班族的收入没有太大的差别，她们可以享受政府给予的劳务津贴及住房津贴，数额相当可观。出于公平原则的考虑，法律也应规定合理的家务劳动评价标准与经济补偿制度。我国也应当在适当的时候建立家庭劳务补偿制度以及配偶扶养制度，以便有效保护女性合法权益。此外，应鼓励家庭主妇重新回归社会，除了给予家庭主妇心理、知识、技能上的辅导，还应创造条件，提供适合她们的工作岗位帮助她们融入社会。

浙江青年志愿服务发展报告

志愿服务是人们奉献爱心、服务社会的重要方式。作为具有最广泛社会公约数的道德实践活动，志愿服务最可贵的价值在于唤醒和激发普罗大众共建道德社会和价值共同体的共识，体现人们对高尚精神境界的追求，在"赠人玫瑰、手有余香"中实现自我价值和人生意义。进入新时代以来，我国志愿服务更是迎来了良好的发展机遇，成为党和国家事业的重要组成部分，是社会主义现代化建设的重要力量。党的十九大报告提出"推进诚信建设和志愿服务制度化，强化社会责任意识、规则意识、奉献意识"，对志愿服务提出了新要求、新期望。党的十九届四中全会召开后，志愿服务在参与社会治理过程中显示出重要意义，成为推动社会治理现代化的独特力量。

随着被纳入国家发展战略，志愿服务成为同国家社会治理现代化以及"两个一百年"奋斗目标同行的重要载体。近年来，浙江省广大青年积极投身志愿服务事业，不断擦亮"志愿服务"金字招牌。志愿服务的内涵逐步提升并广泛惠及民生，并且志愿服务制度化、规范化建设取得突破性进展，与此同时，青年志愿服务项目化、品牌化持续发展，青年志愿服务网络化、信息化水平不断提升，青年志愿服务组织化、体系化建设日渐完善。目前，已经形成党员志愿者带头、青年广泛参与志愿服务的良好态势，全省青年志愿服务工作走在全国前列，逐步形成体现浙江特色、具有高辨识度的青年志愿服务格局。

全面总结和梳理近年来浙江省青年志愿服务发展的现状、特点及存在的问题，深入分析和展望未来青年志愿服务发展的基本趋势，对有效指导当前青年志愿服务工作、回应社会对青年志愿服务的多元需求、推动青年志愿服务进入一个新的发展阶段具有重大现实意义。

一、浙江青年志愿服务发展变迁与基本特点

（一）浙江志愿服务制度化发展与演进

浙江志愿者行动始于 1993 年底，经过 20 多年的发展，志愿服务事业已从小到大，由弱到强，从单项活动到系列专项服务，从共青团组织主导到社会各界广泛参与，活动

规模、社会影响不断扩大，在环境保护、社区服务、大型赛会、抢险救灾等领域发挥了积极作用，已成为社会各界热切关注和倾心支持的高尚事业和引导广大群众投身社会主义精神文明建设的有效载体。20多年来，浙江志愿服务的发展进程，始终与中国志愿服务发展进程相一致，与浙江经济社会发展、人民对美好生活向往相协调，在推动社会治理创新发展的过程中，不断以高水平的服务供给回应人们的基本需求，弥补政府、市场保障的不足。以重要的标志性事件为节点，浙江志愿服务发展可以分为三个阶段。

1. 第一阶段：1993—2005年，以学雷锋志愿服务、社区志愿服务为主要形式，以项目化推进为内涵的探索发展和过渡时期

1993年，浙江省共青团组织在全省启动实施青年志愿者行动，率先扛起志愿服务的大旗，开启对志愿服务工作的探索。最初以开展学雷锋便民服务、"一助一"服务为主要内容，以不定期、小规模活动为主要形式，以行政化号召式的活动发动为主要动员方式，在省、市、县及乡镇（街道）建立志愿者协会或服务站，初步形成志愿服务的组织网络。2003年和2004年，浙江省分别启动大学生志愿服务西部地区和省内欠发达地区活动，逐渐以项目化操作为主要形式，服务内容也得到不断扩展，形成了援助型志愿服务项目、专业型志愿服务项目、公益型志愿服务项目、赛会型志愿服务项目等四大类重点服务项目，以组织化与社会化动员相结合的方式，引导志愿者参与弱势群体帮扶、文明城市创建、社会主义新农村建设、生态环境保护、无偿献血等社会公益事业。

2. 第二阶段：2006—2016年，以志愿服务立法、制度建设、组织机构完善为主要内容的全面推进和迅猛发展时期

这一阶段，一是加强了志愿服务的法治化管理。2006年12月，《浙江省志愿服务条例》被浙江省人民代表大会常务委员会列入2007年立法计划一类项目。2008年3月5日，《浙江省志愿服务条例》正式颁布实施，以法规的形式对志愿服务进行规范与调整，明确志愿者的具体职责、志愿者的相关权利义务、志愿者合法权益的保障和维护。该条例的颁布标志着浙江省志愿服务工作走上法治化、规范化的发展轨道。随后，陆续出台的《浙江省志愿服务事业发展纲要（2014—2017年）》《浙江省注册志愿者管理办法》《浙江省志愿服务时数记录制度》等文件，为浙江志愿服务工作的总体规划、统筹协调、整体推进和督促落实提供了有力支撑。2016年，团省委联合省发改委、中国人民银行杭州中心支行等10家单位印发《浙江省青年守信联合激励措施的实施意见》，开创全国之首。二是加强了志愿服务领导协调机构的建设，全省11个地市均成立由党政分管领导牵头、有关职能部门和单位组成的志愿服务工作委员会，形成以志愿服务工作委员会为指

导和协调机构、志愿者协会为核心主干、其他志愿服务组织为重要力量的志愿服务工作体系。三是以"互联网＋"为驱动，启动青年信用体系建设试点工作，加强全省志愿服务大数据标准化建设，实现志愿服务信息的互联共享及其在社会信用领域的应用，使志愿服务超越了道德建设的范畴，延伸至社会进步事业的多元空间。

3.第三阶段：2017年至今，以全国志愿服务立法为历史节点的志愿服务规范提升和转型发展时期

一项事业走向立法是具有重大意义的，往往标志着一项事业发展到新高度。2017年全国《志愿服务条例》出台，作为首部国家层面关于志愿服务的专门性行政法规，对志愿服务的管理架构、机制保障等进行顶层设计和整体布局，尤其是以法律形式对文明办牵头志愿服务工作做了规定，直接指导《浙江省志愿服务条例》的修订。为贯彻落实中央和省委的要求，与国务院条例相衔接，并将实践中行之有效的好的做法和经验用法规予以固定，更好地适应新时代志愿服务事业发展的需要，省人大常委会于2018年6月27日表决并全票通过了修订后的《浙江省志愿服务条例》，并于当年9月1日正式施行。志愿服务开启以制度化为统领、标准化为规范的新阶段，意味着志愿服务事业多方面协同参与新时代的来临，志愿服务将会更加主动地参与地方社会治理，成为国家治理能力和治理体系现代化的有效构成和有生力量，这也必然推动浙江省志愿服务事业再上新台阶。

二、研究对象及研究方法

（一）研究对象

本研究主要选取各类不同职业身份和服务领域的青年注册志愿者、志愿服务组织或团队负责人和骨干作为调研对象，同时兼顾企事业单位、新兴领域、创业青年群体中的非注册志愿者，广泛了解青年对志愿服务的看法及参与情况。

（二）研究方法

1.文献分析法

通过搜集和查阅近年相关研究文献资料、全国及省内有关志愿服务的政策法规和制度文件、省志愿者协会历年工作报告等资料，形成有关浙江青年志愿服务发展状况的研

究基础，做好形成问卷与开展访谈的前期准备。

2.问卷调查法

通过问卷调查的方式，面向全省11个地市的850名青年志愿者开展调查。问卷结构主要包括填答者的个人基本信息，对志愿服务的基本认知、参与情况、问题反馈及对策建议等。在样本的选择上基本兼顾了性别、年龄、职业身份等个人特征的多元化，注重对问卷质量的控制。

3.半结构化访谈

主要选取了杭州、温州、丽水等地市中包括浙江大学、中国美术学院、浙江金融职业技术学院、学军中学、温州实验中学、丽水外国语学校等3所高校、3所中学，以及杭州市志愿者工作指导中心在内组织中的共80名访谈对象，其中2/3以上为志愿者，主要围绕志愿服务的参与情况、服务过程，对志愿服务的支持程度、体验感、满意度，志愿服务目前存在的问题，以及对志愿服务的期待进行个案访谈和座谈。

三、浙江青年志愿服务的发展概况

（一）高位发展：浙江青年志愿服务的总体态势

1.以制度建设为统筹，志愿服务事业发展日益规范

高度重视志愿服务法治化、制度化、规范化建设。在法治建设方面，在全国较早出台地方志愿服务条例，在全国志愿服务条例出台以后，又很快启动了《浙江省志愿服务条例》（以下简称《条例》）修订工作，不仅对志愿者的概念进行了扩展，对志愿服务管理体制、志愿服务组织等方面做出新的调整，而且加强了对志愿服务的保障和对志愿者的激励措施，有力推动浙江省志愿服务事业再上新台阶。

在制度建设方面，近年来也是密集出台相关政策文件，从志愿服务招募、激励、保障等不同层面不断完善和扩充浙江省志愿服务各项制度规范，如《浙江省注册志愿者管理办法》《浙江省志愿服务工作委员会工作制度》及有关志愿服务组织身份标识认定等一系列制度文件，强力推动了志愿服务蓬勃发展。尤其是2016年，浙江省成为全国首批青年信用体系建设的试点省份，制定颁布了《浙江省青年守信联合激励措施的实施意见》，并将青年信用体系建设试点列入《浙江省社会信用体系建设"十三五"规划》。2019年初，团省委与省发改委、中国人民银行杭州中心支行共同主导制定了全国首个省

级青年信用体系建设规划——《浙江省青年信用体系建设规划（2018—2025年）》，推动志愿服务与青年信用体系建设紧密衔接，明确将志愿服务数据作为青年信用评价的重要维度，并列入省青年诚信建设九大重点领域，支持有不良信用记录的青年通过参与志愿服务等社会公益事业修复个人信用。同年，浙江省出台全国首个《大型赛会志愿服务浙江地方标准》，为各类大型赛会志愿服务工作提供重要的经验和模板。此外，浙江省还鼓励各地采取多元的措施推动志愿服务持续发展，如杭州、宁波、温州、台州等地在志愿服务激励方面，将志愿服务分值纳入外来务工人员积分落户，以及随迁子女积分入学等政策。

2. 以专项行动为重点，志愿服务社会贡献日益提升

紧密围绕党政中心工作和重点民生工程，积极开展各类专项行动，使志愿服务领域不断拓展、服务内涵不断升级。在"最多跑一次"改革中，积极引导志愿组织与"最多跑一次"改革窗口单位结对合作，将"跑小青"品牌内涵从青年文明号工作人员向社会各界志愿者拓展延伸。在绿色浙江建设中，开展以"小手拉大手　垃圾分类齐参与"为重点的污染防治和环境保护志愿服务专项行动，积极组织志愿者投身"千村示范、万村整治"工程和美丽浙江建设。在G20峰会、世界互联网大会、联合国世界环境信息大会、世界浙商大会等各类大型赛会活动中，涌现出"小青荷""小梧桐""德德""清清"等大量志愿者，保障了大型活动的圆满完成，成为浙江展示风采的重要名片。在脱贫攻坚方面，组织志愿者帮助对口合作地区（四川、新疆、吉林等地区）拓展农特产品销售市场，助力精准脱贫，创新"网红带货＋志愿者普法"模式，已实现覆盖青年网民22万。此外，从2019年开始，团省委联合省文明办、省民政厅、省教育厅开展青年志愿服务社区专项行动，成立专门队伍，结对社区重点人群，整合高校和社会组织资源与力量下沉到基层，精准对接群众所需，通过多元丰富的服务项目，打通服务社区居民的"最后一公里"，助力省域基层治理现代化。

3. 以项目培育为抓手，志愿服务品牌建设日益深化

以赛促建，通过举办志愿服务项目大赛，不断挖掘和培育志愿服务优秀项目，不断擦亮志愿服务品牌。自2015年以来，团省委依托省志愿者协会、省团校连续6年成功举办省级志愿服务项目大赛，每年选拔百余个志愿服务项目入库，以30%的比例进行重点培育，并邀请国家级专家对项目进行重点指导，提升项目质量。2018—2020年连续三年，在中国青年志愿服务项目大赛中，浙江总成绩均位列全国各省级参赛单位第一，创造出浙江史上最好成绩。通过项目大赛的举办，近年来在助老助残、恤病助医、社会

治理、环境保护、改革攻坚、法律服务、应急救援、文明倡导等领域涌现出大批"小而美""小而精"的优秀志愿服务项目，引领我省志愿服务高品质发展。

同时，不断巩固提升志愿服务传统品牌。以"亲青帮"网络平台为载体开展青少年线上关爱维权行动，常态化开展"情暖童心""小候鸟"等关爱留守儿童行动。持续开展志愿服务春运"暖冬行动"，每年组织志愿者在火车站、机场、客运站、码头等站点提供咨询引导、秩序维护、客票导购、写福送福、爱心姜茶等服务，并将 5G、VR 等"黑科技"用于志愿服务，温暖返乡旅客回家路。深入开展浙江省大学生志愿服务"两项计划"（即服务我国西部和浙江省山区、海岛、边远地区计划），有力支援了贫困地区发展。此外，还将献血志愿服务提升为"热血先锋"品牌志愿服务行动，以全新的激励方式激发全省青年志愿者积极参与无偿献血。

4. 以协会发展为基础，志愿服务组织体系日益完善

志愿服务组织建设是志愿服务事业发展的基础所在，也是参与社会治理创新的重要依托。在宏观组织架构上，根据《条例》精神，已经实现了省志愿服务工作委员会与精神文明建设指导机构的合署办公，并不断加强志愿者协会建设，根据团中央《关于加强县级青年志愿者协会建设的指导意见》，全面实现了县级志愿者协会的全覆盖，省市县三级志愿服务组织网络体系基本建立，志愿者协会的枢纽功能将进一步体现。为加强协会在各专业领域的带头、引领作用，2019 年在省志愿者协会中设置专门工作委员会，按照团队和个人会员的服务领域和类别，成立文明宣传、环境保护、大型赛会、关爱维权、应急救援、创新创业、恤病助医、社区服务、理论研究九大专委会，在协会领导下推进专委会工作。

同时，积极推动草根型、民间型和专业型志愿服务组织发展，特别是社区志愿服务组织的发展，积极统筹各类社会资源，通过政策支持、能力培养、政府购买服务、供需对接、交流合作等多种方式为志愿服务组织、志愿者团队提供扶持和引导，促进其良性发展。

5. 以大数据运用为载体，志愿服务科技创新日益凸显

互联网、区块链等信息技术与志愿服务的深度融合，已经成为志愿服务管理的新常态。2015 年，团杭州市委成功研发了浙江省首个线上智慧公益平台"志愿汇"，它成为集志愿服务管理、公益积分管理、志愿者社交管理于一体的志愿者大数据库，由互联网、掌上 App、支付宝的城市服务记录功能和微信公众号、云端（杭州志愿服务公益地图）、社交、公益积分等多终端应用构成。2016 年，浙江省在全国率先完成了"志愿汇"平台的统一标准化建设，并实现与省内各地区志愿服务信息平台、政府便民服务平台数据结构统一与实时交换，构建了覆盖全省的志愿服务大数据库，为志愿服务提供了基础保障。

目前，"志愿汇"平台的智能化水平不断提升，应用场景不断升级，志愿服务具体组织和志愿者使用体验感不断增强，"志愿汇"记录的志愿者服务时长已经作为信用评价的重要维度，并向浙江省公共信用信息服务平台实时传送，志愿服务数据已作为自然人公共信用评价的数据来源之一，且成为青年守信联合激励的唯一数据来源，截至目前，已经有 1019 人成为青年守信联合激励表彰对象，其志愿服务信用时长达 1500 小时以上，有 47 家企事业单位和社会组织被确定为青年诚信行动战略合作伙伴，它们为志愿者提供了购物优惠、出行打折、车险打折、优先租房等激励措施。在互联网思维和互联网技术的不断迭代更新下，志愿服务信息化平台已然形成了一个新的生态，除了志愿者身份识别、服务记录，还实现了信用查询、服务培训、需求对接、激励回馈等多元社会功能，大大提升了志愿服务的内涵与水平。

6. 以多元活动为呈现，志愿服务文化日益盛行

本次调研中发现，各地正在以不同的品牌和活动方式，形成具有较高辨识度的特色志愿服务项目和活动。志愿服务在各地的发展蔚然成风，"有时间做志愿者、有困难找志愿者"的社会文明风尚逐步形成。例如，在杭州，志愿服务"微笑亭"随处可见，几乎覆盖了全市各大景区、车站、大街小巷，约有 10 万人次志愿者在微笑亭为游客、行人提供咨询和帮助，以细微贴心、周到热情的服务提升城市的温度。又如温州的"红日亭"，夏送伏茶、冬施热粥，在全市设点已有数百个，向外来务工者、孤寡老人和过往行人常年提供爱心餐饮，用一杯茶、一碗粥不断温暖着全城。还有嘉兴的"红立方"，开辟了党员志愿服务的新天地，为广大群众提供医疗救助、咨询服务、物品保管、指路问路、休闲小憩、手机充电等便民服务，真正做到服务为群众所盼，活动为社会所需。

（二）指数成长：浙江青年志愿服务发展大数据描述

1. 注册志愿者人数和注册率

自 2016 年开始，浙江全面推广应用志愿服务网络信息平台，要求志愿者统一在"志愿汇"平台进行实名登记注册。通过志愿服务信息化建设，近年来浙江省实名注册志愿者人数呈现爆发式增长。2017 年全省注册志愿者首次突破 1000 万人，2018 年超过 1448 万人，2019 年超过 1469 万人，截至 2020 年 7 月，全省共有注册志愿者 1517.7 万人。（见图 1）全省注册志愿者人数连续三年列全国首位，年均增长率为 16.5%，目前注册率达 25.9%，这意味着每四个浙江人中就有一名志愿者。

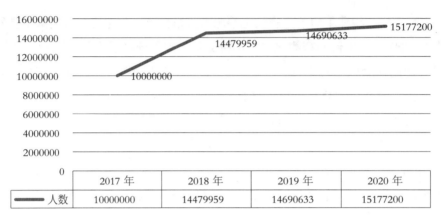

图 1　浙江省注册志愿者人数

从志愿者的年龄分布来看，18 岁及以下占比为 8.4%，19—25 岁占比为 15.9%，26—35 岁占比为 21.7%，36—45 岁占比为 18.1%，46—60 岁占比为 22.5%，61—70 岁占比为 8.1%，71 岁及以上占比为 5.3%。（见图 2）可见，志愿者在各年龄段都有分布，且较为平均地在青少年、青年、中青年以及低龄老人中分布，其中 46—60 岁和 26—35 岁年龄段占比较高。在性别分布上，注册志愿者中男性占比为 53.0%，女性占比为 47.0%，男性略多于女性。

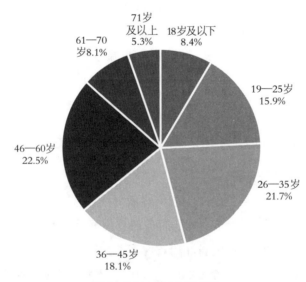

图 2　注册志愿者年龄分布

2. 活跃志愿者和活跃率

活跃志愿者和活跃率反映了志愿者参与志愿服务的实际状态，如果说注册志愿者反映的是志愿服务的静态指数，活跃志愿者则反映了志愿服务的动态指数。截至 2020 年 7 月，浙江省的活跃志愿者约为 384.9 万人，活跃度为 25.36%，综合活跃度（志愿服务时数＋荣誉时数）为 29.03%，比去年增长近 50%。从"志愿汇"平台记录的全国数据来看，2019 年全国活跃率为 18.68%，说明浙江省志愿者的活跃度高于全国水平。

3. 志愿服务时长与活动类型

根据大数据统计，截至 2020 年 7 月，浙江志愿者服务累计总时长超过 6533.8 万小时，比去年的 3139.6 万小时增加了 1 倍多，累计荣誉时长超过 5828 万小时，开展活动超过 49.9 万场。目前，志愿者主要参与的服务领域位居前五的分别是平安巡防（25%）、社区服务（20%）、文化建设（16%）、大型活动（14%）和文明建设（7%）。（见图 3）一方面，这说明了志愿服务领域的多样性发展；另一方面，志愿服务在平安建设、社区服务方面的相对集中，体现了在基层社会治理中志愿服务发挥的作用凸显，成为维护基层社会稳定的重要力量。

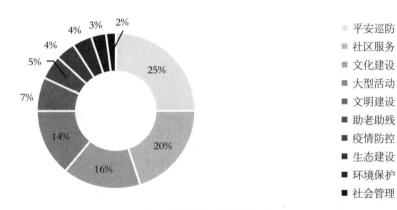

图 3　参与最广泛的志愿服务类型 TOP10

4. 志愿服务组织数量

已有数据显示，浙江全省社会组织数量已经突破 7 万家，城乡社区备案的社会组织数量已超过 20 万家，每万人的社会组织拥有量和社会组织登记备案的数量位居全国第一。根据"志愿汇"提供的数据，截至 2020 年，在"志愿汇"平台活跃的志愿服务组织已达 12.4 万家，比去年同期增长 2.6 万家，提高近 27 个百分点。（见图 4）

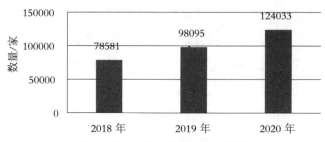

图4　近三年浙江志愿服务组织数量

5. 志愿服务的城市发展数据

从各地区的发展数据看，杭州、宁波、丽水、衢州等多个地市的注册志愿者人数已经超过全市常住人口数量的30%。杭州注册志愿者人数排行全省第一，注册渗透率最高，为33.14%。（见图5）在志愿者活跃度上，目前排名前五的城市分别为舟山、绍兴、金华、杭州、宁波，其中舟山市志愿者活跃度高达62.42%，其信用指数和综合指数活跃度均位居全省第一。在各地市开展活动数上，排名前五的城市分别为杭州、金华、宁波、舟山、嘉兴。在累计志愿服务时长上，杭州、嘉兴、金华、宁波、温州排名靠前。可见，志愿服务在全省各城市竞相发展，在不同维度、不同测量指标的发展上呈现出不同特点。

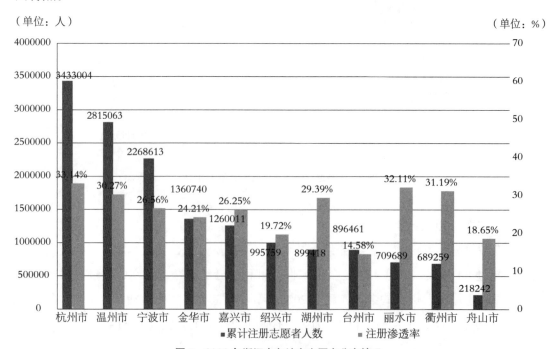

图5　2020年浙江省各地市志愿者分布情况

6. 志愿服务的传播与认知

大众对志愿服务的广泛认可与参与，离不开志愿服务的传播和推广，以及各种媒介渠道。调查显示，志愿者了解志愿服务相关信息的渠道，主要是公众号、微博、新闻客户端等网络新媒体，占比达64.99%；而通过"志愿汇"了解信息的占比没有那么高，为36.38%；还有35.15%是通过亲朋好友、同事介绍了解信息的；此外，还有零星通过社区宣传、抖音和快手短视频等方式获知信息的。可见，志愿者获取信息的方式比较多元，受网络主流、权威媒体信息的影响较大。而在参与志愿服务的动因上，排名前三的分别是"提高和锻炼自己的能力"（71.66%）、"实现个人的社会价值"（63.35%）、"使人生更有意义，得到成就感"（59.95%）。此外，很多人认为志愿者应该具备高度的责任感（占比91.69%）和吃苦耐劳的品质（占比81.61%）。这说明价值、意义、能力、责任几个关键词是驱使志愿者参与服务的重要动机，这与志愿服务所倡导的精神及志愿服务为个人所带来的成长相符。从中也可以看出，随着志愿服务的不断发展，人们对志愿服务的认知水平也在不断提升。

7. 抗疫志愿服务情况

在这次抗击新型冠状病毒肺炎疫情的行动中，志愿者也发挥了重要作用。开展了各类与防控相关的志愿服务活动，如社区防控与宣传、交通卡口排查、隔离观察点做志愿者、助力复工复产、提供心理咨询等志愿服务，以及"为奉献者奉献"关爱一线医务人员及其家属志愿服务行动等。全省共有6473名志愿者投身"一人一帮扶"，结对服务一线医务人员家庭9762户，共有27.16万名青年志愿者参与抗击疫情，累计服务时长达1204.34万小时。问卷调查显示，有一半以上的受访者表示在疫情期间参与了志愿服务，并认为这是为了"响应政策号召，承担社会责任"。

（三）发展困境：浙江青年志愿服务发展面临的问题

1. 志愿服务理念仍需深化

青年是志愿者的有生力量。党和国家时下非常重视发展志愿服务事业，要保障其长期平稳发展，需要整个社会对志愿者和志愿精神广泛认同。要在志愿服务参与中促进青年志愿者"三观"的构建，深层次地激发青年参与志愿服务的原动力，最终引导广大青年传承志愿精神，弘扬志愿精神。

从目前调研的情况看，志愿服务理念虽已得到普及，但很多单位对于志愿服务理念的认识还不到位，对青年参与志愿服务的重视程度也不够，容易造成"摊派式""重复性""低水平"的志愿服务状态，引发青年的抵触情绪。如有很多参与过志愿服务活动的青年认为，他们的付出得不到应有的尊重；还有些青年志愿者认为，他们曾接触过的一些服务，有时是流于形式的，服务内容停留在表面上，缺乏较为深入的思考。

志愿服务与志愿精神的养成，既需要社会公众的示范教育，也需要对青年志愿者的系统教育。从青年个体对志愿服务的认识来看，由于大多数青年都是独生子女，缺乏奉献友爱的精神；在学校的学习过程中又只重视文化课成绩，缺乏与社会的接触，几乎没有什么空余时间参与志愿服务，而且在学校中也基本接触不到关于志愿服务的培训，了解的也只是皮毛，因此青年对志愿服务缺乏全面认知。访谈中发现，有的青年在大学毕业后投身社会，才参与了志愿服务，他们认为学校对志愿服务的教育并未引起足够重视，认为可以将其纳入必修课程或者思政课程体系。

在职青年表示，"几乎没有什么空余时间参与志愿服务，即便有，也是以任务为中心的"，认为这些"游击队式"的活动与社会需求不吻合，"随机化"的活动与青年的成长关联性低。这种"碎片化、浅层次"的志愿服务，很难吸引新时代的青年，因此容易造成志愿服务的热情在低年龄的青年中比较高，而随着学业繁忙、工作后压力陡增、好奇心减弱，高龄段青年参与志愿服务的热情慢慢降低，从整体上来讲这影响了青年志愿服务的良性发展。

2. 志愿服务的制度体系仍需完善

习近平总书记指出，新时代志愿服务工作必须遵从规范意识、责任意识和风险意识。首先，目前在志愿服务工作机制上，虽然浙江省已经基本形成了由党政主导，文明办指导，民政、共青团、妇联等各部门协调，全社会共同参与的工作格局，但在实际推进的过程中，全省各地市使用的志愿服务信息平台尚未统一，存在信息系统建设重复、志愿服务记录难以共享、志愿服务组织记录工作难度大等问题，容易出现部门职责不清、多头分割、系统重复录入、数据重复报送等问题。

其次，青年志愿服务制度的完善，需要从服务运行机制的完善、组织体系的健全、志愿者考核评价机制的规范、志愿服务激励机制的强化、志愿服务权益保障机制的建立等方面构建，形成较为完备的浙江青年志愿服务体系。目前浙江省关于志愿服务的法规、条例虽然已经为青年志愿服务的高水平发展提供了制度保障，但顶层设计是宏观的，从微观角度讲，特别是操作层面上，与志愿服务相关的每一方面主体和环节都需要具体细化、能落地的操作规范来指导实践开展。从这个角度来讲，目前存在的问题，一是青年志愿服务的配套制度还不够健全，尽管已出台了赛会志愿服务标准，目前也正在着手制定社区志愿服务专项行动标准，但是类似的标准规范还略显单薄，且全省各地区也缺乏具备本地特质的规定和标准要求。二是志愿服务的融入机制不畅通，各地的青年志愿服务介入社会治理的培育机制、激励机制、融入路径都需要协同发展。三是志愿服务的经费保障不充足。近几年来，虽然各地越来越重视志愿服务工作，也给予政策和资金上的大力支持，但资源短缺尤其是经费短缺仍然是志愿服务事业发展的主要障碍之一。问卷调查结果显示，在所列举的诸多问题中，"志愿服务组织存在经费来源严重不足，渠道狭窄，自我造血功能不足"是困扰志愿服务组织的首要问题。

最后，对志愿服务进行系统的有效评估是完善、监督志愿服务的重要举措，但是目前对于青年志愿者的服务评价尚未形成一套切实可行的制度体系。活动中志愿者的服务态度与责任感无法评价，志愿服务的质量与社会影响力无法量化，现有对志愿者和志愿组织的评定无法让人信服，等等，容易造成青年存在急功近利的参与动机、志愿服务品质难以把控、志愿服务管理难以监督等一系列问题。

3. 志愿服务的发展均衡性仍需提高

习近平总书记非常关注和关心青年志愿服务事业，关注青年在志愿服务中的成长，新时代的青年志愿服务由此得到了蓬勃的发展。但是青年志愿服务在社会治理的协同参与方面还存在着一定的弱化，工作的内生性动力仍然不足，青年志愿服务组织在总体上还存在着规模不大、能力不强、作用发挥不够全面等问题，与青年需要还有不少差距。主要体现在以下几点。

首先，开展青年志愿服务活动的组织、群体凸显不平衡。目前开展青年志愿服务活动的中坚力量还是以志愿服务组织、高校志愿者协会为主，企事业单位、机关单位参与的积极性、主动性仍需提升。而在参与志愿服务的群体中，调查显示，以中老年人和青年学生居多，其中19—24岁年龄段的人占比最高，为69.34%；多数中青年人"很少关注志愿服务活动"，这个年龄段的人占比为3.65%，他们表示"即使参与过志愿服务，也是出于好奇或闲暇无事"。

其次，青年志愿服务供给不精准，存在任务化倾向。志愿服务的本质是自愿无偿地参与社会公益，协助解决社会问题，满足服务对象需求。从实际反映的问题来看，在各类节假日期间，志愿服务活动过于集中，平时趋于少数；完成活动、完成任务的形式居多，真正解决实际问题的趋于少数，这些显然是有违志愿服务初衷的。

再次，青年志愿服务的区域覆盖不平衡。目前浙江省的青年志愿服务还存在着地区、城乡之间的发展不平衡，浙中、浙西地区覆盖较弱，村镇覆盖较弱。不论是在志愿服务组织数量，还是在志愿服务活跃度上都存在较大的地区、城乡差异。实际上需要更为迫切的地区，志愿服务反而发展较弱，发展滞后，因此不断拓展志愿服务领域，扩大地域覆盖面，仍旧是青年志愿服务需要努力的方向。

最后，志愿服务介入社会治理的程度不深。在这次抗击新型冠状病毒肺炎疫情的战斗中，志愿者的出色表现凸显了志愿服务在参与社会治理中的重要作用。但是类似这样的深入基层、社区服务百姓的志愿服务活动不够常态化。较多的青年志愿者缺乏自主参与的意识，往往只是单纯地服从，被动地参与其中，这不利于志愿精神的培养及公民意识的形成，使得志愿服务对于志愿者的教育意义缺失，长此以往将会影响青年志愿者参与志愿服务活动的持续性。

4. 志愿服务的项目精准度仍需提升

项目运作已经成为志愿服务开展的主要方式，目前全省青年志愿服务项目大赛已经连续举办了五届，孵化和培育出了不少优秀的项目。但是由于缺乏相互之间的协调和信息共享，从而出现有的地区服务项目重复，而有的地区则无人问津的现象，这与地方的重视程度、青年的参与程度、服务需求的回应程度、项目设计的匹配程度都是分不开的。

首先，志愿服务项目交叉重复，容易造成资源的浪费。目前志愿服务队伍体系条块分割局面比较突出，各个志愿服务组织之间缺乏沟通合作、统筹共享，比如青年志愿者、巾帼志愿者、老年志愿者等志愿服务队伍，都深入社区开展志愿服务，各个相关系统的志愿服务相互没有整合协调起来，志愿服务的有效性大打折扣。

其次，志愿服务项目的需求匹配度不高。志愿服务项目的设计和形成，必须满足服务对象的真实需求，或解决服务对象的某一问题。只有真正满足了服务对象需求的项目，才能受到欢迎，才具有持久的生命力。但在基层，志愿服务组织与服务对象之间，志愿服务组织之间，志愿服务项目、服务需求、技能培训等信息和资源都难以匹配。调研结果显示，在志愿服务项目分布中，关爱类、助残类相对集中，项目的同质化较高。有很多的项目社会"痛"点把握不足，并没有抓住服务对象身上的主要问题，有的解决了表面问题，治标不治本，需求匹配度不高。如有65.0%的被访志愿者认为"志愿服务项目在设计方面需要完善"，有32.5%的被访志愿者表示"有些项目仍旧是流于形式的，活动前拍脑袋想点子，活动中摆姿势拍片子，做一阵就拍屁股走人"。青年志愿者参与这样流于形式的志愿服务活动或者项目，得不到有益的社会经验。

5.志愿服务的专业程度仍需深化

志愿服务的专业化发展是志愿服务事业的重要趋势，也是引领志愿服务科学发展的必然要求。从专业人才的角度来看，虽然浙江省志愿服务经过 10 多年的快速发展，已经有了一定的规模，但是在专业性方面仍显不足。调查中发现，在实践中，很多青年志愿者在服务过程中只是提供简单的协助，志愿者领袖也好，专业社工也好，都没有形成真正带领普通志愿者的积极意识，志愿服务的专业性体现比较弱。

从专业培训的角度来看，很多志愿者反映，青年志愿者专业服务能力不够，缺乏专业的组织、科学的指导和规范的培训。被调查的青年志愿者中，有 49.86% 认为专业培训非常需要，有 54.9% 认为志愿服务是需要专业知识的，需要对青年志愿者加强系统知识培训，提升专业服务技能。而由于缺少专业技能培训的机会，志愿服务相关工作者的专业知识较欠缺，容易导致其在工作理念、态度和方法上都不符合服务对象所需的专业化程度，专业性不强或者创新性不足。这也是志愿服务的专业水平一直提升不上去的重要原因之一。有不少志愿者表示，他们都是在实践中摸爬滚打，因此很难形成专业规范的服务。

从服务供给的角度来看，内容过于单调，搞卫生送温暖、为老人理发、保护环境捡垃圾、发宣传单、贴海报等活动是常见的服务内容。在人民日益增长的美好生活需要下，这种传统的服务内容和形式需要更新，需要创新，需要体现服务的专业性，否则将难以达到志愿服务的效果。要发挥出青年志愿服务的专业水平，提供更有质感的服务。

从专业效果评估角度来看，青年志愿服务缺乏督导、评估。比如有的志愿者在访谈中说："如果对他们的服务效果有一个过程性的督导，有效评估他们参与过程的服务质量，引导他们改进工作，提高技能，会对他们参与青年志愿服务的积极性有进一步调动作用。"有效的过程和结果的评估能够进一步调动青年参与志愿服务的主动性和积极性，也是提升志愿服务水平和服务质量的有效之举。

（四）对策建议

1.强化政治站位，提高新时代青年志愿服务的政治引领水平

坚持党对志愿服务的领导，发挥党在志愿服务领域的政治优势和组织优势。首先，要突出政治要求，将学习贯彻习近平新时代中国特色社会主义思想作为首要政治任务，以常态化学习和服务宣讲等方式，增强志愿服务组织和志愿者的政治认同和情感认同，提高政治站位。其次，要增强政治引领，将坚持正确的政治方向作为志愿服务组织规范

发展的前提条件，将党团工作渗入组织培育和成长的全过程，增强在复杂社会环境中的政治风险意识，确保志愿组织发展的正确方向和道路。最后，凸显育人功能，将培育和践行社会主义核心价值观作为志愿服务的根本，结合"真善美种子工程"，引导青年在服务社会、服务群众、服务基层中，理解国情，锤炼本领，强化责任担当。

2. 完善制度体系，提高新时代青年志愿服务的制度化水平

党的十九大报告提出的"推进诚信建设和志愿服务制度化"，是对新时代志愿服务发展的新要求和新期望。在全面依法治国的背景下，提高青年志愿服务制度化水平迫在眉睫。一是要持续推进建立和完善志愿服务政策法规体系，加强与其他相关职能部门的联系对接，保证《浙江省志愿服务条例》《浙江省青年信用体系建设规划》和《大型赛会志愿服务浙江地方标准》精准落地，同时进一步修订、调整原有的制度规范性文件，增强制度的适用性和有效性。二是要强化浙江志愿者协会的引领作用，将志愿服务组织、队伍、项目、阵地、文化等领域有益的经验做法逐渐固化，推出具有浙江特色的青年志愿服务的系列制度、规范和措施，保证志愿服务事业的规范发展。三是要建立志愿服务制度执行机制，加大宣传力度，形成自觉尊崇制度、坚决维护制度的志愿服务环境，同时出台制度实施细则，确保所有志愿服务都能有序执行制度，形成监测评估机制，增强对制度执行的监督，使制度建设真正成为浙江志愿服务的软实力。

3. 强化基层治理，提高新时代青年志愿服务助力社会治理水平

缓解青年志愿服务助力基层治理的不平衡现象，使之成为共建共治共享社会治理格局的重要力量，关键在于做深做实服务大局、改善民生的志愿服务工作。首先，要全面推进青年志愿者服务社区专项行动和基层共建响应式服务机制，形成制度化、常态化的交互共享平台，依托各级团组织，以"百团进社区"为牵引，构建稳定的青年社区志愿服务队伍；以"社区主任助理"为枢纽，搭建社区需求和高校资源之间的桥梁，建立健全校地合作体系；以抗击疫情志愿服务为契机，将与社区已经建立的良好沟通合作机制，逐渐优化为长效的服务联系制度体系，实现青年志愿服务对社区"空巢老人、残疾青少年、低保户留守儿童、服刑人员子女"等重点群体的全覆盖。其次，要关注关键领域的民生需求，如聚焦省域社会治理现代化，以杭州东站"最多跑一次"志愿服务改革为模板，以行动常态化、阵地标识统一化和招募渠道多元化为志愿服务标准，将青年志愿服务向交通枢纽、医院、博物馆等公共服务领域延伸，精准对接改革供给侧与群众需求侧；聚焦垃圾治理，结合青年志愿者服务社区专项行动，深化"小手拉大手"垃圾分类志愿服务项目，开展垃圾分类宣传教育，引领垃圾分类志愿服务新时尚；聚焦脱贫攻

坚领域，以青年志愿者协会为枢纽，通过青年志愿服务项目大赛，培育一批扎根基层的脱贫攻坚类项目，引领青年志愿者助力乡村振兴战略；聚焦新时代文明实践中心，以青年志愿服务全方位参与为目标，广泛动员各级团组织打造青年志愿服务队伍，整合青年服务阵地资源，培育新时代文明实践重点志愿服务项目，打通宣传青年、教育青年、关心青年、服务青年的"最后一公里"。

4. 打造系列项目，提高新时代青年志愿服务的专业化水平

推动志愿服务项目的创新创优，打造一批贴近实际、贴近生活、贴近基层的特色志愿服务品牌。首先，要继续支持各地市和各行业办好志愿服务项目交流会、公益创投等活动，进一步完善浙江省青年志愿服务项目大赛和示范项目赛相关制度，推荐优秀项目参加全国青年志愿服务项目大赛，鼓励和扶持优秀项目脱颖而出。其次，要建立志愿服务项目品牌培育机制，将已有的志愿服务项目分类型、分系列加入项目精品库，通过专家结对进行专业化督导，打造具有浙江辨识度的志愿服务品牌项目。最后，要形成志愿服务项目的资源扶持体系。一方面，以省团校为培训基地，建立全方位志愿服务培训体系，提升志愿服务项目的专业水平；另一方面，拓宽社会化资金募集渠道，提供稳定的资金资源，加大对项目的资金帮扶力度。

5. 塑造志愿文化氛围，提高新时代青年志愿服务的常态化水平

为进一步激发志愿服务活力，推进志愿文化深入人心，要做好以下几点。一是要进一步打造有浙江辨识度的青年志愿者形象，让G20的"小青荷"、世界互联网大会的"小梧桐"、联合国信息大会的"德德""青青"、最多跑一次的"跑小二"、五水共治的"河小二"等深入人心的志愿者，向更多服务领域延伸，并继续创造更多能够展示浙江特色的青年志愿者形象，在全社会营造浓厚的志愿服务氛围。二是要深化志愿信用体系建设，继续完善《浙江省青年守信联合激励措施的实施意见》，扩大青年守信联合激励对象的认定范围，扩展青年诚信行动战略合作伙伴关系，激发全社会参与志愿服务活动的积极性。三是要加强志愿服务的全方位宣传，深度融合线上线下新旧媒体资源，积极推广有浙江辨识度的志愿服务品牌，利用志愿服务重大事件、重大典型、重大活动等契机，进行广泛的新闻宣传和舆论引导，提升志愿服务的知晓度和参与度。四是要加强志愿服务的研究，联合社科联、高校等研究机构，挖掘各地各行业志愿文化，解决志愿服务制度化专业化困境，形成新时代浙江特色志愿文化，以回应重要窗口的新要求。

（五）未来趋势

1. 青年志愿服务生态链将逐步显现

浙江青年志愿服务快速发展，志愿服务事业日新月异，各级团委与志愿服务组织之间、志愿组织之间，以及志愿组织与青年参与形成的生态链逐步显现。第一，在组织体系上，省市县三级志愿服务枢纽组织体系已经建立，志愿者工作指导中心或志愿者协会发挥着纵向组织协调作用；各级团委联结卫生、环保、法律、助残等行业的志愿服务组织，在重点服务领域开展跨界联动志愿服务，将形成一个横向到边、纵向到底的青年志愿服务组织网络体系，常态化联系凝聚全省志愿服务组织及团体。第二，在供需对接上，线上运用"志愿汇"平台，实现志愿者报名注册、组织报名、活动报名、时长记录和益币兑换等多种功能，切实解决了志愿服务需求和服务愿望的有效便利对接；线下建立了志愿服务项目告知机制，通过组织公布项目服务的需求、志愿者人数、服务市场和地点等信息，提高服务需求的匹配度，吸引青年志愿者就近就便参与志愿服务。第三，在志愿服务激励上，依托"志愿汇"平台，继续深化信用体系建设，通过专业的信用评估机制，建立异常名录和严重失信名单制度，通过司法、公安、税务和民政等跨部门数据共享，实现对全省志愿者和志愿组织的公共信用评价，并继续扩大志愿信用应用场景。未来，浙江志愿服务生态链将在组织网络、模式溢出、信用建设等方面实现更大范围的拓展。

2. 青年志愿服务进社区将成为工作常态之一

探索青年志愿服务力量下沉社区，是基层社会治理创新的有效路径。2019 年团浙江省委联合省文明办、省民政厅、省教育厅印发《浙江省青年志愿者服务社区专项行动实施细则（2019—2025 年）》，在全省所有县（市、区）组织发动青年志愿者走进社区，进行常态化志愿服务。目前，通过精准摸排需求、结对社区重点人群、成立专门队伍、整合高校和社会组织资源等方式，在全省共开展社区志愿服务 13.1 万场次，参与志愿者达 386.2 万人次，累计服务时长达 1544.7 万小时。青年志愿服务进社区能有效化解基层矛盾，延伸政府公共服务手臂，凸显社会治理的价值。未来，青年志愿服务将依托社区，通过健全的校地合作体系，以及健全的志愿团队完成有效的项目结对，实现常态化服务，使青年志愿服务全方位参与社区治理。

3. 青年志愿服务能力建设将呈现分层分类发展趋势

当前志愿服务能力建设的方式主要体现在培训上，以团校、高校等为主要培训基地，其他社会培训机构为辅，按需施教，分门别类设计了针对不同层次不同人群的培训课程，着力通过培训探讨和破解志愿服务实际发展中的瓶颈和难题。志愿服务日益呈现组织发展分层和项目分类实施的趋势，迫切需要构建多层级、广覆盖、系统化、专业化的志愿能力培养体系。深度融合政府、社会机构、企业和公众，建立专项能力建设基金，完善专业能力建设机制，采用培训、咨询、评估、组织实习以及组织考察等多种形式，培养具备社区服务能力、资源动员能力、组织治理能力和战略管理能力等的应用型和复合型专门人才，以提升志愿服务专业优势，助推志愿服务在社会治理中的作用。

4.互联网科技将成为青年志愿服务领域最具创新力的模式

"互联网＋"志愿服务是信息时代的志愿服务模式，线上服务平台、智能软件和线下服务圈，促进了青年志愿服务需求与供给的有效衔接。"志愿汇""亲青帮"发布全省志愿服务大数据报告，专题发布青年志愿者抗击疫情和普法宣传大数据报告；腾讯99公益日、95公益周、新浪微公益和支付宝平台等网络募捐平台，参与志愿服务的资金和项目的募集。目前互联网已然打破志愿服务局限于"小众志愿、大众围观"的格局，逐渐成为志愿者和志愿活动日常聚集和志愿服务创新的平台。未来，互联网科技和志愿服务将深度融合，充分运用大数据、云计算等现代信息技术，打破时、空、行业界限，除继续盘活潜在的志愿服务资源和拓宽志愿服务范围外，在实践、理论和制度层面还会不断提升志愿服务创新的级别，形成一个集场景化、大众化、专业化和透明化于一体的跨界志愿服务社会治理生态。

5.志愿服务将成为青年的一种生活态度和方式

全国使用频率最高的"志愿汇"为青年随时随地参与志愿服务提供了便捷路径；日渐成熟的各类专业型社会组织为青年志愿组织发展提供了专业指导；作为社会信用体系重要组成部分的青年信用体系为青年志愿者提供反哺激励；腾讯、阿里、新浪等互联网公益平台为青年志愿服务链接资源提升效率，人人志愿的长效机制已经逐渐形成。进入新时代，志愿精神与时代精神更为匹配，志愿者在服务他人、服务社会的同时，个人也得到较好的发展，志愿精神已经从简单的无私奉献发展为双向的给予获取，这种生根于现实土壤的志愿精神正在广大青年中逐渐普及，成为人人志愿的社会时尚。未来，志愿服务必将成为青年人人可为、人人愿为的一种生活态势。

浙江青年住房保障民生报告

　　住房对于中国人来说，一直有着不同寻常的意义。中国人安土重迁，喜欢把住房作为安身立命的起点。拥有一套住房对于中国人而言，就是有了依靠，有了保障，有了家的安全感。党和国家一直将百姓的住房问题放在心上，党的十九大报告指出："提高保障和改善民生水平，加强和创新社会治理……坚持房子是用来住的、不是用来炒的定位，加快建立多主体供给、多渠道保障、租购并举的住房制度，让全体人民住有所居。"浙江省"十四五"规划纲要也明确提出："全面落实城市主体责任，稳定地价、房价和预期，促进房地产市场平稳健康发展。大力培育发展住房租赁市场，规范市场行为……构建完善以保障性租赁住房为主体的住房保障体系，因地制宜发展共有产权住房，有效解决困难群体和新市民的住房问题。"青年时期，是个体生命中最富有活力和创造力的时期，青年群体处于价值观念定型、职业生涯起步和步入婚姻家庭的关键阶段，而住房是影响青年发展提升的重要因素之一。因此，关注青年住房困难，探寻青年住房需求和现状，找到改善青年居住条件的办法，对于城市吸引和留住青年人才，维持社会经济稳定发展具有重要意义。

一、中华人民共和国成立以来浙江居住政策变迁

　　中华人民共和国成立以来，百姓的住房问题始终是党和国家高度关注的民生事项之一，随着住房制度改革的不断前行，中国百姓的居住空间和生活方式得到了巨大改善，从农村到城镇，从平房到楼房，从福利房到商品房，中国人的安居梦正在照进现实。在这场波澜壮阔的住房制度改革中，浙江始终勇立潮头、走在前列，不仅在房地产市场培育方面敢于创新和实践，而且率先建立起了租售并举、多房联动的保障性住房体系，为全国住房制度改革提供了许多新思路、新方法。因此，回顾中华人民共和国成立以来浙江的住房改革历程，按照时间线梳理浙江几个重点城市的政策变迁轨迹和房产重大事件，有助于研判住房改革的发展趋势，推动社会建立更加完善的居住供应体系，并为如何更好地为浙江青年群体提供安居服务提供启示。

（一）公有制福利分房时期（1949—1977 年）

1949—1977 年是公有制福利分房时期。中华人民共和国成立之后，我国确立了社会主义基本制度，逐步将城市和农村土地进行公有化改造。城市居民的住房，逐渐实施"统一管理，统一分配，以租养房"的公有住房实物分配制度。城镇居民的住房主要由所在单位解决，各级政府和单位的住房建设资金来源是 90% 由政府拨款，少量自筹。住房建好后，单位以低租金分配给职工居住，住房实际上成为一种福利。但是在这段时间，国家采取"高积累，低消费"的工业优先政策，而住宅被划定为不产生经济效益的消费部门，于是政府在住宅方面的建设投资规模逐年削减，单位收取的低廉租金又不足以维持住宅的日常维修和管理，这一方面导致城镇居民住房难问题日益突出，人均居住面积倒退，另一方面导致单位缺乏建设动力，住房投资及维修管理成本变成了国家的沉重包袱。

1949 年以前，城市住宅是以私有制为主的。在 1949—1956 年间，政府对城镇中小房地产业主采取了保护性政策，因此直至 1956 年底，私有房屋依然占据城镇住宅的绝大多数，其中约一半被拿来出租。到 20 世纪 50 年代中期，我国的社会经济得到了一定程度的恢复，开始大规模、有计划地进行社会主义建设。"一五"期间（1953—1957 年），我国城市住宅投资一直保持在基本建设投资的 9% 左右，全国城市住宅得到了一定程度的发展。但是这一时期的住宅设计遵循"合理设计、不合理使用"的原则，造成原本为远期一户使用的大面积住宅由几户家庭合用，给住户生活造成了很多不便。1955 年，国务院颁布《国家机关工作人员全部实行工资制和改行工资制的命令》，规定从当年 7 月起，在国家机关工作人员中实行的包干制由货币工资取代，同时根据人员的职位、职称等制定了相应的住房等级标准，这成为各单位进行住房建设和分配的基本依据。1956 年，国务院下发《关于加强新工业区和新工业城市建设工作几个问题的决定》，明确了各工业部门和地方政府的责任和权限，规定新建厂区及生活区内和区外专用的基础设施、道路与服务项目由地方政府投资建设。但是这种把住宅设计、开发、施工、管理等权限分派给不同部门的做法，形成了后来住宅建设投资体制中的"条块分割"现象，直至改革开放后，这种造成部门内耗的做法才得到整体性反思。

1958 年，中央提出"赶英超美"的口号，我国开始进入"大跃进"时期。这一时期，城市居民的工作调动变得越加频繁，许多住房远离工作单位的职工上下班非常不便，于是房管部门成立了"房屋调换委员会"，采取"挂牌自选、自愿对调"的办法，相互调换不同职工的房屋。也是 1958 年，我国开始实行严格的户籍管理制度，把中国居民分为农业户口和非农业户口两类，只有非农业户口才能够享受福利分房。1959 年开始，住宅标准设计工作由过去的国家建委统一组织，改为由各省、自治区、直辖市自己组织。于是浙江开始围绕国有工厂建设配套的住宅、医院、学校、食堂等，形成了许多自成一体的"工人新村"。以杭州萧山为例，1959 年，萧山县改属杭州，为了给杭州发电设备厂、杭州第二棉花纺织厂、杭州齿轮箱厂这"萧山三大厂"的工人解决住房季度短缺问题，杭州在三厂的周边兴建了很多筒子楼式的宿舍楼。其中，杭州第二棉花纺织厂的家属宿舍楼占地 10 多万平方米，厂里的双职工都能分到房子，宿舍楼在当时已属较高的居住水平，因此在这些国营大厂里工作相当惹人羡慕。1960 年，国家开始自主开发大庆油田。大庆油田的职工住宅是在当地干打垒墙体的构造上加以改进的，条件非常艰苦和简陋。到了 1965 年，中央号召全国学习"干打垒精神"，于是住宅设计标准全面降低。1966 年，新增人口已超过城市岗位需求上限，于是政府发动上山下乡、支远支边等运动来缓解城市人口压力。当时建工部的相关文件规定：每人居住面积不大于 4 平方米，每户居住面积不大于 18 平方米，城市多建低标准楼房，单方造价南方一般不超过 35 元，北方不超过 45 元，严寒地区不超过 50 元。浙江在这一时期也兴建了大量造价低廉的简易住宅，如杭州在天水桥、刀茅巷、南大树巷、望江门、余杭塘上、小营巷、潮鸣寺巷等地建设的住宅楼，宁波在药行街、大小泥沙街附近建造的筒子楼，等等。

1967 年，中央撤销了国家房产管理局。1973 年，国家建委颁布了新的住宅标准：住宅建筑面积平均每户 34—37 平方米，严寒地区 36—39 平方米；宿舍住宅以楼房为主，大中城市为 4—5 层；单方造价南方、北方和严寒地区分别不超过 55 元、65 元、80 元。而后在 1973 年的 11 月 26 日至 12 月 5 日，华东地区召开了住宅设计经验交流会，浙江也派了代表参加。各地区与会代表就住宅标准问题进行了认真的讨论，认为当前华东地区的平均住宅面积标准偏低，今后既要防止脱离经济条件和人民生活水平的高标准倾向，也要防止不顾质量、片面追求少花钱的低标准倾向。至 1977 年，这 29 年间，浙江各地区的建设速度都比较缓慢，城镇人均居住面积随着人口的增加而逐年降低。以省会杭州为例，1949—1977 年，杭州共建房 271.21 万平方米，平均千人建房仅 2.71 套，以至于这一时期出现了人均居住面积要低于解放初期的局面。

（二）住宅商品化时期（1978—1998 年）

1978—1998 年是我国房屋住宅商品化的时期。以 1978 年党的十一届三中全会为标志，我国进入了"改革开放"时期，开始从单一的公有制经济转变为以公有制经济为主体、多种所有制经济共同发展。1978年之后，理论界对住房属性进行了一系列讨论，并最终认为"住房是商品，住房商品化的改革最终应将住房的实物福利分配方式转变为货币工资分配方式"，由此改变了住宅作为福利进行分配的性质，我国开始对城镇居民住宅进行商品化改革。直到时任国务院总理朱镕基在1998年人大全体会议上宣布，从1998年7月1日开始停止住房的实物分配，福利房从此彻底退出历史舞台，整个过程历时近20年。

从中华人民共和国成立初期到改革开放前夕，我国实行的是由国家单一投资进行住宅建设的制度，这导致全国城镇住宅供应严重不足。据相关资料，此时决定住宅房间尺度的是床，仅仅从"住得下"来考虑，城镇人均居住面积仅有3.6平方米。面对住房窘境，1978年，国家计划委员会、建设委员会、财政部、物资总局联合发布《关于自筹资金建设职工住房的通知》。1980年，邓小平在与中央负责同志的谈话中提出："要考虑城市建筑住宅、分配房屋的一系列政策。城镇居民个人可以购买房屋，也可以自己盖。不但新房子可以出售，老房子也可以出售。"于是，中央于1980年正式宣布开启城镇住宅商品化改革。1982年，国家开始试点"三三制"补贴出售新建住宅方案，即由企业、个人和政府各承担房价的1/3。但在未动摇旧时低租金公房制的情况下，居民个人缺乏买房动力，住宅建设资金不能有效循环，改革进行得不是很顺利。而此时，浙江主要是依靠城市改造工程来带动重点城市住宅市场发展的。比如，1982年8月，杭州启动了中华人民共和国成立以来规模最大的城建工程——"中东河综合治理工程"。该工程投资1.45亿元，拆迁量约为50万平方米，首期工程53幢住宅楼不到两年就顺利验收，在拱宸桥、朝晖新村、闸弄口等地形成了登云桥、叶青兜、朝晖六区等7个小区。这些住宅楼层均为6—7层，共有三室一厅、两室一厅、一室半一厅三种户型，每户均设有"公房时代"少有的独立卫生间和厨房。1984年5月，全国六届人大会议决定：城市住宅建设，要进一步推行商品化试点，开展房地产经营业务，允许按照土地在城市所处的位置、使用价值征收使用费税，从此确立了土地有偿使用原则，极大地推动了房地产业的发展。1985年2月，刚成立不久的杭州市住宅经营公司开始卖房，单位和个人均可购买。首批出售的和睦新村154套住宅，一周内就销售一空。之后，该公司立即开始预售还没动工的林家浜小区（即翠苑二区）和李家塘小区（即翠苑三区）的1000多套商品住房，也很快售空。国家整体的住房制度改革则从"三三制"售房转向公房租金制度的改革研究，1986年，烟台、唐山、彭埠被选中试点"提租补贴、租售结合、以租促售、配套改革"的新方案，获得成功。1988 年 1 月，第一次全国住房制度改革工作会议召开，宣布从当年起，住宅制度改革正式列入中央和地方的改革计划，改革的基本思路是提高房租、增加工资、鼓励职工买房，并给出了《关于在全国城镇分期分批推行住房制度改革的实施方案》。同年 9 月，国务院颁布《中华人民共和国城镇土地使用税暂行条例》，改费为税，从而结束了国有土地无偿使用的历史。1989 年 3 月，浙江省政府紧随中央文件制定了《浙江省城镇土地使用税实施办法》，其中第六条依照国务院关于大、中、小城市的划分标准，对浙江不同规模城市及城镇的税额标准进行了规定：杭州市、宁波市适用大城市的税额（每平方米年税额 4 角至 5 元）；温州市、嘉兴市、湖州市适用中等城市的税额（每平方米年税额 4 角至 3 元）；绍兴市、舟山市、金华市、衢州市及各县级市适用小城市的税额（每平方米年税额 4 角至 2 元）。同年 12 月，浙江开始进行农村宅基地有偿使用试点工作，至 1991 年，全浙江有 39 个县（市、区）的 136 个乡（镇）完成试点工作。

进入 20 世纪 90 年代，我国的城镇住宅制度改革进入深化时期。1991 年 6 月，国务院发出《关于继续积极稳妥地进行城镇住房制度改革的通知》，要求将现有公房的租金有计划、有步骤地提高到成本租金，同时规定"凡按市场价购买的公房，购房后拥有全部产权"。同年 11 月，国务院下发《关于全面进行城镇住房制度改革的意见》，确定房改的总目标是：从公房的实物福利分配逐步转变为货币工资分配，由住户通过买房或租房取得住房的所有权或使用权，使住房作为商品进入市场，实现住房资金投入、产出的良性循环。这是我国住房制度改革的一个纲领性文件。1991 年底，浙江湖州的凤凰住宅小区成为建设部全国第三批城市住宅建设试点之一，这是浙江第一个列入全国试点的住宅小区，应用了散装水泥、冷轧扭钢筋等"四新"成果，较好解决了当时建筑的质量通病，节约了建设资金，保证了经济效益。同时，整个浙江省的住宅产业也有了一定进步，相关资料显示，1983—1993 年，浙江城镇居民的人均居住面积从 7.2 平方米提高到了 10.52 平方米。1994 年，国务院发布《关于深化城镇住房制度改革的决定》，开始进行"三改四建"。所谓"三改"，即从住房建设投资由国家、单位统包的体制改为由国家、单位、个人三者合理负担的体制；从国家、单位建房、分房和维修、管理住房的体制改为社会化、专业化运行的体制；从住房实物福利分配的方式改为以按劳分配为主的货币工资分配方式。所谓"四建"，即建立以中低收入家庭为对象、具有社会保障性质的经济适用住房供应体系和以高收入家庭为对象的商品房供应体系；建立住房公积金制度；发展住房金融、保险，建立政策性、商业性并存的住房信贷体系；建立规范化的房地产交易市场和房屋维修、管理市场。同年 7 月，浙江省政府印发《关于加快发展建筑业的决定》，提出要牢固树立把建筑业作为支柱产业的战略思想，明确发展的具体目标是：到 1997 年，建筑业增加值和利税总额比 1993 年翻一番，建筑业增加值占国内生产总值的比例提高到 7.5%。同年年底，《浙江省深化城镇住房制度改革实施方案》出台，提出改革的近期目标为：全面建立住房公积金制度，积极推进租金改革，稳步出售公有住房，大力发展房地产交易市场和社会化的房屋维修、管理市场，加快经济适用房建设，到 20 世纪末初步建立起新的城镇住房制度，基本上实现每户有一套经济适用的住房。1995 年，与住房制度同时推进的安居工程开始实施，在当年的 58 个试点城市中，浙江的杭州市、宁波市和湖州市入选。1998 年，国务院发出《关于进一步深化城镇住房制度改革加快住房建设的通知》，决定从 7 月 1 日起停止住房的实物分配，至此，全国实物福利分房制度走向终结。

（三）房地产爆发式增长时期（1999—2009 年）

1999—2009 年是我国房地产市场的爆发式增长阶段。在推行城镇住宅商品化改革后，房地产成为我国国民经济的支柱产业之一，给政府、房地产商和银行等相关金融行业带来了巨额财富，但与此同时，城市廉租住房制度建设相对滞后，经济适用住房制度建设不够完善，整体的住房保障性政策体系都没有跟上飞速上涨的房价，以至于普通百姓开始望房兴叹，住房日趋远离普通民众的基本需求，于是国家动用住宅政策和货币政策对楼市开启宏观调控。在 1998—2002 年，政策调控的方向是支持房地产业，房地产市场在此期间获得政策鼓励与信贷支持，高速发展，对宏观经济起到了重要推动作用。2003 年至 2008 年前三季度，鉴于房地产投资过热和房价上涨过快，国家开始通过调控供需，抑制房价。2008 年第四季度开始，为应对金融危机，又开始重提房地产对经济的支柱作用，货币政策全面放松，房地产成为在金融危机下"内需驱动"的重要发动机。

1998 年底，浙江省政府紧随中央"深化城镇住房制度改革"精神，下发了《转发省住房改革委员会关于进一步深化我省城镇住房制度改革实施方案的通知》。其中规定，停止住房实物分配后，新建经济适用房原则上只售不租。同时，对不同收入家庭实行不同的住房供应政策：最低收入家庭租赁由政府或单位提供的廉租住房；中低收入家庭购买经济适用住房或普通商品住房；收入高的家庭购买、租赁市场价商品住房，这为浙江省现代住房制度的建设定下了一个基调。1999 年，国务院转发建设部等部门《关于推进住宅产业现代化提高住宅质量的若干意见》，提出要"推进住宅产业现代化，提高住宅质量，促进住宅建设成为新的经济增长点"。中国人民银行下发《关于鼓励消费贷款的若干意见》，将住房贷款与房价款的比例从 70% 提高到 80%，将个人住房贷款最长期限延长到 30 年，显示了国家对房地产业的支持意向。2000 年，杭州放开了对外地单位和个人来杭买房的限制，《杭州市房管局关于外地单位和个人购买杭州市区单位自管房、个人私房准予办理房产交易产权登记意见的通知》中明确指出："近年来，国务院提出要培育发展住宅产业成为新的消费热点和经济增长点，我市也提出了大力发展房地产业、推进'住在杭州'的战略目标。在新的形势下，我们认为，现阶段放开杭州市房地产三级市场，即允许外地单位和个人购买市区单位自管房、个人私房的条件已基本成熟。"2002 年，浙江省政府转发《省公安厅关于进一步深化户籍管理制度改革意见的通知》，提出要进一步降低公民在大中城市购房、投资、纳税落户的标准，凡在大中城市购买商品住宅达到一定面积（或价值），投资、兴办实业出资或纳税达到一定额度并已在该城市居住一定年限的公民或单位成员及其配偶和未成年子女，可准予在该城市落户。这些支持政策推动浙江房价一路走高，据相关资料，2002 年，全国商品房平均售价上涨 2.9%，而浙江的涨幅达 16.4%。

鉴于房价的持续上涨和居民住房供需矛盾突出，2003 年 6 月，中国人民银行（简称"央行"）出台《关于进一步加强房地产信贷业务管理的通知》，规定房地产开发企业申请银行贷款，其自有资金应不低于开发项目总投资的 30%，对土地储备机构发放的贷款额度不得超过所收购土地评估值的 70%。同年 8 月，国务院发出《关于促进房地产市场持续健康发展的通知》，提出要完善供应政策，调整供应结构，增加普通商品住房供应，控制高档商品房建设。明确释放了要对楼市进行调控的信号。同年 12 月，浙江省政府下发《关于促进住宅与房地产业持续健康发展的通知》开启调控，明确在今后 4 年，要加大经济适用住房建设力度，全省新建竣工经济适用住房应在 1000 万平方米以上，并全面实施城镇廉租住房制度，加快国家康居示范小区建设。2004 年，浙江省政府发出《关于严格土地管理切实提高土地利用效率的通知》，提出要对土地供应总量进行严格控制，其中商品住宅、经济适用房等住宅用地不得超过土地供应总量的 30%。2005 年，国务院下发《关于切实稳定住房价格的通知》（即"老国八条"），要求地方政府切实负起稳定住房价格的责任，并首次提出要对房价上涨过快的地区进行批评问责。同年，浙江省政府发出《关于切实稳定住房价格加强住房保障工作的通知》，明确为抑制住房价过快上涨，2005—2007 年，要开工建设商品住房 1 亿平方米，减少城镇房屋拆迁 1000 万平方米（与前 3 年相比），基本缓解住房供应紧张的矛盾，并要求各地将经济适用房项目列入建设计划，所有市县均实施廉租住房制度。此外，2004 年和 2005 年浙江接连颁布了

《浙江省城镇廉租住房保障办法》和《浙江省经济适用住房管理办法》，并号召省内各县市均向宁波等地学习，因地制宜地建设一些限定销售价格、限定建设标准、限定销售对象的限价商品房，以解决"夹心层"家庭住房问题和引进人才阶段性住房问题。2006年，国务院转发建设部等部门《关于调整住房供应结构稳定住房价格的意见》（即"国六条"），提出要重点发展中低价位、中小套型普通商品住房，规定自2006年6月1日起，凡新审批、新开工的商品住房，90平方米以下的小户型必须占总量的70%以上，且个人住房按揭贷款首付款比例不得低于30%，并对购买不足5年转手交易的住房全额征收营业税。2007年，国务院发布《关于解决城市低收入家庭住房困难的若干意见》，表明要把解决城市低收入家庭住房困难作为全面改善民生的重要内容，扩大廉租住房制度实施覆盖面和受益面，改进和规范经济适用住房制度。同年，浙江省政府亦发布《关于加快解决城市低收入家庭住房困难的实施意见》，明确2008—2010年，全省每年保障廉租住房家庭1万户以上，每年新开工经济适用住房300万平方米以上，到2010年底，基本完成困难家庭廉租住房"应保尽保"，低收入家庭购买或租赁经济适用住房不困难。据统计，2008年，浙江全省新增廉租住房保障对象1.3万户，累计达3.9万户，共26个市县提前两年完成低保标准两倍以内的城市低收入住房困难家庭廉租住房"应保尽保"，全省新开工经济适用住房343万平方米，新开工农民工公寓115.9万平方米，对32个经济欠发达市县给予了2823万元省级廉租住房保障专项资金补助。

2008年，美国爆发了次贷危机，世界经济形势迅速恶化，我国也面临着前所未有的金融风险。为应对危机，2008年12月，国务院发布《关于当前金融促进经济发展的若干意见》（即"老国十条"），提出要执行积极的财政政策和适度宽松的货币政策，支持居民首次购买普通自住房和改善型普通自住房，并加大对城市低收入居民廉租房、经济适用房建设和棚户区改造的信贷支持。紧接着，国务院办公厅正式印发了《关于促进房地产市场健康发展的若干意见》（即"国十三条"），规定人均住房面积低于当地平均水平者，贷款购买二套住房也可享受首次买房的优惠政策，并将转手交易住房免征营业税的时限从5年降为2年。2009年3月，浙江省政府也下发《关于加强城镇住房保障促进房地产市场稳定健康发展的实施意见》，一方面提出要加快解决城市低收入家庭住房困难的步伐，积极帮扶新就业大学毕业生、创业人员和农民工等其他住房困难群体改善居住条件；另一方面也表明，要认真贯彻执行国家已出台的住房消费信贷优惠和税收减免政策，着力营造良好的住房消费环境。2009年底，经济形势好转，楼市泡沫问题重回公众视野。2009年12月，时任国务院总理温家宝主持召开国务院常务会议，明确表态要

"遏制房价过快上涨"，并提出了四项调控举措（即"国四条"），包括增加普通商品住房有效供给、抑制投资投机性购房、加强市场监管和继续大规模推进保障性安居工程建设。同年，浙江省印发《关于开展经济适用住房"先租后售，租售结合"试点工作的指导意见》，提出要重点解决"夹心层"群体的住房困难问题。此外，浙江还实施"千亿惠民安康工程"，在2009年完成建设廉租住房27.1万平方米，新开工经济适用住房300万平方米以上，并为1.6万户农村困难群众进行了危旧房改造。

（四）密集调控与完善保障并重时期（2010年至今）

2010年至今是我国房地产市场的密集调控与完善保障双线并重时期。2010年以来，我国开启了新一轮以"限购、限贷、限价"为主要措施的紧缩性调控，在密集而又严格的调控措施下，部分热门城市却出现了交易量下跌而房价继续上涨的现象，直到2014年中国经济进入中低速增长的"新常态"，楼市才开始逐步降温，但又出现了高空置率和高库存的新问题。于是国家开始意识到，以行政化手段为主的需求端调控难以从根本上解决问题，必须从供给侧进行改革，建立健康长效的住房和租房机制。于是，自2016年提出"房住不炒"定位以来，中国住房政策逐渐从鼓励住房自有转向强调租售并举，开始进入租住均衡发展的新阶段。

2010年1月，国务院印发《关于促进房地产市场平稳健康发展的通知》（即"国十一条"）。该通知从"调结构、抑投机、控风险、明责任"4个方面进一步加大了对房地产市场的调控力度，并提出了要在2012年前为1540万户城市低收入家庭提供保障性住房的计划。紧接着，同年4月17日，国务院发出《关于坚决遏制部分城市房价过快上涨的通知》（即"新国十条"），要求各地切实履行稳定房价和住房保障职责，坚决抑制不合理的住房需求。规定首套房在90方以上者，贷款首付比例不得低于30%；购买二套房者，贷款首付比例不得低于50%。这是我国对房地产市场全面开启"限购令"的开始。在中央启动"限购令"后一个月，5月17日，浙江省政府出台《关于坚决遏制部分城市房价过快上涨促进房地产市场平稳健康发展的实施意见》，提出坚决执行国家有关房地产的金融税收政策，增加有效供给、加强市场监管，力促各项保障性住房建设任务按时完成。而后，2011年1月，国务院再度下发《关于进一步做好房地产市场调控工作有关问题的通知》（即"新国八条"），进一步在"限购""限价""限贷"等方面加码，规定购买二套房者首付款比例不低于60%，贷款利率不低于基准利率的1.1倍。同年2月，时任国务院总理温家宝宣布，我国在"十二五"期间将建设3600万套保障房，到

2015年时，将全国城镇人口的保障性住房覆盖率从2010年底的7%—8%提高到20%。其后，同年11月，浙江省出台《"十二五"城镇住房保障与房地产业发展规划》，提出浙江在"十二五"期间将建设各类保障安居住房5550万平方米、76万套，到2015年基本实现人均可支配收入60%以下的城镇住房困难家庭廉租住房应保尽保。除了增加保障房建设，扩大保障覆盖率，我国也在想办法优化保障房的供应结构。2013年，住建部等部门联合发布《关于公共租赁住房和廉租住房并轨运行的通知》，要求从2014年起，各地公共租赁住房和廉租住房将并轨运行，并轨后称公共租赁住房。同时，针对不同地区房价出现分化的情况，国务院下发《关于继续做好房地产市场调控工作的通知》（即"国五条"），规定限购区域应覆盖城市全部行政区域，限购住房类型应包括所有新建商品住房和二手住房，对房价上涨过快的城市，要进一步提高第二套住房贷款的首付款比例和贷款利率，对出售自有住房应依法严格按转让所得的20%征税。随后，浙江的杭州、宁波作为高房价城市的代表也出台了有关"国五条"的实施细则，均提出将保持住房价格的基本稳定，使全市新建商品住房价格增幅低于本市城镇居民家庭人均可支配收入的实际增幅。

2014年，我国GDP处于破7边缘，通缩压力极大。为了维稳经济，央行在两年时间里先后6次降准降息，并逐步给楼市限贷限购政策松绑。2014年开年，杭州楼市领跌全国，有楼盘每平方米直降4000元，表现出明显的楼市跳水信号。众多楼盘的争相降价引发了杭州政府对降价潮的担忧。2014年5月，杭州出台规定，如果商品房实际成交价格低于备案价格超过15%，将会通过技术手段限制网签。2014年7月，杭州调整限购政策和公积金贷款政策，购买萧山区、余杭区住房及主城区140平方米以上住房（含商品住房、二手住房）不再需要提供住房情况查询记录，同时把二套房的首付比例从70%下调为60%。同年9月，央行及银监会发出《关于进一步做好住房金融服务工作的通知》，规定对于贷款购买首套普通自住房的家庭，贷款利率最低可打7折；对于拥有一套住房并已结清贷款的家庭，为改善居住条件再次申贷买房，可比照首套房的贷款政策执行。同年10月，杭州出台《关于进一步促进房地产市场稳定健康发展的通知》（即"杭八条"），加大了公积金对居民买房的支持力度，规定公积金贷款首套结清家庭购买二套可执行首套房贷政策。2015年3月30日，央行、住建部及银监会联合发出《关于个人住房贷款政策有关问题的通知》，财政部出台《关于调整个人住房转让营业税政策的通知》，两项合称"330新政"，在国家层面上，将使用公积金贷款购买首套房的首付比例降至20%，并对转卖2年及以上普通住房的家庭免征营业税。2015年4月，浙江省直住房公积金中心和杭州市公积金中心分别发布通知，对原有的公积金贷款和租房提取政策进行调整，家庭贷款额度从最高80万元提高到100万元，首套房使用公积金贷款，最低首付比例随中央降为两成。2015年9月，央行、银监会发布《关于进一步完善差别化住房信贷政策有关问题的通知》，将非限购城市使用商业贷款买首套房的首付比例下调至25%。2015年10月，住建部、财政部和央行又联合发布《关于切实提高住房公积金使用效率的通知》，全面推行住房公积金异地买房贷款业务。2015年11月，国务院出台《关于加快发展生活性服务业促进消费结构升级的指导意见》，提出要积极发展短租公寓、长租公寓，自此，各类连锁公寓品牌开始如雨后春笋般快速冒头发展。

楼市利好政策在2016年初还在延续，在"去库存"的主旋律下，国家及各地市出台了如降首付、降契税、降营业税等一系列刺激政策，使得整体住房市场的投资型需求大幅增加。2016年2月，央行发布《关于调整个人住房贷款政策有关问题的通知》，规定下调非限购城市的商贷首付比例，首套房最低至20%，二套房最低至30%。同月，财政部等三部委联合发布《关于调整房地产交易环节契税营业税优惠政策的通知》，取消了140平方米以上非普通住宅的界限，对90平方米以上二套房一律按2%征收契税。浙江各地也紧随中央下调契税和营业税，杭州对90平方米以上唯一住房按1.5%征收契税，转售2年以上住房免征营业税；宁波对140平方米以上唯一住房按1.5%征收契税，在此基础上再享受契税50%的购房补贴。2月29日，杭州发布《关于进一步促进房地产市场健康稳定发展的通知》（即"杭十条"），再度放宽公积金贷款条件，全国公积金均可用于在杭州买房。多轮政策刺激的结果，是2016年中国楼市成交量的暴增以及房价的再度飞涨。2016年，杭州仅用8个月的时间就刷新了历年来一、二手房的全年成交记录，全年签约金额1811.2亿元，同比增长85.05%。宁波楼市也"量价齐升"，一、二手房销量同比增幅分别为38.2%和79.3%，成交均价上涨4.8%。为了抑制高房价，从2016年第四季度开始，国家重启各项调控政策。2016年8月，住建部印发《贯彻〈法治政府建设实施纲要（2015—2020年）〉的实施方案》，提出要完善房地产宏观调控，根据房地产市场分化的实际，坚持分类调控，因城施策。2016年9月，杭州宣布部分区域限购，暂停拥有1套及以上住房的非本市户籍居民售房，暂停购房落户政策。2016年11月，杭州调控升级，限制社保年限不够的外地户籍家庭买房，并上调公积金和商业贷款首付比例。2016年底，中央经济工作会议对"去库存"做了更加细致的描述，首次提出"房子是用来住的，不是用来炒的"定位，"房住不炒"迅速成为热点话题。而后，为了贯彻"房住不炒"精神，浙江省内先后有多个县市在2017年出台了房产限购政策，如宁波在海曙区、江北区、鄞州区限购限贷，嘉兴在全域范围限购限贷，绍兴在市区范围内限售，等等。2017 年 10 月，浙江省改变建设用地使用权出让方式，全面实行网络土地拍卖。2018 年 4 月，杭州为了进一步抑价，全面实施商品房公证摇号公开销售工作。

在限购抑价的同时，国家也提出要加快建立多主体供应、多渠道保障、租购并举的住房制度。2016 年 6 月，国务院颁布《关于加快培育和发展住房租赁市场的若干意见》，提出要完善公共租赁住房制度，将稳定就业的外来务工人员、新就业大学生和青年医生、青年教师等专业技术人员，纳入公租房保障范围。2017 年 7 月，住建部等九部委联合印发《关于在人口净流入的大中城市加快发展住房租赁市场的通知》，提出"培育机构化、规模化住房租赁企业""积极支持并推动发展房地产投资信托基金"等具体措施，并选取广州、深圳、南京、杭州等 12 个城市作为首批开展住房租赁的试点地。同年 8 月，原国土资源部和住建部公布《利用集体建设用地建设租赁住房试点方案》，杭州再度被确定为开展利用集体土地建设租赁住房的 13 个试点城市之一。而后，杭州迅速行动，采取了一系列鼓励住房租赁市场发展的措施。同年 8 月 29 日，杭州出台《加快培育和发展住房租赁市场试点工作方案》，明确提出"未来 3 年，杭州新增租赁住房总量要占新增商品住房总量的 30%"。同年 9 月 29 日，全国首个智慧住房租赁平台——杭州市住房租赁监管服务平台正式上线试运行。同年 10 月，党的十九大召开，习近平总书记在十九大报告中进一步指出："坚持房子是用来住的、不是用来炒的定位，加快建立多主体供给、多渠道保障、租购并举的住房制度，让全体人民住有所居。"同年 11 月初，杭州再出"重磅炸弹"，继上海、广州之后诞生了首宗"只租不售"地块——杭州江干区彭埠单元租赁住房地块。2018 年 8 月，国务院发布《关于加快培育和发展住房租赁市场的若干意见》，提出了一系列鼓励房地产企业开展住房租赁业务和市场进行住房租赁消费的有力措施，促使我国住房租赁产业全面进入加速阶段。2019 年 12 月，为了治理租赁市场急速扩张下的乱象，住建部等六部委发布《关于整顿规范住房租赁市场秩序的意见》，提出要通过严格等级备案管理、落实网络平台责任、规范住房租赁合同、管控租赁金融业务等措施，解决租赁中介机构乱象、维护租房群众的合法权益。其后，浙江省建设厅转发该意见，浙江各地市均结合自身实际提出了具体实施措施。如杭州市于 2020 年 1 月出台了《关于促进我市住房租赁市场平稳健康有序发展的意见》，温州市于 2020 年 10 月出台了《关于整顿规范住房租赁市场秩序的实施意见》，等等。

此外，在这一时期还出现了特殊的"以房抢人"现象。2017 年初，以西安、天津和武汉为代表的新一线城市率先打响以住房新政争抢人才的"战争"。如武汉发出"五年留下百万大学生"的豪言，对 40 岁以下的高校毕业生开放落户并给予大学生买房、租房八折优惠。而后，众多城市纷纷跟进，采取诸如降低落户门槛、变相放开限购、提供人才公寓、发放租购房补贴等各种方式吸引人才。事实上，将人才政策与住房政策联系起来的做法早已有之。2004 年，浙江就已颁布《关于大力实施人才强省战略的决定》，提出各地应制定引进人才购买经济适用房政策，有条件的市县要建设一批高层次人才公寓或周转住房，并鼓励用人单位积极为引进人才解决住房问题。而后，在《浙江省人才发展"十三五"规划》《浙江省 151 人才工程（2011—2020 年）》等多个文件中又反复强调了人才的重要性，提出了多项帮助人才在浙安家的措施。在全国范围的"抢人大战"打响后，2017 年 11 月，浙江省委印发《高水平建设人才强省行动纲要》，提出要加强人才住房保障，以货币补贴的方式对不同层次的人才提供不同类别的住房补贴、购房补贴和租房补贴。而后，浙江各地市均跟进出台了一轮有力的人才引进政策。如杭州市于 2018 年出台《关于加快推进杭州人才国际化的实施意见》，提出"全球聚才十条""开放育才六条"；2019 年对找到工作并缴纳社保的大专及本科生开放落户，还给予本科及以上学历应届毕业生一次性生活补贴；2020 年又推出"人才码"服务，实现高层次人才"一人一码"，各项人才政策"一键兑现"，并在生活补助基础上再给予每年 1 万元租房补贴。宁波市于 2017 年出台《关于实施人才发展新政策建设人才新高地的意见》，提出"人才新政 29 条"，给予各学历层次人才租房补贴和首套房总价 2% 的购房补贴；2020 年又出台"甬江引才工程""关心关爱人才 12 条"等，为人才提供最高 7 天免费入驻青年驿站服务、高额生活安居补助和优先买房资格等。据统计，截至 2020 年，已有 70 多个城市发布了"以房抢人"新政，同时在全国范围内大体形成了包括经济适用房、限价商品住房、廉租住房、公共租赁住房、共有产权住房、棚改安置房在内的保障性住房体系。

回顾中华人民共和国成立以来的住房发展史，过程曲折但成就伟大。从土改破局、房改胎动到住宅商品化改革全面实施，各单位逐步停止福利分房转而发放货币补贴，再到按揭贷款诞生，房地产迅速成为经济支柱从而导致房价上涨过快，政府介入调控，最后到近几年"房住不炒"定位的提出和"多主体供给、多渠道保障、租购并举"居住体系的基本建立。我国人民的居住条件在不断改善，人民群众对住房的幸福感和满意度也在不断增强。虽然，我国的住房事业目前还存在诸多问题，未来发展也面临多重挑战，但党和国家带领人民追求美好居住生活的脚步不会停歇。在新的历史时期，相信浙江会继续发挥"求真务实、诚信和谐、开放图强"的精神，勇于创新，积极求索，为浙江人民打造出人人共享的可持续城市和更加美好的人居空间。

二、浙江青年的安居现状与困境

青年是国家的未来、民族的希望、时代的力量，促进青年更好成长、更快发展，是国家的基础性、战略性工程。浙江历来高度重视青年发展工作，将关系到青年人才"留下来"的青年住房问题纳入八大重点工程之一，规划了"青年安居工程"。目前，各级政府既有针对高端人才出台的住房政策，也有针对困难群体的住房兜底政策，但对于面广量大、经济能力一般的普通青年群体，基本没有专门的政策关注。通过充分分析问卷数据和访谈资料，现将浙江青年的居住情况详述如下。

（一）时变效应：后 G20 时代浙江青年面临的居住生态

受益于 G2O、亚运会等环境利好，以杭州为代表的浙江楼市迎来上涨行情，全省很多城市新建商品房成交量屡创历史新高，房价在市场升温和政府调控之间稳中有涨。

1.G20 影响：杭州乃至整个浙江房价飞跃的分水岭

后 G20 时代，杭州节节攀升的房价也带动浙江省各地市的房价上涨，"过去 3 万没人买，现在 4 万买不到"的现象比比皆是。G20 之前对房价"有恃无恐"的青年，瞬间产生"能不能赶上末班车"的买房焦虑。反观已有房在手的青年，则不必遭遇房价飞涨的压力。访谈中，有青年说："我是 2016 年进单位的，那个时候金华的房价还是比较平民的，大概是 1 万块钱以下的时候我买了房子，所以现在住房这块没有什么压力，但就我自己身边的人来说，他们如果错过了 2016 年、2017 年这个时间段，现在房价对年轻人来说其实压力挺大的。""我要是再买晚一点，我就买不起房子了，只能说我赶的时机好，像我同事 G20 之前在观望没买（房），后来再买就是翻倍的价格了。"G20 在抬高房价的同时，也在有房青年和无房青年之间，划出了一道难以逾越的鸿沟。

2. 媒介"发酵"：新闻生产出的公众住房焦虑

随着 G20 带来的客观房价上涨，不少房地产商和中介借助媒体报道对房市局面进行了有"选择性"的宣传，舆论内容不断向"现在不买房，永远买不起房""房价会持续上涨"的方向倾斜，让大众的购房态度更为焦虑浮躁。访谈中，一名单身女青年说："我现在挺愁的，虽然我就一个人，（短时间）也还不涉及结婚买房的事情，但是每天看到新闻推送和中介说房子这个月又卖了多少，亚运会又要涨，我就天天算计我什么时候能买到房子，也看了不少（房子）了。"还有一名青年略带懊恼地说道："我就是在房价的最高点紧急凑钱买的房，现在房价又下来了，不知道该说什么好。"在媒体的催化下，

2017—2018 年的购房高峰，让不少青年匆匆忙忙选择了"上车"，住房市场现实信息的缺位和媒体的推波助澜，刺激生产出普遍性住房焦虑。

3. 买房洛克定律：浙江既"合理"又有"挑战"的高房价

尽管 G20 以来浙江房价不断攀升，但不同于北上广一线城市高不可攀的房价带来的"工作几十年买不起房""蜗居""租房结婚"等现象，在浙江，即使在新一线城市的杭州，房价也仍然处在"跳一跳能够得着"的高度，尽管初入职场的青年尚不具备购房实力，但大部分青年都能够通过自己的努力实现较为合理的购房目标。因此，不少浙江青年认为如果在北上广，还是可以接受很多年不买房的，但是在浙江还是需要买房。绝大多数无房青年已经有买房计划，这一状况进一步激发了买方市场的火热。

4. 政府发力：房住不炒、多元保障为安居梦打底

针对房地产市场的各种社会热点现象，浙江各级政府不断从政策层面进行干预和引导，全面落实因城施策和稳地价、稳房价、稳预期的长效调控机制，推动市场朝更加理性的方向发展。各地房价在市场有形之手和政府无形之手的调控中趋于新的平衡。

除了购房，租房也是安居工程中绕不开的话题。浙江各级政府将"最多跑一次"改革与推进城镇住房保障工作结合起来，在推动租赁行业平稳健康发展方面进行了多项创新。在租赁市场培育上，浙江指导杭州成为国家级完善住房保障体系试点城市，指导温州、绍兴、义乌、嘉善成为省级住房租赁试点城市，通过建设蓝领公寓和人才专项租赁住房、落实企业自持商品房用于租赁、开展集体土地建设租赁房等方式，多渠道增加租赁房源供应量，促进解决新市民阶段性租住问题。在加强行业监管上，建立了统一的住房租赁监管服务平台，完善平台的企业开户备案、住房租赁合同网签备案功能，推广使用《住房租赁合同示范文本》。同时，规范租赁企业开展金融业务行为，指导企业在银行设立租赁资金监管账户，印发《关于促进长租公寓市场平稳健康有序发展的指导意见》，查处行业乱象。在困难群体保障上，浙江省明确将公租房承租资格确认、公租房租赁补贴资格确认、公租房租金收缴等事项作为"最多跑一次"改革的重点，切实简化申请程序、减少申请材料、优化服务流程，将各地公租房申请审核时限压缩至 40 个工作日内，并努力实现申请全程网上办、掌上办、一证办。2020 年 1 月，浙江全省住房和城乡建设工作会议强调，浙江将聚焦房住不炒、住房保障、发展工程、品质提升、绿色宜居、两零目标、美丽城镇、转型发展等方面，让老百姓乐居。

（二）何以为家：浙江青年的居住概况

1. 房产拥有情况及青年住房观念

（1）半数以上青年尚没有任何房产。52.19%的青年没有任何房产，近四成（39.60%）青年有单套房产，仅有8.21%的青年表示有多套房产。

（2）男性拥有房产者更多。传统性别认知里，提供婚房主要是男性的责任和义务，是否拥有房产也是判断男性是否具有能力、是否成功的重要标志之一。访谈中有青年认为："我是男的嘛，就算是相亲，人家女孩子一听你没有房子，也会觉得不像话。"通过独立样本 t 检验对性别在房产拥有情况上的差异进行分析发现，男性拥有房产数量显著高于女性（$t = 3.068$，$p = 0.002$）。半数以上的男性青年已有房产，而女性拥有房产的占比则不足一半。（见表1）

表1　性别与房产拥有情况交叉表

	单套房产 / %	多套房产 / %	无任何房产 / %
男	44.20	8.10	47.70
女	35.30	8.30	56.40

（3）浙江"85后"青年多已实现"有房梦"。与58同城全国房产报告《房产大数据：生活在左，房价在右》提出的"85后、90后购房是刚需，但出手压力大"的境遇不同，本次调查显示，在浙江，"85后"青年拥有房产者已接近70%，"90后"拥有房产的比例也已达到42.20%。访谈中也有青年认为："在这边（浙江）薪酬水平确实更高，看着房价是（比老家）高，但是我赚得更多，老家跟我同龄的反而比我（买房）节奏还慢一些。"作为经济大省的浙江，为"85后"青年财富积累和完成购房计划提供了有利的外部条件。

（4）独生子女多套房产拥有率更高。对是否独生子女的住房自有率进行 t 检验差异分析发现，独生子女的住房自有率显著高于非独生子女。半数独生子女已拥有自己的房产。同时，独生子女的房产数也更多，拥有多套房产的独生青年占到8.90%。而非独生子女的房产拥有率则为45.20%，有用多套房产的比例（7.50%）也低于独生子女。（见表2）访谈中也发现，独生子女因其独有的父辈资本传承，在购房的首付和还贷上都更有优势："家里就我一个，我要买房的话，家里相对还是能多给一些（首付）的，这样我自己还贷压力也小。"

表2　是否独生子女与房产拥有情况交叉表

	单套房产／%	多套房产／%	无任何房产／%
非独生子女	37.70	7.50	54.80
独生子女	41.60	8.90	49.50

（5）"有房才有家"的传统住房观在青年中延续和强化。调研发现，青年人对住房的重视程度比较高，"居有所安""安居乐业""有房才有家"等传统观念在青年中较为普遍。如，分别有45.07%和22.72%的青年对"住房是安身立命的根基"这一观念持"比较赞同"和"完全赞同"的观点；分别有46.17%和34.99%的青年对"有自己的住房才有家的感觉"这一观念持"比较赞同"和"完全赞同"的观点，仅分别有3.92%和7.80%表示"完全不赞同"和"比较不赞同"。

（6）住房带来的安全感和归属感无可替代。拥有稳定的居住空间给青年带来的安全感是非常重要的。数据显示，76.82%的青年表示"房产所带来的私人空间和安全感无可替代"。拥有自己的产权房就意味着获得了物理空间的实际控制权，以及附属的心理上的安全感。如一名被访谈者说："我现在租的是一个农民房，只能说是一个睡觉的地方，买不起房在这个地方就没什么归属感。"再如，有青年认为："（住房对于我而言）是一个家，是必需品，是很重要的。因为租房的话就有很多不确定性，而有住房会让人有归属感，也能更好地经营整个家庭。"

（7）住房与个人身份地位之间不能画等号。在中国传统文化认知中，住房是个人身份和社会地位的一种体现。这就造成了有房者和无房者以及有好房者和有差房者之间在财富积累和资源享有上的分野和分化。虽然房产会在青年中造成事实上的社会分层，但数据显示，仅有20.39%和7.39%的青年比较赞同和非常赞同"住房是身份地位的象征"这样的观点，大部分青年并未将住房的拥有状况与个人身份地位挂钩。房产拥有状况并未对青年对"房子是身份地位的象征"这一观点的态度有所影响。数据显示，44.05%的无任何房产的青年对此持不认同态度，43.55%的拥有单套房产青年和37.23%的拥有多套房产青年对此也不认同，三个群体之间差异不大，这表明自有住房单一因素并没有造成青年群体内部的分化。

（8）"结婚生子"推动买房进程。"房子"问题与"妻子""孩子"问题密不可分，房子本身不是必需品，但婚姻、子女教育是必需品。将房产和婚姻、教育捆绑在一起，造就了当前房产成为家庭必需品的现状。尤其是"婚房"和"学区房"让"佛系"买房青年进入买房加速车道。对未婚青年、已婚无孩和已婚有孩三类青年的房产情况进行方差分析发现，三类的房产拥有量存在显著差异（$F = 193.653$，$p < 0.000$），已婚有孩者显著高于已婚无孩（$F = 0.199$，$p < 0.000$）和未婚青年（$F = 0.549$，$p < 0.000$），已婚无孩青年又显著高于未婚青年（$F = 0.350$，$p < 0.000$）。访谈中也有青年认为："（要结婚了）就买了房子，准备当婚房用的。""孩子一生下来，我就发现学区特别重要。"在提及买房主要考虑的一些因素时，"考虑学区"的占比达到了42.84%。

（9）高房价下"曲线救国先上车"策略。对于当下的购房青年，尤其是刚需青年来说，"先上车"再慢慢改善是青年购房的"标准化流程"。很多青年尚处于事业的起步阶段，购房资金尚不雄厚，综合考虑各方面条件都适合的住房，必然出现总房价不能承受的状况，因此必须有所取舍。访谈中有青年说："我觉得（买房）好像曲线救国，就不要一步到位，（从）小的开始、从远的开始、从偏的开始、从破的开始，这样子就一点一点地循序渐进的一个过程来改善自己的生活，以小换大。"

2. 租住现状与租住需求

据自如友家公寓发布的《2020中国青年租住生活蓝皮书》显示，目前中国房屋租赁人数已超2亿人，其中绝大多数是35岁以下的城市青年群体（占比80.27%）。居住问题是青年来城市落脚打拼需要解决的问题之首，居住需求的膨胀带来了城市房屋租赁市场的快速发展。但是近年来，由于租赁市场的政策监管力度没有完全跟上这种过快的发展速度，以至于城市房屋租赁市场乱象频发，前有黑中介利用虚假房源套路租房青年，后有捆绑了租金贷的长租公寓爆雷，租房已经成为让青年群体头疼的一大难题。随着各级政府多主体供给、多渠道保障、租购并举等住房制度的逐步落实，浙江青年在租住方式、观念和需求上也呈现出一些鲜明特征。

（1）超半数青年有租房经历。调查显示，省内半数以上青年有租房经历（54.20%），其中，杭州约2/3的青年有过租房经历（66.40%），此外，金华（50.80%）、衢州（53.20%）、丽水（70.90%）、温州（53.80%）和嘉兴（51.60%）等地青年租房者也超过了半数。

（2）毕业3年内的"90后"青年成"租时代"主力。《中国经济周刊》此前的调查结果显示，40%的租房客为"90后"，全国"90后"中超40%接受终生租房，"90后"中近八成北京白领接受终生租房。本次问卷调查显示，"90后"青年已成为浙江租房市场的绝对主力，占到租房青年群体近80%，尤其是毕业后3年内的"90后"青年占到租房群体的50.54%，"租房"成为初入职场青年人才的重要生活方式。

（3）超半数女性拒绝租房结婚，"买房结婚"仍是主流。数据显示，"买房结婚"仍是女性青年住房观念的主流。调查中，只有16.4%的女性愿意接受租房结婚，女性拒绝租房结婚的比例高达 53.46%。（见表 3）其中，缺乏安全感是首要原因，对租房安全性、稳定性等方面的考量都进一步强化了"结婚要买房"的态度。访谈中，有女性青年表示："可以接受（租房结婚），但是我觉得可能跟自己有房子结婚还是会有落差。""暂时性租房过渡一下还能接受，不能一直都是租房，我觉得还是要有自己的房子。"此外，受性别观念和婚姻观念的改变、女性经济能力的增强等因素影响，越来越多的单身女性希望拥有婚前房产。74.64% 的女性青年对"女性在婚前最好有一套自己的房产"这一观点持"比较赞同"和"完全赞同"的态度："新的《婚姻法》都出来了，虽然说一般都是男的买房，但是那算人家的婚前财产呀。"而男性对此问题的态度则较为平和，其中有 43.80% 的男性对此持"不确定"态度。

表 3　性别与租房结婚态度交叉表

	可以 / %	不可以 / %	看情况 / %
男	37.22	38.63	24.15
女	16.40	53.46	30.14

（4）女性租房比例低于男性，更注重租住安全。交叉分析发现，女生与同学合租比例、与同事合租比例、与陌生租客合租比例都要略低于男生（分别低 2.05 个百分点、3.31 个百分点、2.44 个百分点），这应当是女生更加重视租住安全性的结果。在租房考虑的主要因素上，女生选择小区安全性的比例要超过男生。在物业提供的服务方面，选择需要门卫及小区安全巡查服务的女生比例也比男生高。

（5）短期内能租到房，信任感是选房关键。数据分析显示，45.70% 的青年在一周内能租到合适的房子，25.61% 的青年在 8—15 天内租到合适的房子，也就是说，大多数青年（合计占比 71.31%）都能在半个月的时间里找到合适的出租房。从房源信息来看，青年最信任家人、朋友的推荐（占比 36.10%），其次是租房 App 和租房网站（占比 35.48%），通过网络引擎 / 社交媒体、线下中介门店，目标小区物业 / 公告栏等途径获取信息的青年均较少（分别占比 11.92%、9.03% 和 7.16%）。在选房时，青年会优先选择房东直接挂出的房子（占比 36.62%），其次是正规中介机构介绍的房子（占比 30.92%），再次是政府供房（占比 14.87%）和单位供房（占比 9.14%），选择机构长租公寓和租客招人合租房的青年极少（分别占比 4.59% 和 3.86%）。这说明，在长租公寓爆雷事件以后，青年在挑选房源时提高了警惕心，有熟悉的亲朋做背书或者由公信力较高的政府、单位、专业机构等供房或作为中介，更容易获得青年的信任。此外，交叉分析还发现，男生更倾向于通过网络搜索引擎或社交媒体找房（占比比女生高 5.37 个百分点），并且，

随着年龄增长，青年的租住目标变得越来越明确，通过目标小区物业和信息栏找房的青年也逐渐增多。（见图1）

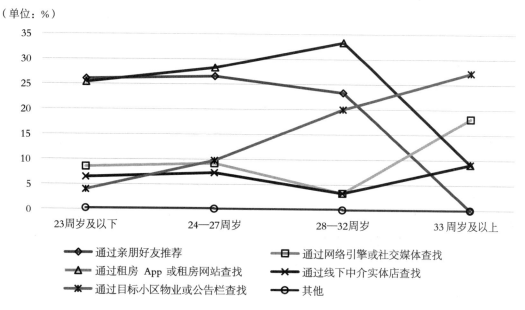

（单位：%）

图1 不同年龄段查找房源途径变化趋势

（6）租金承受能力弱，短租、短付方式受青睐。调查显示，租金是影响青年租房选择的最重要因素（占比84.29%），大部分青年能够承受的月租金都在1500元以下。此外，由于刚毕业的大学生就业不稳定，短租、短付的租房方式格外受青睐。统计表明，36.94%的青年希望租房时长在3个月以下，73.88%的青年希望租房时长在6个月以下，希望能一月一付租金的青年占比为58.34%，希望能一季一付租金的青年占比为27.41%。交叉分析显示，随着学历的增长、年龄段的提升以及逐步结婚生育，青年对房屋租金的承受能力在提升，其希望的租房时长、交租周期也在变长。比如，学历分别为大专、本科、硕士研究生、博士研究生的青年，可承受2500元以上租金的比例分别为1.19%、2.04%、5.71%、17.65%，倾向租房时长在1年以上的比例分别为5.92%、6.74%、12.86%、23.53%，倾向一年一付租金的比例分别为3.10%、3.53%、3.57%、29.41%。不同年龄段和不同婚育状态的青年也有类似趋势，这说明，青年租房有一个从短租、短付逐渐过渡到长租、长付的过程。

（7）自食其力付房租，失业青年需更多帮助。经统计发现，当前浙江青年的独立性较强，有72.97%的青年都靠自己挣钱独立支付房租。交叉分析则进一步显示，相对来说，男生会更独立一些，自己挣钱付房租的比例比女生高9.38个百分点；女生依赖父母支付的稍多，占比比男生高5.52个百分点。而对于失业青年来说，仅有36.36%有能力独立支付房租，为各类特征群体中比例最低，并且有4.55%的失业青年需要向朋友和家人借款来支付，有2.27%的失业青年需要向金融机构贷款来支付，均为各类特征群体中比例最高。此外，结合其他调查问题来看，有近1/3（29.55%）的失业青年只能接受月租金1000元以下的房子；在选择房源时，仅有2.27%的失业青年会优先选择政府提供的公租房／廉租房和人才公寓等（其他特征群体优先选择率均在9%以上），该问题值得进一步研究关注。

（8）七成以上青年不接受租金贷，接受者也希望免息低息。调查显示，70.88%的青年即使在预算不够的情况下，也拒绝通过贷款方式来筹措房租。23.84%的青年表示，如果贷款不需要付出利息，那么可以考虑接受。仅有5.28%的青年表示，即使需要付出一些利息，也可以考虑接受。而在接受租金贷的青年中，64.56%表示仅能接受0.5%以下的月利息，23.75%表示能接受0.5%—1%的月利息。也就是说，青年群体，特别是大学毕业生的还贷能力相对较弱，只能接受免息或低息的租金贷款。交叉分析进一步发现，在不用付利息的情况下，男生相对来说接受租金贷的比例稍高（比女生高出3.81个百分点）。但随着青年结婚、生育，其对通过贷款方式来筹措房租的接受度在逐步提高。有5.09%的未婚青年表示可以接受付息租金贷，有15.15%的已婚无孩青年表示可以接受付息租金贷，有20.00%的已婚有孩青年表示可以接受付息租金贷。（见表4）

表4　婚育状况与接受租金贷情况交叉表

	不接受／%	如果不需要付利息，可以接受／%	就算要付一些利息，也可以接受／%
未婚	71.27	23.64	5.09
已婚无孩	48.48	36.36	15.15
已婚有孩	46.67	33.33	20.00

（9）渴望拥有独立空间，独自居住占比高。调查发现，浙江青年对个人独立空间非常看重，有71.75%的青年认为独立空间非常重要，有25.33%的青年认为独立空间比较重要，合计有97.08%的青年将独立空间摆在重要位置上。青年对独立空间的追求也延续到了其租住状态上。统计显示，独立居住的青年占比最高（占比35.14%），其次是与同学合租（占比28.79%），再次是与同事合租（占比17.1%），其他合租情况的青年占比较少（占比均在7%以下）。此外，还有一个明显的趋势是，随着年龄段的提升，青年逐

渐脱离校园环境，与同学合租的比例在下降，与朋友、恋人合租的比例在提升，而独居青年的比例则是在快速拉升后又随着青年步入婚恋而下降。

（10）小户型受欢迎，理想居住面积与现实有差距。问卷数据表明，20—50平方米是最受浙江青年欢迎的理想租房面积，其中，32.80%的青年希望租到20（不含）—30（含）平方米的房子，31.17%的青年希望租到30（不含）—50（含）平方米的房子，选择租住在20（含）平方米以下房中的青年仅有7.99%。然而从现实情况来看，实际租住在20（含）平方米以下房子中的青年占比最高，为30.00%；其次是20（不含）—30（含）平方米的房子，占比为29.63%；再次是30（不含）—50（含）平方米的房子，占比为18.27%。（见图2）这说明，浙江青年现实租住面积与理想中还有一定差距。进一步交叉分析发现，男生对于20（含）平方米以下极小户型的接受度比女生略高。理想中与现实中选择租住在20（含）平方米以下房子中的男生分别占比7.62%和19.85%，而女生的这一数据分别为4.48%和13.56%。随着青年逐步组建家庭、结婚生子，其对租住面积的需求在逐步增加。未婚、已婚无孩、已婚有孩青年希望租住在20（含）平方米以下房子中的占比分别为5.92%、2.00%、0.00%，希望租住在80（不含）平方米以上房子中的占比分别为7.57%、14.00%和24.14%。

（单位：%）

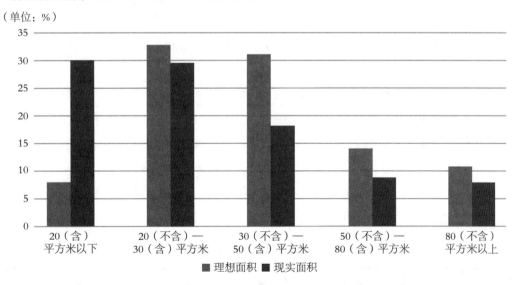

图2 浙江青年租房理想面积与现实面积租住占比对比

（11）厕所自由需求高，不同性别居住需求偏好不同。在所有房屋功能空间中，独立卫生间的重要性又独占鳌头，有92.01%的青年认为租房必须具有独立卫生间，其重要性甚至超过了卧室（89.78%）。在只有一个公共卫生间的情况下，44.54% 的青年表示只能接受自己独立居住，31.79% 的青年表示可以与 1 名室友合租，22.90% 的青年表示可以与 2—3 名室友合租，接受与 4 名及以上室友合租的青年占比仅为 0.76%。这说明，厕所自由对于租房青年来说也非常重要，拥有多个独立卫生间的租赁户型应当会受到青年欢迎。进一步交叉分析发现，在只有一个公共卫生间的情况下，男生相对来说能够接受更多的合租室友。接受与 2—3 名室友合租的男生比例为 27.63%，而女生比例仅为 19.04%。（见表 5）在卫生间以外，男生对于客厅、书房、储藏室的需求程度更高，而女生对于厨房和阳台的需求程度更高。

表 5　性别与公卫情况下室友接受数量交叉表

	自己住最好 / %	1 名 / %	2—3 名 / %	4 名及以上 / %
男	43.50	27.71	27.63	1.16
女	45.40	35.12	19.04	0.44

（12）物业要求高，不同特征青年物业服务偏好不同。经统计，从青年整体来看，门卫及小区安全巡查（78.01%）、小区卫生清扫（56.43%）、房屋故障维修（56.18%）、小区公共设施维护（50.28%）和快递相关服务（47.81%）是青年最为需要的物业服务。进一步的交叉分析结果显示，不同属性特征的青年群体对物业服务的偏好不同。从性别来看，男生更需要定期上门保洁、洗衣服务（占比分别比女生高出 6.56 个百分点和 6.84 个百分点），而女生更看重小区公共设施维护、快递相关服务和房屋故障维修（占比分别比男生高出 7.53 个百分点、7.68 个百分点和 7.72 个百分点）。从收入来看，对月薪在 8000 元以上的中高收入青年相对来说更需要定期上门保洁、管家服务和洗衣服务（占比分别高出 11.71%、12.87% 和 7.88%）。从婚育状态来看，已婚有孩青年在更需要上门服务的同时对物业园区服务的要求也有一定提升，相比于未婚青年和已婚无孩青年来说，其在定期上门保洁、房屋故障维修、管家服务、洗衣服务、小区卫生清扫、小区公共设施维护、快递相关服务方面的需求均有一定提升。（见表 6）

表 6　婚育情况与物业服务偏好交叉表

	门卫及小区安全巡查 / %	小区卫生清扫 / %	小区公共设施维护 / %	定期上门保洁 / %	房屋故障维修 / %	管家服务 / %	洗衣服务 / %	快递相关服务 / %
未婚	78.09	56.47	50.21	23.25	56.15	15.09	16.08	47.92
已婚无孩	72.73	45.45	51.52	18.18	51.52	15.15	9.09	27.27
已婚有孩	73.33	73.33	60.00	46.67	73.33	40.00	40.00	73.33

（13）注重居住体验和生活品质，舍得对出租房投入。调查发现，62.54%的青年会将房屋本身的状况，如内部装修、家具家电配套，以及采光、隔音效果等作为租房的重点考虑因素，并且在租下房子后，有超过一半的青年表示会对房屋进行进一步的改造装饰，有超过六成的青年表示会自行花钱购买家具、家电。可见，当前青年确实是把"房子是租来的，但生活是自己的"作为人生信条，相比于"有的住就行"的前辈们，这一届青年更加重视生活品质，舍得对出租房进行投入，并开始追求"像家一般"的良好居住体验。而交叉分析表明，一方面，性别会对青年花销投入的方向产生影响，男生请家政人员打扫、消毒的比例更高（比女生高出 6.25 个百分点），而女生改造装饰的意愿更强，买家具的比例和买家电的比例更高（分别比男生高出 13.41 个百分点、10.83 个百分点和 9.65 个百分点）；另一方面，婚育状态也会对青年花销投入产生较大影响，相对未婚青年来说，已婚有孩青年请家政人员打扫、消毒的比例要高出 14.66 个百分点，对房屋进行改造装饰的比例要高出 26.75 个百分点（见图 3）。这表明，为已婚有孩青年提供更适合三口之家的租房产品，也可以成为租赁市场未来努力的方向之一。

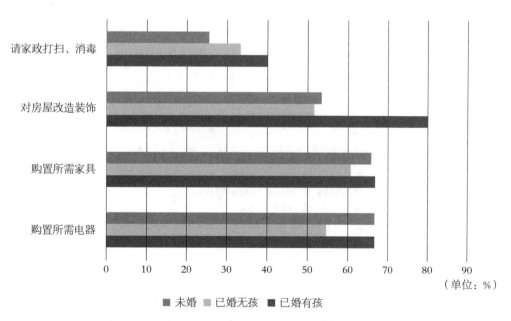

图 3　不同婚育情况青年对出租房花销倾向对比图

（14）"吃了吗"最重要，生活类娱乐类服务配套是关键。调查发现，在社区配套服务方面，餐饮店位于青年需求的首位（占比 71.79%），其次是银行、移动充值、电瓶车充电等生活服务（占比60.60%），再次是电影院、KTV、图书馆等娱乐休闲场所（占比52.68%），然后是公共社交空间和社交活动（占比44.06%）以及健身场所（占比43.68%），最后是课外教育培训功能（占比18.52%）。可见，餐饮、娱乐和基本生活服务是青年社区最为关键的核心配套，社交活动和健身活动对青年来说需求度也相对较高，而教育培训功能的需求度比较靠后。交叉分析则显示，相对来说，男生更关注健身（占比比女生高出6.84个百分点），女生更关注餐饮、生活服务和课外教育培训（占比分别比男生高出10.74个百分点、11.65个百分点和3.27个百分点）。此外，在青年已婚有孩后，对娱乐休闲场所和课外教育培训的需求会大幅提升。与未婚青年相比，已婚有孩青年对娱乐休闲场所的需求占比高出27.42个百分点、对课外教育培训的需求占比高出28.37个百分点。

（15）保障房需求提升，单身青年货币补贴需求高于实物补贴。数据表明，在青年的租房目的城市中，杭州（38.74%）、宁波（17.89%）、温州（15.95%）、金华（10.01%）等经济活跃的中心城市占比较高，其他中小型城市占比均在5%以下。而经济活跃的中心城市往往意味着房价高且租金贵，需要政府出台一定的租住保障性措施来为流动务工青年进行兜底。本次调查发现，在可以选择的情况下，青年总体上更倾向于租房货币补贴（占比54.83%），但与此同时，寻求政府提供保障性住房的青年也不少（占比45.17%）。交叉分析则显示，随着年龄段的提升，倾向于货币补贴的青年比例有降低的趋势，而倾向于保障性住房的青年比例有提升的趋势：23周岁及以下、24—27周岁、28—32周岁、33周岁及以上的青年选择货币补贴的占比分别为40.06%、40.60%、26.67%、18.18%，选择保障性住房的占比分别为30.92%、40.60%、56.67%、45.45%。

（三）居大不易：浙江青年住房面临的问题

调研发现，"买房"和"租房"是青年解决住房问题最主要的方式，而"买房"和"租房"所面临的痛点是不一样的。

1.买房青年的烦心事

（1）"六个钱包买房"：高房价下的无奈啃老。调研过程中，浙江青年普遍反映浙江各地的房价水平比较高，如丽水的一名青年说："成都、长沙这些省会城市房价也才一两万，但在浙江像丽水这样的三四线城市房价也要一两万。"数据显示，"房价太高，负担不起"（69.57%）是青年"不打算在所在城市买房"的最主要原因。房价高最直接的后果是青年买房难，经济压力大，支付能力已成为青年置业最大的障碍。正如青年提到，"现在房价对刚毕业的年轻人来说，其实压力挺大的，特别是外地过来的年轻人，租房的压力就已经很大了，工资也不是很高，所以买房压力还是蛮大的"，这导致了青年群体中出现"六个钱包买房"现象。在"六个钱包买房"方面，调查数据显示，76.23%的青年认为仅靠自己是买不起房的，必须依靠父母才能买得起房。访谈中，大部分青年表示买房还是需要得到自己甚至是另一半父母的经济支持，从而出现了"六个钱包买房"的现象。有青年也认为："能自己买房子的年轻人很少，要么是工作了很多年且收入高的青年，要么是创业成功的（青年），像我们这种工薪的，一般都是两边父母帮忙一起凑个首付，我们夫妻俩还房贷。"这也正说明了父辈家庭的社会经济背景对青年的住房状况具有显著影响，父母支持是青年获得自有住房的重要途径。

（2）"甜蜜负担"：住房消费支出对生活事业的无情挤压。房产会给青年人的生活带来安全感和财富积累，但由于每月的住房消费支出占月收入的比例过高，越来越多的青年因此成为"房奴"。如杭州一名已购房青年说："我们每个月房贷和车位贷一共要9000元，占我们夫妻月收入的1/3，再加上每个月的家庭开支，经济压力很大。"高额的住房消费支出给青年人的生活和发展带来以下几个方面的负面影响：一是对青年日常生活的挤压。一些青年提到，为了还房贷，不得不减少个人娱乐休闲、社交、购物等方面的开支，生活质量明显下降。调查显示，64.79%的青年对"生活被房子压死了"这一观点表示认同。二是对青年事业发展的挤压。为了能够还房贷，青年人必须有稳定且充足的工资收入，所以不少青年不得不尽量减少个人工作或事业发展的流动性和风险性。例如有青年因要还房贷而不得不放弃创业的念头。同时，房贷也增加了青年个人或家庭的金融风险和个人信用风险。一旦收入减少或出现突发事件，个人或家庭生活则有可能陷入危机。

需要说明的是，房贷除了会对青年人的事业发展带来挤压，房价本身还会对青年事业的稳定性带来一定影响，这主要表现在"房价的挤出效应"方面。在访谈中，也有一些外来青年表示，如果在所在城市买不起房的话，会选择放弃现在的工作，回老家或去其他能买得起房的城市。数据显示，只有6.61%的青年认为房价对其城市选择没有什么影响或影响较小。

（3）"以房换房"：持续置换压力无限。访谈时，大部分青年表示在购买首套住房时会比较关注地段这一因素，但受支付能力限制，置业时往往不得不选择距离市区较远的外围区域中的小户型房子。但在解决青年最基本的居住需求时，又衍生出一系列的其他障碍：一是房价相对较低的外围区域当前的交通条件、生活配套条件都有待提高，不仅增加了生活上的不便，也增加了日常的生活成本（特别是交通出行成本）。二是青年正处于家庭、事业的上升期，家庭结构、工作的变化频率高，青年购房置业需求在不断发生变化，不少青年会因家庭需求的变化不断进行置换，改善居住条件，个人或家庭的生活也一直处在"房子压力"的笼罩之中。如，当家庭由夫妻二人变成一家三（四）人的核心家庭，甚至是加上父辈的大家庭，且面临子女入学和老人就医等问题时，郊区的房子可能就无法满足需求了，于是大部分青年不得不考虑再购买市中心的房子或者更大面积的房子。

（4）"有无之间"：房产拥有差异造成青年群体分化。调研发现，青年群体内部在房屋拥有量上存在比较明显的反差，这主要表现在以下两个方面：一是本地青年与外来青年之间住房自有量上的强烈反差。一般而言，浙江地区经济发达，百姓经济实力较强，绝大部分本地青年家里有房或家里能够帮助买房，购房压力不大。而外来青年相对而言买房压力较大。如，一名青年说道："丽水本地人他们家里都好几套房，我一个朋友，加上家里拆迁，总共有 20 多套房。"二是代际上，"85 后"和"85 前"之间在住房自有量上的反差也比较明显。大多数"85 前"尤其是"70 后"已经完成了个人财富的前期积累，很多都已经买了房，甚至是多套房。但不少"85 后"，尤其是"90 后"还在为房子打拼，他们也是购房市场的主力。如一名青年说道："我们单位那些 30 多岁的同事，他们都一个人好几套房，只有我们这些刚工作不久的年轻人过得比较苦。"这种反差造成青年群体之间家庭财富的快速分化，在这种极富张力的社会现象下，青年群体中难免会滋生相对剥夺感与消极情绪，社会心态会受到不良影响。

（5）"我命由天不由我"：摇号政策下买房的不确定性增加。摇号购房政策原本是为了让买房变得更为公正透明，约束开发商的行为，避免全款优先等歧视情况发生。但在摇号政策下，"能不能买到房"也变成了"靠运气的事情"，尤其是对于那些"万人摇"的红盘，中签率太低，摇号十几次或者几十次都没中的青年不在少数。有将近 50% 的受访青年认为，现在的购房摇号政策出台后，能够买到房的概率比之前更小，买房变得更加困难。同时，调研数据显示，在对摇号买房设置的几个评价指标，包括"摇号购房政策的透明公开程度""政府对无房家庭倾斜的合理性""摇号政策在所在城市的适用性""对政策的整体看好程度"，满意程度分别为 37.69%、35.66%、34.93% 和 34.74%。从调查数据可以看出，受访青年对摇号购房政策的几个维度满意程度并不高，而另外两个测量指标"民众的受惠程度"和"摇号买房各环节的效率"满意程度尚不超过受访青年的三成。综合来看，受访青年面对摇号购房政策更多的不是肯定，而是对摇号购房带来的不便感到苦恼，同时也对摇号购房政策是否真的能够为买房带来红利持回避态度。

2. 租房青年的心酸事

（1）公租房保障性功能发挥长路漫漫。保障性租房本是青年初入社会解决"住房难"问题的最优选择，但当前仅有 1.51% 的青年入住了政府提供的保障性住房（廉租房、公租房、人才公寓等）。原因主要包括以下几方面：一是知晓渠道不顺畅。问卷显示，有 52.01% 的青年表示他们对租住保障性住房的条件并不清楚："（公租房）在关注了，是有这样的政策，但了解这些政策的渠道比较少。"二是申请过程烦琐。有超过一半（52.4%）的受访青年认为申请公共租赁房流程复杂，接近 1/3（32.31%）的受访青年认为公共租赁住房申请的材料冗杂。如有青年说："政府层面的公租房还有政策我了解过，但是申请太麻烦了，符合条件的情况下还要排队，公租房供不应求。"三是公租房与租房青年需求不匹配。如公租房地点与工作地点或子女学校距离太远，房屋本身条件不好（如户型不好、配套设施不完善、质量问题等），周边环境不好以及房屋选址偏僻、交通不方便等，导致部分符合公租房租赁条件的青年在综合考虑各种因素后，选择了较为高端和成熟的社区自己花钱租房。

（2）安心租房仍有难度。不管是对于已经工作多年的在岗青年还是对于刚走出校门踏上工作岗位的大学生而言，大多数租房者最先面对的是寻找房源。有 77.78% 的在职青年表示寻找房源困难，59.49% 的新就业大学生表示寻找房源的信息渠道狭窄。其中又以刚出校门正在实习阶段的"新社会人"最为苦恼，62.91% 的实习生表示自己不知道去哪里寻找可靠的房源信息。另外，数据显示，寻找房源的方式会影响房源信息的真实性和有效性。一些租房者虽然能通过一些固定的租房渠道找到可租房源，但是所找到的房源实际情况与房屋描述相差较大。在不同的寻找房源方式中，通过租房 App 或租房网站寻找房源也很容易遭遇"房屋本身信息与介绍有偏差的问题"和"假房源套路引诱租客的问题"，这可能是因为大多数租房 App 或者租房网站为了吸引租房者，增加看房量和成交量，会较大程度地美化房源宣传图片，导致实际看房过程中青年租客大失所望。一名正处在实习期的大学生表示："在 App 上看那个房子又亮堂又新，看的时候就决定要租这个房子了。结果实地看了以后，就觉得图片上和实际上是两套房子，实际那个房子又旧又破。"也有在职青年提到，"金华租房很少找中介的，（都是）自己去找到贴出来的这种（房源），房东贴的，就直接打电话过去找房东了"，"现在我自己房子拿出去租，从我个人来讲，可能我还是喜欢贴小广告，因为中介的中介费收得其实比较高的"。另外访谈还发现，青年虽然可以通过专门的租房 App 查看房源，但是通过租房 App 看房还会导致每天接到很多令人头痛的房产骚扰电话，对寻找到合适房源毫无益处。

（3）租时代权益维护仍有漏洞。青年在租房时遭遇"霸王条款"甚至"无合同"现象依然存在。数据显示，"合同条款解释模糊并且存在漏洞"是在租房签约过程中最为突出的问题。有 46.98% 的新就业大学生表示在租房签约的过程中曾遇到这类问题："在租房的合同上根本没有写如果临时换租或者转租会交补偿金。我后来发现不仅转租要扣我押金，就连一开始租房的时候没有退押金，换租转租也要再补偿（中介）押金。"由于当前对房东直租的租房合同条款没有统一规范，房东任意解释合同条款，或者房东（包括二房东）单方面提前解约租房合同甚至抬高房租的情况时有发生。当访谈中被问及是否签订租房合同时，有青年说："不签（合同），就口头约定。而且我们一般签不签都没有什么意义，他（房东）让你走你必须得走，他可以编造各种理由，这个东西（租房）尤其是租房契约这一块，我觉得做得都不好。"进一步分析发现，通过目标租住小区物业或者公告宣传栏的方式寻找房源更容易陷入这个"bug"中，可能是因为通过宣传栏或者小区物业的方式寻找房源本身就不规范，且在签约过程中房东和租客只是口头签订合同或者未使用房管部门规定的租房合同文本，从而导致租客在租房签约过程中出现合同条款解释模糊的情况。

（4）租住生活坎坷多。租房青年也在实际的租住生活中面临诸多困难，这些困难也直接影响到了他们的租房生活质量。一是报修处理不及时、不到位，已成为租房生活中最为突出的问题。有接近 50% 的受访大学生租房者表示报修处理问题成为困扰其租房生活质量的问题。而在其中，尤以住在长租公寓的租房者问题最为突出。有超过 50% 的长租公寓租房者表示报修处理问题成为其租房生活中的一大阻碍。如有人说："之前我租的房子，阳台玻璃碎了，然后就打电话找中介来修。结果修了整整一个多月。量玻璃尺寸的师傅迟迟不来，而且每次还都是不同的维修师傅联系我。"二是租金（租房成本）的问题也成为租房者在租住生活中比较辛酸的经历之一。有接近一半的租房者表示租金太高，已经超出了所能承受的范围。换房次数较多的租房者多半都是因为租金太高而选择搬走。如有人说："现在租个房子好贵啊，我感觉我每月实际到手收入中，超过 30%的钱都拿来交房租了。而且还不算水电费，算上水电费的话可能就又要很多了。没办法就只能看到有便宜的合适的再选，哪怕住得远一点。"另外，还有近三成的租房者表示他们在租住生活的过程中与合租的邻居产生过矛盾，导致被迫搬离租住的房子。如有青年说："我之前住那个房子住得好好的，（搬走前）新搬来了一个女生，特别吵，半夜两三点了还在'叮咣叮咣'地有动静。我有时候都被吵得一夜没睡好。后来实在忍不了了，我就搬走了。"

（5）长租公寓爆雷，青年无端背锅。近期，多家长租公寓机构接连爆雷，资金链断裂、跑路等现象层出不穷。如蛋壳公寓出现了因"租金贷"问题导致资金链断裂，长租公寓无法支付房租给房东，房东上门赶走租客的窘境。访谈中有青年也说道："长租平台爆雷，对租客没有什么好处，对出租房子的人也没有好处，必然会影响房子租赁市场，所以要严管这类平台。"房东也苦不堪言："我们是从10月份开始就没有收到过房租了，租客又是刚毕业的（大学生），现在我们只能是跟租客协商，我们亏3个月，他们年底搬走。""这种事情对于租客和业主来说就是双输，只能在此基础上，尽可能降低损失。"访谈中，不少青年提到，因长租公寓爆雷而无家可归，甚至还要支付剩余房租。本应缓解租金压力的"租金贷"，成为压垮租房青年的沉重包袱，负面影响波及范围广，社会影响恶劣。

（6）"社会人"租房的渐进式辛酸。在整个租房生活过程中，租房青年对租房生活的感受会随着工作阶段和时间的不断推移更趋向于无力和孤独的状态，一些积极性的感知如幸福和满足等具体感受会慢慢消减。数据显示，租房青年从"未毕业实习"阶段到"正式入职参加工作"阶段，租房生活的满足感和幸福感差异明显，且在慢慢消退，孤独和无奈感逐渐增强。（见表7、表8和表9）

表7 从未毕业实习到已毕业实习

检测项	F	方差齐性	t	显著性（双侧）
无奈	46.814	0.000*	2.740	0.006*
幸福	26.455	0.000*	−2.536	0.012*

注：* 表示 $p<0.05$。

表8 从已毕业实习到已毕业正式工作

检测项	F	方差齐性	t	显著性（双侧）
无奈	53.189	0.000*	−3.383	0.001*
幸福	79.846	0.000*	4.220	0.000*
满足	16.355	0.000*	2.076	0.038*
孤独	21.290	0.000*	−2.180	0.030*

注：* 表示 $p<0.05$。

表 9　从未毕业实习到已毕业正式工作

检测项	F	方差齐性	t	显著性（双侧）
满足	25.480	0.000*	2.498	0.013*
孤独	46.714	0.000*	-3.540	0.000*
幸福	34.710	0.000*	2.968	0.003*

注：*表示 $p < 0.05$。

三、关于解决青年居住问题的思考与对策

从上述内容可以得出，住房对于青年群体具有十分重要的意义。一个稳定的、能负担得起的房子是青年安心工作、结婚成家的客观条件和物质保障。但从现状来看，青年群体普遍面临着"买不起""租不易"的局面，需要应对诸如高房价背景下的无奈啃老、住房消费支出对生活事业的无情挤压、房产拥有差异造成青年群体分化、公租房保障性功能难发挥、安心租房仍有难度、租房权益维护仍有漏洞、长租公寓爆雷导致青年无端背锅等难题。浙江只有解决好这些青年居住问题，才能使青年"引得来、留得住"，更好地为浙江发展贡献青春力量。为此，我们对青年居住问题提出以下几点思考和对策。

（一）贯彻因城施策，进一步用好行政调控措施抑制房产投机

在我国现有的社会经济背景之下，可供选择的投资渠道较少，普通百姓缺乏必要的金融债券投资知识，往往喜欢选择看似稳定保值增值的房产作为投资的第一目标。大量闲散资金进入楼市炒作，使房价非理性上涨，以致真正有需求的无房青年买不上房。因此，浙江高房价地区要贯彻因城施策，进一步用好行政调控措施抑制投机、稳定房价。

一是要坚持"房住不炒"定位，从住房限购、住房限售、税收调节、无房认定标准等多方面综合施策，合理确定调控范围和力度，促使房屋回归居住属性。比如，杭州在新近颁布的《关于进一步加强房地产市场调控的通知》中规定，落户杭州未满 5 年的，在限购范围内限购 1 套住房；将限购范围内住房赠与他人的，赠与人须满 3 年方可再次购买限购区域住房，受赠人也须符合杭州住房限购政策；在限购范围内，摇号中签率小于或等于 10% 的商品房项目，购房者 5 年内不得转让，用于优先满足无房家庭的商品房项目，购房者以优先购买方式取得的 5 年内不得转让；等等。二是要建立起多样化的民间投资渠道，在加强金融监管的同时帮助青年群体掌握必要的投资理财常识。有关部

门应当进一步规范股票、基金、债券等现有投资渠道，并加大金融创新力度，从金融工具、服务方式、监管技术等多个方面开发更加安全高效的金融投资模式，为民众提供更多信息透明、风险可控的金融产品，避免民间资金一窝蜂地涌向房地产市场堆高泡沫。同时，高校等教育部门要对青年群体开展投资理财方面的培训，帮助青年树立起正确的金融投资意识，做好长远的资产配置规划，使其能够做出正确的投资行为来实现自身财富的保值增值，并借助贷款等金融杠杆在合适的时间点购入房产。三是要加强宣传引导，推动形成理性买房的社会氛围。可以借助广播、电视和各类新媒体平台加大正确安居理念的宣传力度，引导青年建立合适的财富观、婚恋观和成就观，不再把房产和成功画等号，从而理性看待买房与事业、人生价值之间的关系，去除盲目跟风买房换房的心态。同时，引导青年科学规划自己的工作生活目标，合理降低预期，在"租购同权"的基础上逐步适应长期租房的生活，以此形成理性买房的社会氛围。

（二）探索推出针对青年的住房支持政策，加强顶层制度设计

与西方发达国家相比，国内很少有专门针对青年群体的系统性住房政策，在住房保障政策的框架下也很难有明确的针对青年群体的支持政策，过于宏观的政策设计无法对青年群体进行精准扶持。因此，有条件的地方可探索在现有的住房保障制度的整体框架下形成一套针对青年群体的支持政策。

一是可以根据财政负担能力，探索推出专项青年购房补贴。比如，宁波于 2015 年出台了《中共宁波市委宁波市人民政府关于实施人才发展新政策的意见》，规定新引进的高级人才 3 年内首次在甬购买住房的，可以在安家补助基础上再享受 15 万元购房补贴；毕业 10 年内的创客人才、基础人才首次在甬购买住房的，可以享受购房总额最高 2% 的购房补贴。2019 年，宁波市北仑区为加强青年住房支持，在区政府支持下成立了北仑区青年公寓建设管理领导小组，并结合中长期青年发展规划落地实施推出了《北仑区青年公寓申购管理办法（试行）》，每年列入青年公寓的房屋总套数约为 1000 套，面积约 10 万平方米，购买青年公寓房屋按面积实施分段补贴。这些政策对于降低青年购房压力、帮助宁波留住人才发挥了重要作用。但此类政策对财政支持力度要求较高，实行范围通常相对有限。因此，普遍地区可以从"留住青年人才"的角度，将青年安居工程纳入地方"十四五"规划部署中，结合各地中长期青年发展规划的落地实施，从战略层面、政策层面对青年住房问题进行全面系统的顶层设计。二是可以借鉴国际经验，加快探索面向青年群体的共有产权房制度。我国共有产权房制度设计起步时间不长，由江苏淮安于

2007 年最早开启共有产权经济适用房的试点工作。2014 年，中央首次将"增加共有产权住房供应"写进政府工作报告，并确定了 6 个试点城市。2017 年，住建部印发《关于支持北京市、上海市开展共有产权住房试点的意见》，支持北京和上海深化共有产权住房探索，希望两市可以在建设模式、产权管理等各方面形成可复制和推广的经验。但从总体来看，我国共有产权住房制度还处于起步阶段，存在着准入制度不完善、产权分配方式笼统死板、租金及费用分担不明确等诸多问题。对此，有关部门可以参考国外的成熟做法，再结合我国实际完善制度方案。比如，在产权分配和租金分担上，可以引入类似英国住房协会的非营利组织来作为共有产权主体，由青年申请者和住房协会共同承担房款、共享房屋产权。青年可以根据自身财力选择支付房款的 25%—75%，剩余比例由住房协会支付，青年住户每月向住房协会支付后者持有产权部分的房租，直到完全拥有该房屋产权。

（三）优化保障性住房供给，为青年安居兜底

为解决部分租房青年面临的"租不起""换得勤"等问题，房管部门应当以解决新就业大学生、失业青年、困难青年等群体租房困难为重点，对青年租房基础生态进行优化。

一是要优化保障供给，强化多层次精准化保障。通过建设蓝领公寓和人才专项租赁住房、落实企业自持商品房用于租赁、开展集体土地建设租赁房等方式，多渠道增加租赁房源供应量，促进解决重点青年群体阶段性租住问题。住建部门要进一步摸清保障人口底数和保障需求，努力将更多的困难青年个人和家庭纳入保障范围，同时要依托城市大数据系统实施精准保障，使应届大学毕业生、城市新流入就业青年、特殊职业群体和短时失业青年等都能找到对应的保障性住房和租赁补贴。比如，衢州市、舟山市等地区划出了部分公租房，面向青年教师、青年医生、随军家属等重点群体进行配租；杭州市面向环卫、公交等行业一线职工推出专项公租房进行精准保障。二是要加大政策宣传力度，推行数字化推送服务。政府有关部门应加大保障性住房政策的宣传力度，创新宣传方式。充分利用省级青年发展统计监测指标数据，探索与腾讯、阿里巴巴、每日互动等掌握青年动态行为轨迹大数据的企业进行合作，建立省级青年发展数据信息平台，从中抽取、分析相关的数据信息，针对性解决青年安居，并尝试主动向城市青年人群推送信息。此外，针对申请材料繁多、流程复杂等问题，还应当进一步优化服务流程、拓宽申请办理渠道，提升青年在享受保障房政策过程中的获得感、满意度。比如，杭州住保

部门依托数据共享和信息整合系统，精准识别基本符合公租房申请条件的毕业来杭大学生，主动推送公租房申请条件、申请途径等相关政策信息到大学生手里，大学生可通过点击短信链接直接跳转至"浙江省政务服务网"公租房申请页面申请。三是要完善保障方式，解决青年的后顾之忧。针对公租房地址偏远、生活配套不理想等问题，可以尝试通过商品房项目配建公租房、购买小户型商品房进行公租房转换等方式，丰富保障性住房的房源种类。同时，也应当合理规划和建设公租房周边的交通设施和生活配套，解决青年的后顾之忧。比如，杭州市规定主城区商品住宅项目配建公租房比例不低于总建筑面积的10%，非主城区配建比例不低于5%。温州市在公租房小区配建了社区医院、爱心超市、托幼所、公共餐厅、就业创业服务中心等，极大地方便了承租青年的日常生活。

（四）扶持一批品牌化社区化青年公寓，提升租住生活质量

青年公寓与传统的租赁住宅不同，不仅是居住群体更加年轻化和单一化，更关键的是要能为青年提供一种符合他们口味的生活方式和社区文化。青年群体通常会偏好智能化、娱乐化的现代生活方式，并且也需要同价值观和兴趣较为接近的人组成社交圈子，以便相互沟通和学习。有关部门可以扶持有实力的企业建设一批品牌化、社区化的青年公寓，以便提升青年对安居城市的归属感和认同感。

一是支持在政府部门牵头、住建部门发起、国有企业（银行）及社会资金共同参与下，对旧宿舍、旧厂房等存量物业进行工业化、模块化、标准化升级改造，建设适合青年人特点的集中式品牌化"青年公寓"。增加交流、锻炼、学习、活动等公共空间，打造青年化"熟人"社区，提高居住空间的舒适性。比如，2018 年，杭州市钱投集团积极响应"租售并举"政策，彰显国有企业社会担当意识，推出 1468 套精装修房屋。项目融合未来社区概念，通过大数据运营、智能硬件布局，提供"环境舒心、居住安心、服务贴心、文化怡心"的"四心"服务，致力于为在杭无房的人才营造"家"的港湾。租客可以通过手机预约保洁、维修、搬家服务，享受全天候的保安、保洁及其他智能化管理和增值服务。二是提升租房服务质量。将青年公寓作为服务终端，参与单位充分整合各类社会资源，为租住青年提供培训讲座、社团活动、创业支持等服务，帮助青年成长成才。同时发挥工青妇等群团组织的服务作用，在租房青年群体中开展"联系—服务"青年的活动，保障租房青年在交友、工作等方面的权益，提高租房青年的生活质量。比如，杭州、嘉兴、金华、宁波等地针对新就业青年推出了不同入住期限的青年驿站项

目，为新就业大学生提供可短期免费住宿的驿站，同时配套提供就业创业指导、政策咨询解读、城市融入体验等服务，解决新就业大学生租房压力。杭州还针对青年创业者推出了"住创1215"计划，不仅为入住的青年创业者组织线下读书交流会和线上授课活动，帮助其提升创业知识储备，还聘请企业教练团，推出邻居互助计划，辅导创业者整合资源、更快上手实践。

（五）优化租住类服务产品，为青年提供更多安居选择

想要更好地培育住房租赁市场，促使青年"以租代购"，就一定要优化租赁服务，并解决租房信息来源和租金来源等现实问题。

一是可以扶持一批信用可靠且功能健全的房屋租赁服务平台。建议由住建部门牵头抓总，联动政府、国有企业、国有银行以及品牌房企（房屋中介企业）建立或筛选扶持一批功能全、信息实的房屋租赁服务平台，适度给予政策倾斜，重点为刚进入社会且有租房需求的新就业大学生、失业青年、困难青年等解决寻找房源困难，缓解保障房资源供给较为紧张的局面。比如，中国建设银行于2018年成立了专门的建信住房服务有限责任公司，不仅在政策支持下提供各类低租金小户型的租赁住房产品，努力实现农民工一张床、大学生一间房、新市民一小套房，还在着力打造业内先进的全方位住房服务及信息管理平台，研发了住房租赁监管、住房租赁监测、政府公共住房服务、企业租赁服务管理、住房租赁共享五大系统，可以为各类住房租赁主体提供一站式的租房金融服务。二是可以开发符合青年特点的住房类金融信贷产品。应当充分利用国有金融机构资金雄厚、公信力强、资源配置能力出众等优势，通过与政府部门深入合作，为租房青年提供免息或低息金融信贷产品，帮助青年解决租金压力大等问题。目前，我国针对个人住房租赁的金融贷款业务并未大面积展开。2017年，中国建设银行深圳分行推出了我国首个个人住房租赁贷款产品"安居贷"，对11家合作单位旗下的5481套长租房源发放个人住房贷款，该产品采用信用贷款模式，最长时限为10年，最高额度为100万元。但投放地区仅限深圳，并且对申请人的要求极高，只能看作是国有银行对个人租房贷款市场的一次试水。后续应在此基础上，继续创新合作模式和信贷模式，争取在获取、购建、修缮租赁住房的每个环节都能够为有需求的青年提供合适的金融信贷产品。

（六）完善房屋租赁市场秩序，为青年安居护航

青年在租房过程中所面临的问题，很大一部分来自租房市场失序，为此要加强对租

房市场秩序的监管，保障租房青年的合法利益。

一是要完善相关立法，明确租赁管理规范和制度。要加快租赁市场立法，推动《住房租赁条例》等管理规章在充分征求各方意见后尽快落地，使租赁双方都充分明确自身的权利与义务，也使监管部门明确监管主体和责任，能够依法依规地对违法企业和个人进行查处和追责。二是要颁布通用住房租赁合同。地市一级的房管部门应当发布市级区域范围内通用的租房租赁合同文本，并加快在全市住房租赁市场内的普及，尤其是要加大在个体租房群体内的使用力度。三是要规范住房租赁网签备案。经由房地产经纪机构、住房租赁企业成交的住房租赁合同，应当即时办理网签备案。市一级房管部门应当出台住房租赁合同网签备案管理办法，同时规定网签备案应当使用住房和城乡建设、市场监管部门制定的住房租赁合同示范文本。住房和城乡建设部门应当提供住房租赁管理服务平台数据接口，推进与相关企业业务系统联网，实现住房租赁合同与租赁登记备案"二合一"，提高住房租赁数字化规范管理程度。比如，杭州市出台《杭州市住房租赁合同网签备案管理办法》，要求住房租赁活动需使用《杭州市房屋租赁合同》示范文本在市租赁平台进行网签，网签后市租赁平台自动进行数据对比，无须人工审核即可完成网签与租赁登记备案"二合一"，实现了住房租赁活动的数字化规范管理。四是要规范租赁服务收费。房屋中介或企业应当明码标价，收费前应当出具收费清单或电子清单（发票），列明全部服务项目、收费标准、收费金额等内容。房地产经纪机构不得赚取住房出租差价，不得多收、强收。住房租赁合同终止时，剩余租金、押金等应当及时退还承租人，不得以任何借口故意克扣。五是要进一步严厉打击违规、虚假发布房源信息的行为。住建和网信部门应当加大对发布违规或虚假房源信息的机构及从业人员、个体租房者的处罚、教育力度。发布主体是房屋中介机构的，应当要求其立即删除相关房源信息，并限制或取消其发布权限。发布主体为零散个人的，应当根据其行为和情节的严重性给予批评教育或采取行政强制措施。此外，网络信息平台未履行核验发布主体和房源信息责任的，网信部门可根据住建等部门的意见，对其依法采取暂停相关业务、停业整顿等措施。

（七）强化长租公寓市场监管，为青年安居提供后援

长租公寓是近些年为满足青年流动人口租住需要而诞生的新鲜事物，主要有两种经营模式：一种是以万科泊寓为代表的传统模式，会以自有、收购和长约租赁来保证房源的稳定性；另一种是以蛋壳、自如为代表的互联网模式，会通过"高进低出，长收短

付"来吸收房源并融资扩张。目前，互联网模式的长租公寓运营企业接连出现爆雷事件，导致全行业负面新闻缠身，急需政府介入强化市场监管，引导这一新生行业回归健康理性的经营发展路线。

一是要针对长租公寓爆雷乱象，出台特别规定进行专项整治，并会同发改等部门研究租赁企业信用监管机制，对于信访投诉集中、经营不规范、整改不及时的企业进行黑名单管理，逐步淘汰一批质量差、信用低的租赁企业和长租公寓产品。二是要加强市场整顿，做好资金监管和价格控制。要进一步贯彻落实住建部《关于整顿规范住房租赁市场秩序意见的通知》，督促租赁企业落实开业申报，加强对其租赁资金的监管。比如，杭州市住建管理部门对接杭州银行、中国建设银行杭州分行等14家监管银行，引导36家住房租赁企业在相关银行开设租赁资金专用存款账户，并向社会进行了名单公示。此外，针对当前租金价格高且上涨过快的问题，还应当加强市场调研，进一步指导长租公寓企业科学定价、做好服务，将每间房的租金、水电、服务等费用形成透明价格表向承租人公示。三是要遵循行业发展规律，引导相关企业长期耕耘、理性发展。互联网模式的倒下并不意味着行业死亡，事实上，青年流动人口对长租公寓的需求仍在，只是需要运营企业理性判断客户需求和自身成本承受力。欧美、日本等国外市场已经验证，长租公寓发展需要遵循"两低两化"的规律，即空置率尽量低、房源成本尽量低、资产充分证券化、资产改良价值变现化。因此，有关部门可以在详细考察的基础上，给予正规经营的长租公寓企业一些成本低廉、环境适宜的老旧仓库、厂房进行定向改造，并在企业资产证券化探索上给予一定的支持。

课题交流篇

KETI JIAOLIU PIAN

  为进一步反映浙江青年所具有的时代特点和地域特征，多角度呈现浙江青年发展全貌，共青团浙江省委、浙江省青年发展研究中心广泛发动相关职能部门、大中专院校和基层团组织，组织浙江省青年研究会的专家学者，针对青年教师、大学生、创业青年等更为细分的青年群体，聚焦疫情常态化阶段大学生社会心态、青年创业创新扶持、青年心理健康、青年跨文化交际等主题，征集了12篇优秀课题成果，从不同视角对浙江青年的发展现状进行多维呈现。

疫情常态化阶段浙江高校大学生社会心态变化趋向调查研究

社会心态作为一种宏观的、超越个体的社会心理现象，是人们自发形成的不定型、非系统化的社会意识，是包含着社会价值观的一种社会化心理状态。当社会稳定发展时，社会心态能彰显出社会的整体精神气质。当发生重大突发事件时，社会心态则会呈现出复杂成分和样态。2020 年初突如其来的新型冠状病毒肺炎疫情，完全可以说是一场影响人类社会生活的重大突发事件，每一个成员都被卷入其中，嵌套于社会中的个人心态汇集成整体意义上的社会心态也在不断地发生着变化。习近平总书记在 2020 年 4 月 8 日中共中央政治局常务委员会召开的会议中强调："要坚持在常态化疫情防控中加快推进生产生活秩序全面恢复，抓紧解决复工复产面临的困难和问题，力争把疫情造成的损失降到最低限度，确保实现决胜全面建成小康社会、决战脱贫攻坚目标任务。"疫情防控由全方位备战的应急状态进入常态化阶段，为了深入分析大学生社会心态在疫情常态化阶段发生的变化，课题组于 2020 年 9 月—11 月组织开展了"疫情常态化阶段大学生社会心态调查"，采取随机抽样的方法，考察疫情常态化阶段"90 后""00 后"大学生社会心态的变化，为研判中国未来主要中坚力量的社会心理状态提供分析基础。

一、疫情常态化阶段大学生社会心态问卷编制

王俊秀、辛自强、彭善民等学者研究了人们在疫情防控期间的社会心态状况，分析了人们容易出现的心理问题，并对社会心态的调整提出建设性意见。从已有研究看，理论研究较多，而实证研究较少。在实证研究中，大多为自编问卷，如时勘团队就采用了 2003 年"非典"期间编制的问卷进行调查。在疫情常态化阶段，人们的社会心态发生了哪些变化，这方面的研究甚少。基于此，本报告编制了大学生社会心态量表，梳理了疫情常态化时期大学生社会心态各成分的结构功能关系，根据指标的层次及各子量表的关联情况，建构起逻辑清晰的测量体系。

（一）问卷编制

该问卷的结构确定主要依据以下 3 个方面。

（1）在中国知网平台，以"疫情常态化、社会心态"为关键词进行文献检索，筛选相关文献，列出社会心态的主要构成要素，发现与之相关的社会心态主要构成要素为焦虑、恐慌、盲从、烦躁等。这可能是因为新型冠状病毒肺炎疫情暴发之初，人们对该病毒比较陌生，虽能每天看到确诊人数和死亡人数在不断变化，但掌握的信息有限，就容易出现异常情绪。

（2）以"疫情常态化阶段你的社会心态发生了哪些变化？"为指导语，采取开放式调查，将大学生提交的书面结果作为初始条目编入问卷，同时借鉴多篇国内外已有的社会心态问卷中的部分条目。通过以上 2 种方式编制了一份包含 94 个条目的原始问卷。

（3）请心理学专家和教师对条目进行判定、筛选、重新归类，然后以小因素为单位，汇总有关的条目，依据各小因素的含义逐个修改条目，直到其中的每一个条目都能测量该小因素的某一特点。最终形成共 70 个条目的总问卷，确定大学生社会心态的 7 个维度假设：社会情绪、社会安全感、社会压力感、社会责任感、社会生活信念、家国情怀和生命观。

将通过开放式问题搜集到的条目，加上公认证实有影响力的条目，整合、修改形成 70 个条目，统一采用程度式观点陈述句，采取五点计分法。

（二）问卷的施测

采用整群抽样的方法，将初始问卷以纸质的形式发给大学生，共发放问卷 300 份，回收问卷 300 份，去除无效问卷 12 份，共获得有效问卷 288 份。采用 SPSS[①] 19.0 进行问卷标准化指标的统计分析。

1. 项目分析

将调查数据的总分按照从高到低进行降序排列，取分数较高的前 27% 作为高分组，分数较低的后 27% 作为低分组，进行独立样本 t 检验分析，剔除无相关显著性的题目和 $r < 0.3$ 的题目。各题得分在高低分组上的差异均达到显著性水平（$p < 0.05$）。

2. 探索性因素分析

（1）维度一：社会情绪

---

① SPSS 全称为"Statistical Product and Service Solutions"，指"统计产品与服务解决方案"软件。

表 1 的 10 个条目测量的是第一个维度的 2 个小因素（因子 1 和因子 2）。分别以小因素为单位进行主成分因素分析和最大变异正交旋转，2 个小因素所包含的条目解释方差的百分比分别为 39.460% 和 21.559%。

表 1 社会情绪因素分析

条目号	因子								
	1	2							
9	0.822								
8	0.806								
5	0.792								
7	0.785								
6	0.706								
10	0.701								
1		0.832							
2		0.809							
3		0.796							
4		0.534							
Total	3.946	2.156							
Cumulative 1%	39.460	61.018							

因子 1 意味着对防疫抗疫更有信心，对医生更信任，本文将其命名为"信心信任"（5—10 条目）；因子 2 意味着害怕被传染的心理状态，本文将其命名为"潜在焦虑"（1—4 条目）。

（2）维度二：社会安全感

表 2 的 11 个条目测量的是第二个维度的 2 个小因素（因子 1 和因子 2）。分别以小因素为单位进行主成分因素分析，删除共通性小于 0.40 的条目后，2 个小因素所包含的条目解释方差的百分比分别为 46.819% 和 10.204%。本文将这 2 个因子分别命名为"生存安全"（11—16 条目）和"需求稳定"（18—21 条目）。

表 2 社会安全感因素分析

条目号	因子								
	1	2							
11	0.780								
15	0.770								
13	0.764								
14	0.749								

条目号	因子							
	1	2						
16	0.700							
12	0.658							
17								
19		0.789						
20		0.756						
18		0.709						
21		0.675						
Total	5.150	1.022						
Cumulative 1%	46.819	57.024						

（3）维度三：社会压力感

对表3的10个条目进行主成分因素分析后，抽取出2个特征值大于1.0的因子，累积解释变异量为60.296%。本文将这2个因子分别命名为"失控感"（57—62条目）和"生存压力"（53—56条目）。

表3 社会压力感因素分析

条目号	因子							
	1	2						
60	0.807							
61	0.778							
58	0.707							
59	0.694							
57	0.621							
62	0.618							
54		0.815						
53		0.772						
55		0.735						
56		0.686						
Total	4.685	1.345						
Cumulative 11%	46.849	60.296						

（4）维度四：社会责任感

对表4的7个条目进行统计分析，特征值大于1.0的因子只有1个，累积解释变异量为68.675%。所以，本文将该因子命名为"社会责任感"（22—28条目）。

表4　社会责任感因素分析

条目号	因子							
	1							
27	0.898							
25	0.887							
28	0.872							
22	0.819							
23	0.794							
24	0.601							
Total	4.807							
Cumulative 1%	68.675							

（5）维度五：社会生活信念

对表5的12个条目进行主成分因素分析后，抽取出3个特征值大于1.0的因子，累积解释变异量为64.386%。本文将3个因子分别命名为"命运与共"（29—32条目）、"积极进取"（37—40条目）和"舒服自在"（33—36条目）。

表5　社会生活信念因素分析

条目号	因子							
	1	2	3					
30	0.876							
29	0.873							
32	0.863							
31	0.742							
38		0.807						
37		0.802						
39		0.685						
40		0.671						
34			0.816					
35			0.720					
36			0.652					
33			0.526					
Total	4.004	2.351	1.371					
Cumulative 1%	33.368	52.960	64.386					

（6）维度六：家国情怀

对表6的12个条目进行主成分因素分析后，删除1个无负荷条目，抽取出2个特征值大于1.0的因子，累积解释变异量为69.167%。本文将这2个因子分别命名为"国家认同"（41—47条目）和"家庭幸福"（49—52条目）。

表 6　家国情怀因素分析

条目号	因子								
	1	2							
44	0.897								
43	0.864								
42	0.855								
45	0.790								
41	0.757								
46	0.690								
47	0.670								
50		0.818							
49		0.803							
51		0.753							
52		0.659							
48									
Total	7.212	1.088							
Cumulative 1%	60.102	69.167							

（7）维度七：生命观

对表 7 的 8 个条目进行主成分因素分析后，抽取出 2 个特征值大于 1.0 的因子，累积解释变异量为 65.739%。本文将这 2 个因子分别命名为"珍爱生命"（66—70 条目）和"及时行乐"（63—65 条目）。

表 7　生命观因素分析

条目号	因子								
	1	2							
70	0.888								
68	0.879								
69	0.804								
66	0.749								
67	0.594								
0.749									
0.594									
64		0.851							
65		0.815							
63		0.635							
Total	4.681	1.892							
Cumulative 1%	46.811	65.739							

3. 信度分析

从表8可见，各数据均符合测量学统计标准。

表8　信度分析表

维度	克伦巴赫 α 系数
社会情绪	0.725
社会安全感	0.912
社会责任感	0.930
社会压力感	0.919
生活信念	0.822
家国情怀	0.973
生命观	0.727

4. 效度分析

该问卷是在国内外相关研究的基础上，结合开放式问卷调查，探索大学生社会心态的具体内容和结构，初步编制出问卷的测量题项。然后邀请心理学专家和教师对问卷的内容、用词、表达等进行评定，删除重复和代表性差的题目，对表述不清、理解有歧义的内容和句式进行修改。整个过程严格按照心理学问卷编制的规范、原则与程序进行，问卷能够有效反映大学生社会心态的内容，具有良好的内容效度。在下一阶段的研究中将对问卷的结构效度和效标效度进行统计分析。经严格筛选和统计分析，得到了由66个条目组成、可以同时测量大学生社会心态的7个大的维度和14个小因素的疫情常态化阶段大学生社会心态量表。

二、疫情常态化阶段大学生社会心态变化调查

在正式调查中，利用"腾讯问卷"平台架设问卷，设置网址链接和参测二维码，通过微信群随机发给学生。共有省内6所高校的在校生参与调查，共收到1696条数据。其中男生占42.3%，女生占57.7%。独生子女占50.3%，非独生子女占49.7%。学生干部占36.8%，群众占63.2%。来自城镇的学生占54.9%，来自农村的学生占45.1%。从年级来看，大一学生占72.3%，大二学生占6.2%，大三学生占12.0%，大四学生占9.5%。从学科背景看，文科占32.2%，理科占17.0%，工科占26.7%，艺术类占10.2%，其他学科占13.9%。从学生的母亲就业情况来看，失业人员占15.3%，从事体力劳动者占36.1%，企事业单位员工占38.2%，中高级管理者占10.4%。从学生的父亲就业看，失业人员占

7.1%，从事体力劳动者占 40.4%，企事业单位员工占 33.3%，中高级管理者占 19.2%。

（一）社会情绪——信心与担心并存

人们在日常生活中充满着不同的情绪。心理学研究成果表明，情绪无法脱离个体生存的社会环境。个体在成长过程中受到社会文化、教育、社会背景等因素的影响，形成诸多复杂的情绪体验。多个个体主观心理体验表达的集合就是社会情绪。社会情绪大致分为两个维度：其一是正向的、积极而乐观的；其二则与之相对，是负向的、消极而悲观的。疫情常态化阶段，社会情绪就呈现出这两个维度的表现。

我国抗击新型冠状病毒肺炎疫情是一个全面动员、全民参与、全域行动的过程。在这一过程中，如果没有一个有力的、值得信任的政府，是无法有效动员社会各阶层的。疫情防控的阶段性成果，已经使得大学生对政府有了进一步的了解。调查显示，78.5%的大学生相信政府，对政府在疫情防控中的表现很满意；71.5%的大学生对疫情防控更加有信心。（见图1）社会各界对政府保持高度的信任，特别是政府官员亲民、负责、务实的形象得到了民众的认可，由此很快形成了全国上下勠力同心的局面，这是抗击疫情取得阶段性胜利的主要原因。

在这场没有硝烟的战争中，医务工作者冲在"第一线"。他们迅速集结、驰援湖北，不畏艰险、不计得失，挽救生命、守护生命、抚慰生命，感动了中国、感动了世界。在重大疫情面前，"听医生的准没错"成为大多数人的选择，信任才会变得简单。疫情常态化阶段，有 87.3% 的大学生表示对医生更加信任和尊重。相信这种信任和尊重能够在未来的社会中持续改善医患关系，在全社会形成尊医重医、守望健康的良好风气。

信任是一种资源。正因为有了信任，人类才拥有战胜灾难的力量。弥足珍贵的信任是社会秩序的润滑剂，也是人心的稳定剂。调查显示，在疫情的紧急防控后，73.8%的大学生得到成长，学会了冷静与克制；86.2%的大学生能以平和的心态看待疫情。

在我国，现阶段疫情虽然得到了有效控制，但是仍有一些新增病例，这对人们的生命安全产生着一定的影响，疫情风险随时可能提高，战"疫"是个常态化和长期性的过程。焦虑本质上源于"本体性安全"保护壳的失灵。调查显示，18.0% 的大学生特别害怕身边有人发热，9.6% 的大学生觉得自己随时可能会中招。这说明一部分大学生对自身生命安全非常担忧，存在对潜在风险的恐惧和焦虑。焦虑情绪是学校今后心理危机干预的重中之重。

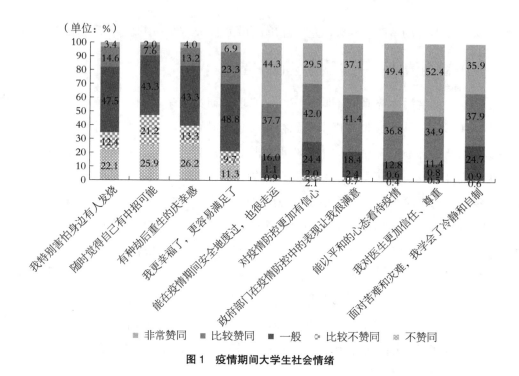

（单位：%）

图1　疫情期间大学生社会情绪

（二）社会安全感——幸福与不安交织

依据马斯洛的解释，安全需求是指安全、稳定、依赖，免受恐吓、焦躁和混乱的折磨，对体制、秩序、法律、界限的需求。社会安全感是公众基于特定时期的社会状况的主观感受，是公众在一定时期内的社会生活中对人身、财产等合法权益受到或可能受到侵害及保护程度的综合意识反应。新型冠状病毒肺炎疫情发生后，公众的安全感受到了强烈的冲击，并由此引发了很多行为上的改变。大学生作为社会未来生产力的核心，他们对社会安全感的反应将直接影响未来社会普遍安全感。特别是通过中外疫情防控的对比，84.8%的大学生认为中国是最安全的地方；80.4%的大学生表示目前的社会稳定给自己带来安全感。（见图2）一个安全的国家才能够让人们安居乐业，才能提高人们的幸福感和获得感。89.1%的学生认为社区安全很重要，由此可见在疫情期间社区防控得到了大学生们的认可。精准化疫情防控阶段，91.8%的大学生认为身体健康才是最大的安全，疫情让大学生更加重视自己的身体健康。大学生的健康成长是关系国家和民族的大事，对"全面推进健康中国建设"也将产生积极影响。

新型冠状病毒肺炎疫情暴发后，社会生活被摁下暂停键，经济受到重创，失业率上升。根据中国国家统计局公布的数据，25—59 岁群体人口调查失业率为 5.4%，31 个大城市城镇调查失业率为 5.7%。复工复学后，许多人面临着重新找工作的困难。后疫情时代，大学生的职业观发生了些许改变。调查显示，86.2% 的大学生认识到掌握一门技术很重要，88.1% 的大学生认为要有稳定的收入，84.6% 的大学生追求工作的稳定。（见图2）经历此次疫情的大学生或许会更倾向于选择一些相对稳定的工作，因为相对稳定的工作能在危急时刻带给人安全感和稳定感。由此可以预测，这些大学生毕业后，考公务员、教师等将成为他们的重要选择。

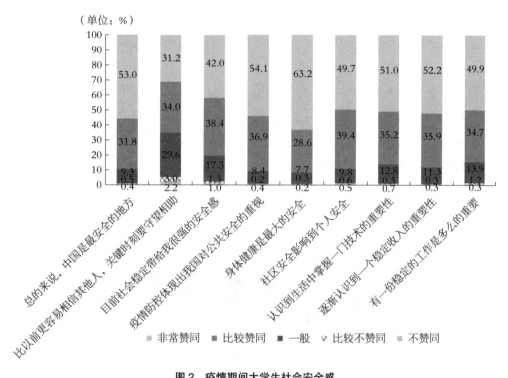

图2　疫情期间大学生社会安全感

（三）社会压力感——失控与无力重叠

社会压力感是一种刺激—反应的交互作用，是个体对社会某种压力源是否构成压力以及自己应对压力源能力的评估。社会压力感主要来源于生活中遭遇的重大生活事件。重大生活事件将导致个体身心失衡，促使个体做出新的自我调整。

疫情常态化后，不确定的因素仍然很多，如经济下行乃至出现全球经济危机的可能性，人们由此开始担心自己的生存和前景。在社会压力感方面，调查显示，58.2% 的大学生认为生活中不确定的事情太多，难以把控。（见图3）当大学生遵循着一定的秩序进行学习和生活时，这种秩序带来的掌控感让他们感到安心。突如其来的疫情，打破了这份秩序，很容易引发他们失控的体验。而今后生活中不确定性因素会越来越多，当大学生感到自己的前景并不明确（如52.4%的学生对未来职业发展表示担心）时，容易出现社会压力感。

从压力源看，大学生的心理压力主要来自经济方面，50.6%的大学生担心自己的经济状况，觉得家庭经济压力大的占到40.5%，有29.9%的大学生表示可以为家庭放弃个人发展机会。（见图3）新型冠状病毒肺炎疫情对经济造成了负面影响，很多家庭的经济压力在增大，大学生心理承受能力、应对能力弱，会产生较大的心理应激反应。

从压力的内容上分析，43.8%的大学生觉得学习任务太重或难度太大，很疲惫；43.0%的大学生表示没有处理好生活中的重要改变；31.4%的大学生认为自己无法克服生活中堆积如山的事情。（见图3）在应对重大挑战时，大学生具有了忧患意识，对自己有要求，能够对自己的知识、本领、能力进行自觉自省。同时，需要大学生在艰苦历练中充实新知识、提升新本领、展现新作为。

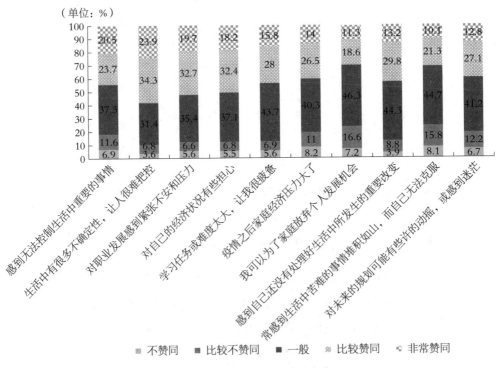

图3　疫情期间大学生社会压力感

（四）社会责任感——使命与担当同构

马克思曾这样论述过人的一般责任："作为确定的人，现实的人，你就有规定、就有使命、就有任务。"习近平总书记说："历史和现实都告诉我们，青年一代有理想、有担当，国家就有前途，民族就有希望，实现中华民族伟大复兴就有源源不断的强大力量。"责任是人类社会发展史上的一种基本人性规范，担当对人类自我完善和自身价值的实现具有重要意义。在这次抗击疫情的斗争中，出现了许多"90后""00后"的身影，他们在疫情面前乐于奉献、勇于担当、积极奋进，体现出新时代青年的精神风貌。这些鲜活的力量激发大学生深入思考，有利于提升他们的思想境界。疫情防控进入常态化以后，大学生的社会认同变得更加积极，充满正能量。调查显示，87.7%的大学生认可自己是社会的一员，初步实现从学生身份认同向社会公民身份认同的转化。这种认同显现出大学生作为社会公民在社会责任、社会认可等方面的稳定性特征，是大学生成长发展中不可回避的过程。这种社会身份认同赋予他们所要承载的社会责任，66.5%的大学生表示学会了不计较个人得失，能将自我与他人、与社会融合。（见图4）

奉献是一种责任，也是一种担当。曾经人们把"90后""00后"看成"以自我为中心"的一代，垮掉的一代，但是在这场新型冠状病毒肺炎疫情发生后，"90后"已成为这场疫情阻击战中的中流砥柱，担起了时代赋予他们的重任，彰显出新时代青年的奉献精神。最美的"逆行者"对大学生增强志愿与奉献意识起到了促进作用。调查显示，89.8%的大学生感受到自己责任重大；88.3%的人提出要为社会做贡献和为他人服务；88.9%的大学生表示要为国家做贡献。一代人有一代人的长征，一代人有一代人的担当。大学生经过疫情的洗礼将变得更为成熟，抗疫精神将激励他们在推进国家发展、民族复兴、构建和谐社会中奉献青春和力量。

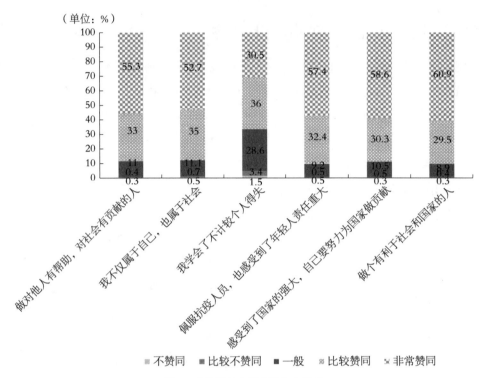

（单位：%）

图4　疫情期间大学生社会责任感

（五）社会生活信念感——进取与迷茫杂糅

存在主义哲学家祁克果有句名言："你怎样信仰你就怎样生活。"这场疫情对人们的冲击，可能是双重的——既有物质的，又有精神的。如何在危机与风险中寻求积极的生活方式、创造人生意义，新型冠状病毒肺炎疫情为大学生提供了真实情境，他们自身观念体系的完善将深刻影响未来的生命境遇。

新型冠状病毒肺炎疫情在不到半年的时间就席卷全球，所有国家和人民都难逃它的魔爪。这是人类面临的关系生死存亡的共同挑战，解决的出路就是团结互助，携手应对挑战，共建美好地球家园。这一点在疫情防控阶段和疫情常态化阶段尤为明显。调查显示，91.9%的大学生赞同全球是命运共同体，人类的发展休戚相关；91.4%的大学生希望世界可以变更好，谁都有健康美好的未来；81.7%的大学生认识到做人的最高境界就是多给别人理解和帮助。（见图5）"积力之所举，则无不胜也。众智之所为，则无不成也。"疫情后大学生建立起的人类命运共同体的责任担当意识，表现出其具有了承担民族复兴大任的核心能力与品质。

《易传》曰："天行健，君子以自强不息。"这种刚健进取、不屈不挠、勇往直前的精神品格在疫情防控中熠熠生辉。这为当代大学生提供了一种"情感直觉"，使他们得以用青春的视角去诠释成长的意义。调查显示，67.4%的大学生愿意趁年轻，放手一搏；81.4%的大学生认识到做事情要不抛弃、不放弃；66.1%的大学生对自己的未来有了更清晰的规划。（见图5）大学生明确了人生目标，树立了远大理想，奋发进取、百折不挠，将自己的目标融入国家发展中，既是国家要求所在，是大学生人生意义和价值所在。

当然，面对毫无预设的不确定性疫情，部分大学生开始迷茫和沮丧。随着疫情防控时间的延长，一部分大学生对未来生活的担忧增多。调查显示，由于出国留学受阻、经济环境变差、找不到自己的专业前途和人生方向等，29.7%的大学生对未来很迷茫；31.7%的大学生出现享乐主义人生观，认为人生短短几十年，要尽情享乐；59.1%的大学生认为生活就是过得舒服点、自在些。（见图5）在疫情暴发初期，大学生出现的焦虑迷茫是正常的现象，但是在疫情常态化阶段依然存在这样的状况，就有问题了。对此，政府、高校及社会还是要教育大学生回归初心，重新审视一下自己的人生观，来驱动更加理性的生活方式。

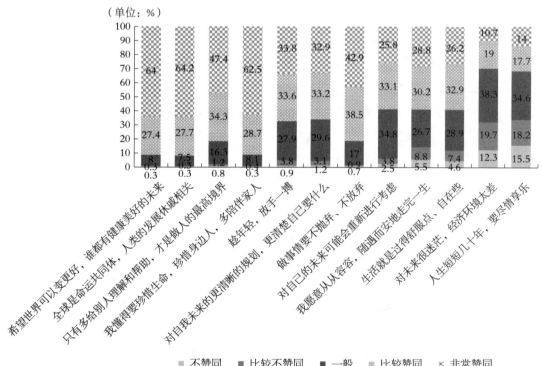

图5　疫情期间大学生社会生活信念感

（六）家国情怀——爱国与爱家互融

《孟子》中有一句话："天下之本在国，国之本在家，家之本在身。"在中国人的精神基因里，国家与家庭、社会与个人是密不可分的整体。家国同构、家国一体是中国人自觉坚守的生命哲学。家国情怀是一个人对自己国家和人民所表现出来的深情厚爱，展现出对国家富强、人民幸福的理想追求。它是对自己国家的一种高度认同感和归属感、责任感和使命感的体现。疫情常态化背景下大学生的家国情怀首先体现为对中国特色社会主义制度优势的认同。调查显示，88.2%的大学生感受到了中国特色社会主义制度的优越性。社会主义制度的优越性在疫情期间体现为坚持中国共产党的集中统一领导，体现为"以人民为中心"的防控思想。87.7%的大学生觉得国家很给力、防范很到位，更爱国了；90.1%的大学生对祖国的强大有了新的认知；87.3%的大学生对国家的认同感更强了；91.4%的大学生为自己是一名中国人而感到安心、骄傲与自豪。（见图6）大学生对国家、对中国特色社会主义制度的优势的高度认同，必将为推动中华民族伟大复兴注入新的力量。

疫情常态化阶段大学生的家国情怀还体现在文化自信上。文化是一个国家、一个民族的灵魂，中华文化是一种以民为贵、以人为本的文化，也是团结一心、共克时艰的文化，在今年应对疫情中彰显了历史魅力与现代价值，民众在团结抗疫中进一步坚定了文化自信。疫情防控的阶段性成果，即已经使得大学生对中国文化有了史深的理解。调查显示，88.8%的大学生感受到了中华文化中的仁爱精神；87.8%的大学生认同中华文化的"舍小家为大家"理念；90.1%的大学生赞同中华文化是"我们的"文化，以集体的力量能够战胜困难。（见图6）大学生进一步形成了高度的文化认同与文化自信心理。

"家"是维系中国人的情感纽带。无论时代如何变迁，"家"始终是亲情血缘的寄托，是安身立命的精神信仰。新型冠状病毒肺炎疫情暴发后，"家"又成为保护生命安全的最后一道防线，是身与心的承载地和庇护所。居家隔离在让大学生感受家庭生活的同时，也给了大学生重新思考的机会。调查显示，85.8%的大学生想多和家人待在一起；88.9%的大学生比以前更加珍惜与家人、朋友的感情了；90.5%的大学生更关注家人的健康。（见图6）家是社会的细胞，大学生家庭观念的提升，有助于构建积极向上的和谐社会。

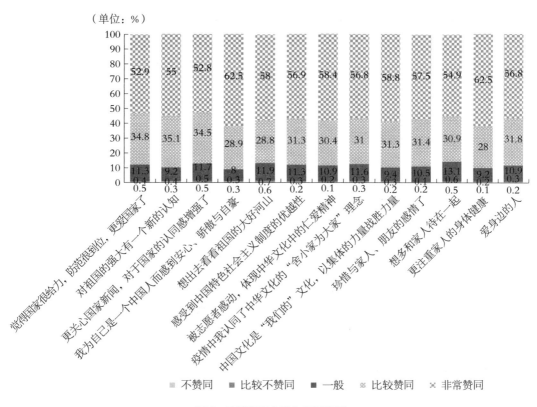

图 6　疫情期间大学生家国情怀

（七）生命观——积极与消极碰撞

人类的发展和进步，往往伴随着与各种灾害灾难的抗争。鼠疫、天花、艾滋病、非典等，也使人类的生命经历各种淬炼。在抗击新型冠状病毒肺炎疫情的过程中，接近死亡的体验帮助人们走上对自我和对生命的重新认知之路，人们切身体会到每一个个体生命的存在不仅有其生物学意义，更有其社会性意义。随着疫情进入常态化，大学生对生命的理解、认知与反思，势必浸入他们未来的生活。调查显示，84.0% 的大学生懂得了生命的可贵，更加珍爱生命；88.6% 的大学生表示敬畏自然和生命。（见图 7）有此经历，大学生会进一步理解生命的深层内涵，感恩生命、尊重生命、敬畏生命，提升自己的生命质量，实现自己的生命价值。同时，也会在脑海中深植珍惜自然、敬畏自然、保护自然的理念，实现人与自然和谐相处、人类与自然生态平衡发展。

疫情期间，大学生可以通过移动互联网和电视直播了解每天的确诊病例、新增病例及死亡人数，不可避免地会对未知的死亡产生焦虑。即使疫情防控进入常态化阶段，这种无力感仍旧在持续。调查显示，47.6%的大学生表示面对死亡还是有些恐惧不安；34.0%的大学生认为世事难料、生命无常，明天和意外不知道哪一个先来，要及时行乐。（见图7）对于部分学生显现出来的消极生命态度，政府、高校及社会需要帮助大学生建构起关于生命责任与国家命运、生命利益与社会发展、生命意义与价值实现的辩证关系，提升个人生命的层次。

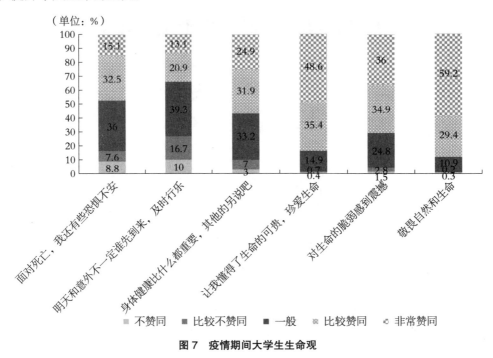

图7　疫情期间大学生生命观

三、结　语

从以上调查结果可知，大学生的社会心态总体上是朝着理性、积极、健康的方向发展的。疫情常态化阶段大学生社会心态的变化主要表现为以下几点。

（一）自我健康安全意识提高

在与自我的关系上，表现为更加注重自我的健康和安全，提高了健康意识；更能体会到稳定的重要性，认为一份稳定的工作能够养家糊口；更加关爱自己的生命，重新思考生命的意义。

（二）社会担当意识增强

在与社会的关系上，表现为更加懂得自己的社会属性，个人利益要服从社会整体利益；更加懂得人类是命运共同体，合则俱利，损则全伤；更加懂得作为年轻人要扛起社会责任。

（三）国家认同意识强化

在与国家的关系上，表现为更加强烈地树立起对祖国的认同，对战胜疫情、对祖国未来发展信心坚定；更加强烈地激发起"家国一体"的爱国情怀，凝聚起众志成城、共克时艰的强大力量；更加强烈地感受到中国特色社会主义道路自信、理论自信、制度自信、文化自信。

（四）和谐共生意识突出

在与自然的关系上，表现为更加尊重自然，要与大自然和谐相处；更加敬畏自然，身有所正，行有所止；更加保护自然，以人道主义情怀对待生态环境。

虽然我国疫情防控取得了阶段性胜利，但是病毒并没有被彻底消除，所以要提防"平和"状态背后的漠然心态和盲目乐观心态，大学生对疫情防控不能掉以轻心。疫情是一场重大的公共危机事件，政府、高校和社会需要挖掘其中的教育资源，对大学生进行爱国主义、社会责任感等方面的思想政治教育，筑牢大学生的家国情怀和责任担当。疫情提高了大学生的公共卫生意识，他们正在努力把自己培养成身体健康、心理健康、道德健康的合格公民。

（主持人单位：浙江传媒学院）

浙江省中小学青年教师心理健康水平现状及其促进机制

一、研究背景

长期以来，人们一直在强调中小学教师的"育人"角色，而对他们的心理状况关注得比较少。事实上，目前中小学教师心理健康状况令人担忧。近年来，中小学教师心理健康问题越来越受到研究者们的重视，教师心理健康研究已经成为教育学和心理学研究的热点之一。已有文献中，多数研究者对教师心理健康现状的调查结果表明，中小学教师心理健康问题较严重，其中青年教师的心理健康问题比较突出。如国家中小学心理健康教育课题组的调查研究表明，我国中小学教师心理问题发生率较高，情况不容乐观。北京市对 500 余名中小学教师的调查显示，近 60% 的教师觉得在工作中烦恼多于快乐，70% 的教师有时候忍不住要发脾气，教师中普遍存在烦躁、忧郁等不良情绪。与之相反，有些研究则表明我国教师心理健康状况较好。这种研究结论不一致的情况，一方面可能是取样数量、对象的不同造成的；另一方面可能是取样时间段问题，如期末、期中或学校考核前，测试结果与平时可能会存在差异。对于教师心理健康状况应持一种发展的观点，切勿随意贴标签或以偏概全。

中小学青年教师存在心理健康问题的原因有很多。从社会因素来看，教师群体的职业圈子相对孤立和封闭，社会联系和社会交往的机会较少，合群需要和获得支持的需要常得不到满足。从学校因素来看，教师职业存在角色模糊、角色冲突、角色超负荷的问题。除此之外，对教师考评变成了简单的"鉴定"工作，也常带上"应试色彩"，导致教师压力倍增。随着教育体制的不断改革，学生管理和学业任务的加重也导致了教师的紧张和焦虑情绪。从自身因素来看，教师具有更多的职业期望，对工作的作用与价值的认识不深刻，易产生挫败感，从而引发焦躁、抑郁等负性情绪。

教师的心理健康状况，直接影响着自身的身体健康和学生的身心健康。学生知识的获得依靠于教师在身心健康状态下的课堂教授。同时，拥有健全人格和高尚情操的教师，易使学生在潜移默化中形成健全的人格，并受用一生，反之则会产生不利影响。心理健康会促进身心协调，而心理健康水平低下则会严重危害身体健康，易引发如失眠、高血压、偏头痛、心绞痛、消化性溃疡等身心疾病。关注中小学教师，尤其是青年教师的心理健康问题已经刻不容缓。

本研究拟通过线上心理测评的方式，了解中小学青年教师的心理健康水平、睡眠质量、压力来源和遇到压力事件时的行为方向及心理诉求，并在此基础上提出促进中小学青年教师心理健康的对策和建议。

二、研究过程

（一）研究方法

本次心理评估采用整群抽样的方法，重点对浙江省 11 个城市中城区、县区和乡镇层级的 1351 名青年教师（18—35 岁）的心理问题发生情况、睡眠质量情况、压力来源和心理服务需求进行线上数据收集。测评工具为心理健康症状自评量表（Symptom Checklist 90, SCL-90）、睡眠状况自评量表（Self-Rating Scale of Sleep, SRSS），以及自编的压力来源和心理诉求问卷。

（二）研究目的

本研究旨在通过了解中小学青年教师群体的心理健康水平及现行的教师心理健康促进机制，结合已有的文献和实际情况，提出促进中小学青年教师心理健康的对策和建议，为教育管理部门提供参考。

（三）研究对象

结合各个城市学校的实际情况，本次样本的代表性、数据收集和回收的数量和质量均严格按照流行病学调研的要求开展，具有一定的科学性、有效性和严谨性。教师的一般信息和来源情况见表 1、表 2。

表 1　参与测评教师一般信息表

项目	条目	各项人数／人
性别	男	341
	女	1010

续表

项目	条目	各项人数 / 人
学历	大专及以下	55
	本科	1147
	硕士及以上	149
年龄	21—25 岁	238
	26—30 岁	531
	31—35 岁	582
婚姻状态	已婚	794
	未婚	547
	离异	10
所在学校	小学	698
	初中	329
	普通高中	213
	职业中学	96
	其他	15
学校位置	城区	656
	镇区	416
	乡村	279
身份	行政管理人员	154
	普通任课老师	1041
	心理学老师	134
	其他	22
班主任与否	班主任	669
	非班主任	682

表 2　青年教师来源分布表（N ＝ 1351）

城市	杭州	宁波	温州	嘉兴	湖州	绍兴	金华	衢州	舟山	台州	丽水
人数 / 人	227	201	230	60	67	129	160	60	25	124	68
百分比 / %	16.80	14.88	17.02	4.44	4.96	9.55	11.84	4.44	1.85	9.18	5.04

三、研究的主要发现和结论

（一）青年教师群体心理健康状况亟待关注

青年教师心理问题筛查率为 41.60%（见图 1），突出表现为强迫、抑郁和人际关系敏感。其中，女性教师出现心理问题概率更高，且心理问题的症状更为多样。而男性教师则主要容易出现恐惧、偏执、猜疑、关系观念、妄想、被动体验和夸大等心理症状。26—30 岁青年教师最容易出现人际敏感现象。心理教师出现心理问题的倾向性较小。

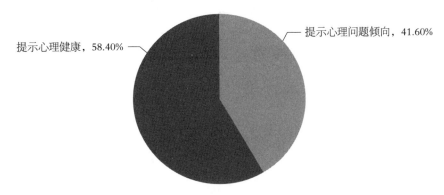

提示心理健康，58.40%

提示心理问题倾向，41.60%

图 1　中小学青年教师心理健康状况分布

（二）青年教师睡眠问题凸显

青年教师中，有 41.56% 的人出现睡眠问题（见图 2），其中有 9.55% 的教师睡眠问题比较严重，具体表现为：早醒、睡眠较浅、入睡困难、睡眠节律紊乱等。小学和初中青年教师较高中青年教师更易出现睡眠问题。

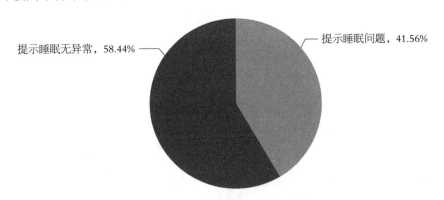

提示睡眠无异常，58.44%

提示睡眠问题，41.56%

图 2　中小学青年教师睡眠状况分布

（三）青年教师的主要压力源为工作负荷过大

工作负荷过大是青年教师产生压力的第一原因（40.96%），而学生方面的问题则是第二原因（14.02%），待遇收入（12.72%）、教育教学改革（10.63%）也成为青年教师压

力的重要来源。（见图3）

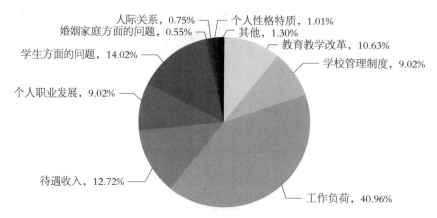

图3　中小学青年教师压力来源分布

（四）绝大多数青年教师有积极应对压力的意愿

在感受到压力时，80.62%的青年教师选择自己想办法积极解决，10.12%的教师会寻求外界帮助；但也有近10.00%的教师则会以诸如逃避退缩、祈祷或把希望寄托于命运等消极应对方式面对问题。（见图4）

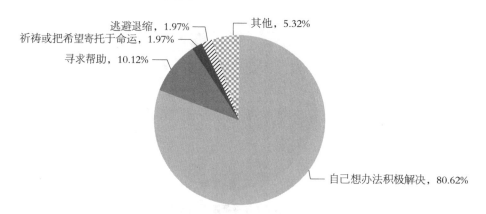

图4　中小学青年教师压力应对方式分布

（五）出现心理问题时，青年教师较少主动寻求专业的帮助

在遭遇重大突发事件或出现心理问题时，72.27%的教师不会寻求外界帮助，9.33%

的教师会去医院的心理咨询科，5.51%的教师会向家人或朋友倾诉。其余教师的选择依次为"其他""去所在学校的心理咨询室"和"去社会心理咨询机构"。仅有1.59%的教师选择向教育主管部门设立的心理服务机构寻求帮助。（见图5）

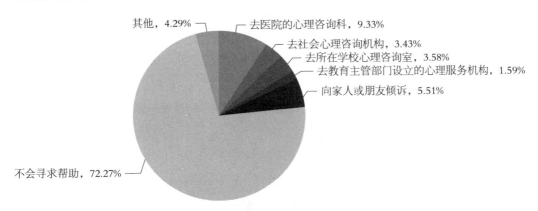

图5　中小学青年教师出现心理问题时的求助意愿分布

（六）绝大多数青年教师希望获得专业帮助以缓解压力

尽管出现心理问题时，青年教师主动寻求帮助的行动较少，但他们仍有获得专业帮助的意愿。有80.90%的教师在遭遇压力事件时希望获得帮助以缓解压力，11.26%的教师表示无所谓，7.84%的教师不愿意获得帮助或者认为自己的压力无法靠外界帮助缓解。（见图6）

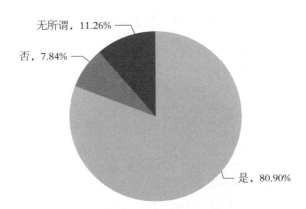

图6　中小学青年教师缓解压力的意愿分布

（七）青年教师对心理服务的需求丰富多元

37.65%的教师希望从心理放松室、宣泄室等功能室获得心理方面的帮助以缓解压力，36.59%的教师则希望从教师心理成长小团体辅导、个体心理咨询和热线心理咨询等渠道获得心理帮助以缓解压力，16.58%的教师希望通过心理健康教育培训提升自身心理健康知识水平以缓解压力。（见图7）

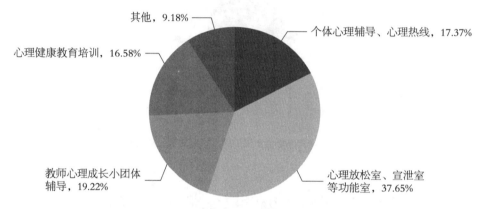

图7　中小学青年教师心理服务需求分布

（八）绝大多数青年教师希望接受心理健康教育培训

绝大多数青年教师（83.42%）对于心理健康教育培训有着强烈的诉求，而10.40%的教师则表示无所谓，6.18%的教师对于心理健康教育培训的诉求不强烈或者无此诉求。（见图8）

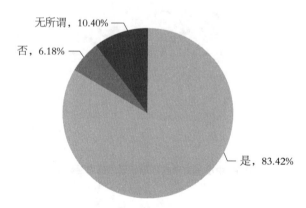

图8　中小学青年教师接受心理健康教育培训的意愿分布

综上所述，青年教师群体的心理健康水平和睡眠质量不容乐观，这与以往大多数研究的结论是一致的。多数青年教师认为自己因工作超负荷而产生心理压力。在面对心理问题或压力时，绝大多数青年教师对于心理服务的需求是强烈的，但目前主动求助的行为较少，获取专业帮助的渠道等还相对有限。

四、教师心理健康促进工作对策与建议

（一）减轻中小学教师工作负担

2020年3月29日，在我国教育部新闻发布会上，教育部教师工作司司长任友群表示，"十三五"期间，在营造教育教学环境方面出台中小学减负20条，加强督察力度。目前全国已有20个省份出台了减负清单，其他各省份也将相继出台教师减负清单。为中小学教师减负，不仅是保障教师权益、促进教师成长的重要举措，更是推动我国基础教育高质量发展、教师和教育事业健康发展的重要举措。除政策要求之外，学校也要注重教师减负，将中小学教师减负真正落到实处，让教师回归主业，回归基础教育本质。

（二）加强宣传教育，改变教师健康认知

本次测评显示了教师对于心理健康认知的不足、中国心理教育基础的薄弱性、教师对于自身心理健康状态认识的不全面性，以及加强有关宣传的重要性，主要表现在：第一，心理学教师在心理健康水平、睡眠和压力感等各个方面，较其他教师具有明显优势。第二，在遭遇重大生活事件或出现问题时，仅有1.59%的教师有意愿去专门机构寻求帮助。

因此，各地学校应充分认识到关注青年教师心理健康的重要性，强调为青年教师提供心理支持与情感支持，开展关于教师人际关系、情绪问题、工作生活压力等方面的心理健康教育讲座，鼓励广大教师参与学习心理学相关知识从而转变教师对于心理健康的认识及观念，让更多的教师拥有积极向上的心态，认识心理疾病的基本症状，学会预防心理疾病，尽早发现自身心理问题，意识到主动向专业机构人士求救的重要性。各地学校应统一教师心理健康标准并大力宣传心理健康相关知识，从而改善教师心理健康状态，促进教师心理健康发展。

（三）建立教师心理健康服务中心（基地），完善运行机制

教师的心理健康相关服务体系建设刻不容缓。针对教师的心理健康服务中心需集培训、服务、督导、危机干预于一身，从而提供全方位的心理服务。该类服务中心可借鉴源于西方发达国家的员工帮助计划（Employee Assistance Programs，EAP）的运行机制。该运行机制主要由3个主体构成：心理问题觉察者、心理健康服务提供者、心理健康引导者。

心理问题觉察者，指能尽快发觉教师在工作生活中可能产生的心理健康问题的人员，如学校管理层人员、教师群体本身、校内心理辅导员等。教师群体应建立危机干预体系从而预防心理健康问题的恶化与事故的发生。校内或校外心理服务人员应定期对教师心理健康状态进行筛查并建立心理档案。同时，当教师发现自身心理问题时应及时告知管理层人员或心理辅导员，从而防止心理问题进一步恶化。当学校管理层人员、心理辅导员或教师同事发现某教师可能存在心理问题时，也应及时与该教师进行沟通，从而及时发现、反映教师心理问题，为之后的解决方案铺平道路。

心理健康服务提供者，指在教师产生心理健康问题后能为其提供专业心理援助的部门或机构。心理健康服务提供者可分为校内心理健康服务部门和校外心理健康服务机构。校内主要由心理辅导员参与心理健康的咨询工作，而校外又可分为两种：心理健康咨询服务中心和心理治疗机构。心理健康咨询服务中心是指承接专业心理咨询及其他服务的社会心理服务机构。心理治疗机构是指医疗机构心理科或其他专业治疗机构，其主要针对严重心理疾病、危机干预等较严重心理健康问题展开工作。在针对教师群体开展心理服务时，可适当淡化心理咨询或心理辅导这些专业概念，用"指导中心"代替"辅导中心"，用"聊天室"代替"心理咨询室"。

心理健康引导者，指根据教师具体心理服务需求，开展心理教育、心理访谈、问题评估、心理支持、初步治疗、转介等工作的校内外专业心理服务人员。该主体是心理问题觉察者与心理健康服务提供者之间的桥梁，同时也是教师心理健康教育的基础。自觉有心理健康问题的教师可通过引导者访谈、评估等一系列工作对自身心理健康状态有一个更全面、准确的判断，以此来选择后续的心理服务方式。除此之外，引导者应该在校内组织开展各类心理健康宣传活动，包括专家讲座、教师心理培训、心理评估体验活动等。

（四）加强教师心理健康教育培训

从我国基础教育现状来看，心理健康教育主要是面向学生的，教师作为"教育者"，似乎自身已具有了这方面的知识与技能，其实这是一个误区。在瞬息万变的信息社会背景下，教师同样需要接受心理健康教育，仅靠教师在师范教育阶段接受的心理健康知识储备是远远不够的。对中小学教师进行心理健康知识、技能的相关培训势在必行。笔者发现，普通学科教师较心理教师而言更可能出现心理问题。加拿大的一项实验研究对普通学科教师进行了12个小时的心理健康素养培训，结果表明，接受培训的教师心理健康素养有了明显提升，对心理健康和精神障碍的态度有所改善。教师经过培训后，在普通学科教学中融入相关心理健康素养的知识教学，学生的心理健康素养也有了明显的提升。因此，对中小学教师进行心理健康素养的相关培训，不仅可以使教师自身的心理健康素养得到显著提高，还可以使学生的心理健康素养得到明显提升。

除了加强普通学科教师的心理培训，学校也应积极培养稳定、专业的专兼职心理教师队伍。有效提升专兼职心理教师的专业水平，更好地服务于学校心理健康教育工作。

（五）创造良好的学校氛围，服务教师心理成长

良好的学校氛围不仅对学生的身心健康至关重要，对中小学教师，尤其是青年教师的身心健康也有重大意义。因此，学校应积极创造美丽的物理环境、和谐的人际情境、高尚的精神情境，使教师在积极向上、身心愉悦的学校氛围中工作、学习，从而发挥潜能。教师的主要任务是教书育人，而教书育人工作需要教师、家长和学校的三方配合，学校在三者之间应努力营造和谐的人际氛围，确保教师身心健康平衡发展。学校应该努力为教师的工作创造条件，如建立家校合作的融洽关系，倡导家长积极配合教师工作。教师与教师之间也应该互相支持，团结合作，形成良好的合作氛围。校领导也要关注教师的心理健康，对教师的工作给予及时的肯定、帮助和支持。教师在外在氛围的积极滋养下，其心理素养也会得到相应提高，在工作和人际关系中处理问题、化解困惑的能力也会显著增强。与此同时，一个身心健康的教师与周围的同事、自己的学生也会产生积极的心理互动，从而促进他人积极心理品质的养成。

对于经历了重大变故（离异、身体疾病、家庭变故等）或处于特殊时期（如被学校处分、被批评、与家长发生口角等）的青年教师，要重点关注、主动关怀、主动提供学校层面必要的帮助，或鼓励寻求专业帮助和自助式干预。

（六）建立心理危机预警机制，完善健康服务内容

学校普遍将心理服务的对象定义为学生群体，部分教师虽然有心理服务的需求，却羞于提出。绝大多数学校已经建立了学生心理危机预警机制，做到学生心理档案一人一册，心理健康教育也成为普遍课程，针对学生的心理咨询服务已接近常态化。多数学校没有建立起专门针对教师的心理健康保障系统，建立教师心理危机预警机制刻不容缓。首先，学校应定期对教师的心理健康状况进行测试与评估，了解教师的心理健康状况，为提升教师的心理健康素养提供依据。其次，学校应专门提供针对教师的心理健康咨询服务，为教师提供心理排解和疏导的渠道，可以聘请有关教育专家和心理学专业人士为教师提供心理健康咨询。学校应该将心理健康教育纳入职前教师培训和在职教师继续教育的内容范围中，为教师开设讲座，普及心理健康方面的知识，帮助教师分析心理问题，排解心理压力，消除心理障碍，促进教师心理健康素养的提升。

总之，中小学青年教师的心理健康促进工作需要社会、学校、管理部门和教师自身各方面联动，最终通过提升心理健康素养来提升心理健康水平，切实保障身心健康。

（主持人单位：浙江省心理卫生协会）

"浙江省青年创业创新扶持政策效度"调查报告

一、研究背景

1978年12月18日，党的十一届三中全会隆重召开，这次会议做出了把党和国家工作中心转移到经济建设上来的重大历史决定。在过去的40多年里，浙江省大胆探索与社会主义初级阶段基本经济制度相适应的创业创新机制，着力培育充满生机活力的市场主体，形成了以公有制为主体，多种所有制经济相互促进、共同发展的格局，推动浙江经济社会快速发展。

在经济发展步入新常态的背景下，在各类创业政策的激励引导下，"大众创业、万众创新"发展势头良好，新型企业不断涌现。作为创新创业大省，浙江省积极鼓励和推进全省青年创业活动，在市场准入、税收减免、特定人群创业政策、改善服务、完善金融、财政补贴等方面制定了一系列鼓励创业的政策，已成为孕育创业领军企业的一方沃土。在各类创新创业政策的激励与引导下，浙江省市场主体取得了长足的发展，具体表现为以下几个方面。

（一）市场主体总量屡创新高，就业形势稳中向好

根据浙江统计信息网消息，截至2017年底，浙江省工商登记的在册市场主体有593.4万家，其中企业法人单位196.3万家（纳入统计基本单位名录库的企业法人单位159.9万家），个体工商户397.1万户。特别是进入21世纪以来，浙江省借加入世界贸易组织的东风，大力发展外向型经济，以增强市场主体的活力为核心，推动市场主体发展进入快车道。2001年，企业法人26.1万家，至2017年，年均增长12.0%，远高于1996—2001年5.7%的年均增幅。此外，党的十八大以来，党中央坚持实施就业优先战略和积极就业政策，大力推动创业带动就业，浙江省经济由高速增长向高质量发展转变，就业工作呈现出总体平稳、稳中向好的态势。

（二）民营经济成为浙江省最大的优势

近年来，浙江省放手发展非公有制经济，彻底打破传统计划经济体制下公有制或国

有制一统天下的格局，形成了国有、集体、私营、个体、外商等不同所有制共同发展的局面。2017 年经济增加值占地区生产总值的比重为 25.00%，而非公有制增加值占比高达 75.00%。2017 年，私营有限责任公司为 121.7 万家，占全部企业法人的 76.1%。民营经济不断发展，成为浙江省最大的优势。2017 年末，全省共有私营企业法人单位 147.7 万家，占全部企业法人单位的 92.33%（见表 1），其中又以私营有限责任公司为主，为 121.7 万家。私营企业覆盖全部行业大类，1039 个行业小类，除极个别行业之外，已渗透经济生活的各个方面，成为满足人民衣食住行等物质需求和精神需求的重要来源。在中国民营企业 500 强中，浙江省有 93 家企业上榜，连续 20 年居全国第一，诞生了阿里巴巴、华三通信、海康威视、聚光科技等世界知名的独角兽龙头企业，以及曹操专车、钉钉、数梦工场等准独角兽企业。2018 年全国独角兽企业榜单见表 2。

表 1　浙江省部分年份按所有制结构划分的企业法人数及占比情况

所有制结构	2001 年		2011 年		2017 年	
	单位数／家	占比／%	单位数／家	占比／%	单位数／家	占比／%
国有企业	12957	4.96	7043	1.07	6997	0.44
集体企业	37107	14.20	10574	1.60	10934	0.68
私营企业	137968	52.79	545206	82.73	1476630	92.33
港澳台商投资	4558	1.74	10131	1.54	11461	0.72
外商投资	3888	1.49	11795	1.79	14112	0.88

表 2　2018 年全国独角兽企业榜单

排名	企业名称	所在地	成立时间	行业	估值／亿元
1	蚂蚁金服	杭州	2014 年 10 月	金融	9600
2	今日头条	北京	2012 年 7 月	文化娱乐	4875
3	阿里云	杭州	2009 年 6 月	企业服务	4220
4	陆金所	上海	2011 年 9 月	金融	3900
5	滴滴出行	北京	2017 年 7 月	汽车交通	3900
6	腾讯音乐娱乐集团	北京	2005 年 3 月	文化娱乐	1625
7	大疆无人机	深圳	2006 年 11 月	硬件	1430
8	京东数科	北京	2013 年 7 月	金融	1330
9	菜鸟网络	杭州	2013 年 5 月	物流	1300
10	快手	北京	2011 年 3 月	文化娱乐	1300
11	比特大陆	北京	2013 年 10 月	金融	975
12	京东物流	北京	2017 年 4 月	物流	871
13	口碑	杭州	2005 年 8 月	本地生活	585

注：数据来源于网易云。

（三）创业氛围浓厚，第三产业快速增长

浙江省始终坚持巩固加强第一产业、优化升级第二产业、积极发展第三产业，三层产业结构在调整中不断优化。2017 年，第一、二、三产业就业人数分别为 447.90 万人、1754.59 万人和 1593.51 万人，占比分别为 11.80%、46.22% 和 41.98%。第一产业比重下降 43.1 个百分点，而第二、三产业比重分别提高了 14.5 和 28.6 个百分点。尽管目前第三产业就业人数尚未超过第二产业，但按照第二产业占比不断下降，第三产业占比不断上升的发展趋势，预计浙江三次产业就业结构将演变为"三、二、一"模式，就业结构将更加合理。服务业中，新兴产业增长更为快速。2017 年与 2011 年相比，信息传输、软件和信息技术服务业，以及金融业、教育、卫生和社会工作等行业企业法人数分别增长 4.4 倍、2.0 倍、2.1 倍和 2 倍，均高于全部企业法人增速（1.4 倍）。金融业中，资本市场服务企业法人增长 11.5 倍；文化、体育与娱乐业中，文化艺术业增长 8.3 倍；信息传输、软件和信息技术服务业中，软件和信息技术服务业增长 5.6 倍，互联网和相关服务增长 4.8 倍。此外，近几年，数字经济、平台经济、共享经济等新模式广泛渗透，线上线下融合、智能产业、共享单车、网约车、各类电商等新型经营主体不断涌现。截至 2017 年，浙江省共有淘宝镇 78 个，淘宝村 793 个，数量均居全国第一；拥有全球最大的中小企业电子商务平台、网络零售平台，共有各类活跃网店 74.1 万家，天猫活跃网店 2.5 万家。在农村，农家乐、民宿经济快速发展，截至 2017 年，共培育农家乐休闲旅游特色村 1155 个，特色点 2328 个，农家乐经营户 20463 户。浙江省分行业就业人员总数情况见表 3，2017 年浙江省规模以上服务业主要行业营业收入情况见表 4。

表 3　浙江省分行业就业人员总数

单位：万人

行业	2013 年	2014 年	2015 年	2016 年	2017 年
农、林、牧、渔业	506.95	501.73	492.69	466.24	447.90
采矿业	3.97	3.08	2.61	2.23	1.77
制造业	1454.81	1443.27	1400.68	1373.71	1339.24
电力、热力、燃气及水生产和供应业	15.83	15.80	13.49	14.58	14.99
建筑业	378.82	384.17	387.51	391.72	398.59
批发和零售业	486.95	490.32	517.26	538.41	550.65
交通运输、仓储及邮政业	141.38	145.69	151.35	157.92	166.07
住宿和餐饮业	119.18	110.78	112.47	115.35	119.88

续表

行业	2013 年	2014 年	2015 年	2016 年	2017 年
信息传输、软件和信息技术服务业	40.75	45.29	58.47	73.57	90.67
金融业	38.64	39.36	44.19	48.61	50.50
房地产业	39.06	40.33	42.88	45.16	49.28
租赁与商务服务业	93.98	95.14	98.76	102.15	118.79
科学研究和技术服务业	31.96	33.25	36.53	42.83	47.52
水利、环境和公共设施管理业	16.51	17.89	18.23	20.73	21.05
居民服务、修理和其他服务业	120.36	123.82	127.78	131.56	136.03
教育	69.32	71.21	72.53	73.77	77.18
卫生和社会工作	41.48	42.73	46.88	49.75	52.88
文化、体育与娱乐业	18.40	18.85	19.57	21.14	21.86
公共管理、社会保障和社会组织	90.38	91.43	89.77	90.57	91.15
总计	3708.73	3714.15	3733.65	3760.00	3796.00

注：数据来源于《2018 年浙江统计年鉴》。

表 4 2017 年浙江省规模以上服务业主要行业营业收入情况

行业	营业收入 / 亿元	比上年增长 / %
交通运输、仓储和邮政业	2844	19.60
信息传输、软件和信息技术服务业	5787	34.90
房地产业	423	11.90
租赁和商务服务业	2121	22.10
科学研究和技术服务业	1194	24.90
水利、环境和公共设施管理业	279	7.10
居民服务、修理和其他服务业	63	17.80
教育	55	5.30
卫生和社会工作	148	18.90
文化、体育和娱乐业	373	4.20

注：数据来源于浙江统计网。

创业是积极的就业方式，创业带动就业的重要作用日益明显。"全球创业观察"（Global Entrepreneurship Monitor, GEM）2014 年的调查数据显示，我国的创业活动度指数为 15.53，这表明我国每 100 个 14—64 岁的人中就有 15.53 个人参与到了创办时间不超过 3 年半的创业企业中。在创业氛围如此浓厚的背景下，浙江省相继出台了众多青年创新创业扶持政策，这些政策在一定程度上促进了浙江省市场主体的发展，但政策实施后的效度有待进一步准确分析，以明确全省今后在创业政策制定方面的优化方向。

二、全省青年创业创新扶持政策效度测评之问卷调查

（一）问卷设计及实施情况

1.问卷设计

改善创业环境是创业政策促进创业发展的重要途径，所以本问卷的主体部分分别借鉴了 GEM 中对创业环境的评价指标的部分内容、政策绩效评价，以及满意度调查问卷部分内容来设计问卷。在部分借鉴了他人研究成果的基础之上，汇总梳理近 5 年浙江省青年创业创新扶持政策，整理出若干问题，最终将问卷所有问题细分为 3 个部分：第一部分，被调查者个人及企业基本信息，共 15 题；第二部分，被调查者对创业政策的评价，共 9 题；第三部分，创业政策效果评价，共 9 题。

2.问卷实施情况

本研究调查对象为浙江省范围内的创业者，涉及杭州、宁波、温州、嘉兴、湖州、绍兴、金华、衢州、丽水、台州、舟山等城市。经与部分创投孵化器单位商议，最终采用线上问卷调查方式进行。为了提升调查对象填写问卷的积极性及准确性，研究人员以红包方式回馈问卷填答者。调查从 2018 年 10 月 26 日延续至 2018 年 11 月 15 日，历时 20 天，共发放问卷 500 份，回收 464 份，回收率 93%，其中有效问卷 464 份，有效回收率 100%。所有的问卷通过整理筛选后进行编码和录入，利用社会统计软件 SPSS 22.0 对数据进行统计分析。

3.样本概况

样本基本信息概况见表 5。

表 5　样本基本信息概况

样本特征	选项	人数 / 人	比例 / %
性别	男	262	56.47
	女	202	43.53
年龄	20 岁及以下	44	9.48
	21—30 岁	220	47.41
	31—40 岁	162	34.91
	41—50 岁	36	7.76
	51 岁及以上	2	0.44

续表

样本特征	选项	人数／人	比例／%
主要角色	创业团队负责人	231	49.78
	创业团队核心成员	233	50.22
创业企业所在地	杭州	55	11.85
	宁波	34	7.33
	温州	52	11.21
	嘉兴	46	9.91
	湖州	89	19.18
	绍兴	17	3.66
	金华	40	8.62
	衢州	69	14.87
	丽水	19	4.09
	台州	32	6.90
	舟山	10	2.16
	浙江以外省市	1	0.22
创业前身份	在校大学生	76	16.38
	应届毕业生	94	20.26
	留学归国人员	8	1.72
	单位员工辞职创业	108	23.28
	下岗失业工人	15	3.23
	返乡和失地农民	34	7.33
	其他	129	27.80
企业目前所处阶段	创业开始阶段（＜3个月）	192	41.38
	创业成长阶段（3个月—4年）	201	43.32
	创业成熟阶段（＞4年）	71	15.30
2017年营业额	小于500万（不含）元	374	80.60
	500万（含）—1000万（含）元	47	10.13
	1000万（不含）—5000万（含）元	27	5.82
	5000万（不含）元以上	16	3.45
企业员工人数	少于20人	359	77.37
	21—100人	79	17.03
	101—300人	17	3.66
	301—1000人	4	0.86
	1001人及以上	5	1.08
企业主要客户类型	个人	314	67.67
	企业	190	40.95
	政府	63	13.58
	其他	82	17.67

续表

样本特征	选项	人数 / 人	比例 / %
企业主要融资渠道	政府财政支持	45	9.70
	银行贷款	174	37.50
	小额担保贷款	34	7.33
	非银行金融机构	8	1.72
	民间借贷	10	2.16
	自有资金	156	33.62
	其他	37	7.97
目前从事行业	农、林、牧、渔第一产业	109	23.49
	制造、采掘、建筑等第二产业	63	13.58
	信息技术与互联网行业	81	17.46
	商业、餐饮、批发零售业	70	15.09
	金融业	11	2.37
	教育产业	31	6.68
	其他	99	21.33
企业所属行业	传统制造型	102	21.98
	高新技术制造型	39	8.41
	传统服务型	107	23.06
	高新技术服务型	92	19.83
	其他	124	26.72
了解创业政策途径	学校教育	322	69.40
	电视报道	126	27.16
	网络	132	28.45
	报刊	168	36.21
	参加培训	104	22.41
	创业实践	126	27.16
	其他	55	11.85

（二）样本描述性统计分析

1. 青年创业者政策需求情况分析

在分析青年创业者需求情况之前，需要明确不同阶段、不同行业创业者或企业所面临的问题，以及需要得到的帮助。

（1）不同创业阶段企业所面临的问题。（见表6）

表6 不同创业阶段企业所面临的问题

您认为创业的最大困难是？			贵企业目前处于哪个阶段？			总计
			创业开始阶段 （＜3个月）	创业成长阶段 (3个月—4年) (42个月)	创业成熟阶段 （＞4年）	
困难	缺乏资金	计数／人	129	145	48	322
		占总计的百分比／%	27.8	31.3	10.3	69.4
	自身能力不足	计数／人	63	50	13	126
		占总计的百分比／%	13.6	10.8	2.8	27.2
	合作伙伴难找	计数／人	57	56	19	132
		占总计的百分比／%	12.3	12.1	4.1	28.4
	缺少有科技含量的项目	计数／人	64	73	31	168
		占总计的百分比／%	13.8	15.7	6.7	36.2
	不了解政策法规	计数／人	38	52	14	104
		占总计的百分比／%	8.2	11.2	3	22.4
	缺乏市场意识	计数／人	58	57	11	126
		占总计的百分比／%	12.5	12.3	2.4	27.2
	其他	计数／人	26	21	8	55
		占总计的百分比／%	5.6	4.5	1.7	11.9
总计		计数／人	192	201	71	464
		占总计的百分比／%	41.4	43.3	15.3	100

（2）不同创业阶段企业需要得到的帮助。（见表7）

表7　不同创业阶段企业需要得到的帮助（需求 ˙Q1_6 交叉列表）

从企业发展和提高企业竞争力的角度考虑，您认为贵企业最需要从政府方面得到的帮助是？			贵企业目前处于哪个阶段？			总计
			创业开始阶段（＜3个月）	创业成长阶段(3个月—4年)(42个月)	创业成熟阶段（＞4年）	
需求	税费减免	计数／人	89	88	31	208
		占总计的百分比／%	19.2	19	6.7	44.8
	金融支持	计数／人	88	103	35	226
		占总计的百分比／%	19	22.2	7.5	48.7
	政府采购	计数／人	36	40	11	87
		占总计的百分比／%	7.8	8.6	2.4	18.8
	进一步开放市场准入	计数／人	46	44	20	110
		占总计的百分比／%	9.9	9.5	4.3	23.7
	定期发布政府信息并予以解释	计数／人	39	32	17	88
		占总计的百分比／%	8.4	6.9	3.7	19
	提供个性化创业服务或培训咨询	计数／人	67	61	18	146
		占总计的百分比／%	14.4	13.1	3.9	31.5
	建立开放式的企业信息网	计数／人	42	27	14	83
		占总计的百分比／%	9.1	5.8	3	17.9
	建立创业园区或降低场地费用	计数／人	46	62	25	133
		占总计的百分比／%	9.9	13.4	5.4	28.7
	后续政策支持	计数／人	61	94	29	184
		占总计的百分比／%	13.1	20.3	6.3	39.7
	其他	计数／人	26	15	9	50
		占总计的百分比／%	5.6	3.2	1.9	10.8
总计		计数／人	192	201	71	464
		占总计的百分比／%	41.4	43.3	15.3	100

（3）不同行业企业所面临的问题。（见表8）

表8 不同行业企业所面临的问题（困难 ˙Q1_11 交叉列表）

			目前正在从事的行业							总计
您认为创业的最大困难是？			农、林、牧、渔等第一产业	制造、采掘、建筑等第二产业	信息技术与互联网行业	商业、餐饮、批发零售业	金融业	教育产业	其他	
困难	缺乏资金	计数/人	88	37	58	45	7	26	61	322
		占总计的百分比/%	19	8	12.5	9.7	1.5	5.6	13.1	69.4
	自身能力不足	计数/人	23	18	24	23	3	6	29	126
		占总计的百分比/%	5	3.9	5.2	5	0.6	1.3	6.3	27.2
	合作伙伴难找	计数/人	27	15	30	16	3	15	26	132
		占总计的百分比/%	5.8	3.2	6.5	3.4	0.6	3.2	5.6	28.4
	缺少有科技含量的项目	计数/人	38	25	44	27	5	7	22	168
		占总计的百分比/%	8.2	5.4	9.	5.8	1.1	1.5	4.7	36.2
	不了解政策法规	计数/人	25	8	20	16	3	8	24	104
		占总计的百分比/%	5.4	1.7	4.3	3.4	0.6	1.7	5.2	22.4
	缺乏市场意识	计数/人	26	13	25	24	1	10	27	126
		占总计的百分比/%	5.6	2.8	5.4	5.2	0.2	2.2	5.8	27.2
	其他	计数/人	2	6	4	7	1	1	34	55
		占总计的百分比/%	0.4	1.3	0.9	1.5	0.2	0.2	7.3	11.9
总计		计数/人	109	63	81	70	11	31	99	464
		占总计的百分比/%	23.5	13.6	17.5	15.1	2.4	6.7	21.3	100

（4）不同行业企业需要得到的帮助。（见表9）

表9 不同行业企业需要得到的帮助（需求*Q1_11交叉列表）

从企业发展和提高企业竞争力的角度考虑，您认为贵企业最需要从政府方面得到的帮助是?			目前正在从事的行业							总计
			农、林、牧、渔等第一产业	制造、采掘、建筑等第二产业	信息技术与互联网行业	商业、餐饮、批发零售业	金融业	教育产业	其他	
需求	税费减免	计数/人	45	35	45	25	3	14	41	208
		占总计的百分比/%	9.7	7.5	9.7	5.4	0.6	3	8.8	44.8
	金融支持	计数/人	59	32	35	34	8	16	42	226
		占总计的百分比/%	12.7	6.9	7.5	7.3	1.7	3.4	9.1	48.7
	政府采购	计数/人	23	4	16	12	5	7	20	87
		占总计的百分比/%	5	0.9	3.4	2.6	1.1	1.5	4.3	18.8
	进一步开放市场准入	计数/人	23	13	24	13	4	9	24	110
		占总计的百分比/%	5	2.8	5.2	2.8	0.9	1.9	5.2	23.7
	定期发布政府信息并予以解释	计数/人	23	7	22	13	2	7	14	88
		占总计的百分比/%	5	1.5	4.7	2.8	0.4	1.5	3	19
	提供个性化创业服务或培训咨询	计数/人	40	12	34	18	4	12	26	146
		占总计的百分比/%	8.6	2.6	7.3	3.9	0.9	2.6	5.6	31.5
	建立开放式的企业信息网	计数/人	18	12	24	4	2	6	17	83
		占总计的百分比/%	3.9	2.6	5.2	0.9	0.4	1.3	3.7	17.9
	建立创业园区或降低场地费用	计数/人	25	14	38	21	3	6	26	133
		占总计的百分比/%	5.4	3	8.2	4.5	0.6	1.3	5.6	28.7
	后续政策支持	计数/人	52	20	31	24	4	11	42	184
		占总计的百分比/%	11.2	4.3	6.7	5.2	0.9	2.4	9.1	39.7
	其他	计数/人	6	5	2	2	2	2	31	50
		占总计的百分比/%	1.3	1.1	0.4	0.4	0.4	0.4	6.7	10.8
总计		计数/人	109	63	81	70	11	31	99	464
		占总计的百分比/%	23.4	13.6	17.5	15.1	2.4	6.7	21.3	100

2. 青年创业者政策评价情况分析

（1）创业者对金融支持政策的评价情况分析。（见表10）

表10 创业者对金融支持政策的评价情况描述性统计资料

金融支持政策	N	总和	平均数	标准偏差
有充足的自筹资本创建新企业	464	1697	3.66	1.019
新创企业能有更多机会获取风险投资或贷款资金	464	1750	3.77	1.022
政府能为新创企业提供创业资本	464	1777	3.83	1.047
新企业有很大机会获得各种政府补贴	464	1788	3.85	1.062
有效的 N（listwise）	464			

（2）创业者对政府创业支持政策的评价情况分析。（见表11）

表11 创业者对政府创业支持政策的评价情况描述性统计资料

政府创业支持政策	N	总和	平均数	标准偏差
政府为创业企业提供优惠的税收减免政策	464	1894	4.08	0.916
政府对创业企业研发投入等方面有奖励或资助政策	464	1879	4.05	0.945
有效的 N（listwise）	464			

（3）创业者对政府创业支持项目的评价情况分析。（见表12）

表12 创业者对政府创业支持项目的评价情况描述性统计资料

政府创业支持项目	N	总和	平均数	标准偏差
政府为新创企业提供足够的项目机会	464	1876	4.04	0.917
政府有稳定、持续的创业扶持项目计划	464	1871	4.03	0.948
政府管理人员能够胜任扶持新创企业的工作	464	1855	4.00	0.931
科技园、孵化器为新创企业提供了有效的支持	464	1868	4.03	0.931
有效的 N（listwise）	464			

（4）创业者对创业教育和培训支持的评价情况分析。（见表13）

表13　创业者对企事业教育和培训支持的评价情况描述性统计资料

创业教育和培训支持	N	总和	平均数	标准偏差
学校教育鼓励创新创业，提供了足够的创业教育课程	464	1849	3.98	0.935
创业教育课程能够鼓舞创业激情	464	1866	4.02	0.922
创业教育课程能够教授足够的创业技能	464	1867	4.02	0.912
政府和社会提供了充足的创业技能培训	464	1868	4.03	0.908
政府和相关机构提供了完善的创业指导服务	464	1868	4.03	0.913
有效的N（listwise）	464			

（5）创业者对研发转移机会的评价情况分析。（见表14）

表14　创业者对研发转移机会的评价情况描述性统计资料

研发转移机会	N	总和	平均数	标准偏差
新创企业能够有机会获取科研院所的科技成果转移	464	1827	3.94	0.938
新创企业能有机会较快接触到高新技术的发展	464	1832	3.95	0.935
政府积极鼓励科技研发成果向新创企业转移	464	1861	4.01	0.907
对科技工作者通过新成立的和成长型的公司对其研究成果进行商业化有良好的支持	464	1868	4.03	0.886
新公司有能力独立完成科技成果的商业化过程	464	1834	3.95	0.926
有效的N（listwise）	464			

（6）创业者对商业环境和专业基础设施的评价情况分析。（见表15）

表15　创业者对商业环境和专业基础设施的评价情况描述性统计资料

商业环境和专业基础设施	N	总和	平均数	标准偏差
有创业意愿的人员，相较之前更容易获得政府有关部门的创业"一条龙"服务	464	1847	3.98	0.883

续表

商业环境和专业基础设施	N	总和	平均数	标准偏差
政府创业服务部门实行了全面取消非行政许可审批事项，简化了办事流程，优化服务	464	1873	4.04	0.875
新创企业能够得到便利的金融、法律、会计和外部咨询服务	464	1864	4.02	0.877
孵化器、众创空间提供了充足的创业服务	464	1861	4.01	0.885
政府创业服务部门创新了服务模式，整合了众创资源	464	1857	4.00	0.866
为创业提供帮助的分包商、供应商、管理机构、法律机构、融资机构、高校和技术咨询的机构数量有大幅度增长	464	1855	4.00	0.876
在政府或创业机构的帮助下，新创企业能够有很多机会与投资者、同行等交流创业经验	464	1874	4.04	0.848
有效的 N（listwise）	464			

（7）创业者对市场开放程度的评价情况分析。（见表 16）

表 16　创业者对市场开放程度的评价情况描述性统计资料

市场开放程度	N	总和	平均数	标准偏差
政府采购计划比较公开	464	1822	3.93	0.943
政府没有设置较多的新创企业进入门槛	464	1840	3.97	0.908
现有市场结构有利于公平竞争	464	1827	3.94	0.929
新成立的和成长型的公司能够很容易地进入新市场	464	1803	3.89	0.967
成熟公司没有设置不公平的市场壁垒妨碍新成立的和成长型的公司进入	464	1811	3.90	0.953
反垄断方面的法律是有效的，并得到了有力的执行	464	1829	3.94	0.903
有效的 N（listwise）	464			

（8）创业者对有形基础设施的评价情况分析。（见表 17）

表 17　创业者对有形基础设施的评价情况描述性统计资料

有形基础设施的可行性	N	总和	平均数	标准偏差
有很多免费或以较低费用入驻各种孵化和创业空间的机会	464	1858	4.00	0.872
新创企业能够获得便利的通讯、邮政及互联网服务	464	1846	3.98	0.908
新创企业在水、电、气、排污等费用方面负担较轻	464	1819	3.92	0.957
现有交通设施能满足新创企业需求	464	1841	3.97	0.911
新创企业能够租用廉价的办公场所／工厂用地	464	1813	3.91	0.958
新创企业能够得到充足的原材料和自然资源	464	1813	3.91	0.976
新创企业能够很方便地获得企业所需的人才资源	464	1789	3.86	0.996
有效的 N（listwise）	464			

（9）创业者对创业文化环境的评价情况分析。（见表18）

表18　创业者对创业文化环境的评价情况描述性统计资料

创业文化环境	N	总和	平均数	标准偏差
本地文化鼓励创新和创业，创业是一件令人骄傲的事	464	1911	4.12	0.803
本地文化鼓励通过个人努力获取成功	464	1894	4.08	0.819
本地文化鼓励冒险尝试	464	1820	3.92	0.922
本地文化能够容忍创业失败	464	1833	3.95	0.894
本地积极创业的人能够得到社会尊重	464	1884	4.06	0.805
创业企业的知识产权得到了严格的保护	464	1857	4.00	0.898
有效的N（listwise）	464			

三、青年创业者政策效度情况分析

（一）回应性指标衡量结果

回应性指标主要是通过政策目标群体对政策的评价或者反馈来衡量。因此本研究通过464名受访者对创业政策的评价来衡量全省创业政策的回应性标准。在阅读、梳理大量文献资料之后笔者发现，学界大多通过变异系数法来得到所研究政策的效果评价得分。本部分采取变异系数法对47项创业政策三级指标进行权重赋值，最终获得创业者对创业政策的整体评价分值。创业者对创业政策的评价分值越高，则回应性指标效果越好。

1. 指标权重的确定

变异系数法是一种客观赋权法，主要是采用指标的标准差和平均值之间的比重，算出各项的变异系数，再根据得到的变异系数算出各项指标的权重。采取变异系数法可以避免层次分析法、德尔菲法等方法的主观性。

（1）各项指标的变异系数：

$$V_i = \frac{\sigma_i}{x_i} \ (i = 1, 2, ..., n)$$

（2）各项指标的权重：

$$W_i = \frac{V_i}{\sum\limits_{i-1}^{n} V_i}$$

上述公式中，V_i 是第 i 项指标的变异系数，也称为标准差系数；σ_i 是第 i 项指标的标准差；x_i 是第 i 项指标的平均数。问卷中创业者对创业政策的评价结果（满分 5）进行统计得到各项指标的权重见表 19。

表 19 各项三级指标的权变系数

二级指标	三级指标	均值	标准差	V_i	W_i
金融支持政策	有充足的自筹资本创建新企业	3.66	1.019	0.28	0.03
	新创企业能有更多机会获取风险投资或贷款资金	3.77	1.022	0.27	0.02
	政府能为新创企业提供创业资本	3.83	1.047	0.27	0.03
	新企业有很大机会获得各种政府补贴	3.85	1.062	0.28	0.03
政府创业支持政策	政府为创业企业提供优惠的税收减免政策	4.08	0.916	0.22	0.02
	政府对创业企业研发投入等方面有奖励或资助政策	4.05	0.945	0.23	0.02
政府创业支持项目	政府为新创企业提供足够的项目机会	4.04	0.917	0.23	0.02
	政府有稳定、持续的创业扶持项目计划	4.03	0.948	0.24	0.02
	政府管理人员能够胜任扶持新创企业的工作	4.00	0.931	0.23	0.02
	科技园、孵化器为新创企业提供了有效的支持	4.03	0.931	0.23	0.02
创业教育和培训支持	学校教育鼓励创新创业，提供了足够的创业教育课程	3.98	0.935	0.23	0.02
	创业教育课程能够鼓舞创业激情	4.02	0.922	0.23	0.02
	创业教育课程能够教授足够的创业技能	4.02	0.912	0.23	0.02
	政府和社会提供了充足的创业技能培训	4.03	0.908	0.23	0.02
	政府和相关机构提供了完善的创业指导服务	4.03	0.913	0.23	0.02

续表

二级指标	三级指标	均值	标准差	V_i	W_i
研发转移机会	新创企业能够有机会获取科研院所的科技成果转移	3.94	0.938	0.24	0.02
	新创企业能有机会较快接触到高新技术的发展	3.95	0.935	0.24	0.02
	政府积极鼓励科技研发成果向新创企业转移	4.01	0.907	0.23	0.02
	对科技工作者通过新成立的和成长型的公司对其研究成果进行商业化有良好的支持	4.03	0.886	0.22	0.02
	新公司有能力独立完成科技成果的商业化过程	3.95	0.926	0.23	0.02
商业环境和专业基础设施	有创业意愿的人员，相较之前更容易获得政府有关部门	3.98	0.883	0.22	0.02
	政府创业服务部门实行了全面取消非行政许可审批事项	4.04	0.875	0.22	0.02
	新创企业能够得到便利的金融、法律、会计和外部咨询服务	4.02	0.877	0.22	0.02
	孵化器、众创空间提供了充足的创业服务	4.01	0.885	0.22	0.02
	政府创业服务部门创新了服务模式，整合了众创资源	4.00	0.866	0.22	0.02
	为创业提供帮助的分包商、供应商、管理机构、法律机构、融资机构、高校和技术咨询的机构数量有大幅度增长	4.00	0.876	0.22	0.02
	在政府或创业机构的帮助下，新创企业能够有很多机会与投资者、同行等交流创业经验	4.04	0.848	0.21	0.02
市场开放程度	政府采购计划比较公开	3.93	0.943	0.24	0.02
	政府没有设置较多的新创企业进入门槛	3.97	0.908	0.23	0.02
	现有市场结构有利于公平竞争	3.94	0.929	0.24	0.02
	新成立的和成长型的公司能够很容易地进入新市场	3.89	0.967	0.25	0.02
	成熟公司没有设置不公平的市场壁垒妨碍新成立的和成长型公司进入	3.90	0.953	0.24	0.02
	反垄断方面的法律是有效的，并得到了有力的执行	3.94	0.903	0.23	0.02

二级指标	三级指标	均值	标准差	V_i	W_i
有形基础设施的可行性	有很多免费或以较低费用入驻各种孵化和创业空间的机会	4.00	0.872	0.22	0.02
	新创企业能够获得便利的通信、邮政及互联网服务	3.98	0.908	0.23	0.02
	新创企业在水、电、气、排污等费用方面负担较轻	3.92	0.957	0.24	0.02
	现有交通设施能满足新创企业需求	3.97	0.911	0.23	0.02
	新创企业能够租用廉价的办公场所／工厂用地	3.91	0.958	0.25	0.02
	新创企业能够得到充足的原材料和自然资源	3.91	0.976	0.25	0.02
	新创企业能够很方便地获得企业所需的人才资源	3.86	0.996	0.26	0.02
创业文化环境	本地文化鼓励创新和创业，创业是一件令人骄傲的事	4.12	0.803	0.19	0.02
	本地文化鼓励通过个人努力获取成功	4.08	0.819	0.20	0.02
	本地文化鼓励冒险尝试	3.92	0.922	0.24	0.02
	本地文化能够容忍创业失败	3.95	0.894	0.23	0.02
	本地积极创业的人能够得到社会尊重	4.06	0.805	0.20	0.02
	创业企业的知识产权得到了严格的保护	4.00	0.898	0.22	0.02

2. 运用变异系数法确定各二级指标

通过测算，得到创业政策 9 个维度（金融支持政策、政府创业支持政策、政府创业支持项目、创业教育和培训支持、研发转移机会、商业环境和专业基础设施、市场开放程度、有形基础设施的可行性、创业文化环境）的权重，具体结果见表 20。

表 20　创业政策 9 个维度的权重

政策类型	均值	标准差	V_i	W_i
金融支持政策	3.78	1.04	0.28	0.03
政府创业支持政策	4.07	0.93	0.23	0.02
政府创业支持项目	4.03	0.93	0.23	0.02
创业教育和培训支持	4.02	0.92	0.23	0.02
研发转移机会	3.98	0.92	0.23	0.02
商业环境和专业基础设施	4.01	0.87	0.22	0.02
市场开放程度	3.93	0.93	0.24	0.02
有形基础设施的可行性	3.86	0.94	0.24	0.02
创业文化环境	4.00	0.87	0.22	0.02

3. 创业政策效益性指标评价结果

指标最终评价结果为 5 个等级：优秀（4.1—5.0 分）、良好（3.1—4.0 分）、及格（2.1—3.0 分）、不及格（1.1—2.0 分）、不及格（1 分及以下）。

根据公式算出浙江省创业政策效果评价综合得分为 3.96 分，评价等级为良好，表明浙江省青年创业者对浙江省目前的创业政策效果比较满意。创业政策的效益性指标，在 9 个二级指标中，政府创业支持政策的评价最高，达到 4.07 分，评价等级为优秀；评价最低的是金融支持政策，评分为 3.78 分。在 47 个三级指标中，"对本地文化鼓励创新和创业""政府为创业企业提供优惠的税收减免政策""本地文化鼓励通过个人努力获取成功"的评分最高，分别达到 4.12 分、4.08 分和 4.08 分；对"有充足的自筹资本创建新企业""新创企业能有更多机会获取风险投资或贷款资金""政府能为新创企业提供创业资本"的评价最低，分别为 3.66 分、3.77 分、3.83 分。

（二）公平性指标衡量结果

创业政策的公平性标准衡量主要是考虑政策是否解决大多数创业者的需求，以及政策是否在不同创业人群中分配利益。由于公平性指标没法量化评价，所以本文采取感知公平的形式来衡量。采用对象评价法，通过不同创业者对创业政策的评价差异、不同创业阶段创业者对创业政策的评价差异、不同性别创业者对创业政策的评价差异，以及不同年龄创业者对创业政策的评价差异来衡量创业者对创业政策感知是否公平。

1. 不同性别创业者的评价差异分析

不同性别创业者的评价差异分析见表 21。不同性别创业者的评分情况见图 1。

表 21　不同性别的方差分析

指标		平方和	df	均方	F	显著性
金融支持政策	组间	6.123	6	1.021	1.134	0.341
	组内	411.137	457	0.900		
	总数	417.261	463			
政府创业支持政策	组间	9.705	6	1.617	2.025	0.061
	组内	364.935	457	0.799		
	总数	374.640	463			
政府创业支持项目	组间	7.543	6	1.257	1.626	0.138
	组内	353.297	457	0.773		
	总数	360.840	463			

续表

指标		平方和	df	均方	F	显著性
创业教育和培训支持	组间	5.233	6	0.872	1.139	0.339
	组内	350.002	457	0.766		
	总数	355.236	463			
研发转移机会	组间	6.282	6	1.047	1.378	0.222
	组内	347.348	457	0.760		
	总数	353.630	463			
商业环境和专业基础设施	组间	5.292	6	0.882	1.304	0.254
	组内	309.111	457	0.676		
	总数	314.402	463			
市场开放程度	组间	4.637	6	0.773	1.019	0.412
	组内	346.650	457	0.759		
	总数	351.286	463			
有形基础设施的可行性	组间	3.424	6	0.571	0.725	0.630
	组内	359.703	457	0.787		
	总数	363.127	463			

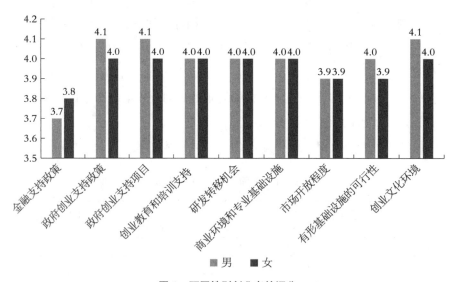

图 1　不同性别创业者的评分

　　表 21 的结果显示：9 个指标的显著性均大于 0.05，这表明不同创业身份的创业者对创业政策的评价不存在明显差异。

2. 不同年龄创业者的评价差异分析

不同年龄创业者的评价差异分析见表 22。不同年龄段创业者的评分见图 2。

表 22　不同年龄人群的方差分析

指标		平方和	df	均方	F	显著性
金融支持政策	组间	11.1073	4	2.776825	3.138131	0.014543863
	组内	406.1535	459	0.884866		
	总数	417.261	463			
政府创业支持政策	组间	5.691169	4	1.422792	1.770061	0.133713295
	组内	368.9487	459	0.80381		
	总数	374.640	463			
政府创业支持项目	组间	12.72759	4	3.181898	4.195458	0.002397225
	组内	348.1124	459	0.758415		
	总数	360.840	463			
创业教育和培训支持	组间	6.968289	4	1.742072	2.29597	0.058337024
	组内	348.2672	459	0.758752		
	总数	355.236	463			
研发转移机会	组间	12.32955	4	3.082388	4.145369	0.002613444
	组内	341.3004	459	0.743574		
	总数	353.630	463			
商业环境和专业基础设施	组间	5.961848	4	1.490462	2.218002	0.066123675
	组内	308.4406	459	0.671984		
	总数	314.402	463			
市场开放程度	组间	9.046233	4	2.261558	3.033119	0.017344527
	组内	342.2402	459	0.745621		
	总数	351.286	463			
有形基础设施的可行性	组间	8.305051	4	2.076263	2.685867	0.030886664
	组内	354.8219	459	0.773033		
	总数	363.127	463			
创业文化环境	组间	6.474872	4	1.618718	2.667474	0.031837201
	组内	278.5375	459	0.606836		
	总数	285.012	463			

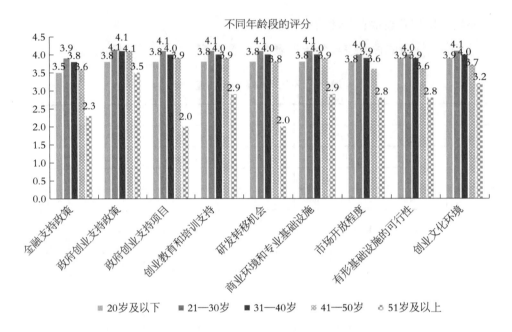

图 2　不同年龄段创业者的评分

由表 22 可知，在 5 个不同年龄段的创业主体对 9 个创业政策指标的具体评价中，政府创业支持政策、创业教育和培训支持、商业环境和专业基础设施 3 个指标显著性大于0.05，不具有显著性；其余 6 项指标显著性均小于 0.05，表明具有显著性。其中，对于金融支持政策，创业年龄段为 21—30 岁的人对其评分最高，评分为 3.9 分；评分最低的是创业年龄段为 51 岁及以上的人员，评分仅为 2.3 分。对于政府创业支持项目，创业年龄段为 21—30 岁的人对其评分最高，评分为 4.1 分；评分最低的是创业年龄段为 51 岁及以上的人员，评分仅为 2.0 分。对于研发转移机会，评分最高的是 21—30 岁的创业者，评分为 4.1 分；评分最低的是年段为 51 岁及以上的创业者，评分为 2.0 分。对于市场开放程度，评分最高的年龄段为 21—30 岁的创业者，评分最低的依然是 51 岁及以上的创业者。对于有形基础设施的可行性及创业文化环境，评分最高的是 21—30 岁的创业者，评分最低的是 51 岁及以上的创业者。整体而言，创业年龄在 21—30 岁的创业者对创业政策的整体评分高于其他年龄段，而 51 岁及以上创业者对现有的创业政策评价最低。这表明浙江省在制定创业政策时，应更加关照大龄创业人群。

3. 不同创业人群创业者的评价差异分析

不同创业人群创业者的评价差异分析见表 23。不同创业人群创业者的评分见图 3。

表 23 不同创业人群的方差分析

指标		平方和	*df*	均方	*F*	显著性
金融支持政策	组间	6.123	6	1.021	1.134	0.341
	组内	411.137	457	0.900		
	总数	417.261	463			
政府创业支持政策	组间	9.705	6	1.617	2.025	0.061
	组内	364.935	457	0.799		
	总数	374.640	463			
政府创业支持项目	组间	7.543	6	1.257	1.626	0.138
	组内	353.297	457	0.773		
	总数	360.840	463			
创业教育和培训支持	组间	5.233	6	0.872	1.139	0.339
	组内	350.002	457	0.766		
	总数	355.236	463			
研发转移机会	组间	6.282	6	1.047	1.378	0.222
	组内	347.348	457	0.760		
	总数	353.630	463			
商业环境和专业基础设施	组间	5.292	6	0.882	1.304	0.254
	组内	309.111	457	0.676		
	总数	314.402	463			
市场开放程度	组间	4.637	6	0.773	1.019	0.412
	组内	346.650	457	0.759		
	总数	351.286	463			
有形基础设施的可行性	组间	3.424	6	0.571	0.725	0.630
	组内	359.703	457	0.787		
	总数	363.127	463			
创业文化环境	组间	3.427	6	0.571	0.927	0.475
	组内	281.585	457	0.616		
	总数	285.012	463			

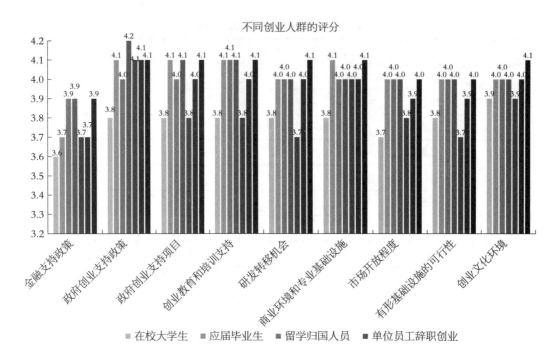

图 3　不同创业人群创业者的评分

由表23可知，关于创业政策评价的9个指标当中，不同创业人群创业者只对创业文化环境评价显著性小于0.05，存在差异性。其中，应届毕业生及单位员工辞职创业两大群体创业者对创业文化环境评价较高，为4.0分；评分较低的人群为在校大学生，故今后这些群体的创业文化环境还有待提升。

4. 不同创业阶段创业者的评价差异分析

不同创业阶段创业者的评价差异分析见表24。不同创业阶段创业者的评分见图4。

表 24　不同创业阶段的方差分析

指标		平方和	*df*	均方	*F*	显著性
金融支持政策	组间	0.820552	2	0.410276	0.454176	0.635254604
	组内	416.4402	461	0.903341		
	总数	417.261	463			
政府创业支持政策	组间	7.798909	2	3.899455	4.900349	0.007836322
	组内	366.8409	461	0.79575		
	总数	374.640	463			

续表

指标		平方和	*df*	均方	*F*	显著性
政府创业支持项目	组间	3.601186	2	1.800593	2.323581	0.099068097
	组内	357.2388	461	0.774921		
	总数	360.840	463			
创业教育和培训支持	组间	3.536599	2	1.768299	2.317852	0.099631639
	组内	351.6989	461	0.762904		
	总数	355.236	463			
研发转移机会	组间	1.306915	2	0.653457	0.855022	0.425947287
	组内	352.3231	461	0.764258		
	总数	353.630	463			
商业环境和专业基础设施	组间	1.976709	2	0.988355	1.458367	0.233686896
	组内	312.4258	461	0.677713		
	总数	314.402	463			
市场开放程度	组间	0.350008	2	0.175004	0.22989	0.794711838
	组内	350.9364	461	0.76125		
	总数	351.286	463			
有形基础设施的可行性	组间	0.473074	2	0.236537	0.300682	0.740458265
	组内	362.6539	461	0.786668		
	总数	363.127	463			
创业文化环境	组间	3.415094	2	1.707547	2.795408	0.062125879
	组内	281.5973	461	0.61084		
	总数	285.012	463			

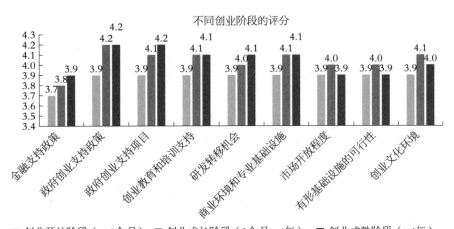

图4　不同创业阶段创业者的评分

由表 24 可知，关于创业政策评价的 9 个指标当中，不同创业阶段创业者对政府创业支持政策评价显著性小于 0.05，存在差异性。其中，处于创业成熟阶段（＞4 年）的创业人员对政府创业支持政策的评价最高，为 4.2 分；处于创业刚开始阶段（＜3 个月）的创业人员对政府创业支持政策的评价最低，为 3.9 分。

四、结　语

通过横向、纵向深度对比分析，笔者发现浙江省青年创业创新扶持政策目前存在的不足如下：从政策知晓度情况看，浙江省青年对相关政策的知晓度较高，网络、创业实践、参加培训、学校教育是信息获取的主渠道；从政策重要度情况看，浙江省青年在政策诉求上具有一定内在一致性，资金仍是创业者关注的首要因素，政策的持续性和解释性也是青年创业者的关注点；从政策利用度情况看，浙江省青年在创业政策的利用度上处于中等偏上水平，各项相对较为均衡；从政策满意度情况看，70.90% 的被调查者对本地创业政策总体满意。

（一）创业扶持政策信息呈多渠道获知状态，资金缺乏和科技含量不高仍是浙江青年创业者的最大困难

浙江省青年创业创新扶持政策知晓度、重要度情况大样本调查显示，创业政策的信息获取渠道主要为：网络（26.94%）、创业实践（23.71%）、参加培训（15.30%）、学校教育（12.07%）。浙江省青年创业创新扶持政策重要度情况大样本调查显示，创业过程中遇到的最大困难前 3 项为：缺乏资金（69.40%）、缺少有科技含量的项目（36.21%）、自身能力不足（27.16%）。青年创业者对创业创新政策的需求程度由高到低依次如下：金融支持（48.71%）、税费减免（44.83%）、后续政策支持（39.66%）、提供个性化创业服务或培训咨询（31.47%）、进一步开放市场准入（23.71%）、建立创业园区或降低场地费用（28.66%）、定期发布政府信息并予以解释（18.97%）。整体而言，浙江省青年的创业创新政策在诉求上具有一定的内在一致性，资金仍是创业者关注的首要因素，政策的持续性和解释性也是青年创业者的关注点。

（二）在创业创新扶持政策受益率方面浙江青年感受度较高，而且近年来总体呈上升趋势

浙江省青年创业创新扶持政策利用度情况大样本调查显示，65.73% 的被调查者认为自己享受了创业政策和具体的创业服务。具体来看：（1）在金融支持政策方面，64.22%

的被调查者认为政府能为新创企业提供创业资本，65.51%的被调查者认为新企业有很大机会获得各种政府补贴。（2）在政府创业支持政策方面，认为政府能为创业企业提供优惠的税收减免政策的占比74.57%，认为对创业企业的人才引进有补贴政策的占比73.70%，认为对企业研发投入等方面有奖励或资助政策的占比72.20%。（3）在政府创业支持项目方面，73.06%的被调查者认为政府为新创企业提供了足够的项目机会，且71.33%的被调查者认为政府有稳定、持续的创业扶持项目计划。（4）在创业教育和培训支持方面，70.91%的被调查者认为学校教育鼓励创新创业，提供了足够的创业教育课程；73.06%的被调查者认为政府和社会提供了充足的创业技能培训；72.20%的被调查者认为政府和相关机构提供了完善的创业指导服务。（5）在研发转移机会方面，68.75%的被调查者认为新创企业能够有机会获取科研院所的科技成果转移，72.20%的被调查者认为政府积极鼓励科技研发成果向新创企业转移。（6）在商业环境和专业基础设施方面，70.91%的被调查者认为相较之前，更容易获得政府有关部门的创业"一条龙"服务；72.85%的被调查者认为政府创业服务部门实行了全面取消非行政许可审批事项，简化了办事流程，优化了服务；71.99%的被调查者认为孵化器、众创空间提供了充足的创业服务；73.71%的被调查者认为在政府或创业机构的帮助下，新创企业能够有很多机会与投资者、同行等交流创业经验。（7）在有形基础设施的可行性方面，72.20%的被调查者认为有很多免费或以较低费用入驻各种孵化器和众创空间的机会；67.24%的被调查者认为新创企业在水、电、气、排污等费用方面负担较轻。（8）在创业文化环境方面，76.94%的被调查者认为本地文化鼓励创新和创业，创业是一件令人骄傲的事；69.61%的被调查者认为本地文化能够容忍创业失败。整体而言，浙江省青年在创业政策的利用度上处于中等偏上水平，各项较为均衡。

（三）浙江青年对本地创业创新扶持政策总体满意率较高

浙江省青年创业创新扶持政策满意度情况大样本调查显示，70.90%的被调查者对本地创业政策总体满意。具体来看：（1）73.70%的被调查者对与创业有关的政府部门工作人员的服务态度满意。（2）67.68%的被调查者认为本地创业政策对自己企业发展的影响很大。（3）68.97%的被调查者认为本地创业政策对创业活动产生了重要的作用。（4）71.34%的被调查者认为本地创业政策能给自己带来更多的创业机会。（5）69.40%的被调查者认为本地创业政策能切实帮助自己提高创业能力。（6）67.02%的被调查者认为创业政策在本地能够得到有效落实。

（四）浙江青年对创业创新扶持政策存在不足的感受

（1）政出多门，政策关联不足。据不完全统计，浙江省 2014—2018 年在省级层面出台青年创业创新政策 50 余项。从发文单位看，涉及省政府、省教育厅、省人社厅、省财政厅、省科技厅、省商务厅等多个部门，其中联合发文数量为 12 项，占比 24%。从发文内容看，涉及财税扶持、简政放权、创业就业、产业创新等多个领域，政策扶持对象包括高校毕业生、残疾人、农村创客、归国高层次人员等。整体而言，浙江省青年创业创新扶持政策呈多部门、零散化的发布态势，政策的体系性、系统性、连贯性、联动性不足，存在一定的政策重叠性，各项政策的协同叠加效应尚未得到充分发挥。

（2）因地制宜，细化落实不足。在省级层面推出明确政策之后，需要各地市做出积极响应，推出更为细化、更具针对性的相关政策和细则。调查发现，创业市场发育相对完善的地区响应的热度明显更高。例如在杭州，自 2008 年就开始实施杭州市大学生创业三年行动计划，至今已累计实施 4 轮并取得了较好成效；2018 年，杭州市人力资源和社会保障局、杭州市财政局正式发布《杭州市大学生创业资助资金实施办法》，实施办法详细解释了获得无偿资助和扶优资助的政策细则。但整体而言，浙江省部分地区在细化落实上级政策文件方面仍存在不足，尚存在政策的"拿来主义"倾向，未能有效结合地区的产业特色、青年需求等制订实施方案与细则，部分细则存在"水土不服"问题。访谈过程中，有青年创业者反映，窗口办事人员对创业政策的详情"一知半解"，无法为创业者提供详细的政策解释。

（3）省市互动，联动效能稍欠。随着数字经济时代的到来，信息不对称现象不断被打破，有效推动了各类创业要素在全省、全国乃至全世界的快速流动。不同省份在创新创业活动方面的边界越来越模糊，关联型、跨区域型的创业活动愈加频繁，在浙江省创业的青年创业者其合伙人很可能来自全国各地。创业活动的交互性加强对各省份创业创新扶持政策的互动性提出了要求。整体而言，目前浙江省与其他省份或直辖市（如广东、北京、上海等），在青年创业创新扶持政策的有效衔接、联合发布、联动实施方面尚未得到有效推进。

（4）对社会公益创业引领不足。从浙江省现有青年创业创新扶持政策看，现有政策对大学生群体、海归群体、返乡创业群体等的关注较多，但是对于女性群体、残疾人等弱势群体的关注度尚显不足。在创业政策的导向中，对社会公益类创业的支持力度不够。在创业教育氛围营造中，在引领全社会加强对社会公益创业教育的支持、认同、赞赏等方面的政策关注不多。以近 5 年政策为例，面向高校毕业生的文件多达 9 项，而面向社会公众例如女性等的非普惠型政策明显不足。此外，现有政策在内容上主要聚焦创新创业活动实施后的"后端"优惠扶持问题，在"前端"的价值、理念引导上稍显不足。

（5）低幼学龄，教育覆盖不足。创业教育政策是引导青年创业创新的关键环节，创业教育往往在创业意识启蒙方面有重要影响力。从当前浙江省创业教育政策现状看，创业教育的实施主体主要为高校，授课对象主要为在校大学生，面向中小学的"低幼学龄"创业教育覆盖明显不足，从中小学到高校的创业教育自然衔接存在"断层"。事实上，创新创业首先是一种理念，其次才转化为行为。显然，大部分学生在步入高校后才有机会得到创业知识启蒙，这种启蒙的滞后性也在一定程度上导致创业意识到创业行为的转化率较低。

（6）投入产出，效能评估不足。从近 5 年来发布的青年创业创新政策资料看，浙江省在政策扶持的投入力度上非常大。但整体而言，对创业政策的实施成本核算、对政策投入产出的效能评估不足。一是对政策转换效率的评价，即投入与产出间转换关系的评价不足。二是对政策效果持久度的评价，即现有政策成果是否能够得以保持并继续深化扩大的评价不足。

（主持人单位：浙江工商大学）

后疫情时代浙江青年农创客网络直播调查报告

一、引　言

　　乡村振兴战略是中共十九大做出的重大决策部署，是决胜全面建成小康社会、全面建设社会主义现代化国家的重大历史任务，是新时代"三农"工作的总抓手。2019 年《中共中央　国务院关于坚持农业农村优先发展做好"三农"工作的若干意见》指出，"继续开展电子商务进农村综合示范，实施'互联网＋'农产品出村进城工程"，将电子商务作为带动乡村振兴的新技术、新手段。2020 年，网络直播作为新的农民带货利器，席卷了整个市场，直接打通、激活了现有农村电子商务系统，成为实现农民致富、乡村振兴的新动力和新引擎。

　　一方面，网络直播可以让农民在农业经济上获得更多效益。在粮田、林场、牧场、集市等场所只需一部手机，农民就可以进行网络直播，几乎不需要任何经济投入，方便又省力，等同于在线上开了一家实体店，不仅拓宽了销售新渠道，还增加了收益。另一方面，网络直播提供了新型农业岗位，这也是促进青年人才创业就业的新举措。特别是受 2020 年初新型冠状病毒肺炎疫情的影响，网络直播带货成为热点话题。根据淘榜单联合淘宝直播发布的《2020 淘宝直播新经济报告》，2019 年全国网络直播电商总成交额超过了 3000 亿元，连续 3 年增速均在 150% 以上，直播中不少地方政府领导踊跃参与，引起广泛关注，同时也激励着无数青年农创客参与其中，为农产品消费和农村经济发展注入更多的活力。浙江省在全面落实中央重大决策部署时，聚焦乡村振兴人才培养计划、乡村振兴领军人才培养计划等，通过搭建平台、培育典型、加大宣传等多种途径，引导和培育了一批农创客投入现代农业。其中很多是大学毕业生，他们与乡村振兴成为命运共同体，给浙江"三农"发展带来了新的能量和活力，成为推动现代农业发展和新农村建设的重要力量。2020 年 11 月 20 日，浙江省农业博览会在杭州萧山新农都会展中心成功举行，在博览会上的各个展区，随处可见农创客网络直播的身影，这也说明了网络直播已然成为浙江省农创客拓展销售渠道，展现农业风采的重要工具。

　　现阶段，阐述网络直播在农业销售上的优势方面的研究较多，如戴黛的研究基于互动仪式链理论和价值共创理论，认为网络直播的本质在于互动仪式，能够进一步促进休闲农业企业的服务创新绩效。沈致远等人认为，网络直播提高了传播与互动的实时性和同步性，且能精准触达受众，满足消费需求。而有关青年农创客使用网络直播现状和使用行为影响因素的研究较少。技术采纳与使用统一理论（the Unified Theory of Acceptance and Usage of Technology，UTAUT）被广泛应用于研究用户使用行为，如学术社交网络、MOOC 学习、社交电商等，是 IT 采纳理论的集大成者，整合了技术任务适配模型、创新扩散理论、理性行为理论、计划行为理论和动机模型等，具有较强的适用性。本研究基于 UTAUT 模型，以浙江省青年农创客为研究对象，通过实地调研和访谈的方式，一方面了解浙江青年农创客使用网络直播的基本情况，如对网络直播的认知程度、使用频率、满意度等，另一方面研究影响他们使用意愿和行为的因素。本研究最大的应用价值在于向青年农创客相关群体提供在助力乡村振兴和实现消费内循环方面如何充分利用网络直播发挥重要作用的建议。

二、调查研究过程

（一）调查研究设计

1. 研究对象

本研究的对象是浙江省青年农创客，结合本研究需要，在选定研究对象时须符合以下条件：一是区域要求，所划定的范围为目前在浙江省内从事农业的青年，户籍不限；二是年龄要求，设定在 18—35 岁。本研究通过对这些条件的设置，来保证问卷调查对象的精准性和有效性。

2. 问卷设计

问卷主要包括两个部分。第一部分关于青年农创客的基本信息和网络直播使用的基本情况。第二部分关于 UTAUT 模型（见图 1），其中自变量包括绩效期望、用户期望、社群环境和便利条件，所有变量均采用 7 分李克特量表。绩效期望包括"使用网络直播能明显提高销售农产品的销量"等 4 个题项；用户期望包括"对我来说，学会使用直播平台很简单"等 4 个题项；社群环境包括"我所在区域鼓励使用网络直播，因为我也会选择使用该方式"等 4 个题项；便利条件包括"互联网平台、手机、iPad 等移动设备为我使用网络直播资源提供了便利条件"等 3 个题项。

自变量使用行为根据 Carlo 编制的行为问卷，包括 4 个题项，如"是否参与过直播平台"等，得分范围在 0—7 分，得分越高，说明被试发生直播平台销售的行为越积极。

中介变量使用意愿包括"我愿意使用网络直播平台"等 4 个题项，采用 7 分李克特量表。

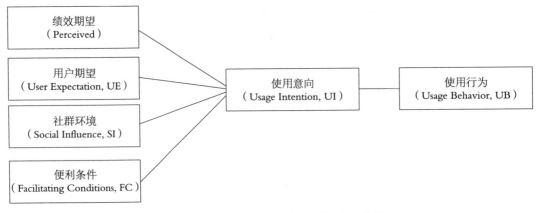

图 1　青年农创客直播使用意向、使用行为模型

（二）研究思路

根据研究主题和研究问题，在文献回顾与评述的基础上，界定关键概念的内涵及相关变量之间的内在关系，以 UTAUT 模型为基础，提出相应的研究假设，有针对性地收集数据，运用定量统计分析方法进行数据分析，验证理论假设，从而得到研究结论并对相关结论与现象加以讨论。

本研究采用的调查研究方法有访谈法、问卷调查法。一是访谈法：通过对青年农创客、共青团干部、妇联干部、政府职能部门、运营服务商、网络红人、大型农业企业、社会组织进行深度访谈，了解青年农创客在网络直播方面的政策支持、平台服务、问题与困难，以及未来发展方向。二是问卷调查法：共抽取浙江省 525 名青年农创客，并将其作为样本发放问卷，共回收问卷 500 份，回收率 95.24%，有效问卷 492 份，有效回收率 98.40%。

在获得一手数据后，本研究运用描述性统计分析发现青年农创客的基本信息和其使用网络直播的基本现状，同时基于学术界广泛认可的 UTAUT 模型，运用调研数据来定量研究影响青年农创客网络直播使用意向和行为的因素。

三、调查研究结果

（一）青年农创客的基本特征

通过问卷调查，共计收集到 492 个有效样本，从性别、学历、对网络直播的熟悉程度和是否使用网络直播等方面对青年农创客的基本特征进行分析。

青年农创客样本的性别分布特征中，男性数量略多于女性数量（男性 272 人，占 55.28%；女性 220 人，占 44.72%）。

从学历比例上看，青年农创客本科学历居多，有 250 人，占 50.81%；硕士及以上学历的有 30 人，占 6.10%；大专学历的 148 人，占 30.08%；高中学历的 50 人，占 10.16%；初中及以下学历的 14 人，占 2.85%。可见青年农创客与传统农民相比，在受教育程度上有了明显的提高。

青年农创客对网络直播的了解认知程度普遍较高。有 82 人（16.67%）选择"非常了解"，214 人（43.50%）选择"较为了解"，182 人（37.76%）选择"一般了解"，只有 12 人（2.44%）选择"不太了解"，2 人（0.41%）选择"完全不了解"。大部分青年农创客认为自己对网络直播有一定的了解，这主要得益于各大直播平台交互界面的易操作性和青年农创客较强的学习能力。此外，新型冠状病毒肺炎疫情对青年农创客选择网络直播有一定的影响。其中 282 人（57.32%）表示因为疫情而选择网络直播的方式。如疫情导致农产品销售渠道受阻，销量急剧下降，青年农创客急于求助于新渠道，因此开始关注网络直播方式，试图拓展自己的销售渠道来改变农产品滞销的糟糕局面。另外有 210 人（42.68%）认为疫情对选择使用网络直播方式没有太大影响，网络直播是一种销售趋势，即使没有疫情的影响，自己也会考虑使用网络直播平台。超半数的青年农创客曾经使用过网络直播。研究对象中有 300 人曾经使用网络直播销售自己的产品，占 60.98%；没有使用网络直播销售方式的有 192 人，占 39.02%。这说明青年农创客比较愿意以网络直播的方式对其农产品进行推广销售。

（二）青年农创客网络直播使用情况

问卷中有 300 名青年农创客表示使用过网络直播平台进行销售，为了研究青年农创客网络直播使用行为的影响因素，本研究对该 300 个样本进行了分析。

1. 青年农创客网络直播销售产品品类丰富

青年农创客使用网络直播销售的农产品多种多样，其中 102 名（34.00%）主要销售水果类，所占比例最大，接下来的比例由大到小依次是海鲜类（42 名，14.00%）、植物类（32 名，10.67%）、家禽类（26 名，8.67%）、农副产品（26 名，8.67%）、蔬菜类（22 名，7.33%）等。（见表 1）由此说明，网络直播对销售产品的品类并没有较大限制，可以推广销售大部分农产品，具有普遍适用性。相对而言，水果类和海鲜类占比较大。结合访谈来看，确实水果类、海鲜类的农产品在线上直播时更加具有可操作性，并且视觉冲击力更大，更容易吸引买家的注意力。

表 1　青年农创客网络直播产品品类分析

您利用网络直播平台销售的主要是什么产品？	频数 / 个	频率 / %
水果类	102	34.00
海鲜类	42	14.00
其他	24	8.00
茶叶	8	2.67
蔬菜类	22	7.33
植物类	32	10.67
文旅类	16	5.33
家禽类	26	8.67
纯天然护肤品	2	0.66
农副产品	26	8.67
总计	300	100.00

2. 抖音和淘宝直播是青年农创客网络直播的主要平台

从直播平台的选用和喜爱程度上分析，抖音直播（61.33%）、淘宝直播（48.67%）和快手直播（32.00%）平台最受青年农创客的喜爱，远远超过京东直播（10.00%）和微博直播（10.00%）等其他平台的喜爱程度。（见表 2）抖音作为国内最大的短视频平台，日活量巨大，带货门槛低，作为一种年轻时尚的潮流，深受青年带货人的喜爱，自然也是青年农创客选用的主要平台。淘宝平台拥有数量庞大的商家，电商＋直播方式相结合，更加便利快捷，有利于提高销售转化率。但是淘宝直播平台的推广比抖音来得稍晚一些，因而选用淘宝直播的人数略少于抖音直播人数。总而言之，抖音直播和淘宝直播是青年农创客进行网络直播的主要平台。

表 2　青年农创客网络直播平台选用意向多重响应分析

您喜欢使用哪些平台直播？[多选]	频数 / 个	个案百分比 / %
抖音直播	184	61.33
快手直播	96	32.00
淘宝直播	146	48.67
京东直播	30	10.00
微博直播	36	12.00
拼多多直播	10	3.33
微信直播，粉象直播	2	0.67
斗鱼直播	2	0.67
陌陌	2	0.67
爱逛、腾讯	2	0.67
今日头条、西瓜视频	2	0.67
其他	10	0.67
合计	522	171.35

3. 青年农创客网络直播频率不高，时长较短

在调查样本中，选择一周做 1—2 次网络直播的有 178 人（59.33%），一周进行 3—5 次直播的有 100 人（33.33%），一周 6 次及以上的有 14 人（4.67%）。（见表 3）直播时长大部分在 30 分钟内的占 60.67%，30 分钟—1 小时的占 27.33%，1 小时—2 小时的占 4.67%，2 小时以上的仅占 7.33%。（见表 4）由此可见，青年农创客的直播频率集中在一周 1—2 次（59.33%），时长一般控制在 1 小时内（88.00%）。访谈中，大部分青年农创客也反映自己没有太多精力做直播，也不具备专业经验，使用直播的次数不会太频繁。此外，也有部分青年农创客表示，由于初期直播平台的转化率较低，开拓直播销售方式不如提升产品质量更有价值，绝大多数青年农创客仅仅把直播当作一种新的销售渠道。

表 3　青年农创客网络直播频率分析

您使用直播平台的频率（平均）	频数 / 个	频率 / %
一周 1—2 次	178	59.33
一周 3—5 次	100	33.33
一周 6 次及以上	14	4.67
其他（有时间准备就做）	4	1.33
其他	4	1.34
总计	300	100.00

表4　青年农创客网络直播时长分析

您每次直播的时长（平均）	频数／个	频率／%
0—30分钟（含30分钟）	182	60.67
30分钟—1小时（含1小时，不含30分钟）	82	27.33
1小时—2小时（含2小时，不含1小时）	14	4.67
2小时—3小时（含3小时，不含2小时）	12	4.00
3小时及以上	10	3.33
总计	300	100.00

4. 青年农创客选择网络直播的动机多元化

"网络直播成本低、有发展前景"（64.00%）是青年农创客使用网络直播平台的主要动机；"疫情导致销路受阻，急需网络直播拓展销路"（58.00%）、"网络直播是一种潮流"（56.00%）及"政府支持网络直播"（32.00%）也是青年农创客使用直播平台的重要动机。（见表5）笔者经访谈发现，很多人纷纷肯定网络直播是一种未来销售的趋势和潮流，而疫情确实加快了他们学习和从事网络直播的速度。疫情之下，很多农业创业者不得不转变思路，使用销售新手段。在访谈中笔者还发现，大型农创企业虽然有资金和实力，但是比较注重品牌形象，因而转变速度比较慢，在选用直播平台等新方式上比较谨慎。与之相比，中小型农创企业由于没有太多的品牌形象负担，并且他们更加注重实际效果，因而在选用直播平台的时候往往效率较高，通常都是在多个平台同步直播。

表5　青年农创客网络直播使用动机多重响应分析

您使用网络直播的原因？［多选］	频数／个	个案百分比／%
疫情导致销路受阻，急需网络直播拓展销路	174	58.00
网络直播是一种潮流	168	56.00
网络直播成本低、有发展前景	192	64.00
政府支持网络直播	96	32.00
个人兴趣	80	26.67
有资源、项目或相关人才等基础	36	12.00
其他（如便捷快速赚钱）	10	3.33
合计	756	252.00

5. 实时互动和试用（食）体验是青年农创客网络直播主要使用技巧

实时互动（72.67%）和试用（食）体验（52.00%）是青年农创客在使用网络直播过程中最常用的销售技巧，使用明星带货（39.33%）和雇用直播团队（22.67%）技巧的次之。（见表6）结合访谈结果，本研究发现有很多第三方运营机构如淘宝直播村课堂等，可以为青年农创客直播提供收费或者免费服务指导，包括整合直播和运营中的资源、指导直播各类技巧、孵化培养网络红人等，从而进一步加强培养训练青年农创客的直播能力，提高直播的转化率。

表6　青年农创客网络直播使用技巧多重响应分析

您直播采用过以下哪种技巧？［多选］	频数／个	个案百分比／%
试用（食）体验	156	52.00
明星带货	118	39.33
实时互动	218	72.67
雇用直播团队	68	22.67
其他（如私域流量精准化，多直播间观看等）	12	4.00
合计	572	190.67

6. 青年农创客开展网络直播人才缺口较大

在网络直播人才缺口上，青年农创客认为严重缺乏直播策划人才的占36.00%，认为缺乏主播人才的占22.67%，认为缺乏场控人才的占21.33%。（见表7）网络直播是一个新兴行业，相关专业类人才紧缺，此类人才的引进和培养也成了行业关注的热点。如2020年上海以特殊人才的名义高调引进了李佳琦，引起人们的广泛注意。广州、成都、重庆、济南等地纷纷出台打造直播基地的政策和培养直播人才的计划。浙江电商发展迅速，主动引进和培养直播策划、直播活动运营和主播人才势必成为工作重点。如2020年由共青团杭州市委发起，在浙江余杭打造的中国青年电商网红村，为培养优秀青年主播做出了重要贡献。

表7　青年农创客网络直播人力缺口分析

您觉得直播中您的团队最缺少什么样的人才？	频数／个	频率／%
场控	64	21.33
活动或商品运营	56	18.67
直播策划	108	36.00
主播	68	22.67
其他	4	1.33
总计	300	100.00

（三）青年农创客网络直播使用意向影响因素分析

1. 样本与假设

本研究对 300 名选择使用网络直播的青年农创客的问卷进行进一步研究，分析影响其使用网络直播意向和行为的因素。

绩效期望是青年农创客的一种感知，青年农创客感知到通过使用网络直播平台可以提高销售量和效率。感知到的有用程度越高，他们就越有兴趣使用该平台。用户期望是指青年农创客使用网络直播平台进行销售的简易程度，如果其可以轻易快速地使用直播平台，就能更大程度地增强其使用的意向。社群环境是指青年农创客周边的组织机构对直播平台使用的支持力度，如果周围的人都在使用或者鼓励其使用直播平台，就能激发青年农创客的意向和行为。便利条件是青年农创客使用直播平台需要的资源和条件的便捷程度，如果平台能提供更多的便利条件，那么青年农创客会更愿意采用直播方式。

因此我们假设：绩效期望、用户期望、社群环境、便利条件对使用意向有正向影响作用；绩效期望、用户期望、社群环境、便利条件对使用行为也有正向影响作用。

根据计划行为理论（Theory of Planned Behavior, TPB），任何行为都受到意向的影响，因此假设使用意向在绩效期望、用户期望、社群环境、便利条件和使用行为之间起中介作用。

2. 信度、效度及相关分析

本研究对有效样本进行探索性因子分析（Exploratory Factor Analysis, EFA）。研究结果显示，共提取出 5 个因子：绩效期望、用户期望、社群环境、便利条件、使用意向，所有测量条目旋转后因子载荷都大于 0.80；Harman 单因素法显示第一个因子解释了 44.14%，小于 50%，说明共同方法偏差不严重。对有效样本进行验证性因子分析（Confirmatory Factor Analysis, CFA）后，拟合指数分别为 RMR = 0.025，GFI = 0.855，AGFI = 0.806，CFI = 0.966，IFI = 0.967，TLI = 0.960，RMSEA = 0.089，拟合结果较为理想。[①]

绩效期望、用户期望、社群环境、便利条件、使用意向的 Alpha 系数均大于 0.9，说明各维度的内部一致性信度较好。组合信度 CR（Composite Reliability）都大于 0.80，说明量表的组合信度也较好。

---

① RMR 是"均方根残差"，GFI 是"拟合优度指数"，AGFI 是"调整后的拟合优度指数"，CFI 是"比较拟合指数"，IFI 是"增量拟合指数"，TLI 是"不规范拟合指数"，RMSEA 是"近似均方根残差"。

聚合效度上，旋转后的每个测量条目的因子载荷都大于 0.85，每个维度的平均方差提取（Average Variance Extracted，AVE）值都大于 0.75，说明量表具有良好的聚合效度。从区分效度结果可知，对角线上的平均方差提取值的平方根都大于对角线下方的维度之间的相关系数，说明量表具有良好的区分效度。（见表 8）从内容效度结果分析，量表都基于成熟量表改编，对部分青年农创客做问卷访谈和预测试后，对问卷条目进行了进一步修改，在一定程度上保证了量表的内容效度。

表 8　区分效度分析结果

	绩效期望	用户期望	社群环境	便利条件	使用意向
绩效期望	0.928				
用户期望	0.223**	0.973			
社群环境	0.251**	0.147*	0.897		
便利条件	0.393**	0.142*	0.462**	0.892	
使用意向	0.475**	0.269**	0.413**	0.533**	0.895

根据 Pearson 相关分析可知，各变量间都存在显著正相关关系。绩效期望（$r = 0.475$，$p<0.01$）、用户期望（$r = 0.269$，$p<0.01$）、社群环境（$r = 0.413$，$p<0.01$）、便利条件（$r = 0.533$，$p<0.01$）分别和使用意向显著正相关；使用意向（$r = 0.384$，$p<0.01$）与使用行为显著正相关。

3. 模型检验

根据表 9 和表 10 的分析结果，绩效期望对使用行为有正向显著影响（$\beta = 0.22$，$p<0.001$）；加入使用意向变量后，绩效期望对使用行为影响不显著（$\beta = 0.05$，$p>0.05$）；使用 Process 软件做 Bootstraps 检验绩效期望—使用意向—使用行为之间的间接效应置信区间是 [0.2457，0.5618]，不包括 0，因此说明使用意向在绩效期望和使用行为之间起完全中介作用。用户期望对使用行为有正向显著影响（$\beta = 0.21$，$p<0.001$），加入使用意向变量后；用户期望对使用行为影响减弱（$\beta = 0.18$，$p<0.05$）；结合 Bootstraps 检验用户期望—使用意向—使用行为之间的间接效应置信区间是 [0.1142，0.2846]，不包括 0，因此说明使用意向在用户期望和使用行为之间起部分中介作用。同理，使用意向在社群环境和使用行为之间起部分中介作用，使用意向在便利条件和使用行为之间起完全中介作用。

表 9　使用意向、使用行为的影响因素分析

条目	意向	行为	行为	意向	行为	行为	意向	行为	行为	意向	行为	行为
性别	-0.02	-0.03	-0.02	-0.03	-0.03	-0.02	-0.01	-0.02	-0.01	0.01	-0.02	-0.02
学历	-0.08	0.01	0.04	-0.1	0.01	0.05	-0.10	0.012	0.041	-0.063	0.01	0.04
绩效期望	0.47***	0.22***	0.05									
用户期望				0.26***	0.21***	0.18*						
社群环境							0.407***	0.35***	0.23***			
便利条件										0.53***	0.17**	-0.05
使用意向			0.364***			0.36***			0.29***			0.42***
R	0.48	0.22	0.39	0.29	0.21	0.40	0.43	0.35	0.44	0.54	0.17	0.39
R²	0.23	0.05	0.15	0.08	0.04	0.16	0.18	0.12	0.19	0.29	0.03	0.15
F 值	29.77	5.13	13.15	8.89	4.59	14.25	21.72	13.75	17.65	39.95	2.87	13.12

注：表内数据是估计参数；* 表示 $p < 0.05$，** 表示 $p < 0.01$，*** 表示 $p < 0.001$。

表 10　使用意向的中介效应分析（Bootstraps 法）

条目	间接效应	标准误	下限	上限	效应占比 / %
绩效期望—使用意向—使用行为	0.3863	0.0803	0.2457	0.5618	77.71
用户期望—使用意向—使用行为	0.1878	0.1431	0.1142	0.2846	45.73
社群环境—使用意向—使用行为	0.1799	0.0433	0.1031	0.2773	34.16
便利条件—使用意向—使用行为	0.3490	0.0647	0.2387	0.4873	131.70

4. 结果分析

综上可知，绩效期望、用户期望、社群环境和便利条件 4 个因素通过使用意向影响青年农创客的网络直播使用行为。青年农创客如果感到网络直播能大幅度提高农产品的销量和效率，网络直播的有用性就会激发他的使用热情。同时，青年农创客也希望在使用直播平台的时候是快速便捷且易于操作的，这样也会大大增加其使用频率。当周围的人也在使用直播平台销售时，出于从众心理青年农创客会觉得这种方式有一定的优势，所以会有使用直播的想法。如果在使用过程中外部环境能为青年农创客提供政策、经济、技术等方面的支持，也会增强其使用意向。

从变量的路径系数比较看，社群环境的系数最高，其次是绩效期望、用户期望，最后是便利条件，这说明社群环境对青年农创客网络直播使用行为影响最大，在多种销售渠道中，网络直播更容易受到外部环境的影响。行业内对直播使用率的普及，最能影响青年农创客的使用行为。

四、总结与反思

网络直播是在"内循环"背景下应运而生的，引发消费方式改变的时代产物，承担了刺激消费的重要功能，能有效地刺激中低消费需求，是"内循环"这一新经济模式的有力手段和工具。但是对于从事农业的青年创客而言，网络直播也是一把"双刃剑"。要想有效利用这一工具助力乡村振兴，让更多的青年人能够返乡创业，离不开政府部门、群团组织、相关协会、运营服务商，以及青年农创客的共同努力。

（一）政府部门应加强政策引导，规范青年农创客的行为

各地政府对网络直播寄予了一定的期望，希望能助力"内循环"和乡村振兴，但短期的火爆不代表其能持续、健康发展。调查发现，不少青年农创客对创业相关政策不熟悉，特别是对如何申请网络直播技术、资金、空间扶持缺乏了解，因此政府部门应该在政策宣传方面注重多渠道推广，利用好新媒体，让政策能够惠及更多的青年农创客。同时政府部门还应进一步完善协同、联动的工作机制，继续探索分工有序、协同推进的综合服务模式。特别是在资金支持上，要进一步巩固和扩大与各金融机构的合作，用好、用足农信联社的专项资金，为青年农创客网络直播提供资金保障。

值得注意的是，除部分青年农创客着力于把自己打造成"网红"之外，大部分青年农创客受经验和时间的限制，会直接用高价邀请"网红"来做网络直播，既容易引发产品的同质化竞争，又容易引起消费者对农产品的审美疲劳。此外，"网红"数量急剧增加且素质参差不齐，许多"网红"对农产品质量和功能缺乏足够了解，甚至有的"网红"只注重短期利益，盲目透支"消费者信任"，长远而言必将使得客户、青年农创客、"网红"和"网络直播"本身都受到不可逆转的伤害。因而政府要健全相关法律法规，对"网络直播"中各方参与者的行为予以规范，避免其行为游走于法律的边缘。

（二）群团组织应广泛挖掘典型，营造创新创业的氛围

目前，网络直播已成为农产品品牌营销的新路径，能让更多用户了解农产品品牌及企业背后的故事，更加精准地服务消费者，拓展农产品销售渠道。如通过网络直播在线展示和体验式讲解农产品的种植过程、采摘方式、品尝结果等，能极大地增强人们对农产品质量安全的信任。通过答疑解惑、在线下单，可以拉近与消费者之间的距离，促进农产品销售。因此，群团组织应进一步培育地方特色农产品品牌，讲好青年农创客

故事。线上以网站、微博、微信公众号等新媒体网络平台为依托，积极宣传网络直播知识、青年农创客故事；线下通过纸质媒体积极宣传各地推动青年农创客的经验做法。针对"村播计划"，制订并印刷工作指南和工作手册。此外，通过线上线下互动和市场化运作方式，创新活动载体，有效强化网络直播氛围，提高青年农创客在互联网界的影响力。以活动为载体，促进资源和项目对接，营造浓厚的创业氛围，激发青年农创客的创业热情。通过举办创业文化周、系列主题活动，展示农村网络直播的成果，有效实现产业和人才的对接。评选优秀青年网络直播人员，选树青年农业创业典型，带动一批创业能力强、影响力大的青年农创客，使其成为返乡创业青年的"领头羊"。

青年农创客在不同的创业阶段对资源、平台、服务的需要存在差异化特征，群团组织应该主动适应青年农创客的基本特征和发展需求，针对不同创业阶段的青年农创客提供不同的创业服务。通过互联网技术手段，把信息、服务、理念、活动、品牌和资源有机整合起来，形成具有农业、农村、农人特色的不可替代的综合服务。如针对初创期青年农创客主要为其提供基础培训、政策支持等，针对拓展期青年农创客主要为其提供业务拓展和市场推广服务，针对成熟期青年农创客主要为其提供更为广泛的融资渠道，从而确保群体组织服务覆盖不同创业阶段的青年，提升服务有效性。

（三）行业协会应着力打造品牌平台，促进互动合作交流

在调查过程中，有部分青年农创客反映自己家里有非常好的农产品，但是由于社会资源有限，在直播时，通常只能得到周边朋友的响应，久而久之就不愿意在直播上花费过多的精力了。行业协会作为专业性的社会团体，具有丰富的社会资源，因此应积极发挥其在活动组织、沟通交流、行业服务和监督等方面的作用，搭建资源共享、信息互通、抱团发展、有效覆盖不同层级青年农创客的综合服务平台，发挥好联系政府、企业、群团组织、高等院校、青年农创客各方的桥梁作用，引导青年农创客由"自发参与、各自为政"向"组织引导、抱团发展"的提升，帮助青年农创客构建全域社会关系网络，想方设法通过各种社会关系网络为青年农创客提供网络直播交流平台，提供获取社会资本的途径，并形成品牌化的平台，增强青年农创客的归属感。

相对于政府和群团组织，行业协会具有非常大的灵活性，行业协会可以协同相关利益群体联合开展青年农创客网络直播文化周、青年农创客网络直播经验交流会，举办青年农创客创新创业大赛，在赛前和赛中挖掘勇于投身农村农业的青年创业人才和创新项目，在赛后为获奖的优秀项目提供跟踪服务，如对接政策，拓展人脉，持续推进创业辅

导、创业培训、金融扶持等，确保活动成效最大化。

（四）运营服务商应不断优化平台，完善服务质量和水平

相关数据显示，2018 年，淘宝直播举行了超过 15 万场农产品直播，超过 4 亿人次在线收看，多场直播实现销售超 1000 万元。而在 2019 年阿里巴巴丰收节公益直播活动中，仅 3 个小时，就吸引了 3400 万人次围观，创下 2640 万元的成交额。然而，根据目前青年农创客的现实需求，运营服务商还应该提供专业的策划，进一步培育地方特色农产品品牌，提高消费者对地方农产品的认可度。为此，一方面要在增强农产品自身"底子"的基础上，不断巩固买卖双方的信任，强化品牌传播，让消费者从认同某样农产品转变为认同某个品牌；另一方面要不断创新网络直播形式和内容，将产品的文化元素、经济价值体现出来，充分挖掘农产品的文化内涵。除此之外，还要建立合理明确的产品展示标准，按照农副产品的品质、产地、特性、价格等因素，优化产品的直播规则，消除现有电商平台直播产品规则中的竞价排名因素，将平台经营主体的工作重心放在提升农副产品的质量上，降低销量对展示顺序的影响；要对主播进行规范管理，杜绝虚假宣传。

以上都需要运营服务商优化自身平台，进行精准服务，特别是要强化对农业产品、服务策划的设计。例如，阿里巴巴乡村战略在各县、乡（镇）、村建立了"阿里村淘"等服务点，并吸引其他电商平台纷纷投入到基层。随着精准扶贫工作的不断深入开展，在农产品溯源、生产、销售等方面，各地政府与电商平台形成了一整套合作体系，通过明星直播，很快形成了网罗当地农产品、放射性覆盖的"五位一体孵化基地"。京东携手百位县长，组成"百大县长直播团"，在"618"活动期间，打造"粮油产业带寻源之旅""京源助农"等主题直播，从"点"到"带"，聚焦产业带发展，开启"供应链＋直播"新模式。抖音推出新农人计划，将投入总计 12 亿流量资源，给予"三农"创作者更多流量包和曝光度，同时增加运营推广小技巧、直播带货等全方位培训课程，让美好乡村被更多人看到。网络直播也成为扶贫新力量。据相关统计，自 2020 年以来，500 万贫困县区人口从快手平台上获得直播收益，首批数十位带头人的产业总值已超过 1000 万元。不同运营服务商可以结合自身优势和已有基础，设计出独具特色的直播营销服务，以吸引更多的流量，提高转化率。

（五）高等院校应重视人才供给，提供相应技能培训

从目前比较成功的案例来看，真正专业做网络直播的青年农创客寥寥无几，很多青年农创客也大多是临时起意，并没有充足的专业储备，部分青年农创客凭借着个人的人气流量，获得了大量关注，甚至还取得了很不错的销量。但他们也流露出专业知识储备不够的问题，在直播过程中对于一些观众提出的专业问题不能正确回答。因此，在人才资源方面有优势的高等院校，应积极与农办、人社局等职能部门对接，一方面要推进培训的覆盖面，另一方面要着重加强培训的效果。应该在基础培训阶段完成重点对象的筛选，在基础培训的基础上继续开展针对性强、操作性高的深度培训。根据青年农创客网络直播的不同需求、不同层次，实施不同班次、不同类别的培训，加大对网络直播青年农创客梯队和人员队伍的培养力度，着力做好课程设置、师资安排、培训组织等工作，以初级班、提升班、高级班、企业定制培训班等不同班次实现网络直播培训的梯段式覆盖，实现网络直播初级人员队伍和专业人才队伍储备。提高培训实效，避免完成培训数量考核等"走过场式"培训，培训为青年农创客提供了获取知识资本的有效途径，同时帮助解决专业技术人才缺乏的困境。

此外，高等院校要协助加强农村地区网络基础设施建设，创新农民技术培训方式，增加直播平台和电商平台的推广覆盖面。同时，还可组织直播人员观摩学习，配合运营服务商做好选题策划，结合现场观摩、专家讲课、农业会展等活动，让更多的青年农创客学会运用微视频、VR 等新兴传播手段；在取景拍摄、语言表达、营销推广等方面，增强直播的专业性、准确性，加大对直播团队的培育力度，丰富节目题材，做好内容策划及热点营造，不断提升服务质量。例如，通过"直播 + VR"模式，在美丽乡村、休闲观光农庄，向用户展示乡村与农庄风采；将互联网、物联网、监控、溯源等手段有机结合，在"三园两区一体"建设过程中，不断增强消费者对农产品质量安全的信心，实现 7×24 小时直播生产；通过"初级农产品＋直播＋稻虾""稻鱼等＋农业众筹"等模式，实现农产品增值，加快乡村振兴步伐。

（六）青年农创客应提升责任意识，坚守行业和市场规则

2019 年艾媒咨询数据显示，直播电商的总规模达到 4338 亿元，有效地推动了电商的发展。但同时，中国消费者协会报告显示，有 37.30% 的受访消费者在直播购物中遇到过消费问题，虚假宣传、货不对物、以次充好、售后差等是经常存在的现象，这也直

接或间接地消耗着用户对网络直播的信任。2020 年 7 月 1 日，《网络直播营销行为规范》正式实施，这是国内出台的第一个关于网络直播营销活动的专门规范。该规范指出，网络直播营销主体不得利用刷单、炒信①等流量造假方式虚构或篡改交易数据和用户评价，不得进行虚假或者引人误解的商业宣传，欺骗、误导消费者。

　　打铁还需自身硬，如果青年农创客不从农产品质量上下功夫，不在专业技术上提升自我，仅仅依靠流量带来的粉丝效应，终究会被市场所淘汰。因此，青年农创客在进行网络直播时必须严格按照 2016 年 7 月 8 日工商总局公布的《互联网广告管理暂行办法》，在诚信带货、实事求是的情况下，践行服务承诺，以消费者正当权益为依据，与监管部门、平台共同发力，努力为消费群体创造出健康、向上的直播环境，只有这样，消费群体才能在"万物皆可播"的时代放心购物。一旦青年农创客在直播带货时对消费者权益造成了侵害，带货主播、直播平台，以及商家需要共同承担责任。直播平台要严格把关直播内容，提高直播的门槛，提高主播的诚信意识和职业素养，同时配合监管单位，对引导交易、虚假宣传等行为进行惩处，严格按照售前、售中及售后等服务标准，将消费者需求作为发展导向，确保消费者权益。另外，要戳破"看上去很美"的营销泡沫，就要对数据造假和流量造假严查严打；对"最"字频现的夸大营销广告严格取缔；对"只管卖钱不管售后"的行为严惩不贷，支持消费者维权，倒逼行业净化。

（主持人单位：浙江工业职业技术学院）

---

① 炒信是指在电子商务及分享经济领域以虚构交易、好评、删除不利评价等形式为自己或他人提升信用水平，包括但不限于恶意注册、刷单炒信、虚假评价、刷单骗补，以及泄露倒卖个人信息、合谋寄递空包裹等违法违规行为。

浙江高校创业扶持政策的实施现状与效果优化
——基于 ACSI 模型的视角

一、研究目的与意义

随着"大众创业、万众创新"的号召不断深入人心，越来越多的高校学子参与创业竞赛，投身于创业实践中。第三方测评公司麦克思发布的《2019 年中国大学生就业报告》显示，近年来我国参与创业的大学生规模不断扩大，大学毕业生自主创业人群月收入优势不断凸显，但是大学生创业存在"创业率降低""创业成活率降低"等特点。相较于 2014 届大学毕业生 2.9% 的创业比例，2018 届大学毕业生的自主创业比例下降到 2.7%，即使在创业活跃的浙江省，大学毕业生的创业率也仅为 4%，这一比例与西方发达国家 20%—30% 的创业率相比，差距巨大。在 2015 届毕业即自主创业的大学毕业生中，3 年后创业存活率为 44.8%（全国样本约 25 万人），比 2014 届（46.2%）还要低 1.4 个百分点。因此，亟须加强对大学生创业的引导和扶持。

创业是个体在高度不确定的环境中，识别与开发机会，整合资源并创造价值的过程。大学生是否选择创业及创业是否能够成功的影响因素很多，既包括个体的综合素质、心理品质等内部要素，又包含以创业政策为代表的外部要素。近年来，浙江省高校不断加速推进创业教育，出台创业扶持政策，努力为青年创业发展积极营造良好环境。创业扶持政策既是"重要举措"，又在一定程度上是创业教育的"指挥棒"。那么，浙江省高校创业扶持政策的实施现状如何？有哪些特点？该如何优化？这些问题是本研究重点关注的内容。狭义的"政策"指国家机关、政党组织以权威形式，明确的经济社会领域建设发展目标、遵循的行动准则、完成的明确任务、采取的具体措施的思路与发展指南。而广义的"政策"则指的是规范行为主体活动的规则和规章的总和，是由一个或一批行为主体为处理某一问题或有关事务而采取的路线和行为准则。从广义的角度看，"政策"的制定主体并不局限于国家机关、政党组织，高校制订的方案、办法等也属于"高校政策"的一部分。如一些学者就将中国各一流大学在高校建设方面出台的"双一流"建设方案作为"高校政策"，并对"政策"文本进行了量化分析。因此，结合高校创业教育实践和实际，本研究提出的"高校创业扶持政策"特指由各高校为促进大学生创业而制订的一系列办法、规定、方案等文件的统称，这些"政策"旨在激发大学生的创业意识，增强创业能力，增加创业机会，整合创业资源，改善创业环境等。

课题组以浙江省高校为样本采集对象进行理论梳理和质性研究。首先，建构了基于美国顾客满意度指数（American Customer Satisfaction Index，ACSI）的政策满意度模型，并在此基础上编制了"高校创业扶持政策满意度问卷"；其次，以经过检验的"高校创业扶持政策满意度问卷"为测量工具，对高校创业扶持政策的实施现状进行量化考察，通过数据分析，实证测评创业扶持政策的实效，提炼高校创业扶持政策的经验做法及存在的问题；最后，根据问卷的分析结果，结合国内外创业扶持政策的典型做法，对浙江省高校创业扶持政策提出建议。

二、国内外研究述评

笔者通过中国知网、万方、维普中文数据库，以及 Web of Science 数据库搜集到相关文献 1621 篇，通过对文献的研读，发现当前关于创业政策的相关研究主要表现出以下几个特点。

（一）关注创业政策的历史演进

该类研究通过对政策质性的梳理，总结政策的规律和趋势，试图为政策制定者制定和调整未来政策提供建议。比较典型的是张超、官建成（2020）梳理了 1978—2017 年的文件，采用相关技术处理语言和政策间的关系，研究指出我国创业政策体系呈现出不断成熟、内容不断丰富的趋势。桑伟林、蔡智（2018）通过对改革开放 40 年政策的回溯，指出青年创业政策存在整体性和协同性不足等问题。刘军（2015a）通过构建包含创业教育、融资、环境等维度政策体系，系统梳理了当前政策缺乏针对性和主题权责不清等问题。刘畅（2018）通过资料梳理将创业政策的演进划分为探索、拓展、完善及创新4 个阶段，并指出创业政策认同度不高、推广不足等问题。

（二）关注具体区域、领域、群体的创业扶持政策

不少学者从具体的区域、领域选择样本开展国内外相关研究。如黄科（2004）探究了在经济全球化和我国全面建设小康社会的背景下，创业者在南京创业的特点及影

响因素，并提出建议；袁燕军、赵利军（2016）对北京的大学生创业政策进行了系统梳理和归纳；李华晶、朱萌、侯闪闪（2019）着重关注欧盟与经济合作与发展组织（Organization for Economic Co-operation and Development，OECD）的老年创业政策。部分学者则关注特定群体的创业扶持政策，如胡豹（2012）研究返乡农民工创业政策，并从激励性、引导性、保护性 3 个方面提出相应建议；万玺（2013）以海归科技人才创业政策为对象，探究了影响其吸引度、满意度与忠诚度的因素；王尧骏、廖中举（2019）探究了海外高层次人才创业政策体系，指出当前体系对保障型和资本型政策工具的运用偏少等问题。

（三）注重理论思辨，缺少实证研究

已有研究中绝大部分是从纯理论的角度对问题进行思辨性质的探究，所谈及的观点和建议更多停留在理论层面，不管是问题的发现，还是对策的提出等均缺乏数据的支撑，成果的推广受到一定的限制。通过对相关文献分析发现，有约 72.4% 的文章没有数理研究方法，约 4.9% 的文章所使用的数理统计停留在描述性统计层面，对于各研究因素之间的关系和更为复杂的推断关系解释力薄弱。

三、理论分析与概念模型构建

满意度是用户对某件产品或事物的直接的主观心理感受，其主要来自用户初始预期与实际感受的对比所呈现出来的心理体验。政策满意度是检验政策好坏的关键指标。

（一）满意度的测量方法

目前，学界对于满意度的测量主要使用简单测量法、简单差距测评、关注度—满意度测评法、结构方程模型测评法。其中，简单测量法、简单差距测评、关注度—满意度测评法是基于层次分析（Analytic Hierarchy Process，AHP）的满意度指标体系构建，主要通过探究各层次间的递阶结构关系来描述满意度的现状。结构方程模型（Structural Equation Modeling，SEM）测评法则是基于路径的指标体系，探究的是变量之间的路径结构关系，路径结构关系包含因果关系和测量关系，一般要经过模型设定、模型识别、模型估计、模型评价、模型修正 5 个步骤。与前者相比，结构方程模型对于探究满意度的影响因素及因素间的关系更有优势。

（二）满意度的指数模型

最具代表性的是顾客满意度指数（Customer Satisfaction Index，CIS）模型，如中国顾客满意度指数（Chinese Customer Satisfaction Index，CCSI）模型、瑞典顾客满意度指数（Sweden Customer Satisfaction Barometer，SCSB）模型、美国顾客满意度指数模型、欧洲顾客满意度指数（European Customer Satisfaction Index，ECSI）模型等，其中ACSI模型应用最为广泛。ACSI模型是以顾客满意为中心，将影响顾客满意度的前因和结果变量串联成一个系统化的网络链条，包含顾客期望、感知质量、感知价值、顾客满意度、顾客忠诚、顾客抱怨的关系。（见图1）

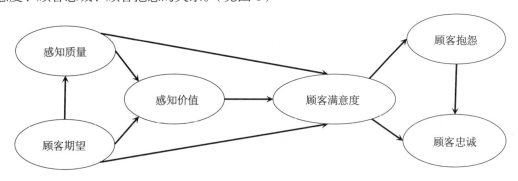

图1 ACSI 模型

（三）高校创业扶持政策的满意度模型

经过理论比对，课题组认为高校创业扶持政策尽管不属于传统意义上的"商品"，但是，按照习近平总书记提出的"办人民满意的教育"的要求，以学生对创业政策的满意度测评创业扶持政策无疑是合理的，因此本研究吸收了ACSI的理论框架，并根据"政策满意度"的实际，对ACSI模型进行精简，删除图1中的"顾客抱怨""顾客忠诚"，建构高校创业扶持政策满意度模型，在该模型中，将"顾客期望"变更为"政策期望"，将"顾客满意度"变更为"政策满意度"（见图2）。

其中，"政策期望"指的是被试对高校创业政策的个人设想和期望，"感知质量"指的是被试对高校创业扶持政策内容好坏的价值评价，"感知价值"指的是被试对高校创业扶持政策的实用性、有效性、便捷性、性价比的评价。

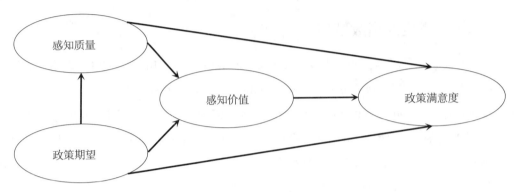

图 2　高校创业扶持政策满意度模型

四、研究方法

（一）研究对象

采用随机取样的方法，在浙江省 11 所高校中选取 1100 名在校大学生进行问卷调查，经过问卷整理得到有效问卷 1044 份，问卷有效率为 94.9%。其中，男生 444 人，占比为 42.5%，女生 600 人，占比为 57.5%；本科生 901 人，占比为 86.3%，研究生 143 人，占比为 13.7%；人文社科类专业学生 479 人，占比为 45.9%，理工类专业学生 565 人，占比为 54.1%；没有创业经历的学生 642 人，占比为 61.5%，创业时长在 1 年以内的学生 223 人，占比为 21.4%，创业时间在 1—3 年的学生 179 人，占比为 17.1%；被试的年龄在 18—23 岁，平均年龄为 20.83 岁，标准差为 1.01。

（二）研究工具

1. 高校创业扶持政策满意度问卷

基于 ACSI 模型构建的高校创业扶持政策满意度模型是指标体系的基础，综合使用文献法、访谈法和专家法，课题组梳理出了高校创业扶持政策满意度的指标体系。本模型中所设定的潜变量共有 4 个，分别是政策期望、感知质量、感知价值和政策满意度，其中政策期望、感知质量、感知价值是自变量，政策满意度是因变量。因此，"高校创业扶持政策满意度问卷"实际是由 4 个子问卷组成，分别对应上述 4 个潜变量。具体而言，潜变量政策期望的观察变量有 5 个，分别是创业教育期望、创业环境期望、创业服务期望、创业指导期望和创业资金期望。潜变量感知质量的观察变量有 4 个，分别是政策知晓、政策落实、政策公平和政策高效。潜变量感知价值的观察变量也有 5 个，分别是创业教育、创业环境、创业服务、创业指导和创业资金，与潜变量政策期望的观察变量对应。潜变量政策满意度的观察变量包含政策认可、政策使用和政策推荐 3 个。各变量及对应的条目见表 1。

表 1　高校创业扶持政策满意度测量变量及对应条目

变量维度		条　目
一级指标	二级指标	
政策期望	创业教育期望	α1 我非常期望对我校开设的创业课程政策进行改善
		α2 我非常期望对学校创业教育的师资政策进行改善
		α3 我非常期望对学校创业教育的教材政策进行改善
		α4 我非常期望对学校创业教育的学分政策进行改善
		α5 我非常期望对学校创业教育的实践教学政策进行改善
		α6 我非常期望对学校创业教育的竞赛活动政策进行改善
		α7 我非常期望对学校创业教育的教育形式政策进行改善
		α8 我非常期望对学校创业教育的评价方式政策进行改善
		α9 我非常期望对学校创业教育的教学效果政策进行改善
	创业环境期望	α10 我对学校鼓励创业的氛围满意
		α11 我对学校专业教师对大学生创业的态度满意
		α12 我对学校宽容创业失败的氛围满意
		α13 我对学校创业孵化基地（创客空间）的条件满意
	创业服务期望	α14 我对学校对创业政策的宣传满意
		α15 我对学校提供的创业政策咨询服务满意
		α16 我对学校提供的创业注册服务满意
		α17 我对学校提供的创业交流平台满意
		α18 我对学校提供的创业培训服务满意
	创业指导期望	α19 我对学校提供的创业导师配备政策满意
		α20 我对学校配备的创业导师满意
		α21 我对创业导师的指导效果满意
	创业资金期望	α22 我对学校提供／对接的创业贷款政策满意
		α23 我对学校提供／对接的创业融资政策满意
		α24 我对学校提供的创业资助（无偿）政策满意
感知质量	政策知晓	β25 我知晓学校的各项创业政策
	政策落实	β26 我校创业政策落实得好
	政策公平	β27 我认为我校的创业政策很公平
	政策高效	β28 我认为我校的创业政策很高效

变量维度		条　目
一级指标	二级指标	
感知价值	创业教育	γ29 我对我校开设的创业课程满意
		γ30 我对学校创业教育的师资满意
		γ31 我对学校创业教育的教材满意
		γ32 我对学校创业教育的学分满意
		γ33 我对学校创业教育的实践教学满意
		γ34 我对学校创业教育的竞赛活动满意
		γ35 我对学校创业教育的教育形式满意
		γ36 我对学校创业教育的评价方式满意
		γ37 我对学校创业教育的教学效果满意
	创业环境	γ38 我对学校鼓励创业的氛围满意
		γ39 我对学校专业教师对大学生创业的态度满意
		γ40 我对学校宽容创业失败的氛围满意
		γ41 我对学校创业孵化基地（创客空间）的条件满意
	创业服务	γ42 我对学校对创业政策的宣传满意
		γ43 我对学校提供的创业政策咨询服务满意
		γ44 我对学校提供的创业注册服务满意
		γ45 我对学校提供的创业交流平台满意
		γ46 我对学校提供的创业培训服务满意
	创业指导	γ47 我对学校提供的创业导师配备政策满意
		γ48 我对学校配备的创业导师满意
		γ49 我对创业导师的指导效果满意
	创业资金	γ50 我对学校提供 / 对接的创业贷款政策满意
		γ51 我对学校提供 / 对接的创业融资政策满意
		γ52 我对学校提供的创业资助（无偿）政策满意
政策满意度	政策认可	δ53 我对学校的创业政策十分认可
	政策使用	δ54 我会充分使用学校的创业政策
	政策推荐	δ55 我会向其他人推介我校的创业政策

2. 问卷的信度、效度检验

作为高校创业扶持政策满意度的"测量工具"，在正式施测前，对该问卷进行信度和效度的分析是保证测量结果科学有效的必要环节。采用随机取样的方法，选取某高校在读本科大学生 62 名，使用"高校创业扶持政策满意度问卷"进行施测，经过数据筛查，实际收到有效数据 58 份，在 SPSS、AMOS[①] 软件中进行问卷的信度、效度分析，结果如下。

（1）政策期望问卷：共有 5 个维度，24 个条目，采用 5 点计分，依次为"完全

---

① AMOS 全称为"Analysis of Moment Structure"，指"矩阵结构分析"。

不符合""比较不符合""说不清""比较符合""完全符合"。经统计分析，在本研究中，该问卷 5 个维度的内部一致性指标克隆巴赫 α 系数分别为 0.81、0.83、0.84、0.78、0.77，各维度的系数均接近 0.80，问卷克隆巴赫 α 系数为 0.81，表明问卷具有较好的信度。问卷的效度指标拟合良好（ $\chi^2/df = 6.01$，IFI $= 0.90$，CFI $= 0.91$，TLI $= 0.88$，RMSEA $= 0.08$），说明问卷的效度良好。

（2）感知质量问卷：共有 4 个维度，4 个条目，采用 5 点计分，依次为"完全不符合""比较不符合""说不清""比较符合""完全符合"，无反向题目。经统计分析，在本研究中，该问卷克隆巴赫 α 系数为 0.87，表明问卷具有较好的信度。问卷的效度指标拟合良好（ $\chi^2/df = 4.83$，IFI $= 0.89$，CFI $= 0.91$，TLI $= 0.90$，RMSEA $= 0.07$），说明问卷的效度良好。

（3）感知价值问卷：共有 5 个维度，24 个条目，采用 5 点计分，依次为"完全不符合""比较不符合""说不清""比较符合""完全符合"。经统计分析，在本研究中，该问卷 5 个维度的内部一致性指标克隆巴赫 α 系数在 0.78—0.85，问卷克隆巴赫 α 系数为 0.83，表明问卷具有较好的信度。问卷的效度指标拟合良好（ $\chi^2/df = 12.27$，IFI $= 0.91$，CFI $= 0.90$，TLI $= 0.87$，RMSEA $= 0.07$），说明问卷的效度良好。

（4）政策满意度问卷：共有 3 个维度，3 个条目，采用 5 点计分，依次为"完全不符合""比较不符合""说不清""比较符合""完全符合"，无反向题目。经统计分析，在本研究中，该问卷克隆巴赫 α 系数为 0.92，表明问卷具有较好的信度。问卷的效度指标拟合良好（ $\chi^2/df = 3.76$，IFI $= 0.92$，CFI $= 0.93$，TLI $= 0.91$，RMSEA $= 0.08$），说明问卷的效度良好。

以上统计分析结果表明，编制的各问卷具有较好的信度和效度，适合作为高校创业扶持政策满意度的施测工具。

3. 基于 ACSI 的模型拟合度检验

基于以上对信度、效度的分析结果，在结构方程模型 AMOS 软件中对基于 ACSI 的理论模型进行验证，经过运算发现理论模型各项拟合指标符合标准。（见表 2、表 3）

表 2　高校创业扶持政策满意度模型的拟合度

χ^2/df	NFI	GFI	AGFI	RMR	RMSEA	RFI
4.21	0.901	0.934	0.911	0.039	0.075	0.915

表3 高校创业扶持政策满意度影响因素模型的拟合度

χ^2/df	NFI	GFI	AGFI	RMR	RMSEA	RFI
3.45	0.923	0.941	0.902	0.041	0.062	0.946

（三）数据处理及分析

本研究采用软件SPSS 26.0对数据进行前期的处理和统计分析，进行信度分析、描述性统计等，采用结构方程模型软件AMOS 21.0进行问卷的效度分析、理论模型的拟合度检验等。

五、研究结果

（一）检验共同方法偏差

由于本研究的数据主要是通过问卷法采集到的，问卷法的数据来自被试的自我呈现，可能会出现使用同一种研究方法造成的系统误差，即"共同方法偏差"效应，干扰数据分析的科学性和灵敏度。为了尽量避免"共同方法偏差"效应的干扰，本研究在数据采集时，采取了以下举措：一是问卷匿名，二是严格指导语，三是将部分问卷题项乱序等。在正式分析数据前，采用Haman单因子法，在SPSS 26.0软件中对数据进行共同方法偏差检验，通过未旋转的探索性因子分析，析出特征值大于1的公因子14个，且最大的公因子解释了总变异的25.1%，远未达到40%的临界值，表明本研究不存在严重的"共同方法偏差"。

（二）主要变量的描述性统计

通过数据分析，课题组从政策期望、感知质量、感知价值和政策满意度4个方面对高校创业扶持政策的满意度进行描述性统计，主要统计结果具体如下。

1.对高校创业扶持政策"政策期望"的统计分析

对高校创业扶持政策"政策期望"的统计分析结果见表4。

表4 对高校创业扶持政策"政策期望"满意度得分统计表

条　目	个案数/个	平均值	标准差
a14 我非常期望对学校对创业政策的宣传进行改善	1044	4.26	0.849

续表

条　目	个案数／个	平均值	标准差
α7 我非常期望对学校创业教育的教育形式政策进行改善	1044	4.14	0.763
α9 我非常期望对学校创业教育的教学效果政策进行改善	1044	4.13	0.678
α6 我非常期望对学校创业教育的竞赛活动政策进行改善	1044	4.11	0.668
α12 我非常期望对学校宽容创业失败的氛围进行改善	1044	4.09	0.735
α11 我非常期望对学校专业教师对大学生创业的态度进行改善	1044	4.06	0.735
α4 我非常期望对学校创业教育的学分政策进行改善	1044	4.05	0.686
α2 我非常期望对学校创业教育的师资政策进行改善	1044	4.03	0.814
α19 我非常期望对学校提供的创业导师配备政策进行改善	1044	4.02	0.891
α10 我非常期望对学校鼓励创业的氛围进行改善	1044	4.00	0.562
α8 我非常期望对学校创业教育的评价方式政策进行改善	1044	3.97	0.622
α3 我非常期望对学校创业教育的教材政策进行改善	1044	3.97	0.618
α5 我非常期望对学校创业教育的实践教学政策进行改善	1044	3.96	0.623
α24 我非常期望对学校提供的创业资助（无偿）政策进行改善	1044	3.95	0.962
α15 我非常期望对学校提供的创业政策咨询服务进行改善	1044	3.93	0.673
α1 我非常期望对我校开设的创业课程政策进行改善	1044	3.91	0.681
α18 我非常期望对学校提供的创业培训服务进行改善	1044	3.89	0.581
α22 我非常期望对学校提供／对接的创业贷款政策进行改善	1044	3.88	0.676
α17 我非常期望对学校提供的创业交流平台进行改善	1044	3.87	0.773
α16 我非常期望对学校提供的创业注册服务进行改善	1044	3.8	0.759
α21 我非常期望对创业导师的指导效果进行改善	1044	3.79	0.774
α20 我非常期望对学校配备的创业导师进行改善	1044	3.68	0.846
α23 我非常期望对学校提供／对接的创业融资政策进行改善	1044	3.59	0.768
α13 我非常期望对学校创业孵化基地（创客空间）的条件进行改善	1044	2.72	1.195

由表 4 可见，在政策期望满意度的平均值一栏，被试认为需要被改善的政策主要集中在"学校对创业政策的宣传""学校创业教育的教育形式""学校创业教育的教学效果""学校创业教育的竞赛活动""学校宽容创业失败的氛围"等方面，部分条目的百分比统计见表 5—表 9。

表 5　α14 "我非常期望对学校对创业政策的宣传进行改善"的百分比

计分点		频率／个	百分比／%	有效百分比／%	累计百分比／%
有效	1	18	1.7	1.7	1.7
	3	167	16.0	16.0	17.7
	4	365	35.0	35.0	52.7
	5	494	47.3	47.3	100.0
总计		1044	100.0	100.0	—

注：1 表示"完全不符合"，3 表示"说不清"，4 表示"比较符合"，5 表示"完全符合"。

由表 5 可见，在"我非常期望对学校对创业政策的宣传进行改善"的选项中，35% 的被试认为"比较符合"，47.3% 的被试认为"完全符合"，二者比例之和为 82.3%，超过八成。

表 6　α7"我非常期望对学校创业教育的教育形式政策进行改善"的百分比

计分点		频率 / 个	百分比 / %	有效百分比 / %	累计百分比 / %
有效	2	56	5.4	5.4	5.4
	3	73	7.0	7.0	12.4
	4	585	56.0	56.0	68.4
	5	330	31.6	31.6	100.0
总计		1044	100.0	100.0	—

注：2 表示"比较不符合"，3 表示"说不清"，4 表示"比较符合"，5 表示"完全符合"。

由表 6 可见，在"我非常期望对学校创业教育的教育形式政策进行改善"的选项中，56.0% 的被试认为"比较符合"，31.6% 的被试认为"完全符合"，二者比例之和为 87.6%，接近九成。

表 7　α9"我非常期望对学校创业教育的教学效果政策进行改善"的百分比

计分点		频率 / 个	百分比 / %	有效百分比 / %	累计百分比 / %
有效	3	182	17.4	17.4	17.4
	4	547	52.4	52.4	69.8
	5	315	30.2	30.2	100.0
总计		1044	100.0	100.0	—

注：3 表示"说不清"，4 表示"比较符合"，5 表示"完全符合"。

由表 7 可见，在"我非常期望对学校创业教育的教学效果政策进行改善"的选项中，52.4% 的被试认为"比较符合"，30.2% 的被试认为"完全符合"，二者比例之和为 82.6%，超过八成。

表 8　α6"我非常期望对学校创业教育的竞赛活动政策进行改善"的百分比

计分点		频率 / 个	百分比 / %	有效百分比 / %	累计百分比 / %
有效	3	183	17.5	17.5	17.5
	4	567	54.3	54.3	71.8
	5	294	28.2	28.2	100.0
总计		1044	100.0	100.0	—

注：3 表示"说不清"，4 表示"比较符合"，5 表示"完全符合"。

由表 8 可见，在"我非常期望对学校创业教育的竞赛活动政策进行改善"的选项中，54.3% 的被试认为"比较符合"，28.2% 的被试认为"完全符合"，二者比例之和为 82.5%，超过八成。

表 9 α12 "我非常期望对学校宽容创业失败的氛围进行改善"的百分比

计分点		频率 / 个	百分比 / %	有效百分比 / %	累计百分比 / %
有效	2	36	3.4	3.4	3.4
	3	146	14.0	14.0	17.4
	4	586	56.2	56.2	73.6
	5	276	26.4	26.4	100.0
总计		1044	100.0	100.0	—

注：2 表示"比较不符合"，3 表示"说不清"，4 表示比较符合，5 表示"完全符合"。

由表 9 可见，在"我非常期望对学校宽容创业失败的氛围进行改善"的选项中，56.1% 的被试认为"比较符合"，26.4% 的被试认为"完全符合"，二者比例之和为 82.5%，超过八成。

2. 对高校创业扶持政策"感知质量"的统计分析

对高校创业扶持政策"感知质量"的统计分析结果见表 10。

表 10 对高校创业扶持政策"感知质量"满意度得分统计表

条目	个案数 / 个	平均值	标准差
β25 我知晓学校的各项创业政策	1044	4.24	0.632
β26 我校创业政策落实得好	1044	3.93	0.618
β28 我认为我校的创业政策很高效	1044	3.91	0.657
β27 我认为我校的创业政策很公平	1044	3.84	0.744

由表 10 可见，在"感知质量"满意度的平均值一栏分数接近或超过 4 分，说明被试对高校创业扶持政策的"感知质量"满意度较高，尤其是对学校的各项创业政策的知晓程度满意度最高，具体百分比见表 11—表 14。

表 11 β25 "我知晓学校的各项创业政策"的百分比

计分点		频率 / 个	百分比 / %	有效百分比 / %	累计百分比 / %
有效	3	112	10.7	10.7	10.7
	4	565	54.1	54.1	64.8
	5	367	35.2	35.2	100.0

续表

计分点		频率 / 个	百分比 / %	有效百分比 / %	累计百分比 / %
总计		1044	100.0	100.0	—

注：3 表示"说不清"，4 表示"比较符合"，5 表示"完全符合"。

表 12　β26 "我校创业政策落实得好"的百分比

计分点		频率 / 个	百分比 / %	有效百分比 / %	累计百分比 / %
有效	3	238	22.8	22.8	22.8
	4	641	61.4	61.4	84.2
	5	165	15.8	15.8	100.0
总计		1044	100.0	100.0	—

注：3 表示"说不清"，4 表示"比较符合"，5 表示"完全符合"。

表 13　β28 "我认为我校的创业政策很高效"的百分比

计分点		频率 / 个	百分比 / %	有效百分比 / %	累计百分比 / %
有效	3	276	26.5	26.5	26.5
	4	585	56.0	56.0	82.5
	5	183	17.5	17.5	100.0
总计		1044	100.0	100.0	—

注：3 表示"说不清"，4 表示"比较符合"，5 表示"完全符合"。

表 14　β27 "我认为我校的创业政策很公平"的百分比

计分点		频率 / 个	百分比 / %	有效百分比 / %	累计百分比 / %
有效	2	54	5.1	5.1	5.1
	3	221	21.2	21.2	26.3
	4	603	57.8	57.8	84.1
	5	166	15.9	15.9	100.0
总计		1044	100.0	100.0	—

注：2 表示"比较不符合"，3 表示"说不清"，4 表示"比较符合"，5 表示"完全符合"。

3. 对高校创业扶持政策"感知价值"的统计分析

对高校创业扶持政策"感知价值"的统计分析结果见表 15。

表 15　对高校创业扶持政策"感知价值"满意度得分统计表

条　目	个案数 / 个	平均值	标准差
γ41 我对学校创业孵化基地（创客空间）的条件满意	1044	4.11	0.743

续表

条　目	个案数／个	平均值	标准差
$\gamma34$ 我对学校创业教育的竞赛活动满意	1044	3.96	0.562
$\gamma44$ 我对学校提供的创业注册服务满意	1044	3.82	0.682
$\gamma31$ 我对学校创业教育的教材满意	1044	3.75	0.777
$\gamma39$ 我对学校专业教师对大学生创业的态度满意	1044	3.61	1.306
$\gamma51$ 我对学校提供／对接的创业融资政策满意	1044	3.61	1.197
$\gamma47$ 我对学校提供的创业导师配备政策满意	1044	3.59	1.155
$\gamma52$ 我对学校提供的创业资助（无偿）政策满意	1044	3.59	1.239
$\gamma48$ 我对学校配备的创业导师满意	1044	3.57	1.141
$\gamma42$ 我对学校对创业政策的宣传满意	1044	3.56	1.254
$\gamma45$ 我对学校提供的创业交流平台满意	1044	3.56	1.271
$\gamma46$ 我对学校提供的创业培训服务满意	1044	3.55	1.170
$\gamma33$ 我对学校创业教育的实践教学满意	1044	3.51	1.272
$\gamma30$ 我对学校创业教育的师资满意	1044	3.48	0.860
$\gamma49$ 我对创业导师的指导效果满意	1044	3.48	1.173
$\gamma35$ 我对学校创业教育的教育形式满意	1044	3.43	1.284
$\gamma38$ 我对学校鼓励创业的氛围满意	1044	3.42	1.298
$\gamma32$ 我对学校创业教育的学分满意	1044	3.41	1.310
$\gamma50$ 我对学校提供／对接的创业贷款政策满意	1044	3.41	1.285
$\gamma43$ 我对学校提供的创业政策咨询服务满意	1044	3.40	1.295
$\gamma29$ 我对我校开设的创业课程满意	1044	3.40	1.310
$\gamma37$ 我对学校创业教育的教学效果满意	1044	3.36	1.304
$\gamma40$ 我对学校宽容创业失败的氛围满意	1044	3.25	1.245
$\gamma36$ 我对学校创业教育的评价方式满意	1044	3.23	1.024

　　由表 15 可见，在"感知价值"满意度的平均值一栏，被试满意度均值较高的是"创业硬件（创客空间）""创业竞赛""创业注册服务"等方面，满意度均值较低的是"学校提供的创业政策咨询服务""开设的创业课程""创业教育的教学效果""宽容创业失败的氛围"及"创业教育的评价方式"等方面，部分条目的百分比统计见表 16—表 20。

表 16　$\gamma43$ "我对学校提供的创业政策咨询服务满意"的百分比

计分点		频率／个	百分比／％	有效百分比／％	累计百分比／％
有效	2	459	44.0	44.0	44.0
	4	295	28.3	28.3	72.3
	5	290	27.7	27.7	100.0
总计		1044	100.0	100.0	—

　　注：2 表示"比较不符合"，4 表示"比较符合"，5 表示"完全符合"。

表 17　γ29"我对我校开设的创业课程满意"的百分比

计分点		频率／个	百分比／%	有效百分比／%	累计百分比／%
有效	2	459	44.0	44.0	44.0
	3	18	1.7	1.7	45.7
	4	257	24.6	24.6	70.3
	5	310	29.7	29.7	100.0
总计		1044	100.0	100.0	—

注：2 表示"比较不符合"，3 表示"说不清"，4 表示"比较符合"，5 表示"完全符合"。

表 18　γ37"我对学校创业教育的教学效果满意"的百分比

计分点		频率／个	百分比／%	有效百分比／%	累计百分比／%
有效	2	478	45.8	45.8	45.8
	4	277	26.5	26.5	72.3
	5	289	27.7	27.7	100.0
总计		1044	100.0	100.0	—

注：2 表示"比较不符合"，4 表示"比较符合"，5 表示"完全符合"。

表 19　γ40"我对学校宽容创业失败的氛围满意"的百分比

计分点		频率／个	百分比／%	有效百分比／%	累计百分比／%
有效	2	493	47.2	47.2	47.2
	3	18	1.7	1.7	48.9
	4	315	30.2	30.2	79.1
	5	218	20.9	20.9	100.0
总计		1044	100.0	100.0	—

注：2 表示"比较不符合"，3 表示"说不清"，4 表示"比较符合"，5 表示"完全符合"。

表 20　γ36"我对学校创业教育的评价方式满意"的百分比

计分点		频率／个	百分比／%	有效百分比／%	累计百分比／%
有效	1	55	5.3	5.3	5.3
	2	200	19.2	19.2	24.4
	3	331	31.7	31.7	56.1
	4	368	35.2	35.2	91.4
	5	90	8.6	8.6	100.0
总计		1044	100.0	100.0	—

注：1 表示"完全不符合"，2 表示"比较不符合"，3 表示"说不清"，4 表示"比较符合"，5 表示"完全符合"。

图 3 为高校创业扶持政策满意度的统计图。

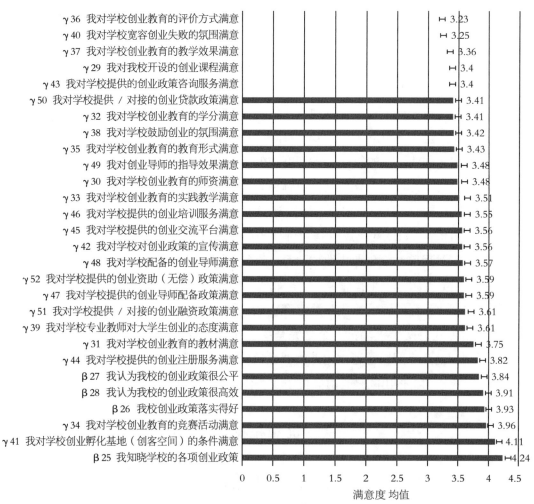

图3 高校创业扶持政策满意度

注：图中均值不含"政策期望""政策满意度"维度。

由图 3 可知，在当前的高校创业扶持政策中，大学生满意度均值较低的是"学校提供的创业政策咨询服务""开设的创业课程""创业教育的教学效果""宽容创业失败的氛围""创业教育的评价方式"等方面。围绕以上问题，课题组进行了进一步的访谈。

关于"学校提供的创业政策咨询服务"满意度较低，可能的原因是"创业政策咨询"除解释高校颁布的政策以外，还涉及大量来自校外的政策信息。校外政策信息具有数量庞大、来源复杂、变化较多等特点，不利于高校及时掌握和深入解释，这在一定程度上给高校"创业政策咨询"带来了不少挑战。

关于"开设的创业课程""创业教育的教学效果"满意度较低，原因可能是尽管高校普遍推行了创业课程，但"课程建设"本身是一项专业化程度较高的工作，需要依托学科积累、专业组织、专业教师队伍等。但是目前，各高校可能存在"跟风"开课的倾向，普遍处于"摸着石头过河"的阶段，存在"边开课、边建设、边完善"现象，因此不可避免地会造成不同高校"课程建设"的水平参差不齐，同一高校不同教师的课程授课水平也有较大差距等现象，从而影响课程的满意度。

关于"宽容创业失败的氛围"满意度较低，原因可能是目前高校对于大学生创业的导向存在功利化色彩、狭窄化倾向。具体体现为：一是将"创业成功"简化为"创业赚钱"，以结果为导向，以经济效益、融资规模等为指标；二是在创业典型宣传中，存在"脸谱化"倾向，例如过度聚焦成功案例，轻视或者忽视对大学生创业失败的关注、研究和指导；三是目前对于创业失败的研究还有待加强，从政策方面对"创业失败"群体的精准指导、必要救济、生存保障等"托底式"的政策体系还没有形成。

关于"创业教育的评价方式"满意度较低，可能是现实性的矛盾导致的。当前的创业教育评价方式有两个极端：一个是完全将创业教育对标创业实战，以创业成绩论英雄；另一个则是几乎照搬普通文化课的课程评价方式，通过测验考试等形式量化计分评价。两种评价倾向折射出的是当前高校创业教育课程科学评价体系的缺失。

六、效果优化建议

本研究认为可以从以下 4 个角度对高校创业扶持政策进行效果优化。

一是从教育治理的角度出发，加强对高校创业扶持政策的顶层设计，探索构建"1 ＋ X"模式的高校创业扶持政策体系。鼓励大学生创业是高校的共识，但是对于如何支持大学生创业，不同的高校出台了不同的政策。关于政策的内容、体系及内在运行机制应当作为共同性的政策框架被固定下来，构建"1 ＋ X"的政策模式。其中的"1"即所有高校应当具备的基本创业扶持政策，该部分的内容及标准应当相对统一，而"X"则指各高校按照各自特点制定的个性化扶持政策。通过"1 ＋ X"模式提升政策的系统性，对于政策绩效的研究也大有裨益。

二是从学科建设的角度出发，加强对高校创业教育的专业化建设，探索建立相对统一的高校创业教育质量评价政策体系。将高校创业教育作为高等教育的"学科"进行定向支持和建设，理顺创业教育的师资组成、学科归属、知识体系和课程标准等，加强创业教育的专业化建设，重视高校创业教育中"重教育，轻考核"的现象和难点，集中力量加大对该难点的研究，制定科学有效、相对统一的高校创业教育质量评价政策体系，突出教育的成效，保证创业教育的质量。

三是从人才培养的初衷出发，加强对高校创业育人氛围的营造，探索营造"支持创业，允许失败"的创业氛围。一方面，高校进一步建设浓厚的创业氛围，进一步凝聚共识，鼓励大学生敢闯会创，厚植创业文化，提升创业水平；另一方面，加紧研究对"创业失败"群体的帮扶政策，编织创业"安全网"，提高对创业失败群体基本的生活保障，增强大学生创业韧性。

四是从以人为本的服务视角出发，加强对高校创业扶持政策的"第一视角"转化，探索构建数字化、集成化、标准化、智能化的政策服务模式。创业政策是规范性很强的文本，精练严谨，规范严格，对于政策使用者设置了较高的理解门槛，建议以创业扶持政策为基础，借助数字技术，从"第一人称"的视角建构创业政策使用平台，让政策主动匹配创业者，而不是让创业者"跑断腿""磨破嘴"，掉入学习政策的"泥潭"。

（主持人单位：宁波大学）

浙江省大学生跨文化交际能力现状与发展报告

一、研究背景

在全球化、信息化、多元化不断深入，我国全面进入中国特色社会主义新时代的今天，跨文化交际能力被广泛认为是 21 世纪人才必备的关键能力之一。联合国教科文组织在 2013 年发布了《跨文化能力：基本概念及实践框架》，力图使各个国家认识到提升公民跨文化交际能力的重要性。《国家中长期教育改革和发展规划纲要（2010—2020 年）》指出，我国应当培养一批具有国际化视野的相关人才，以顺应时代大背景下社会经济对外开放的发展需求。鉴于此，新时代青年必须紧跟时代步伐，培养自身的跨文化交流意识、跨文化敏感性，以及跨文化交际素养。

联系新时代的浙江省，要实现习近平总书记寄予的"建设重要窗口"之大任，成功举办第 19 届亚运会，抓住时代契机提升国际形象，更需要大批具有良好的跨文化交际能力的人才来助力。尤其是随着越来越多的国际生涌入浙江校园，高等教育国际化给浙江省高校培养跨文化交际能力人才提供了前所未有的契机。

本研究立足高等教育国际化这一背景，以英国学者 Byram 的跨文化交际能力多维度模型为理论指导，参考国内学者吴卫平等所编制的跨文化交际能力测评问卷，并结合浙江省在校大学生跨文化交际能力现状设计调研提纲，选取浙江省在校园国际化方面较有代表性的几所高校的大学生为调研对象，探讨在国际化校园环境下浙江省在校大学生的跨文化交际能力现状，最后在调研的基础上就提升学生的跨文化交际能力提出可行性建议。

二、跨文化交际能力的内涵和维度

（一）跨文化交际能力的概念

国内外学者从概念的界定、理论视角的构建，以及评估方法等多个层面对跨文化交际能力进行了探讨和研究。不同的学者从不同角度用许多不同的术语对跨文化交际能力进行了定义，其中包括跨文化敏感性（intercultural sensitivity）、跨文化能力

（intercultural/cross-cultural competence）、跨文化交际能力（intercultural communicative competence）、跨文化适应性（intercultural adaptation）、多元文化人格（multicultural personality）、国际化能力（international competence）、跨文化语者（intercultural speaker），以及世界公民（global citizen）等。有学者认为，跨文化交际能力是来自不同文化的人们进行交流和对话的能力，与人际交往能力密不可分。也有学者认为，文化背景在跨文化交流中显得尤为重要，这是与人际交往的一大不同，因此能否成功开展跨文化交际取决于对文化背景知识的了解和跨越。在此意义上，后一种观点更具有说服力，这也是大多数学者界定跨文化交际能力的起点。基于当前跨文化主流研究，本研究采用"跨文化交际能力"这一术语。

概念的界定是理论建构的基础，跨文化交际能力这一概念自诞生起，学者们就从多种视角对其内涵进行了探讨。其中，Samovar 和 Porter 归纳的以动机（motivation）、知识（knowledge）和技能（skill）3 个方面为主要内容的模式得到了国内外学者的认可。而以 Byram 为代表提出的跨文化交际能力理论模型最具有影响力。Byram 的跨文化交际能力（Intercultural Communication Competence，ICC）多维度模型突显外语在其中所起的重要作用，并引入跨文化语境，强调在跨文化语境中跨越语言和文化的差异，建立良好互动关系的能力。该模型包括 5 个要素：态度、知识、解读和建立关系的技能、发现与互动的技能、批判的文化意识。在这 5 个要素中，批判的文化意识居于中心地位。受该模型的深刻影响，知识、技能、态度和意识 4 个维度被充分运用到外语教学中以培养学生的跨文化交际能力。我国学者在借鉴西方理论的基础之上，丰富和拓展了跨文化交际理论的内涵。高一虹在批判西方主流观点"认知、情感和行为"跨文化交际能力三要素的基础上，提出跨越和超越两个阶梯的能力，对在跨文化交际能力中融入本土视角起到了极大的作用。通过对 Byram 的跨文化交际能力多维度模型进行深入探索，钟华和樊葳葳得出了她们自己对跨文化交际这一理论的认识。她们认为交际能力和跨文化能力构成了跨文化交际能力。其中交际能力涉及语言、社会语言、语篇和策略能力；跨文化能力涉及技能、知识、态度和意识。对比国内外学者对跨文化交际能力的研究不难发现，东西方学者站在不同的文化立场上解读跨文化交际能力导致了跨文化理论的主位和客位之分，但是对跨文化交际能力包含知识、态度、技能和意识 4 个维度具有共识，并且都认为要以科学、中立、客观的眼光分析跨文化交际能力，努力摆脱文化偏见。

基于以上对跨文化交际能力内涵的探讨，本研究认为跨文化交际能力是指在不同的跨文化环境中，人们利用自身的内部技能包括本国文化知识、外国文化知识、跨文化交际态度、跨文化交流技能等，与不同文化背景的人进行熟练且有效交流的一种技能。

（二）跨文化交际能力实证研究概述

针对跨文化交际能力的实证研究是该学科领域研究的一大热点，相关研究主要包括两大类。

1. 针对特殊群体开展的调研

Ruben 和 Kealey 对派往海外的技术人员及其配偶进行了人际交往行为与跨文化适应性研究。Pure 和 Gillian 利用民族志的研究方法针对新西兰大学生开展了为期 6 周的跟踪调研以了解跨文化接触视域下学生的跨文化交际能力的发展现状。我国语言学界也针对跨文化能力的构成与维度等进行了不同角度的实证研究。但是，诚如史兴松、朱小玢所指出的，近 10 年（2005—2014 年）在外语类 CSSCI 期刊发表的跨文化交际论文中，实证性研究仅占 23.2%，这与国际上以实证研究为主的发展趋势存在明显差距，成为国内相关研究尚未融入国际主流的原因之一。国内现有实证研究中，学者们也是更多地聚焦于教学研究。例如，有的从外语课堂环境及外语听、说、读、写、译等语言技能课程方面探讨如何培养大学生的跨文化交际能力；有的从动机、态度、文化敏感度等能力维度方面探讨影响大学生跨文化交际能力培养的因素。而针对某一群体的跨文化交际能力的调研并不多见，即使有，也更多侧重于对来华留学生的跨文化交际能力研究，如：叶敏和安然针对短期来华留学生开展的跨文化敏感与效力的调研；田美和杨瑞英基于一项中美大学生交换项目的长期跟踪研究，分析 8 名美国学生在我国的跨文化教育经历及其对参与者文化理解与包容度的影响。

2. 针对跨文化交际能力的评估研究

国外学者们从不同角度对跨文化交际能力开展了一系列实证研究，如 Fantini 的跨文化交际能力评估量表、Arasaratnam 和 Banerjee 创建的跨文化交际能力量表、陈国明等的跨文化敏感性量表等。这些研究为学者开展跨文化交际能力的检验提供了可资参考的工具。我国学者针对跨文化评估量表的研究起步相对较晚，但是也取得了实质性的突破。例如：钟华等制作的中国大学生跨文化交际能力自测量表，以及吴卫平等在参考 Fantini 的量表和 Byram 的跨文化交际能力多维度模型的基础之上构建的中国大学生跨文化交际能力评估量表。吴卫平的量表包括 28 个项目，6 个因子，测量知识、态度、技能和意识 4 个维度，经学者们验证有较高的信度和效度。本研究将借用该量表对研究对象开展跨文化交际能力调研。

（三）简要述评

国内外学者肯定跨文化交际能力在高等教育国际化背景下，尤其是在全球化时代的重要地位和作用，关注大学生跨文化交际能力的提升，呼吁在高等教育国际化的今天要加强并高度重视对跨文化交际能力的培养。国外学者重视理论构建与实证研究，国内学者侧重中国理论的构建，两者均积累了大量成果，但同时可能存在一些局限性：从研究内容上看，针对跨文化交际的理论研究较为成熟，但仍需更多中国声音；从研究对象来看，国内研究更多关注的是留学生在华的跨文化交际能力发展或跨文化交际适应情况，而缺乏对本土学生的研究，更缺乏对本土学生在国际化校园环境下跨文化交际能力提升的对策研究；从研究方法来看，跨文化交际的实证研究仍有拓展与深化的空间。

鉴于此，本研究拟针对浙江省在校大学生开展实证调研，了解他们的跨文化交际能力现状，并针对性地提出发展策略。

三、研究设计

（一）调查对象

参加本次问卷调查的学生来自浙江省杭州市、宁波市、温州市等几所不同层次的高校在校本科生，学生涉及文理各个学科。在选择学校过程中，主要选取了 2019 "中国大学国际化竞争力评级 500 强"中浙江省入选高校，如浙江大学（排名第 2）、杭州师范大学（排名第 183）、宁波大学（排名第 70）、浙江万里学院（排名第 120）、温州大学（排名第 85）等，同时结合区位特点，又选取了中外合作院校的典型性代表宁波诺丁汉大学，之所以做这样的选择，是希望得到最全面的数据来反映浙江省大学生的跨文化交际能力的真实水平。本次调研历时 3 个月，通过网络问卷星的方式共发放问卷 1500 份，回收 1487 份，其中有效问卷为 1473 份（杭州 343 份，温州 339 份，宁波 791 份），有效回收率为 99.1%。对于大学生的跨文化交际能力的现状，本研究要从文化知识、态度、技能和意识 4 个维度进行调查。

（二）调查内容

本研究的研究方法是以发放调查问卷为主的定量研究，采用吴卫平等建构的中国大学生跨文化能力评价量表。该量表是以中国大学生的实际情况为基点，在 Byram 提出的跨文化交际能力多维度模型（知识、能力、意识、态度），Fantini 编制的跨文化交际能力评价量表（具有 4 个维度，22 个描述项），以及联邦国际生活体验研究项目跨文化交际能力评价量表（具有 4 个维度，43 个描述项）的基础上，构建的一套包含 4 个维度、40 个描述项的中国大学生跨文化交际能力试评量表。该套评价量表主要分为两部分：第一部分为个人信息，包括性别、年龄、就读专业、全国英语等级考试成绩、国外交流经历及跨文化接触经历等；第二部分为跨文化交际能力评价量表，从知识（包括中国文化和他国文化）、跨文化交流意识、跨文化交际技能（包括认知技能和交流技能）、跨文化态度出发，在 40 个描述项中分别体现。问卷采用李克特量表 5 级计分法，分数由"0"至"5"依次计分，"0"代表"全无"，"1"代表"很弱"，"2"代表"较弱"，"3"代表"一般"，"4"代表"较强"，"5"代表"很强"。该量表总体信度系数 $\alpha = 0.913$，信度较高。同时，经探索因子和验证因子的分析表明，量表具有较好的结构效度。

由于受新型冠状病毒肺炎疫情的影响，原计划结合问卷调查开展的线下实地发放问卷和个别访谈被迫取消，课题组仅对项目负责人所在高校的部分学生开展了小组访谈。问卷调研主要通过问卷星等方式，从 2020 年 6 月底开始发放，同年 8 月底基本完成数据收集工作。所有调研数据使用 SPSS 19.0 进行分析。

四、调研结果分析

（一）浙江省大学生跨文化交际能力总体情况分析

浙江省大学生跨文化交际能力总体情况分析结果见表 1。

表 1   浙江省大学生总体跨文化交际能力数据分析

变量因子	样本人数／人	最小值	最大值	均值	标准差
中国文化知识	1473	1	5	3.27	0.94
外国文化知识	1473	1	5	2.78	1.01
态度	1473	1	5	3.51	1.07
跨文化交流技能	1473	1	5	3.42	1.00
跨文化认知技能	1473	1	5	3.41	1.04
意识	1473	1	5	3.52	1.06
有效的 N（Listwise）	1473			3.32	

通过表 1 可以发现，浙江省在校大学生跨文化交际能力总体上处于中等水平（3.32），与彭仁忠和吴卫平于 2017 年针对全国大学生的跨文化交际能力的调研数据（跨文化交际能力均值为 2.65）相比，浙江省在校大学生的跨文化交际能力要明显高于全国平均水平。以上 6 个能力维度中，大学生在态度（3.51）和意识（3.52）等能力维度方面与其他 4 个维度相比处于较高水平，其中大学生在意识方面的能力表现最好。对比发现，大学生在外国文化知识（2.78）方面的能力得分最低。结合浙江省调研总体情况，本研究认为在校大学生跨文化交际能力较高的原因可能有三：一是高等教育国际化的发展，给在校大学生提供了许多与留学生直接进行跨文化接触的机会，促使广大在校生有强烈的跨文化交流意愿。二是浙江省具有较早开始英语教学的良好教育氛围，大多数学生从幼儿园开始接触和学习英语，对学习和了解英语国家的语言和文化的意愿较强，同时也具备了跨文化交流过程中最需要的语言技能。三是浙江省开放的经济社会环境也给予了大学生跨文化交际能力发展的空间，例如国际化的社会环境、接轨国际的媒体主流报道，这些为大学生了解不同的社会文化、体验中西方文化差异提供了多元渠道。

但是也应当看到，浙江省大学生在跨文化交际能力的知识维度上仍有欠缺，具体表现为以下两个方面：一是虽然对本国知识了解较多，但是缺乏用英语介绍中国文化的能力。调研发现，浙江省大学生对中国的历史、文化、价值观等都有较充分的了解和认识，这与中国教育体制下中小学非常重视中国文化的教育有关，也与我们作为中国人的传承有关。但是当被要求用英语来介绍中国文化时，大多数受访者都表现出了不自信。他们的不自信主要来自对自己英语水平的担心，担心自己的词汇量不大，怕表达不到位。英语水平成了影响学生向外传播中国文化的主要"拦路虎"。因此，各高校在课程安排上应该更加注重培养学生对中国文化的英语介绍能力。二是对外国文化知识的了解和掌握不够，包括外国的历史、价值观、文化禁忌等。这主要与在校大学生的跨文化接触途径受限有关。绝大多数受访大学生对外国文化的了解仅来自电影、音乐等网络媒体，只有很小部分学生有短期出国经历。更有甚者，他们的外国文化知识有明显的刻板印象痕迹，导致外国文化知识掌握得不全面、不客观，最终也影响他们的跨文化交际实践。值得一提的是，大学生对外国文化知识的掌握还局限于英美主流文化，他们简单地将外国文化与英美国家文化相关联，这样的认知明显存在偏颇。原因在于，绝大多数高校所使用的英语教材往往取材于"原汁原味、地道"的英美国家，而较少涉及其他非英语国家，这就导致了学生对外国文化认知的局限性，这样的现状在"共建人类命运共同体"的今天是急需改变的。

（二）各地区大学生跨文化交际能力维度对比分析

各地区大学生跨文化交际能力维度对比分析结果见表2。

表2　浙江省各地区大学生跨文化交际能力数据分析

变量因子	地区	样本人数／人	最小值	最大值	均值	标准差
中国文化知识	宁波	791	1	5	3.22	0.93
	杭州	343	1	5	3.35	0.87
	温州	339	1	5	3.24	1.01
外国文化知识	宁波	791	1	5	2.60	0.92
	杭州	343	1	5	2.76	0.98
	温州	339	1	5	2.98	1.00
态度	宁波	791	1	5	3.50	1.01
	杭州	343	1	5	3.56	1.06
	温州	339	1	5	3.47	1.14
跨文化交流技能	宁波	791	1	5	3.30	0.91
	杭州	343	1	5	3.44	1.03
	温州	339	1	5	3.52	1.06
跨文化认知技能	宁波	791	1	5	3.57	0.97
	杭州	343	1	5	3.30	1.01
	温州	339	1	5	3.37	1.14
意识	宁波	791	1	5	3.53	0.95
	杭州	343	1	5	3.60	1.02
	温州	339	1	5	3.43	1.21
跨文化交际能力总体水平	宁波	791			3.29	
	杭州	343			3.34	
	温州	339			3.34	

由表2可见，从跨文化交际能力的总体水平来看，3个地区的在校大学生跨文化交际能力水平差异不大，都处于中等偏上的水平。其中宁波地区大学生跨文化交际能力（3.29）略低于其他两个地区，但差异并不明显，且与浙江省在校大学生的跨文化交际能力整体水平所体现的特征相符，即学生的跨文化意识和态度情况较好，而对外国文化知识的把握相对较弱。

从跨文化交际能力的6个维度来对3个地区进行比对，发现各地区大学生的跨文化交际能力存在鲜明的区域特色。第一，宁波地区大学生的跨文化认知技能要远高于其他2个地区（宁波3.57；杭州3.30；温州3.37）。这项差异与课题组在宁波市选择调研的3

所高校存在密切的关系。众所周知，宁波诺丁汉大学的校园国际化在浙江省处于领先水平，宁波大学和浙江万里学院的在校留学生比例在浙江省名列前茅，因此相对来说，宁波地区学生与外国人接触的机会较多。在这样的国际化校园环境下，他们比其他地区的高校学生拥有更多的跨文化接触机会，可以去直接获取跨文化交际相关知识，也可以在与外国友人进行直接的跨文化交流过程中开展反思并培养解决跨文化冲突的能力，从而全面提升他们的跨文化认知技能。第二，杭州地区大学生的跨文化意识最强（3.60）。这得益于杭州这一国际化城市的背景，G20峰会的召开、亚运会的筹备，都给杭州市的在校大学生创造了极好的国际化环境。大学生们沉浸在跨文化交流的大环境中，能充分地意识到与外国人交流时彼此存在的文化相似性和差异性，也能意识到不同文化身份对交流带来的影响，促使他们在跨文化交流中基于不同文化视角审视跨文化交流情境。第三，温州地区相较于其他两个地区而言，当地大学生的跨文化交际能力最强（3.52）。跨文化交际能力包括语言能力和交流能力两个部分，指的是学生能较好地运用语言和非语言技能与拥有不同文化背景的人进行交流，同时也能尽量避免因不恰当的用语和行为而冒犯对方，避免产生歧义或偏见的能力。温州地区大学生较强的跨文化交际能力与温州的经济结构特点密不可分：一方面，温州商品出口较多，随着时代的不断进步，温州的一些优质私营企业逐步跨入国际市场，销售网络遍及世界各地，轻工产品如打火机、皮鞋等占据了国际市场的主要份额，温州商人开始在海外建立鞋革、服装、工业电器、五金机电等专业市场，以及研发中心或生产基地；另一方面，温州华侨较多，这是因为温州民间资本总体规模庞大，这笔民间资本较早就进军国际市场，同时，温州外迁企业数量已十分庞大，温州籍人士在外创办工业企业好几万家。这些都是当地大学生掌握跨文化交际能力的天然优势。总体来说，浙江省各地区大学生的跨文化交际能力水平相似，虽然有细微的差别，但可以根据各地区自身需要对症下药，提升大学生跨文化交际能力水平。

五、对策建议

无论是对浙江省大学生跨文化交际能力的总体水平分析，还是以区域为切入点开展的跨文化交际能力分析，在展示大学生的跨文化交际能力水平的同时都突显了浙江省大学生跨文化交际能力培养上存在的两大问题。一是大学生跨文化交际所需的知识储备不够。在调研中，学生的知识维度得分普遍较低。尤其是针对外国知识的了解程度，3个地区学生的测评都没有超过3.0，总体处于一般水平。即使是他们非常熟悉的本国知识，也因为他们缺乏良好的英语表达能力而在对外交流过程中不能很好地表达和沟通。二是大学生的跨文化交际能力仍有大幅提升的空间。目前浙江省大学生的跨文化交际能力处于中等偏上的水平，而大学生作为当下高等教育人才培养主体和未来社会经济发展的主力军，其跨文化交际能力必然会直接或间接影响高等教育的国际化进程和经济全球化步伐等。现在，浙江省大学生跨文化交际能力的现状与浙江省明确提出的"开启争创社会主义现代化先行省的新征程，率先建设面向全国、融入全球的现代化经济体系"的目标不相符，同时，也与浙江省面向全球化发展背景下的教育国际化目标不匹配。鉴于此，本研究拟从教育工作者角度对提升浙江省大学生跨文化交际能力提出以下几点建议。

（一）将文化教育融入语言教育，全面提高跨文化知识的输入

传统的在校大学生跨文化交际能力培养总是依赖于课堂教学，并且主要依托于外语教学。而需要指出的是，当前的外语教学仍以语言学习为主、文化学习为辅，易培育出虽是"语言高手"却是"文化哑巴"的大学生。英国学者 Bennett 与孙有中教授的对话中就曾指出，21 世纪的跨文化交际最怕的就是这种能说一口流利英语却不了解他国文化的"语言高手"。因为他们的语言能力，往往会让异文化交际者对他的文化能力有较高的期待，从而在出现文化冲突时更不容易被原谅。因此，要培养学生的跨文化交际能力，必须大力改革现有外语教学模式，将语言能力和文化能力相结合，开展 CLIL 教学法[①]，即语言和内容相结合的教学法，不再仅仅以提升学生的语言能力为主要目标，而要更加注重对文化知识的导入和培养。这需要自上而下的规划，2020 年教育部高等学校外国语言文学类专业教学指导委员会出版的《普通高等学校外国语言文学类专业教学指南》中明确把"笃定服务国家战略，满足中华文化'走出去'、'一带一路'建设和构建人类命运共同体"作为人才培养的重点要求。基于此，建议浙江省教育厅综合考量、系统设计，将培养跨文化交际能力作为人才培养的主要内容之一，并明确目标、要求及评价；浙江省各高校则应按照浙江省教育厅的总体要求，结合学校实际，积极思考，坚决推行，将落实培养大学生的跨文化交际能力作为人才培养计划中的重要组成部分，并积极改革现有教学模式，营造鼓励跨文化交际能力培养的制度氛围，建立保障机制；各专业，尤其是外语类专业更应该充分发挥语言教学的天然优势，将文化教育融入语言教育中，并系统推进课程设置、团队建设、教材建设、实践培养和校园文化等。

[①] CLIL 教学法，是 Content and Language Integrated Learning 的简称，是一种科学地将内容和语言相结合的教学方法。

（二）建立大学生跨文化教育实践机制，着力打造跨文化交际能力实践平台

对跨文化交际能力的培养不单是简单的理论教授，更应该是对实践能力的培养。各高校应充分利用国际化校园和国际化城市的优势，完善在校大学生跨文化教育实践机制。具体而言，一是将跨文化交际实践纳入在校大学生的实践学分，要求每名大学生在校期间至少参与国际赛事服务一次，或者参与在校留学生的志愿服务活动一定次数；二是将跨文化交际能力视为大学生评奖评优时的加分项，鼓励并支持在校大学生积极参与校内外实践。从内外因多方面、多渠道促进在校大学生的跨文化交际能力提升；三是积极建立跨文化教育实践基地，如可以利用浙江省即将举办亚运会的机会，扩大大学生志愿实践服务基地建设，同时，充分利用现有资源，例如G20峰会场馆、各涉外部门和活动等，进一步开发实践平台与途径，打造培养在校大学生跨文化交际能力的实践平台，真正提升他们的跨文化交际能力。

（三）开发新形态教材，多渠道提升跨文化交际能力

教材建设作为育人过程中的直接载体，其作用不可小觑。所以，现有的培养大学生跨文化交际能力的教材必须不断更新和改进以顺应时代潮流。为了达到这一目标，需要从以下几个方面进行改革：一是将真正具有跨文化实践经验又有深厚学术背景的教师们召集在一起，进行教材研发；二是以国际化、多元化为导向，紧密贴合习近平总书记"人类命运共同体"的价值取向，同时充分结合浙江实际进行内容的选取、整理和编定；三是大力开展教材编写体例的改革，即将教材中的文化内容、文化学习任务、文化教学方法及教学目标，与学生的知识结构、学习特点、思维方式相匹配，进一步有效促进跨文化教学；四是教材应该满足理论与实践相结合的特点，设计一定比例的实践环节，充分利用网络媒体，开展线上线下教学相结合的新形态教材建设。

（四）跨文化交际能力与创新能力相结合，培育大学生跨文化批判意识

跨文化交际能力不仅可用于交流的情景，还可用于那些需要换位思考、解决矛盾冲突的情景中。简言之，良好的跨文化交际能力要求学生具备多方面的能力，不仅包括扎实的语言能力、灵活的交际能力、正确的世界观和价值观，更包括卓越的批判思维能力。因此在日常的人才培养过程中，若能使两者相互结合，就不仅能培养出适应人类命运共同体发展的"国际人才"，还能培养出社会发展急需的创新人才，不失为一举多得。

具体来说，一是可以在创新创业课程内融入跨文化交际能力的培养，例如通过案例分析或者实景演练，给学生提供开阔思维的平台，拓展他们的眼界，达到能力培养的目的；二是在跨文化课程中融入创新能力的锻炼，例如比较中外不同的创新案例，在寻找文化异同的过程中，提升学生的跨文化交际能力和创新能力。

六、结　语

"一带一路"倡议提出以来，浙江省紧紧抓住这一战略机遇，立足区域文化优势，发展经济，扩大文化交流。G20 峰会的召开更是给浙江省经济发展带来了历史性的重大机遇。而随着浙江省国际形象的提升，浙江省已经成为我国对外交流的重要窗口，更需要大批具备良好跨文化交际能力的青年人才服务各类涉外经济、文化活动，辅助浙江经济文化走出去。本研究在此背景下对浙江省在校大学生进行了问卷调查，对他们的跨文化交际能力进行了调研。研究显示，浙江省大学生跨文化交际能力处于中等水平。在 6 个维度中，大学生在跨文化交流态度和意识等能力维度方面要高于其他 4 个维度。与此相比，浙江省在校大学生在外国文化知识方面处于较弱水平。鉴于此，研究指出高校作为育人的主体部分，应从改革外语教学模式、建立跨文化教育实践机制、开发新形态跨文化交际能力培养教材，以及充分促进跨文化交际能力与创新能力的培养的角度出发，来更好地解决浙江省当前大学生跨文化交际能力中文化内涵缺失等问题，从而培养和提升大学生的跨文化交际能力，服务于浙江高等教育国际化进程，更为国家社会培育具有中国情怀和国际视野的创新型跨文化交际人才。诚然，受研究时间和能力所限，本研究还存在一些不足，如缺乏质性研究数据的支持，不能对量化结果进行更深层次的挖掘等，这些有待在以后的研究中进一步解决。

（主持人单位：浙江万里学院）

精彩不止一面："斜杠青年"的自我学习与发展现状研究

一、研究背景与文献综述

（一）研究背景

青年是国家发展、时代进步的中坚力量，面对当前国内经济发展新格局和日益严峻的国际形势，我国对高质量复合型青年人才的需求不断扩大。在此背景下，"斜杠青年（Slasher）"这一拥有多重职业或身份的群体蓬勃发展，吸引了社会各界的广泛关注。他们思维活跃、求知探索欲强、乐于接受新生事物，是高素质复合型人才中的重要组成部分；他们积极主动寻求破局，兼顾传统就业、"非全日制就业"及"云就业"等就业形态，为青年发展提供了新思路。但"斜杠青年"发展过程中也存在诸多困难。因此，本文通过研究其自我学习与发展现状及困难，探索相应的解决措施，以引导这一群体健康有序发展，为社会贡献更多正能量。

（二）文献综述

《纽约时报》专栏作家 Marci Alboher 首次提出"斜杠青年"这一概念，在她撰写的《多重职业：让工作和生活获得双重成功的新模式》中（ *One Person / Multiple Careers: A New Model for Work Life Success* ），将"Slasher"阐释为"拥有 2 个以上能被他人辨识的技能优势的人"。这一群体在自我介绍时通常会用斜杠来区分不同职业或身份，"斜杠"一词由此而来。例如，既是大学老师，又是税务师和美妆博主的胡芝芝女士的自我介绍是：大学老师 / 税务师 / 美妆博主。加之这一群体大多处于 15—44 岁，因此"Slasher"被翻译成"斜杠青年"，即"具有复合型知识、才能结构的青年人才"。

国外研究大多从心理学角度或福利变动、主观幸福感等方面探讨多种职业或身份变换带来的影响。Jahoda（1982）从社会心理学角度分析了不同就业模式对劳动者的收入及其他福利，如工作自主性、社会地位认同、主观幸福感等产生的影响。Nomaguchi

（2009）利用1977—1997年美国全国性调查数据，分析了在职父母工作—家庭冲突增加的原因，认为劳动者在不断变换职业身份时，可能挤占个人休息时间、增加工作与生活的冲突、损害个体幸福感，导致福利损失，但内在工作报酬的提升、平等的性别态度也会减少工作和生活的冲突。

随着社会发展，国内对"斜杠青年"的探讨逐渐增多，但大多集中于网络文章，如博客、公众号、新闻报道等，而系统性的学术研究成果较少。这些系统性的学术研究成果主要聚焦在"斜杠青年"的职业教育、职业技能培养、职业选择与规划等内容上。如朱奕亭、蔡骐（2019）从一些媒体夸大"斜杠青年"这一现象切入，探讨大众媒体神话式建构的"斜杠青年"精致多金、自由充实、追求理想的形象与该群体内部所存在的差异和区别，提醒社会在为"斜杠青年"的形象赋予进步意义的同时，也应警惕媒体过度鼓吹可能带来的负面影响。蒋越（2020）结合零工经济时代，阐述了"斜杠青年"的产生逻辑与职业发展过程中存在的问题，并提出职业院校应深化人才培养体系改革、提供契合时代需求的教育培训与学习资源，加强对"斜杠青年"的自主管理和发展能力培养。王玉香、玄铮（2019）把"斜杠青年"划分为迫于经济压力型、爱好特长型、能力所及型3类，总结了其职业选择的本体性特征的具体表现。他们认为"斜杠青年"的涌现是宏观职业生态环境和现代共享经济时代带来的必然现象。叶露滢（2020）基于易变性职业生涯定向视角透视29名"斜杠青年"的职业发展样态，发现"斜杠青年"的职业选择动机主要有社会环境的影响、自我动因的驱使及跨界机遇的争取三大因素，并在职业发展过程中进行了积极的自我建构。邵丹慧、贾良定、谭清美（2018）从职业专业化程度分析了"斜杠青年"的事业发展，认为"斜杠青年"是去专业化的职业模式，具有强项是所在专业的边缘技能、技能精进是工作主要目标两大特征。丁刚、李珲（2020）认为"斜杠青年"的竞争优势在于其拥有核心技能或跨界整合能力，横亘在斜杠式多职业发展路途上的几大难题，可以采取拥有某一领域核心竞争力、延迟满足、经营"个人企业"、善于取舍等策略解决。

通过文献回顾发现，国内现有研究大多集中在职业教育、职业技能培养、职业选择与规划等单一层面，并未对影响"斜杠青年"潜能发挥的核心环节——自我学习与发展过程中遇到的具体问题进行深入研究，更未对如何激励"斜杠青年"进一步发挥创新创造才能提出相应的、行之有效的对策建议。本课题拟通过梳理"斜杠青年"在自我学习与发展过程中遇到的具体问题及"斜杠青年"努力克服困难做出的种种尝试，在宏观层面和微观层面提出促进"斜杠青年"发展的具体实践措施，丰富学术研究视角。

二、研究对象与研究方法

（一）研究对象

通过文献综述发现，国内外对于"斜杠青年"的界定并不一致，有些研究认为"主副业并行"就是"斜杠青年"，有些则以获取收入作为判定标准。这些不一致不利于研究的开展，因此在开始正式研究前，课题组首先对"斜杠青年"进行了概念界定。

"斜杠青年"的核心是"存在明显优势的多种技能或能够被辨识的多种身份"。"斜杠青年"的原本意图是多一份技能好防身，每一个"斜杠"都对应一项可以带来持续、稳定收入的谋生技能。随着跨界的兴起，不少人把"斜杠"视为一种潮流、时尚，将自身仓促、简单地跨入其他领域的行为标榜为"斜杠"。这类"伪斜杠"并不能为自身带来有效提升，也无法形成富有竞争力的多种技能，更无法为社会发展提供高质量复合型人力资源，甚至会因为心猿意马，失去最基本、最赖以生存的核心技能。也有人片面地认为"兴趣爱好＝技能或身份"。"兴趣爱好"有利于"技能或身份"的开启，但它可能只是停留于无意识的日常消遣和自娱自乐层面。"技能或身份"的形成需要持之以恒、有意识的刻苦练习，既需要投入时间、精力，又离不开现实生活的实践、磨砺。

通过以上对比分析，结合国内与国际对青年年龄的划分，我们将"斜杠青年"的概念厘定为：具有两种及两种以上有明显优势的技能或能被辨识的多种身份且身份能持续保持的青年群体。

（二）研究方法

以往针对"斜杠青年"的研究大多仅采用问卷调查，或直接选用各个数据库数据进行描述分析或经验性总结。然而，"斜杠青年"在自我学习发展过程中，既有共性又有鲜明的个体特征，为了弥补以往研究的不足，本项目通过长期参与观察与深度访谈等质性研究方法，了解"斜杠青年"的基本情况，获取更深入、细致的材料，发现其他研究忽视的关键问题，并提出更有针对性的对策。

1. 结构访谈与半结构访谈相结合

访谈对象为来自不同地区的 21 名"斜杠青年"。每名对象访谈时长为 2—3 小时，部分典型案例累计访谈时长为 4—6 小时（分 2—3 次进行）。在访谈开始前，课题组明确告知受访者本次研究的目的及大概内容，并确保信息安全，谈话在轻松愉悦的氛围下自然展开。深度访谈大部分为面对面访谈，极个别访谈对象由于不方便见面而采用了电话、微信访谈。

结构化访谈，包括个人基本信息（年龄、性别、学历等），不同身份所对应的具体情境内容，以及"斜杠"身份带来的体验。在完成结构化访谈获得框架内规定问题的相关信息后，课题组通过开放式问题进行半结构式访谈，即根据"斜杠青年"在访谈过程中提及的困惑、兴趣点与情境进行追问或引导，在保证访谈紧扣研究主题的前提下，深入了解"斜杠青年"的内心世界和个人学习发展经历。

2. 长期参与观察确保信息真实、连贯、有效。

除了深度访谈，课题组成员在合适的时机深入部分访谈对象的日常生活工作情境中，鼓励访谈者在自愿和保护隐私的情况下，结合研究内容展示自己在不同阶段的学习发展成果，出示相关证明（如照片、证书、作品、聊天记录等）。此外，部分课题组成员也是"斜杠青年"，他们长期活跃在"斜杠青年"周围，也有利于与访谈对象建立和维持信任，克服沟通障碍，获得更多隐藏信息。课题组与"斜杠青年"研究对象的接触最早可以上溯到 2015 年，最短的也有 8 个月的时间，对大部分访谈对象的观察持续 1—2 年。长期参与式观察更能发现"斜杠青年"的学习、发展动态，也有利于课题组进行分析对比从而寻找到更多切实可行、富有成效的针对性措施，并有利于在实践中进行适用性验证。

为了确保所选择的访谈对象是合适的，课题组对访谈对象进行了筛选，筛选后的 21 名"斜杠青年"基本信息见表 1。

表 1　21 名"斜杠青年"基本信息

编号	年龄	性别	学历	第一技能／身份	第二技能／身份
A01	44	女	本科	事业单位职员	保险代理人
A02	31	女	本科	服饰类淘宝店主	珠宝公司股东
A03	30	女	本科	教师	插画师
A04	35	男	本科	事务所项目经理	CFA 持证者
A05	28	女	硕士	事业单位职员	珠宝设计师
A06	26	女	本科	企业职员	哔哩哔哩的 UP 主
A07	29	男	硕士	理财顾问	自媒体博主
A08	22	女	大专	企业职员	视频剪辑
A09	32	女	硕士	律师事务所合伙人	美容店老板
A10	32	女	硕士	事务所职员	淘宝店主
A11	37	女	大专	导游	化妆品代购

编号	年龄	性别	学历	第一技能／身份	第二技能／身份
A12	25	男	大专	货车司机	二手车交易商
A13	30	男	硕士	银行职员	IT 男
A14	31	女	本科	摄影师	淘宝店主
A15	34	女	博士	军工企业职员	翡翠鉴定师
A16	28	女	本科	企业职员	培训机构老师
A17	32	男	本科	政府部门职员	微商
A18	33	女	博士	大学老师	北欧保健品代购
A19	27	女	本科	美食编辑	美妆博主
A20	29	女	大专	服装销售员	美睫师
A21	31	女	硕士	理财顾问	喜帖设计师

三、"斜杠青年"群体学习和发展的现状

通过对"斜杠青年"的访谈和长期观察，发现"斜杠青年"往往出于兴趣爱好或能力提升等进行自我学习和发展，以消解生活压力和就业风险，增强安全感和幸福感。同时，在学习发展过程中，他们也会出现以下问题：时间、精力与经济上承受较大压力；高质量学习资源、学习渠道获取难度较大；职业技能养成呈无序的"野蛮生长"状态；缺乏明确的职业发展规划；自我管理能力水平有待提升；自我认同与社会认同之间存在矛盾；等等。

（一）"斜杠青年"学习发展的特点

1. 以积极向上的心态看待"斜杠"经历

课题组请 21 名受访者分别用 3—5 个词形容自己的"斜杠"状态，并结合访谈中他们对自己经历的评价，制作了词云图（见图 1），可视化展现访谈者的内心感受与评价。"充实""爱好""兴趣""受益""创新"等词出现频率较高。

图1　词云图

超过半数的访谈者认为"斜杠"身份增强了自己的主观幸福感，并对自己多重身份持较为正向的情感态度，对自己的职业发展持乐观积极态度。即使在学习发展过程中遇到过许多困难或问题，"斜杠青年"仍认为这些经历给自己带来许多优势，提供了更多机会来实现个人价值，如：充实业余时间、时间利用更高效；提升个人综合能力或发挥个人优势，拥有更多选择权；增加收入，增强个人独立性，获取更多话语权；丰富人生经历，开阔眼界或扩大人际交往圈；减少职业枯燥感，获得更多生活乐趣；等等。

我在生活工作中真的很平凡，长相和身材都没有什么优势，是一个默默无闻的"小透明"。直到有一次我在小红书App上发布的视频获得了1.5万个赞，我很激动地发给好友，大家都觉得好厉害，我也觉得自己很棒，很开心，兴奋了很久。那种感觉我到现在还记得。（受访者：A08）

画画时，我会将许多工作、生活上的压力抛于脑后。有时候会遇到很多烦恼，当我沉浸在画画中，那些烦恼会消散。它是一个港湾，让我可以暂时逃离现实，享受片刻宁静。它也是一种释放，当我凝望自己的作品时，我会由衷地感到快乐。（受访者：A03）

我和朋友投资的美容院，既能为我带来不少收益，又能方便我自己平日皮肤、身材管理，一举两得。美是女性终生的追求，很多朋友都羡慕我在变美的

同时还多了一份收入，幸福加倍。（受访者：A09）

21名受访者均表示工作更加忙碌了，但只有不到半数的受访者感到疲惫。在最初的一两年，第二技能的学习需要投入大量的时间和精力，结束白天的工作后，还要利用业余时间进行充电，偶尔会觉得难以平衡，但在技能不断熟练后，基本可以做到合理有序地安排时间。大部分受访者认为自己的责任、压力加大了，但幸福感、价值感与自信心也在稳步增强。还有一些受访者由于职业经历增加，得以更加客观冷静地看待主业，提升了主业满意度。

当时对自己的主业挺不满，认为副业一定会好很多，会轻松、钱多。后来遇到过刁钻的顾客，自己有段时间一个人忙里忙外，身心俱疲，才意识到稳定的主业、和谐的团队有多好。（受访者：A10）

2. 以自我价值实现为目的应对困难

"斜杠青年"在学习和发展过程中会遇到许多阻碍，但他们在面对困难时往往都能以自我价值实现为终极目标，从而积极应对和处理困难。在访谈中了解到，受访者在探索新领域时都遇到过各式各样的问题，他们也在实践中不断钻研，通过向行业高手请教、参加技能培训等方式，获得了许多宝贵的经验，最终化解了矛盾和问题。

想要在领域内获得更大的进步，找到合适的人很关键。向行业高手请教很有效，或者可以先观察哪些人做得好再进行咨询。最好支付一些酬劳，毕竟现在很多人都反感不劳而获、直接拿去的行为，他们成为行业大咖背后也是付出了许多，适当支付酬劳体现的是尊重，也更易获得需要的信息，不过也要谨防被骗。（受访者：A07）

当我开启新身份时，一开始大家会认为我是一时兴起，只有"三分钟热度"，大家会持观望态度，这个时候得不到信任和理解都是人之常情，而且现实中确实有很多人坚持不了多久或者遇到些挫折就放弃了。我每年都在进步，后来我参加了许多培训和技能考试，获得了相关的证书。不断学习、积累到第三年时，我已经比刚起步时成长了很多，离目标也越来越近。当大家发现你在认真对待且有实力时，鼓励、支持、信任你的人也越来越多。（受访者：A05）

3.以跨界融合的方式促进创新创造

"斜杠青年"在学习发展过程中，不仅会努力获得更多收入、实现个人价值，而且会积极尝试在跨界融合的基础上提升创新创造能力，从而为社会提供更优质的劳动资源。"斜杠青年"的融合创新、巧妙构思，能极大地突显个人优势，多角度展现个人价值，更能满足目前时代发展和岗位对高质量人力资源的需求，优势外溢。大众的态度不断转变，即反对→默许→理解→支持→鼓励，媒体对"斜杠青年"的宣传与表扬也屡见报端。这些支持进一步促使"斜杠青年"在实践中不断迸发出创新创造能力，形成良性循环。访谈中，不少受访者也结合自身"斜杠"身份分享了自己多技能融会贯通、不断创新的经历，以及取得的效果。

> 我从自己作为插画师的经历中精选一些内容作为教学案例素材，结合课堂内容分享给学生们。他们很感兴趣，听得也很入迷。学生们觉得这种方式比我以前干巴巴地讲课要更易理解，更有趣。我还会在课下和他们交流如何更好地培养自己的兴趣爱好，坚持学习，挖掘学习的乐趣，效果比说教式教育好很多。今年我指导一些学生参加比赛，还获了奖。（受访者：A03）

> 最早我写文章只是希望帮助我的客户理解我推荐的各种理财产品。随着阅读量不断上升，许多读者也会留言或者私下与我沟通，我对他们的需求了解得更加深刻。我能很明显地感觉到国内顾客对资产管理和分配越来越感兴趣，中高净值人群个人或家庭层面的税务或法律咨询也成为新兴需求。理财经理也不是仅仅推荐产品让顾客完成交易就够了，还要创新多种方式帮助自己的顾客培养财富管理的思维。和专业的调研报告相比，我的文章通俗易懂，阅读量持续上升。未来，我还会成立自己的工作室，推出系列文章和视频来满足大家的阅读需求。（受访者：A07）

（二）"斜杠青年"群体学习和发展的动因

1.对生活具有高质量追求

"斜杠青年"群体之所以选择"斜杠"生活作为人生的新选择，是因为"斜杠青年"群体普遍对生活模式和人生有更高的要求与目标。

做一名"斜杠青年"，最直接的就是可以增加我的收入。收入的增加不仅仅意味着我可以多买点自己喜欢的东西，它还直接影响了我的家庭地位和社会对我的评价，是我个人价值的一种体现，也意味着我拥有了更多底气和选择权。（受访者：A17）

我这个年龄段的女孩子想买的东西实在是太多太多了，正是爱美爱玩的时候。但我又不想依靠他人，想做独立又精致的女孩子。成为"斜杠"后，想要的护肤品、衣服、鞋子都能够拥有，最重要的是遇到了很多优秀的人。如果不踏出以前的舒适圈，可能根本不会遇见他们。和优秀的朋友们一对比，发现自己还有许多不足，会不断督促自己奋斗，也会学着给自己做个未来规划。（受访者：A16）

怀孕生娃后，我的收入直线下降，在家带孩子的那一年根本不是自己想要的生活，和社会也逐渐脱节。老公虽然给家用，可是我内心还是很焦虑，伸手要钱的滋味不好受。作为已婚已育女性，这份副业在时间上很灵活，收入还可以，很适合我。疫情期间，家里（主业）收入减少，全家压力变大，不过我这份副业倒没有受疫情影响，线上就可以完成，疫情期间每个月还能多一份收入作为支撑。哈哈，那个时候我觉得自己的选择很明智，未雨绸缪的感觉。（受访者：A21）

2. 有较强的知识储备或学习的动力

"斜杠青年"群体进行职业身份的转变和拓展，很大一部分原因在于"斜杠青年"从事的主业对从业者知识储备的高要求。有些"斜杠青年"所从事的主业不仅要求从业者具备行业相关知识，还需要具备跨行业或跨领域的知识和技能。

我所处的行业本身知识更新速度挺快，还要掌握会计、法律、金融等领域专业知识，才能保证不掉队。（受访者：A04）

还有一些"斜杠青年"从长远发展考虑，为更好地抵御潜在风险，会学习一门知识，掌握更多技能。

我们公司分工很细，前期掌握了自己的工作内容后，后面基本上就是不断重复再重复，日复一日，没有挑战，更没有机会获得新知识，学校里学的知识很多都快忘了。参加同学聚会，发现自己的话题只能局限在很小的范围内。那个时候我就在想，这样一辈子下去怎么办，万一失业了怎么办。失业了估计很难再就业。不要求赚多少钱，就是想学点新东西。（受访者：A01）

3. 以兴趣和爱好为动力

虽然有客观原因可以促使青年转变为"斜杠青年"，但访谈显示，兴趣爱好和能力提升是"斜杠青年"选择此种身份扩展的重要原因。访谈中，"感觉""喜欢""充实""更强""兴趣""快乐""放松"等词出现频率较高，个人层面的原因变得更为重要。

我读研究生时隐约感觉到我并没那么喜欢我的专业，可能我也不适合我的专业，即使我年年拿奖学金。所学专业要求我严谨、对数字敏感度高，可是我偏偏是个活泼、大大咧咧、天马行空的人，到实习阶段我的感觉更强烈了，我对我的专业并不感兴趣。后来我就开辟了副业。但为什么一定要做珠宝设计师？因为我喜欢这个行业的光鲜亮丽。我以前就了解过这个行业，最关键的是它发挥了我的优势。我考虑过服装、文创、美妆等行业，那些行业我既不适合，又不擅长，还是做这个更有竞争力。（受访者：A05）

4. 提升个人综合能力

除了生活、经济压力大，激烈的岗位竞争、不断更新的知识以及职业的快速迭代促使青年不断思考如何提升自己的综合竞争力。他们通过获取更多技能或身份，逐渐转变为"斜杠青年"。

在四大会计师事务所，我是本科学历，和很多海归相比竞争优势不明显，现在CPA持证者也越来越多。不过我发现我们行业既懂会计又懂金融的人很少，这类员工晋升较快，所以我就考了CFA。目前许多项目只有一小部分人能够胜任，而我恰巧是其中之一，未来我还打算通过司法考试。（受访者：A04）

领导和我说"现在单位最缺的就是既懂银行业务又会计算机的人才"，鼓励我平时多学点，我就自学了Python等。（受访者：A13）

四、"斜杠青年"自我学习和发展过程中的痛点

（一）时间、精力与经济上承受较大压力

许多青年由于还处于工作的起步阶段，手头积蓄不多，且已逐渐开始独立生活，又不好向父母开口要钱维持生活，只能自己默默承受经济上的压力。另外，虽然我国现行税法制度规定，纳税人接受各类继续教育产生的支出，可以进行教育费用的附加税扣除，但调查显示，许多"斜杠青年"的"再学习"支出已经远远超出国家每年的定额扣除标准。这种资金上的紧缺也对"斜杠青年"造成了一定的精神压力。有极个别受访者为了摆脱当前经济问题带来的压力，甚至利用一些网络贷款（如花呗、借呗等）实现资金周转。

> 插画师是一个烧钱的行业，每次买画笔、买颜料都是1000元起步，这些钱又不能省。为了学画画，我还报考了在职研究生，三年学费就要8万元，都是我自己付的。工作忙完周末还要去上课，真的很累，压力也大。（受访者：A03）
>
> 我考取的这个证书考试报名费比较高，会给我自己造成一些压力，但是有压力就有动力，它迫使我更高效地学习，也使我能够不断坚持下来。（受访者：A04）

（二）高效、高质学习资源的获取难度较大，职业技能养成较无序

由于不少"斜杠青年"初期是从一个领域拓展到另外一个相对陌生的领域，既没有长时间积累，又缺乏系统培训，很难去甄别不同学习资源的优劣，因此获取高效、高质学习资源的难度较大，职业技能养成呈无序的"野蛮生长"状态。虽然在当前的培训市场上存在着一些职业技能培训班，但也只惠及小部分"斜杠青年"，大部分"斜杠青年"仍然对学习资源的获取和职业技能的认定感到无力。

> 我在学习自媒体撰稿时，真的走了不少弯路，各种辛酸只有自己知道。自媒体撰稿要求你掌握一些撰稿技巧，比如如何拟标题、如何行文，还要及时抓住热点。一开始很难找到相关资料，我就去百度上搜，百度上只有最基础的信息，而且很多信息是错的。后来我关注了一些博主或自媒体账号，但是质量参

差不齐，需要仔细筛选。我也购买了一些书籍，但是这个属于新兴职业，书籍的滞后性太严重了。后来我向行业专家付费请教，又加入一个自媒体社群，每天进行互动交流，发展就越来越好了。如果当时有前辈或者高人指路，能少走很多弯路。（受访者：A07）

受访者 A12、A14、A15 等均提及："最开始作为外行人，学习第二技能完全靠网上自行搜索相关信息，没有师傅或长辈的引导，比学习第一技能要慢得多。"受访者 A21 还有过报班被骗的经历。

那个时候有设计方面的培训机构在做宣传，我就报名了。正式学习的时候就是在一个小房间里，教学内容比较简单，没有针对性，根本不是我想要的，和宣传中说的也不太一样。我感觉自己被骗了，想要维权也不知道怎么办，眼睁睁看着钱打水漂，我花了 2800 元。（受访者：A21）

（三）缺乏明确的职业发展规划，自我管理能力有待提升

尽管"斜杠青年"的自主性和积极性较强，但大多数"斜杠青年"处在自发自为的"野蛮生长"状态，我国当前尚未形成完善的支持"斜杠青年"群体学习的制度体系和社会环境，无法对他们进行准确引导。因此，"斜杠青年"的学习过程中存在着缺乏明确的职业规划、自我管理水平较低等问题。

访谈中，大多数"斜杠青年"对于自己究竟要在何时达到何种状态或何种目标并没有清晰描述，只有大概方向，职业成长路径比较模糊。由于"斜杠青年"在学习方面起步慢、遇到的困难较多，因此当他们面对需要长期持续性投入、变现慢、见效慢的职业时，有可能会慢慢丧失学习和钻研的积极性。也有一些个体对"斜杠"身份过于乐观，当较多困难出现时，会措手不及、束手无策。

每个周末我都会给学生上课，学生分散在杭州各区，我只给自己留了半天时间休息，回到家真的很累，周一上班时老是打不起精神。如果减少副业工作量，那我的收入就要下降，但我已经习惯了买，买，买。而且我今年身体有些不好，可能是劳累过度吧，跑医院的次数多了，赚的钱在这上面花了不少。至

于自我学习，那更没时间了。至于未来怎么样，走一步看一步。如果有机会就开一个培训班。（受访者：A09）

也有部分"斜杠青年"因为收入、精力、学习困难等因素，在现实中将"快速变现"作为自己的主要目标，与自己原定的发展方向，出现了一定偏差，未将自己的优势充分发挥。

我很早就在做二手车交易了，不过这么多年发展一般，我就在微信上发发广告。我有很多老顾客，他们都对我很信任，我能把很多车况细节都描述清楚。有老顾客建议我把图片再拍好看些，或者再提升提升考虑做大点，或者转型到二手豪车交易上。我都觉得没必要，学那么多干什么？我朋友圈广告发一发挺轻松的，赚多就多吃点，赚少就少吃点。（受访者：A12）

除了以上原因，部分"斜杠青年"因为在学习习惯养成方面存在很大的主观性和随意性，导致自我管理能力较弱，学习效率低，自律性较差。

很多人下班都是"葛优躺"，抱个手机能瘫一天，我也不例外。这个时候要去学习，那真的是挺难的。（受访者：A11）

作为已婚已育女性，对于学习是"心有余而力不足"。我是很想多学点的，但是回家之后要做饭，还要陪陪孩子，动作稍微慢一点一眨眼就到了上床睡觉的时间。每一天都过得特别快，睡觉前会自我批评又没看书，第二天又照旧。（受访者：A02）

对自己的学习效率感到不满。我自制力有点差，以前在学校的时候氛围好，学习效率会高一点。工作后又没有人监督我，也没有同伴对比，我就不行了。本来要学2个小时，实际上过一会儿要摸一下手机刷刷微博，再起来上个厕所喝口水，再逗逗家里的小猫咪，真正沉下心来学习的时间也就半个小时吧。（受访者：A05）

（四）自我认同与社会认同之间存在矛盾

"斜杠青年"满足了自己对兴趣爱好或其他目标的追求，发挥了自己的优势，增强了成就感与满足感，自我认同感较强，但社会认同感不足。家人、朋友、同事等对"斜杠青年"的"斜杠"身份所秉持的观点和他们自身的看法并不一定相同，甚至出现了对立。

> 我妈妈每次看我捧个手机都认为我在玩，明明我是在剪辑视频，但是怎么说她都不听。她这个年龄段的人也不大可能知道哔哩哔哩是什么。有一次我太投入了，她气得要砸我的手机。（受访者：A06）

> 我爸妈很反对，觉得研究生毕业学什么不好，非要学一个和本专业一点关系都没有的内容，以后能干什么？自己的本职工作不是挺好？这简直是不务正业。婆婆也不理解，（说）打水漂还能听见一声响，钱花出去了，效果什么时候才能见到？就为兴趣爱好，那这爱好挺费钱。（受访者：A05）

对于"斜杠青年"来说，本职工作中单位同事和领导的态度也很重要。大部分受访者表示自己的单位还是比较开明的，在保证做好本职工作的前提下，默许他们拓展第二技能。也有一些单位鼓励员工拓展自己的兴趣爱好或培养技能，甚至提供了交流、展示的平台。如受访者 A15 所在企业推出 T-WLFwarming 系列活动，受访者 A15 利用企业提供的会议交流室，为研发部的同事带去了样品，介绍自己所学，企业也对其进行了适当宣传。

也有极个别"斜杠青年"表示用人单位并不支持。

> 我平时发帖有许多粉丝，也帮一些产品做推广，赚了一些钱。结果有一次就被同事知道了，后来领导也知道了。我都是在下班后才去做这些的，但是领导会认为我上班太清闲了，或者划水（偷懒），那段时间给我派了很多活儿，经常加班，我晚上也没有时间琢磨其他的了。（受访者：A19）

五、对策与建议

培养"斜杠青年"成为高质量复合型人才，引导"斜杠青年"充分发挥创新创造才能，为国家创新、社会发展、家庭与个人的幸福做出贡献。因此，全社会应协同合作，以开放包容的心态努力促进"斜杠青年"的教育、培养、发展，为他们创造有利条件，营造有利氛围，帮助他们茁壮成长。课题组从政府、用人单位、社会、学校及个人等不同角度提出具体措施来解决"斜杠青年"在自我学习和发展过程中的困难。

（一）政府从制度、政策层面加大对"斜杠青年"青年学习和发展的支持

1.加快完善人才技能认定，提高身份认同，加强政策引导

随着社会分工越来越细，新兴职业不断涌现，但是与这些职业相关的技能认定出现了不同程度的滞后。不少"斜杠青年"所从事的行业或职业尚无相应职业技能认定标准，因此政府要尽快制定相关职业的人才技能认定标准，尤其是新兴领域和紧缺人才的职业认定标准。一是要加强供需对接，制定培训标准，开发教辅材料，开展职业技能评价工作，带动各类人才增加专业知识，提升相关的职业能力，推动建立一支从业规范、素质过硬、专业更强的人才队伍；二是要加大人才政策宣传推介力度，制定导向性政策，适应青年就业创业需要，增强青年对于身份和职业的获得感与认同感，吸引更多青年发展技能，从而培育更多高质量复合型人才；三是要引导正处于价值观定型期的"斜杠青年"不断成长为志存高远、德才并重、情理兼修、勇于开拓的高素质复合型人才，堪当基本实现社会主义现代化、实现中华民族伟大复兴中国梦历史重任的有生力量。

2.规范并丰富学习资源，自上而下构建开放式公益性终身学习资源平台

目前，横亘在青年如火如荼"再学习"热情面前的障碍是"找不到"或者"不知道"哪里有优质的学习资源。虽然线上、线下各类教育培训机构推出了许多学习资源，然而也出现了各种乱象，如培训不够规范、教学内容滞后、虚假或欺骗性宣传、学习者难以维权等。政府可以自上而下建立各级各类终身学习推进机制，创新教育和学习方式，探索多层次、分领域、立体化的教育培训体系，实现"质"与"量"的双重增长。如鼓励各地利用博物馆、科技馆、图书馆等优质学习资源与科创资源，协同开发特色体验学习项目，利用线下各类学习或活动场所打造集知识习得、技能培养、文化熏陶、审美体验、情感养成于一体的"终身学习体验中心"。同时，为了更好地发挥各类学习资源的作用，政府也需要引导媒体等加大宣传力度，普及各类学习资源使用说明，鼓励更多人

使用。

3.完善个人所得税教育费用附加扣除制度与职业技能补贴制度

青年正处于职业生涯的起步期、成家立业的关键期、创新创业的活跃期，不少青年本就囊中羞涩，想要继续学习和发展，资金方面会承受不小的压力。因此，政府可以继续完善个人所得税制度，考虑将"斜杠青年"在自我学习过程中产生的合理费用全额扣除或加计扣除，适度放宽在学习方面的扣除要求，有效激励青年积极上进。同时，政府还需要完善各类人才补贴和职业技能补贴标准并落实发放。补贴标准可以向地区紧缺急需职业（工种）倾斜，优先解决青年人才在学习发展中的突出矛盾和实际困难。

4.完善各类技能比赛，开放更多行业交流平台

我国高度重视技能人才培养，并本着激励人才建设的目的推出了各类技能比赛。但调查显示，这些比赛仅局限在一些固定的热门职业（工种），不涉及很多"斜杠青年"从事的职业。因此，人社部门在组织相关职业技能比赛时，应考虑增加职业技能比赛的项目，适当组织筹办一些"斜杠青年"所热衷的相关职业比赛。此外，在增加各类比赛的同时，也应适当提高比赛的开放程度，多渠道选拔人才，提高青年主体的参与广度与深度，将比赛中的优秀案例与作品向社会展示，打造更多开放性行业交流平台。

（二）学校协同育人，多层次多维度培养复合型人才

1.高校应充分利用自身优势，创新人才培养模式

高校作为人才培养的主体，可以积极进行教育探索，利用优质的师资、先进的研究设施、丰富的教学经验、海量馆藏资源等优势，创新人才培养模式。一方面，通过优化课程体系促进高校内各学科间的融合，完善特色课程体系，推进学科综合专业建设，加强对学生进行职业生涯规划与正向引导，培养满足行业需求与技术要求的高素质复合型创新人才，为解决复合型人才短缺问题提供有效的途径。另一方面，加大各类优质学习资源向社会、向毕业生的开放力度，提高丰富先进、专业规范的学习资源的利用效率，为更多人提供再学习的机会，推动青年不断获取与更新知识与技能。

2.加强职业教育体系建设，构建终身职业技能培训制度

职业教育是全面提升青年就业创业能力、缓解技能人才短缺结构性矛盾的重要组成部分。一方面，职业教育作为培养技术技能人才的摇篮，肩负着技能强国的重任。中等、高等职业院校可以在学历证书、职业教育"1＋X"证书的基础上，根据产业转型需要优化课程配置，打造个性化学习空间，充分挖掘学生的兴趣、特长，实现"爱好专

业化、特长技能化", 加强"青年工匠""金蓝领"应用型复合型人才培育。这既可以为中等、高等职业院校的学生提供更多展示自我的机会, 又能满足学生个性化发展, 还能实现职业教育的增值, 赋能职校学生, 提高职业院校毕业生竞争力。另一方面, 还要加强社会机构的职业技能培训, 全面提高劳动者的素质。落实终身职业技能培训制度, 强化青年终身学习意识, 建立技能人才继续教育和终身培训制度, 大力提升职业技能培训的针对性和有效性, 不断完善技能人才评价体系, 全面推行职业技能等级认定。通过统筹推进, 全面做好技能人才培养、评价、选拔、使用、激励等工作, 形成有利于技能人才发展的制度体系和社会环境, 促进技能振兴与发展。

(三) 社会应正视"斜杠"身份, 帮助"斜杠青年"赢得认同

1. 政府与用人单位构建开放包容环境, 实现多元人才评价

用人单位对"斜杠青年"应体现更多包容性, 在"斜杠青年"坚守第一岗位的情况下, 一是可以提供更多机会激励"斜杠青年"实现不同技能的排列组合, 激发"斜杠青年"的融会贯通能力与创新能力, 同时营造"鼓励创新"的良好氛围, 以利于"斜杠青年"在多层次、多领域充分发挥聪明才智, 在实际工作中不断提高解决实际问题的能力, 激发出越来越多的人才。二是要做好发现、培养、鼓励、宣传等人才建设环节, 通过爱才的诚意、用才的胆识、容才的雅量、聚才的良方, 充分发挥青年"斜杠"属性, 鼓励"斜杠青年"争当岗位"多面手", 提升跨界超能力, 凸显典型人才的示范带动作用, 形成全社会识才、爱才、用才的良好氛围。

2. 政府与用人单位提高人才使用效率、优化人力资源配置

用人单位需要意识到"斜杠青年"也是社会优质的劳动力资源, 合理、充分发挥"斜杠青年"的积极性和创造力对推动企业、社会高质量发展起着重要作用。在"斜杠青年"尽职尽责的情况下, 政府和用人单位不应对"斜杠青年"持有偏见, 或者抑制"斜杠青年"的发展。同时, 还可以为"斜杠青年"提供更多发挥技能、相互交流的平台与支持, 突破人事壁垒、技术壁垒、岗位壁垒和制度壁垒, 在尊重保护知识产权、保证个体对组织的忠诚度的同时, 给予他们更多的成长空间。这也有利于政府、用人单位提高人才的使用效率、优化人才资源配置, 实现有序竞争, 使人才更加活跃。

（四）个人应理性慎思，强化自主管理，实现长远发展

1. 从长远着手，清醒评判，明晰优劣势

从理论上来说，相比单一职业或单一技能，"斜杠青年"通过从事多职业工作或发挥多种技能，能够提高收入，丰富工作经历，拓宽职业范围。但并不是人人都适合成为"斜杠青年"，也不是人人都可以成为"斜杠青年"，更不是人人都可以受益于"斜杠青年"的身份。对此，青年在自我学习和发展过程中，应根据自身情况，合理规划，清醒评判"斜杠青年"的优劣，不盲从，不短视。同时，"斜杠青年"也不应只关注眼前收入的增加，而应该从长远角度考虑，努力成为高素质复合型人才，不断提升自己创新创造的能力与综合素质。

2. 在实践中夯实基础，打造"硬斜杠"

"一人多才，多才共融"是"斜杠青年"的理想状态。然而不可忽视的是，"斜杠青年"发挥优势的前提是"两手都要抓，两手都得硬"。"硬斜杠"——过硬的技能和扎实的第一技能是"斜杠青年"生存和发展的基础。"斜杠青年"在自身学习发展的过程中，应警惕形式主义，杜绝"伪斜杠"。应不断打磨技能，做"专"做"实"，切忌急躁、盲从、浮于表面，或在庸庸碌碌中陷入低价值感、低责任感的恶性循环中。同时，对于时间和精力上的冲突，"斜杠青年"需要客观地评判、长远地规划和脚踏实地提升自己，合理规划时间，平衡好多种技能的发挥，提高学习、工作效率。在实践中不断磨砺技能，灵活运用，提高自己融会贯通的能力和创新能力，将丰富的经历转变为宝贵的经验，实现"质"的突破。

3. 迎难而上，心系家国，任重而道远

在成为"斜杠青年"并且转变为高素质复合型人才这一过程中，青年需要清楚意识到背后需要付出大量时间、精力与物质成本，也会遇到许多挫折磨难。任何一种技能的获取都不是轻松的，青年要正视困难，迎难而上。同时，每一名青年都应将自己置身于国家、时代大背景下，在注重自身能力培养的同时，致力技能报国，实现更大的进步、更高的自我价值与成就感。"斜杠青年"应心怀国家，多研善思，致力为社会、为国家提供优质人力资源与正能量，用实际行动在数字经济、乡村振兴、精准扶贫、社会治理创新等国家急需的重大工程、重点项目、重要领域中担当有为。

4. 动态筹划，精准认知自身能力阈值

不管是何种身份和职业，良好的发展都离不开合理筹划。"斜杠青年"在学习发展中

同样需要对自己的发展理念、难点、侧重点、优劣有清醒的评判，遇到冲突时结合众人建议、自身特点及长远利益学会恰当取舍。同时，"斜杠青年"在学习、发展或获取高收入时，需将任务控制在自身能力阈值之内，并对个人的工作能力、时间精力、身体状态等有精准认知，以免影响长远发展。

（主持人单位：杭州市开元商贸职业学校）

浙江青年婚恋行为模式调查报告

青年是国家的未来，婚姻幸福有利于青年的成长和成才。最近十多年来，浙江乃至全国的青年结婚率逐年下降，引发了社会对青年婚恋问题的关注。在政策层面，《中长期青年发展规划（2016—2025年）》《浙江省中长期青年发展规划（2017—2025年）》均将"服务青年婚恋交友"列为重大任务。在学术层面，学界从社会学视角和心理学视角进行了大量研究，内容涉及择偶选择、价值变迁，以及由此引发的婚恋困境。研究结果表明：当代青年无论是婚恋方式、择偶标准还是婚姻期待、家庭模式，都日趋多元化。针对日益复杂的青年婚恋现状，我们有必要以青年婚恋行为模式为研究对象，进行更加系统、深入的研究。本研究所指的婚恋行为模式，是从整合现有社会学及心理学相关研究的视角出发，更加系统地考察影响婚恋的诸要素，以充分说明婚恋行为的形成机制。从应用价值看，基于行为模式的调研有利于更全面、准确地预测青年婚恋行为，便于政府采取针对性措施，引导青年树立健康、文明、理性的婚恋观。

一、调查概述

本研究从人口学因素、社会影响因素及个体择偶指标三个方面着手对浙江青年婚恋行为模式进行调查。调查对象包括不同行业、区域的未婚青年。调查方式采用多阶段抽样和整群抽样相结合的方式，先从全省11个地级市中抽取若干地级市，每个地级市至少包含2个县（市、区），再综合考虑经济状况、文化观念、行业特征、年龄及性别分布等因素，从所抽取样本中抽取1—2个单元，市本级按企事业单位抽取，县（市、区）按社区、村组抽取，各单元整群抽取20—30名未婚青年（初婚）为样本。此次调查共发放问卷1200份，共回收问卷1067份，经剔除无效问卷等，最终获得有效问卷1042份。

（一）样本情况

1. 性别分布

在全部有效受访对象中，男性占比43.7%（455人），女性占比56.3%（587人）。（见表1）

表 1　受访者性别分布

性别	人数／人	百分比／%
男性	455	43.7
女性	587	56.3
合计	1042	100.0

2. 年龄分布

18—24 周岁年龄段人数占比 30.4%，25—29 周岁年龄段人数占比 51.6%，30 周岁及以上年龄段占比 18.0%。（见表 2）

表 2　受访者年龄段分布

年龄段	人数／人	百分比／%
18—24 岁	317	30.4
25—29 岁	538	51.6
≥ 30 岁	187	18.0
合计	1042	100.0

3. 教育程度

中学（中技）或以下学历的受访者占比 19.8%，大专、本科学历的受访者占比 69.3%，硕士研究生占比 8.8%，博士研究生占比 2.1%。（见表 3）

表 3　受访者教育程度分布

教育程度	人数／人	百分比／%
中学（中技）或以下	206	19.8
大专、本科	722	69.3
硕士	92	8.8
博士	22	2.1
合计	1042	100.0

（二）婚恋行为模式

对婚恋行为模式的现有研究，包括心理学和社会学 2 种不同理论。本研究综合心理学的"类型法"和社会学的"身份分类"，最终将婚恋行为分为 5 种模式：浪漫型、体谅型、伴侣型、顺从型和现实型。5 种婚恋行为模式的形成逻辑如下。

1. 心理学分类

心理学从个体心理动机界定爱情性质，区分婚恋行为模式。[①]国外具有代表性的理论主要包括以下 3 种。诺克斯根据理想—现实区分了浪漫之爱和成熟之爱（Knox，1970）；斯滕伯格根据爱情 3 种主要成分及其组合提出了 8 种婚恋行为类型；加拿大社会学家约翰·李的颜色理论则将婚恋行为区分为 3 种主要类型和 3 种次要类型。[②]

国内研究方面，庄慧秋认为，中国社会年轻人的婚恋行为不同于西方罗曼蒂克式爱情，表现出"为结婚而谈恋爱"的特征，因而既有浪漫的需求，又有传统择偶条件的功利性追求，由此提出了浪漫、游戏、伴侣、现实、牺牲 5 种类型的分类法。

2. 社会学分类

社会学强调通过宏观社会结构来阐释婚恋行为。[③]相较于心理学力图将婚恋行为归因于某种客观性的微观动机的研究思路，社会学更倾向于证明这一客观性乃是人类整体的普遍特征。

20 世纪 60 年代以来，社会学提出了多种结构机制来阐释婚恋行为，包括基于性别的择偶机制、基于市场交换的择偶机制、基于场域的择偶机制等。[④]国外大量实证研究已经证实，经济地位、权力状况对婚恋行为有显著影响；国内既有研究也表明，社会文化观念或价值判断给爱情抉择提供了重要尺度。

3. 本研究的分类

前述两种研究使婚恋行为研究表现出不同学科、不同方法相对独立的现状，一个注重从微观视角进行定量分析，另一个注重从宏观视角进行定性分析。本研究认为，系统

[①] 这是就个体心理学而言。20 世纪六七十年代后兴起的社会心理学从更广阔的社会空间探讨婚恋行为，其认为婚恋行为不仅具有内在的动机也有其社会文化根源，如阿藏和谢弗的依恋理论。这也是本文采用心理学—社会学范式来研究婚恋行为模式的原因之一。

[②] 斯滕伯格认为，所有爱情类型都包括激情、亲密和承诺 3 种基本成分，它们彼此组合形成 8 种爱情类型：喜欢式（只有亲密）、迷恋式（只有激情）、空洞式（只有承诺）、浪漫式（亲密＋激情）、友谊式（亲密＋承诺）、愚蠢式（激情＋承诺）、完美式（亲密＋激情＋承诺）、无爱式（3 种皆无）。约翰·李的爱情颜色理论将婚恋行为分为浪漫、游戏和友谊 3 种主要类型及现实、激情和奉献 3 种次要类型。

[③] 社会结构这个概念是指两个人之间的特定社会关系，仅仅作为广泛的社会关系网络中的一个组成部分才能存在；各组成部分相互配置、组合而成的那个更大的社会关系网络，乃是"社会结构"。以这一观点来看，日常所观察到的各种社会现象乃是结构的产物而非个人本质的直接体现。参见 A. R. 拉德克利夫－布朗：《原始社会的结构与功能》，中央民族大学出版社 1999 年版。

[④] "基于性别的择偶机制"是社会进化心理学的观点，认为进化产生了不同性别的择偶偏好，例如男性在意生理条件、女性更注重社会条件等。"基于市场交换的择偶机制"是经济社会学的观点，即"婚恋交换"机制，该观点认为最优择偶策略在于产出最大化，例如"男才女貌"可理解为一种婚恋交换行为。"基于场域的择偶机制"是文化社会学的观点，该观点认为特定社会场域及相对关系影响择偶，例如处于权力、财富或知识结构不同层次的人将表现出不同偏好。

深入探讨青年婚恋行为需要综合心理学和社会学两种视角进行分类。

（1）筛选心理学基准类型。根据前文以及既有研究，笔者将心理学研究关于婚恋行为的基准进行了分类整理。（见表4）

表4　心理学上对婚恋行为类型的基准分类

心理学家	基准类型1	基准类型2	基准类型3	基准类型4	基准类型5
诺克斯	浪漫	成熟	—	—	—
赫特菲尔德	狂热	伴侣	—	—	—
鲁宾	亲密	承诺	独占	—	—
斯特克	依赖	照顾	需求	—	—
斯滕伯格	激情	亲密	承诺	—	—
约翰·李	激情	游戏	友谊	—	—
庄慧秋	浪漫	游戏	伴侣	现实	牺牲

第一，中西方爱情分类的主要差异在于中国研究者用浪漫型取代了激情型，这一点更符合中国实际。在关于中国大学生的爱情调查中，研究者发现，把爱情及异性理想化是大学生看待爱情的常态。这一情况在其他群体中也被发现，因此，浪漫型可作为中国婚恋行为基准类型之一。

第二，国内研究者关于爱情的分类使用了2种不同分类方法。一种分类以情感梯度为序，分浪漫、伴侣、现实3个子类；另一种分类以两性关系为序，分为游戏、牺牲2类。后一分类实际上可视为前一分类的派生类型。例如，可将游戏型视为现实型的特定变种、牺牲型则视为浪漫型的特定变种。如果将游戏和牺牲对应斯滕伯格的爱情分类，牺牲型大致对应完美式（亲密＋激情＋承诺），游戏型大致对应无爱式（3种皆无），它们在斯滕伯格的8种爱情类型中都不是基准分类。

斯滕伯格在20世纪80年代修订他的爱情心理学理论时，曾强调良性互动对爱情的根本意义。通过分析各种不同爱情类型的基本特征，他认为高质量爱情的一般特征是男女双方为爱情而共同努力，单纯的牺牲或者在爱情中过于强调独立都不应被视为高质量的爱情。[1] 牺牲、游戏，这2种类型缺失了爱情的根本元素，不适合作为基本类型。

综上所述，本研究取浪漫型、伴侣型、现实型为心理学分类原型。

（2）确定社会学分类基准。身份是特定个人的社会性标识，预示了个体以何种方

---

[1] 斯滕伯格在分析玛格丽特·K.克拉克的"爱即共有应答性"这一观点时指出，"共有应答性"对各种爱情分类具有显著性意义，浪漫、友谊、承诺等多种类型都可以通过它得到理解。他通过这一概念指出，单纯的牺牲、过于强调独立等并非高质量的爱情。参见 斯滕伯格：《爱情心理学》，世界图书出版公司2010年版。

式、何种角色被配置到社会结构中。用身份进行分类界定，可将婚恋行为的不同社会学机制归置到同一个框架。[①] 在这一理解框架下，影响婚恋行为的、特定的社会网络（如身体特征、物质财富、制度性权力、教育程度等）将呈现为身份特征。也就是说，两性关系是否建立、建立何种关系，受"在社会结构中的身份"影响。身份包括社会指派的身份（归属身份）和个体通过自身获得的身份（获致身份）。归属身份是指不管先天差异或后天能力而指派给个体的身份。任何社会都为归属身份选择了一些归属原则，尽管不同社会归属原则差异巨大，但制度性权力、血缘是共通的归属原则。[②] 获致身份是指与后天生活经验、经历相关，通过公开竞争和个人自身奋斗而得到的身份。个体价值取向、兴趣爱好、职业、收入、教育状况等都可以视为后天获致身份。

（3）类型确定。本研究的分类类型综合考虑了心理学和社会学的分类，最多可以有6种类型。（见表5）

表5　心理学、社会学分类综合后的可能类型

类型	归属身份	获致身份
浪漫型	OK	OK
伴侣型	OK	OK
现实型	OK	OK

由于分类依据不同，心理学类型和社会学分类无法直接叠加。需要在一个统一的分类框架下获得新的婚恋行为类型，其要求如下：

第一，任何类型必须能从心理情感和社会身份两方面予以解释；

第二，任何类型必须能同时基于情感动机和身份动机进行测量；

第三，由于心理动机的基准类型为有序分类，身份分类也应通过该框架获得相同的次序性。

根据上述要求，笔者选取了社会心理学上的人际互动框架（体谅、从众与顺从）来统一前述两种分类。在该框架下需要做到以下几点：

第一，心理学类型或者社会学分类都通过人际互动影响来理解；

[①] 按照林顿的观点，任何一个社会成员都在社会结构中居于特定地位或具有特定身份，社会运作有赖于对个体身份的定位。林顿将身份分为归属身份与获致身份。参见夏建中：《文化人类学理论学派》，中国人民大学出版社1997年版。

[②] 这里可能涉及归属身份与归属原则的区分问题。归属身份强调社会对身份的认同原则。在不同的文化中，这些原则区别非常大。例如，职业军人、公务员在某些文化中被认为是后天获取的身份，但在有些文化中则被认定为归属身份。

第二，婚恋双方的身份认同被理解为外部影响逐渐加大的有序过程，这种外部影响能通过与身份相关的各种指标被测量；

第三，心理学上的浪漫型、伴侣型、现实型被理解为一个内部情感逐渐减弱、外部影响（身份认同）逐渐加强的过程，同时保持其基本内涵不变（追求浪漫情感、伴侣或现实需要）。（见图1）

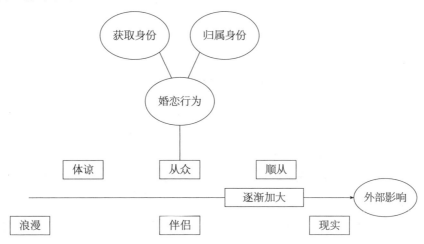

图1　身份分类转换为浪漫—现实框架示意

该分类框架实际上是对伴侣型的再划分，因为浪漫型、现实型已经处于互动影响分类序列的两端（各自代表一个极端的情况，完全的内部影响或完全的外部现实）。在这一划分框架下，伴侣型对应一般意义上的"从众"，而体谅型、顺从型则分别代表究竟是偏向情感因素和偏向身份因素。从该划分可知，当婚恋行为以寻求"伴侣型"对象为动机时，究竟指向何种归属、受何种心理因素或社会因素影响等。

通过该划分，心理学类型和社会学分类在统一的分类次序下被纳入一个理论框架，同时又维持基本内涵不变，在现实生活中亦可被观察和测量，因而是可行的、有意义的。本研究最终确定婚恋行为模式为浪漫型、体谅型、伴侣型、顺从型、现实型共5种类型。（见图2）

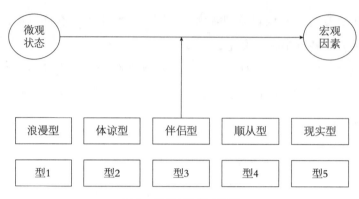

图 2　婚恋行为模式类型

（4）基本内涵与刻度。浪漫型意味着婚恋行为追求浪漫情感，现实型意味着追求身份和地位。从浪漫到现实被理解为一个有序过程，既表示情感因素的减弱，也意味着外部条件对婚恋行为的影响加大。在操作化处理中，婚恋行为模式作为有序序列，分为 5个等级，分别对应不同类型（类型 1 ＝浪漫型，类型 2 ＝体谅型，类型 3 ＝伴侣型，类型 4 ＝顺从型，类型 5 ＝现实型）。每一个类型设定为 3 分类变量（1 ＝弱，2 ＝一般，3 ＝强）。

（三）研究方法

1. 因变量及其操作化

本研究以婚恋行为模式为因变量。测量量表参考张云喜编制的"婚恋价值观量表"人际互动部分及"爱情态度量表"（LAS 中文版）修订而成，通过受访者的回答检验婚恋行为模式类型。因变量指标共 42 题，各题均按"1 ＝完全不符合，2 ＝基本不符合，3 ＝没意见，4 ＝基本符合，5 ＝完全符合"进行 5 点计分。根据各项得分之和确定行为类型，分数从低到高表示婚恋行为模式从浪漫型到现实型的转化。

2. 自变量及其操作化

量表参考奥里森预备婚姻问卷和苗元江等编制的幸福问卷修订而成[①]，测量心理因素、社会因素对受访者婚恋行为模式的影响，包括物质要求、情感需求、审美需求、个性要求、道德价值、社会地位 6 个指标。自变量指标共 20 题，各题项均按"1 ＝明显不

---

① 奥里森预备婚姻问卷在实证测量中被反复验证并经跨文化比较被证明值得信赖，苗元江等编制的幸福问卷（α ＝ 0.793，p<0.05）也具有较高的信效度。

符合，2＝不符合，3＝有些不符合，4＝介于中间，5＝有些符合，6＝基本符合，7＝明显符合"进行7点计分，部分题目为反向计分（回收数据后进行反向计分处理），各维度题项得分相加为该项总分。得分越高表示社会因素影响越强烈，反之则心理因素影响越大。操作化过程中，先将得分进行标准化处理，再将标准化区间等距转化为3点计分（1＝弱，2＝强，3＝很强）。

3. 协变量

协变量包括受访者的性别、年龄、教育程度等。参考已有研究，本文设置控制变量如下：性别（1＝男，2＝女），年龄（1＝25岁以下，2＝25—29岁，3＝30岁及以上），教育程度［1＝中学（中技）及以下，2＝大专或本科，3＝硕士，4＝博士］。

4. 研究方法

通过交叉表进行描述性统计分析。

二、基本情况

（一）总体分布

1. 主要类型

根据统计结果，主要婚恋行为模式为浪漫型和伴侣型，在全部受访者中总占比为75.4%，其中浪漫型占比为34.8%，伴侣型占比为40.6%，远大于其他行为模式比例。（见表6）该数据表明，在婚恋领域，追求浪漫情感和志同道合是主要趋向。

表6　不同婚恋行为模式分布比例

类　型	频数／个	百分比／%
浪漫型	362	34.8
体谅型	39	3.7
伴侣型	423	40.6
顺从型	116	11.2
现实型	101	9.7
合计	1041	100.0

2. 性别因素

（1）性别不同，主要行为模式分布不同。

从表7男性和女性不同婚恋行为模式的分布情况中可以看出，男性行为模式占比最高的是浪漫型（43.5%），女性行为模式占比最高的是伴侣型（48.9%）。该数据表明，虽然浪漫型和伴侣型是青年婚恋主要行为模式，但男性更倾向于追求浪漫情感，而女性多倾向于寻求志同道合的伴侣。

（2）不论男女，体谅型人数占比均为最低。

另外，不论男性或者女性，其婚恋行为模式中体谅型占比均为最低，分别为5.1%和2.9%。（见表7）体谅型居于人际互动影响分类的第一序列（浪漫型代表极端化情况），该数据可以理解为：青年人要么要浪漫情感，要么要志同道合，绝不将就。这从侧面反映了当前青年婚恋领域的某种窘境。

表 7　按性别统计的婚恋行为模式占比

姓别		浪漫型	体谅型	伴侣型	顺从型	现实型
男性	人数／人	198	23	136	55	43
	占比／%	43.5	5.1	29.9	12.1	9.4
女性	人数／人	164	16	287	61	58
	占比／%	27.9	2.9	48.9	10.40	9.9
合计	人数／人	362	39	423	116	101
	占比／%	34.7	3.9	40.6	11.10	9.7

3. 年龄因素

（1）从低年龄段向中年龄段变化时，婚恋行为中的情感因素减弱。

当年龄段从18—24岁上升到25—29岁时，行为模式就会发生较大变化，伴侣型的人数占比从30.0%上升为55.6%，顺从型的人数占比从24.1%上升为54.3%，现实型人数占比从23.8%上升为59.4%。（见表8）这意味着，在30岁之前，随年龄增长，更多人对待婚恋的情感因素减弱，而采取更加现实的态度。

表 8　按类型统计的不同年龄段婚恋行为模式占比

年龄段	婚恋行为模式					总人数占比／%
	浪漫型／%	体谅型／%	伴侣型／%	顺从型／%	现实型／%	
18—24 岁	34.5	33.3	30.0	24.1	23.8	30.4
25—29 岁	45.3	38.5	55.6	54.3	59.4	51.6
≥ 30 岁	20.2	28.2	14.4	21.6	16.8	18.0
合计	100.0	100.0	100.0	100.0	100.0	100.0

（2）从中年龄段向高年龄段变化时，婚恋行为模式表现出随机性。

当年龄段从 25—29 岁上升到 30 岁及以上时，婚恋行为模式表现出相当的随机性。这可能是由于 30 岁以上人群对婚姻、家庭有更理性和更多元的看法。他 / 她们对婚姻的理智，不仅仅表现在寻求"合适伴侣"上，而是将婚姻置放于整个个人生活中进行考察。当婚恋行为从属于生活，不管是浪漫情感还是身份条件都不再具有显著意义，具体表现为实际生活中"不着急""随缘"等观望心态，因而他 / 她们在各种婚恋行为模式上的选择都不突出。

（二）社会影响因素

社会影响因素包括教育程度、职业和社会阶层 3 个方面。

1. 主导婚恋行为模式随教育程度不同而有所差异

虽然总体上婚恋行为模式以浪漫型和伴侣型为主，但青年因其受教育程度不同，婚恋行为模式的主导类型也有所不同。高中、中专及以下学历，以及博士研究生学历的青年，浪漫型占比最高，分别为 41.7% 和 36.4%；而大专或本科学历、硕士研究生学历的青年则呈现相反情况，即伴侣型占比最高，分别为 43.4% 和 37.8%。（见表 9）

表 9　按受教育程度统计的婚恋行为分布

婚恋行为模式	受教育程度			
	高中、中专及以下 / %	大专或本科 / %	硕士研究生 / %	博士研究生 / %
浪漫型	41.7	33.6	27.8	36.4
体谅型	5.3	2.2	10.0	13.6
伴侣型	34.0	43.4	37.8	22.7
顺从型	10.7	11.3	8.9	18.2
现实型	8.3	9.5	15.5	9.1
合计	100.0	100.0	100.0	100.0

2. 婚恋行为模式随职业不同而有所差异

调查数据表明，不同职业的青年，其婚恋行为模式也有所不同。（见表 10）机关事业单位、服务业、工业制造业人群以伴侣型为主，而农、林、渔、矿业则以浪漫型为主。

表 10　按职业类别统计的婚恋行为模式分布

婚恋行为模式	职业类别			
	机关事业单位 / %	服务业 / %	工业制造业 / %	农、林、渔、矿业 / %
浪漫型	33.3	35.9	33.8	43.7

续表

婚恋行为模式	职业类别			
	机关事业单位 / %	服务业 / %	工业制造业 / %	农、林、渔、矿业 / %
体谅型	2.8	4.0	7.0	3.4
伴侣型	42.0	41.4	36.9	35.6
顺从型	11.2	11.1	10.8	11.5
现实型	10.7	7.6	11.5	5.7
合计	100.0	100.0	100.0	100.0

3. 父母的职业对青年婚恋行为模式具有显著影响

父母的职业在一定程度上反映了受访者的社会阶层，在身份理论中多划入归属身份。国外研究认为，家庭社会地位影响个体行为模式。国内也有研究表明，在我国，收入状况、社会地位存在一定程度的代际传承。从这一点出发，婚恋行为模式测量以父母的职业作为归属身份进行了调查。

调查结果发现，父母的职业对青年婚恋行为模式有显著影响。（见表 11）父母为工人、农民的受访者，其婚恋行为模式以体谅型占比最高；父母为个体户、企业主的受访者，其婚恋行为模式以现实型占比最高；父母为公务员、教师的受访者，其婚恋行为模式则没有明显的特征。

表 11　按父母的职业统计的婚恋行为模式分布

行为模式	父母的职业			合计 / %
	工人、农民 / %	个体户、企业主 / %	公务员、教师 / %	
浪漫型	54.7	28.9	16.4	100.0
体谅型	57.9	23.7	18.4	100.0
伴侣型	49.2	31.9	18.9	100.0
顺从型	56.1	23.7	20.2	100.0
现实型	43.6	34.7	21.7	100.0

三、心理因素和社会因素对婚恋行为模式的影响

（一）影响婚恋行为模式的主要因素

笔者把对婚恋行为有影响的个性化指标归属为6个方面[①]：物质要求、情感要求、个性要求、审美要求、道德价值要求和社会地位要求。调查发现，道德价值要求、情感要求和个性要求是当代青年对潜在婚恋对象的主要要求。这3个指标处于"强"等级的人群占比分别为84.3%、83.5%、78.9%。（见表12）这表明：当代青年在择偶时不仅要求对象世界观、人生观、价值观与自己符合，还要求两性情感契合，同时也提出了较高的个性要求。

表12　影响婚恋行为模式的三个主要因素

行为模式	道德价值要求			情感要求			个性要求		
	弱 / %	一般 / %	强 / %	弱 / %	一般 / %	强 / %	弱 / %	一般 / %	强 / %
浪漫型	1.7	5.7	27.1	1.7	5.4	27.3	2.0	6.2	26.3
体谅型	0.2	1.7	1.8	0.4	1.3	2.1	0.4	1.6	1.7
伴侣型	0.2	2.2	38.4	0.2	2.6	38.0	0.3	4.2	36.3
顺从型	0.6	1.3	9.3	0.7	1.7	8.7	0.5	3.1	7.5
现实型	0.3	1.7	7.7	0.2	2.1	7.4	0.1	2.5	7.1
合　计	3.0	12.6	84.3	3.2	13.1	83.5	3.3	17.6	78.9

此外，社会地位要求、物质要求及审美要求这3个指标的主要分布为"一般"等级，即在这3项上青年有一定要求但要求并没有太高，人群占比分别为62.7%、57.3%，53.9%。（见表13）这一数据与日常认知不符。通常认为，当前青年在婚恋择偶行为上表现出较高的直接性和现实性，即对感官上的直接印象要求较高，以及对物质、社会地位等较现实的、功利性的因素考虑较多，但调查结果并不支持这一看法。

表13　按指标—行为模式交叉汇总

行为模式	社会地位要求			物质要求			审美要求		
	弱 / %	一般 / %	强 / %	弱 / %	一般 / %	强 / %	弱 / %	一般 / %	强 / %
浪漫型	4.7	21.4	8.5	3.0	19.8	12.0	3.1	19.3	12.1
体谅型	0.8	1.7	1.3	0.5	2.2	1.1	0.6	1.7	1.4

[①] 借鉴、参考奥里森的预备婚姻问卷和苗元江等编制的幸福问卷。

续表

行为模式	社会地位要求			物质要求			审美要求		
	弱 / %	一般 / %	强 / %	弱 / %	一般 / %	强 / %	弱 / %	一般 / %	强 / %
伴侣型	1.4	26.3	13.0	0.7	21.8	18.1	1.1	22.4	17.4
顺从型	0.7	6.9	3.6	0.6	6.9	3.6	0.7	5.7	4.7
现实型	0.4	6.4	2.9	0.3	6.6	2.8	0.1	4.8	4.8
合计	8.0	62.7	29.3	5.1	57.3	37.6	5.6	53.9	40.4

（二）不同指标对婚恋行为模式的具体影响

1. 物质要求

浪漫型人群总体上对物质方面的要求不高。由表 14 可以看出，在对物质要求"弱"的等级中，浪漫型人群占 59.6%，超过其他类型人群占比的总和。这表明，浪漫型人群总体上没有过高的物质要求，这一结论符合日常认知。

表 14　按物质要求等级统计的婚恋行为模式分布

行为模式	物质要求		
	弱 / %	一般 / %	强 / %
浪漫型	59.6	34.4	31.9
体谅型	9.6	4.1	2.8
伴侣型	13.5	38.0	48.2
顺从型	11.5	12.0	9.7
现实型	5.8	11.5	7.4
合计	100.0	100.0	100.0

对物质要求最高的人群并非现实型而是伴侣型，该类型在"强""一般"两个等级上所占的比例分别为 48.2% 和 38.0%，远超其他类型人群同等级占比。这个结论不符合对现实型人群和伴侣型人群的一般认知和假设，通常认为，现实型人群比伴侣型人群更现实，更强调物质条件。

2. 个性要求

在对个性要求"弱"的等级中，浪漫型人群占比最多，达 61.8%；在对个性要求"强"的等级中，伴侣型人群占比最多，达 45.9%。（见表 15）从中可知，浪漫型人群强调情感的"意合"，浪漫型情感更强调婚恋对象要契合自身情感。过于鲜明的个性容易引发情感冲突，不符合该类型行为模式的价值取向。伴侣型人群强调"道合"。前面关于物质要求的分析已经指出，伴侣型人群有较强的获致身份要求。个性要求是典型的获致身份，对个性的强要求再次证实了前面的结论。

表 15　按个性要求等级统计的婚恋行为模式分布

行为模式	个性要求		
	弱 / %	一般 / %	强 / %
浪漫型	61.8	35.0	33.2
体谅型	11.8	9.3	2.2
伴侣型	8.8	24.0	45.9
顺从型	14.7	17.5	9.5
现实型	2.9	14.2	9.2
合计	100.0	100.0	100.0

3. 情感要求

伴侣型人群中对情感"强"等级要求的人群占比为 45.4%（见表 16），高于同等级浪漫型人群占比。对情感要求最低的为体谅型人群，组间对比时，该人群在情感"强"等级要求上的占比仅为 2.5%，该数据远低于浪漫型与伴侣型人群占比。

表 16　按情感要求等级统计的婚恋行为模式分布

行为模式	情感要求		
	弱 / %	一般 / %	强 / %
浪漫型	54.5	41.2	32.7
体谅型	12.1	9.6	2.5
伴侣型	6.1	19.8	45.4
顺从型	21.2	13.2	10.5
现实型	6.1	16.2	8.9
合计	100.0	100.0	100.0

4. 审美要求

当代青年总体对审美有较高要求，组内对比时，各类型审美要求在"一般"及以上等级（一般、强）的人群占比都超过了 80%（见表 17）。组间对比时，对审美要求最高的是现实型，在"强"等级要求人群中占比为 49.5%，在各类型中占比最高。

表 17　按审美要求等级统计的婚恋行为模式分布

行为模式	审美要求			合计 / %
	弱 / %	一般 / %	强 / %	
浪漫型	9.0	56.0	35.0	100.0
体谅型	15.4	46.2	38.4	100.0
伴侣型	2.6	54.8	42.6	100.0
顺从型	6.1	51.3	42.6	100.0
现实型	1.0	49.5	49.5	100.0

5. 道德要求

伴侣型人群有最高的道德要求，组内对比时，该类型在道德要求"强"等级上的占比高达 94.1%；其次为顺从型和现实型，道德要求"强"等级人群占比分别为 83.5% 和 79.2%。（见表 18）这种现象如何理解和解释呢？前面的分析已经指出，伴侣型人群虽然在身份认同上不处于最高序列，但其对潜在择偶对象的获致身份有更高的要求。关于物质要求、情感要求、审美要求等相关数据已经证实了这一点。同样，此结论也适用于道德要求的分析。

表 18　按道德要求等级统计的婚恋行为模式分布

行为模式	道德价值要求			合计 / %
	弱 / %	一般 / %	强 / %	
浪漫型	5.0	16.5	78.5	100.0
体谅型	5.1	46.2	48.7	100.0
伴侣型	0.5	5.4	94.1	100.0
顺从型	5.2	11.3	83.5	100.0
现实型	3.0	17.8	79.2	100.0

需要说明的是，针对社会地位指标的分析表明，该指标在各类型上没有表现出明显差异。其中有两种可能：一是该指标本身的确对各类型不具备显著影响；二是分析框架包含了身份地位，对社会地位指标在各类型上的作用产生了内生性干扰。因此，社会地位指标的作用有待于今后进一步研究分析。

四、分析与建议

（一）婚恋行为模式的主要表征

1.传统婚恋观念发生显著变化

通常认为"现实型"行为模式为传统婚恋的主要类型，从统计结果来看，当前青年的婚恋行为模式已经发生了显著变化。在 5 种婚恋行为模式中，主要的行为模式为浪漫型和伴侣型。传统以身份尤其是归属身份为核心的婚恋伦理已经松动，"门当户对"不再是婚恋关系中的首要考虑因素，当代青年更多考虑的是"情投意合""志同道合"，婚恋行为模式以浪漫型、伴侣型为主导类型。

2.择偶要求趋于理想化

伴侣型是当前青年最主要的婚恋行为模式，在全部受访者中占比 40.6%，其中，在全部男性受访者中占比 29.9%，在全部女性受访者中占比 48.9%。全部 6 个影响婚恋行为模式的主要因素都对伴侣型影响较强。这一结论表明，在"什么样的人是对的人"这一问题上，当代青年对潜在婚恋对象要求过于理想化，尚未完全确立理性的婚恋观念。

3.道德要求、情感要求成为影响婚恋行为模式的重要因素

根据调查结果，道德要求、情感要求是全部 6 个因素中最重要的 2 个因素。对当代青年人来说，确立婚恋关系的过程同时也是建立价值参照系，寻求自我认同、自我实现的过程。在这一过程中，价值观是否符合、情感是否契合，直接关乎婚恋关系能否确立。

4.年龄、性别影响婚恋行为模式

年龄显著影响婚恋行为模式。年龄从 18—24 岁增长为 25—29 岁时，婚恋情感因素减弱，更多人转变为现实的态度。而 30 岁及以上年龄组没有显示出特别的婚恋行为模式，表现出一定的随机性。此外，男性更倾向于追求浪漫情感，而女性多倾向于寻求志同道合的伴侣。

（二）婚恋行为模式具体表征的不利后果

1.婚恋行为的理想化要求和内卷化效应

根据统计数据，不论伴侣型、浪漫型，还是其他婚恋行为模式，择偶指标等级居高不下。该现象表明，当前青年实际上对潜在伴侣提出了较高要求，青年在婚恋领域普遍呈现出理想化倾向。婚恋取向的理想化倾向使婚恋领域出现内卷化现象。反映到社会层

面，表现为在婚恋领域坚守理想化立场，并通过该机制筛选潜在婚恋对象，导致通常所说的"高不成低不就"现象。适婚人群整体婚龄推迟，产生"厌婚""恐婚"心理。

2. 非理性要求给婚恋关系稳定性带来风险

价值、情感等非理性要求成为婚恋行为模式的重要指标，给婚恋关系带来了一定的不稳定性。其主要表现是：价值、情感中的非理性因素以冲动的形式呈现出来，常常出乎意料、不可预测。这种非理性冲动可能破坏婚恋关系的稳定性。比如，已经谈婚论嫁的青年，可能会因非常琐碎的情况，如一句话、一个眼神而发展到分手。

3. 婚恋竞争加剧，产生壁垒效应

根据前述数据，各种婚恋行为模式在具体择偶指标上都倾向于指向高的等级。在物质、社会地位等方面处于劣势的群体，在婚恋领域被置于不利地位，从表19中可以看出。

（1）女性择偶时对社会地位要求强烈，父母为工人、农民的女性表现得尤为明显。父母为工人、农民的女性，对社会地位要求"强"的人数占比为65.7%，几乎是同等级下男性人数占比（34.3%）的2倍。

（2）男性对潜在婚恋对象的社会地位要求不高，其中尤以父母为个体户、企业主的群体表现明显，其在社会地位要求"弱"等级上的占比为72.7%，即大部分没有特别的社会地位要求，将近同等级女性人群占比（27.3%）的3倍。

（3）女性择偶时对社会地位的单向要求将形成一定程度的婚恋壁垒，加剧婚恋竞争。"低"阶层女性群体通过婚恋选择大量进入"高"阶层，而同阶层男性群体只能限于本群体，同时要与其他"高"阶层竞争。这种单向选择将加大"低"阶层群体的婚恋竞争，现实生活中突出地表现为农村大龄贫困男性的婚恋困难等现象。

表 19　按父母职业统计的社会地位要求分布

父母职业	性别	择偶社会地位要求		
		弱 / %	一般 / %	强 / %
工人、农民	男	64.2	48.0	34.3
	女	35.8	52.0	65.7
	合计	100.0	100.0	100.0
个体户、企业主	男	72.7	36.8	44.7
	女	27.3	63.2	55.3
	合计	100.0	100.0	100.0
公务员、教师	男	42.9	37.6	44.4
	女	57.1	62.4	55.6
	合计	100.0	100.0	100.0

（三）成因分析

青年婚恋行为模式的变化，受经济发展和社会进步的影响，其发生范围、影响后果是全方位的，涉及千家万户。探究其婚恋观现状的形成原因，有利于采取针对性措施，更好地加以引导。

1. 社会文化观念变迁是主要原因

随着社会发展和时代变迁，传统婚恋伦理的影响正在逐步弱化。在承继传统的同时，当代青年在婚恋领域更强调情感契合、寻求知音等现代观念，诸如"父母之命、媒妁之言"等不为当代青年所普遍接受。随着社会现代化水平的不断提高，个体意识日益增强。青年不论男女，都开始积极主动寻求理想对象、寻求美好婚姻。

2. 现代化和城市化进程带来情感疏离，促生情感需求

现代社会的价值多元化，尚未在婚恋领域形成规范性认识，无法就"什么样的婚恋关系是最好的"为青年提供满意的回答。持有不同价值观的个体，在彼此回应时，产生了深深的困惑和冲突。婚恋上的价值困惑或冲突，使青年在情感方面产生深深的疏离感。这使得寻求情感认同成为婚恋领域的重要目的。

伴随城市化进程加快，传统家庭正逐步走向解体。今天，相当一部分青年离开亲人，独自在城市工作、学习、生活，这使得情感认同和情感关怀的意义更加突出。情感认同或者情感的疏离化，成为婚恋领域重要的指示器，直接关乎婚恋关系能否确立。

3. "二元制"结构的遗留影响

在改革开放之前，农村人口与城市人口之间的婚姻壁垒较高。随着经济发展和人口流动性增强，户口的壁垒效应正在弱化但并未消除。城乡"二元制"结构对婚恋领域的遗留影响主要体现在婚配不对称性现象上，例如农村女性可以通过婚恋领域进入城市，但城市女性很少通过婚恋领域进入农村。这种单边流动加剧了城市女性和农村贫困男性的婚恋挤压。

（四）对策与建议

青年是国家的未来，婚姻幸福有利于青年的成长和成才。随着时代的发展和文化观念的变迁，社会呈现价值多元化的趋势，一些功利思想、社会不良思潮乘虚而入，带来了不良影响。促进婚姻和谐，维护社会稳定，需要全社会一起参与，从思想上正本清源，积极引导青年，帮助其树立正确的婚恋观。

1. 大力推行情感教育，提升青年婚恋素养

提升婚恋素养，培育尊重情感、信守情义和经营情感的意识，是促进婚恋良性发展的思想保证。《中长期青年发展规划（2016—2025 年）》明确指出，应开展包括情感教育在内的各种婚恋教育。目前，浙江省已有 8 所高校开设了相关课程，对在校大学生进行情感教育。2019 年，宁波市妇女联合会与宁波幼儿师范高等专科学校（宁波教育学院）携手共建，开设情景式情感课堂。从 2014 年起，共青团浙江省委（以下简称"团省委"）以在线平台为枢纽，开展各种针对性的情感教育活动，通过案例分享、专家讲座等多种形式，为青年提供情绪管理、情感责任及情感经营等方面的指导。2017 年以来，团省委以"亲青恋"平台为依托，将情感培育融入各类婚恋交友活动，借助省本级和各地市举办的相亲活动，开展各种讲座、培训等，总参与人数超 20 万人次，强化了青年的情感认知，有力地弘扬了正面、积极的婚恋观，引发强烈关注和反思。青年的情感教育和意识培育，关乎婚姻和睦家庭幸福，政府各部门、社会各界需要通力合作，以多种形式大力推行。

2. 强化情感培育和个体认同，弱化社交壁垒，突破婚恋瓶颈

强化情感培育机制，打破社交圈层，弱化社交壁垒，是突破婚恋瓶颈的有效途径。一是要促进单身青年之间的情感沟通。在婚恋交友中培育青年相互关爱、尊重情感、培育情感的意识。二是在组织方式上倡导情感交流和能力认同，突出个性、情感、品行、兴趣、爱好等因素。在组织形式上跨行业、跨阶层，弱化壁垒特征。如温州针对外来人口较多的特点，组织同乡、法务、登山等多个特色小组，联系各行业青年达 3000 人，通过创新工作方式和方法，提供有效服务。三是以青年成家成才为目标，培育榜样典型，让广大单身青年在广阔的社会中展现自我、实现自身，寻找到志同道合的人生伴侣。如 2018 年温州市鹿城区团委针对情感辅导开展"心灵花园"培训，瓯海区团委引入民间红娘志愿者开展"面对面"式婚恋服务，做出了有益尝试。

3. 完善重点人群帮扶干预机制，实现婚姻"脱单"工程

对婚恋领域最弱势的单身群体，如大龄贫困男性、残疾未婚青年等，要开展针对性帮扶活动。从文化技能提升、情感教育、相亲辅导及参与相亲活动等一系列环节予以帮扶，并逐步机制化、常态化。如温州乐清市团委主动为大龄残疾青年服务，自 2018 年以来多次开展耐心细致的工作，最终成功牵线搭桥，并以此为驱动力完善干预机制，摸清了区域内婚恋"钉子户""困难户"的基本情况，为重点人群"脱单"及解决相关问题提供了思路。

4.倡导移风易俗，树立社会主义新风尚

如今，在有些地区，高额彩礼、大办婚礼等物质因素仍然是制约青年婚恋的重要因素。移风易俗、婚事简办，成为解决青年婚恋问题的重要一环。如开展集体婚礼，将相亲活动与生态旅游等结合，在传承中华优秀传统文化的同时，为树立社会主义婚恋新风尚发挥积极作用。

（主持人单位：浙江理工大学）

大数据背景下学生资助工作机制构建研究
——以浙江省为例

一、引　言

2020年6—12月，课题组按照预定计划，有序完成了搜集查阅文献、制定研究提纲、设计研究指标、开展现场调查访谈和问卷调查等工作，对大数据背景下学生资助工作机制构建问题进行了深入的研究和探索，基于浙江省学生资助工作提出了构建"完善政策体系、规范工作流程、精准资助育人、强化队伍建设、增强宣传实效"的"五维一体"资助工作新机制。

二、研究背景

学生资助是中央关心、社会关注、群众关切的保民生、暖民心工程，事关脱贫攻坚、教育公平和社会和谐稳定。经过70多年的努力，我国走出了一条具有中国特色、符合中国国情的学生资助之路，"不让一个学生因家庭经济困难而失学"的目标基本实现。学生资助促进了教育事业快速发展，促进教育公平实现了质的飞跃，促进了人力资源开发水平持续提升，在推动我国从人口大国迈向人力资源大国进程中发挥了重要作用，帮助有学龄子女的贫困家庭快速脱贫、稳定脱贫、高质量脱贫，在扶贫脱贫工作中做出了重要贡献，彰显了我国的政治优势和制度优势。当前，中国特色社会主义已经进入新时代，习近平总书记提出"让发展成果更多更公平惠及全体人民，不断促进人的全面发展"，党的十九大报告强调要"健全学生资助制度"，为学生资助工作进一步指明了方向，提出了更新更高的要求。《中共浙江省委关于制定浙江省国民经济和社会发展第十四个五年规划和二〇三五年远景目标的建议》提出了争创社会主义现代化先行省的目标，"数字赋能现代化先行"居"十个先行"基本内涵第一位，"十三项战略抓手"之一就是以数字化改革撬动各领域、各方面改革。如何推动学生资助工作数字化转型，更加精准地认定资助对象，促进保障数据交换和数据共享，有效解决因病因灾群体信息共享的不及时性，提高资助工作队伍数智化能力，提升宣传成效等，成为新时代学生资助工作理论和实践研究的重要课题。

鉴于此，我们提出立足大数据建立浙江智慧资助系统（见图1），构建从资助对象申请、认定、资金发放等物质资助全过程共享与监管，到发展性资助全方位整体智慧资助的工作新机制。借助浙江智慧资助系统，有效保障资助政策的全面落地，不漏掉一个建档立卡学生，全过程、全方位帮扶学生资助对象。通过对数据的沉淀和挖掘、计算、分析，为资助工作政策的制定实施夯实基础，大力推动学生资助工作的信息化、现代化，实现精准资助。与此同时，运用浙江智慧资助系统进一步优化资助工作流程，提高资助工作队伍水平，提高资助服务效率，全面推进浙江省学生资助工作高质量发展，高标准锚定"重要窗口"建设的资助坐标。

图1 浙江智慧资助系统

三、研究意义

对于大数据背景下学生资助工作机制构建的内在机理研究，将进一步提升其理论认识水平，有利于促进其实践发展。

（一）理论意义

大数据背景下学生资助工作机制构建，能系统和创新性地建构大数据应用与学生资助工作的有机联系。通过对高等学校、中小学和地方教育行政部门的资助工作者以及受助学生的调研和访谈，深入梳理大数据与资助、资助与育人之间的内在关系，探索建立一套快速、准确、高效的智慧资助系统，研究学生资助工作的大数据意识形成、资助数据处理技术、资助数据应用机制与资助数据决策能力，从而推动完善资助工作体系、工作制度和保障制度，同时可以进一步丰富学生资助相关理论研究内涵，进一步拓宽相关问题的研究空间。

（二）实践意义

青年是国家的未来、民族的希望。做好青年培育工作，为青年创造良好的发展条件，促进青年成长成才，是事关党和国家前途命运的重大战略任务。保障经济困难学生公平受教育的机会，解决其成长过程中的困难和苦恼，提升其科技文化素质与自我发展能力，对实现稳定脱贫、高质量脱贫具有重要的现实意义，也是推动青年人才培育和发展的重要举措。当前，我国已经建立起一套比较完善的、覆盖学前教育至研究生教育的、具有中国特色的学生资助政策体系。国家学生资助实现了"三个全覆盖"，即所有学段（从学前教育到研究生教育）全覆盖、所有学校（包括公办与民办）全覆盖、所有家庭经济困难学生全覆盖，从制度上基本保障了"不让一个学生因家庭经济困难而失学"，切实减轻了经济困难家庭的经济负担，增强了人民群众的获得感，为家庭经济困难学生实现人生梦想提供了强有力的保障。本课题立足浙江学生资助工作近年来的实践，基于大数据时代改革创新要求，从完善政策体系、规范工作水平、推进信息化建设、加强有效监管、提升队伍建设等多维度探索学生资助工作机制创新和完善，以学生资助"一窗受理"平台为基础，推进智慧资助建设进程，落实精准资助和资助育人，全面推进浙江省学生资助工作科学化进程，对打造符合"重要窗口"建设要求和标准、具有浙江辨识度的学生资助工作体系具有重要的实践意义。

四、大数据背景下浙江省学生资助工作现状

（一）资助工作更加规范，贯彻落实仍需提升

浙江省学生资助工作从规范入手，不断强化落实和监管力度。一是织全织密资助政策体系，建立浙江省政府奖学金制度，完善学生资助对象认定程序，将家庭经济困难非寄宿生纳入生活补助范围，进一步推进精准资助和应助尽助，激励学生勤奋学习，促进其德智体美劳全面发展。二是全面落实各项学生资助政策，实施浙江省高校毕业生基层就业学费补偿、国家助学贷款代偿政策，提高国家助学金标准和覆盖面；积极应对新型冠状病毒肺炎疫情影响，及时摸排、调整和完善疫情常态化防控下的工作机制和落实机制，学校用好校内资助专项经费，统筹各类学生资助资金，确保"停课不停资助，离校不离帮扶"。三是不断提升学生资助规范工作能力，制定浙江省学生资助资金管理相关办法，开展全省学生资助调研课题研究工作；注重资助干部队伍建设，开展各级各类资助干部培训和专题研讨会，提高资助队伍专业素质和能力。四是强化资助工作监管，每年组织开展全省学生资助资金发放工作核查、义务教育非寄宿生生活补助政策落实情况核查、义务教育营养膳食补助和生活补助专项整治回头看、学生资助政策落实情况自查自纠、巡视整改问题核查，各级审计部门专项监督检查，有效夯实资助工作规范基础。

在调研和实际工作中，我们发现各地各学段对于资助政策的宣传落实存在差别，规范性上还有待提升，具体表现为部分学段对新政策理解认知存在偏差，部分学校对新政策落实存在一定滞后性。在问卷调查中发现，92.84%的受访者认为现行资助对象认定办法是公平规范、有一定合理性的，但仍有 7.16% 的受访者认为其缺乏公平性或形式化、不切实际。（见图 2）其中既有反馈对象自身对于资助政策理解有误的情况，同时也确实存在个别资助工作者在开展工作过程中缺乏规范导致失误的情况。

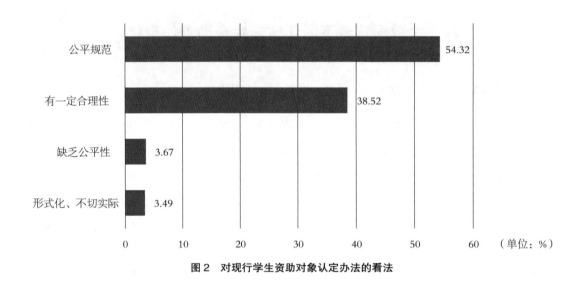

图2　对现行学生资助对象认定办法的看法

（二）资助过程更加精准，科学水平亟待增强

浙江省学生资助工作认真贯彻落实习近平总书记在党的十九大报告中提出的"健全学生资助制度"精神，不断提升资助工作科学化工作能力。一是精准化水平进一步提升。浙江资助结合浙江实际，出台了《浙江省学生资助对象认定办法》，建立形成了全省统一的资助对象认定标准和工作流程，有效确保了应助尽助、精准资助的实现。二是信息化融合进一步深化。浙江资助以"走在前列"为目标，以深化"最多跑一次"改革为牵引，依托"浙里办"、浙江省社会大救助信息平台、全国学生资助管理信息系统，积极推进浙江省学生资助"一窗受理"平台迭代升级建设。通过民政、扶贫等部门共享外省建档立卡贫困家庭和省内户籍的低保、低边、残疾等群体学生数据，使学生资助申请认定工作更加精准和便捷，实现了学生资助申请"最多跑一次"。积极优化浙江应用开发，力求保证准确性、时效性和完备性，为精准识别资助对象、精准发放资助资金、全流程精准管理提供坚实的数据支撑，建立权威的数据资源中心，为资助数据共享和决策提供支撑。

在调研中发现，41.16%的资助工作者、31.28%的学生或家长表示，资助过程中没有足够的资源进行合理分配。（见表1）究其原因，不只是资源缺口的问题，更是精准资助落实不到位而无法"应助尽助"的问题。浙江省学生资助工作信息化建设中面临的主要问题如下：一是数据共享不足，跨省、跨部门及企业等社会组织之间共享存在壁垒；

二是作为全国学生资助管理系统，浙江应用端改造提升权限和能力不足；三是现有资助数据归集、数据管理、数据治理应用能力不足。

表1 现行资助政策存在的主要问题

单位：%

调查对象	政策制定不合理，可操作性不强	不能很好注重学生能力的培养	没有足够的资源进行合理的分配	资源分配有失公平，无法体现效率	不能保护学生隐私，缺乏人文关怀
资助工作者	7.90	31.20	41.16	9.40	10.34
学生或家长	8.15	18.89	31.28	28.78	12.90

（三）资助育人成效凸显，载体创新存在挑战

浙江省学生资助工作围绕资助育人目标，突出社会主义核心价值观引领，把"扶困"与"扶智"、"扶贫"与"扶志"结合起来，建立国家资助、学校奖励、社会捐助、学生自助"四位一体"的发展性资助体系。一是积极构建全方位、融媒体宣传平台，有效融合浙江学生资助网、省教育厅官微、浙江卫视和浙江在线网站等传统媒介和新媒介，多年来坚持在《浙江省普通高校招生计划》中刊印各项学生资助政策，在浙江卫视制播专题节目和资助公益广告等，努力提高资助宣传针对性，不断扩大受众覆盖面，切实加强资助政策、资助工作、资助队伍和资助成效宣传，做到了"真宣传""有实效"。二是不断深化"三全育人"机制，以"感恩季"系列活动培养学生诚信感恩意识和家国情怀；组织全省"最美爱心（学生资助）人物"和"最美爱心（学生资助）故事"推荐宣传活动，组织开展"争做最美资助人"活动总结宣传工作，更好地发挥榜样激励作用；举办本科和高职高专国家奖学金特别评选活动及优秀励志典型巡回报告会，通过榜样示范，展现新时代青年努力拼搏、奋发向上的精神风貌，传递青春正能量；推进"一地一校一品"学生资助文化品牌建设和推选宣传活动，资助育人成效不断凸显。

在调研中发现，随着自媒体和移动互联网的迅速发展，受众群体关注平台和接收方式也呈现出新特点，目前资助宣传在青年关注较多的抖音、哔哩哔哩、知乎、豆瓣等平台发布较少，学生及家长了解资助政策的途径主要为入学教育手册（48.94%）、主管部门官方网站（47.23%），以及资助工作者的通知（43.16%）等。在调研中也发现，部分学生对于资助政策了解程度较低，仅国家助学金、学费减免、义务教育学生营养改善计划（营养餐）了解比例超过50%（见表2）；同时，各地宣传教育也存在不均衡的情况。因此，在借力大数据智能算法实现宣传精准投递、精准施策方面有待研究提升。

表 2　学生或家长了解各项资助政策的情况

单位：%

资助政策	学费减免	国家助学金	义务教育学生营养改善计划（营养餐）	国家奖学金	义务教育学生生活补助	勤工助学	国家助学贷款	国家励志奖学金	社会组织或个人资助	省政府奖学金	研究生学业奖学金
学生或家长了解比例	56.1	53.0	51.6	46.6	44.5	36.4	34.8	30.5	27.0	23.8	16.0

五、思考与展望

深化大数据协同创新，强化学生资助数据中心、数据资源的全域统筹和流通应用，打造"数字赋能、整体智治"的浙江智慧资助系统，是大数据背景下学生资助工作改革实践的重要方向和创新举措。浙江省学生资助工作必须对标浙江省"重要窗口"建设目标和要求，统筹兼顾面向全体学生的基本学习保障和发展需求，完善涵盖学生资助需求评估机制、监督机制、决策机制的智慧决策支撑机制，构建"完善政策体系、规范工作流程、精准资助育人、强化队伍建设、增强宣传实效"的"五维一体"资助工作新机制（见图 3），引领资助工作高质量发展，助力学生全面健康成长成才。

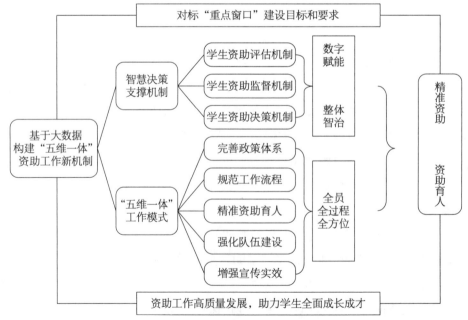

图 3　"五维一体"资助工作新机制

（一）推进整体智治，完善学生资助政策体系

按照"整体智治、唯实唯先"的要求，进一步健全学生资助制度，实现学生资助工作数字化转型。一要进一步健全资助政策体系。规范管理，制度先行，要依托大数据调查分析，广泛深入开展调查研究，充分征求相关部门和社会各界的意见，科学求实、因地制宜、全面有序推进政策体系梳理，科学研究制定资助规范性文件，健全完善资助政策体系，研究出台学生资助资金管理和工作规范指导意见，加强新形势下国家助学贷款工作实施指导意见等。二要加快推进浙江智慧资助系统建设，依托学生资助申请"最多跑一次"、学生资助申请"一窗受理"平台基础，切入数据监测反馈功能，助力各地各校精准识别学生资助对象，精简优化资助工作程序。三要深化学生资助工作内涵，在确保不让一个学生因家庭经济困难而失学、辍学的基础上，加强发展性资助项目实施，助力学生成长成才。四要强化数字化转型保障，在"十四五"规划期间，深化大数据协同创新，强化学生资助数据资源中心建设和数据流通应用。

（二）注重统筹规划，提高资助工作规范水平

按照"数字赋能现代化先行"的要求，增强大数据统筹规划能力，有效推进提升资助工作规范水平，保障资助工作有序开展。一要构建实用有效的智慧监管体系，充分发挥浙江智慧资助系统作用，将线下专项督查和线上系统智能督查相结合，充分进行系统数据整理、分析和利用，充分挖掘数据价值，发挥资助系统数据分析和数据监管效能，及时准确发现、判断问题，及时有效督促整改落实，不断提升数据管理和数据治理能力，不断提升资助工作的指导能力。二要提高资助工作队伍素质能力，制定出台针对资助工作人员的工作手册、管理规范、指导文件，明确资助工作人员的工作目标和职责规范；建立线上线下互为支撑的培训体系，加强对资助工作人员的专业化培训，定期开展政策理论、业务技能、数据处理等培训，进一步提升资助工作队伍的大数据意识，提高工作人员的素质和能力。三要充分发挥浙江智慧学生资助系统协同效用，及时建立学生资助数字化档案，做到一生一档，制定相应的资助档案管理规程办法，做到分类存档、有据可查，确保资助工作规范化、精准化。通过浙江智慧资助系统建设，强化其他社会组织和机构参与助学工作的协同管理，实现学生资助数据多源多维共享和使用，增强全社会的助学效能。

（三）提升系统应用，对标打造智慧资助系统

以深化"最多跑一次"改革推进数字政务为牵引，在全国学生资助管理信息系统浙江应用和学生资助"一窗受理"平台建设基础上，加强全省资助一体化大数据中心顶层设计，对标打造浙江智慧资助系统（见图4）。浙江智慧资助系统要致力于实现资助业务管理、资助数据分析决策、资助对象认定、学生资助数据资源中心等多种"智慧"功能。一要构建资助"数网"体系，优化省级和地市高校数据中心科学建设布局，加快实现各地各校数据中心集约化、绿色化发展，形成各级各类资助、救助系统数据共享共用，实现对接政务服务网登录接口或掌上资助微应用即可在线查询资助政策、办理资助业务。二是构建"数纽"体系，加快建立完善云资源接入和一体化调度机制，提高数据共享便捷程度，降低使用成本和门槛。三要构建"数链"体系，加强跨部门、跨区域、跨层级的数据流通与应用，打造数字供应链。通过与浙江省人口综合库、教育大数据中心、民政救助系统等的数据对接，利用大数据、云计算等技术，自动根据学生所在地区及省级统一设定的指标完成数据比对与计算。四要构建"数脑"体系，深化资助大数据与校内校外相关人才培养、思政教育、就业创业、心理健康和劳动教育等协同创新，推进其他部门对资助数据的智能应用。通过对资助数据的信息汇集、分析建模和展示，以电子地图或图表的方式呈现全省各学段学生资助对象规模分布、学前及义务教育阶段适龄入学规模预估、重点资助区域和院校分布，以及优秀学生资助对象分布等，并将资助数据进行分类统计，可根据业务特性进行多维度组合，形成如一生一档、一校一档、一区一档等。五要构建"数盾"体系，加快提升大数据安全水平，强化数据监测建模和数据资源的安全防护。浙江智慧资助系统为精准服务学生资助对象成长成才提供坚实的决策数据支撑，建立权威资助大数据中心，最终成为全省学生资助的"智慧资助大脑"，全面提升资助工作智治水平。

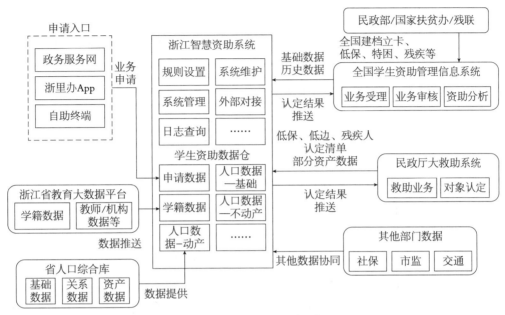

图4　浙江智慧资助系统架构

（四）强化队伍建设，培育数字化智能化精兵

学生资助工作队伍是落实资助政策的重要保障。一要提高队伍研究能力，建立浙江省学生资助工作专家库，开展资助工作理论、政策和实践研究，提升学生资助工作者的创新选题策划及科研水平。二要提升队伍专业工作能力，提升一专多能工作能力，开通线上线下培训双通道，使每一名资助工作者都有较强的信息化网络办公能力，具备图片编辑、网页编辑、网站维护等技能；提升融媒体工作能力，提高和引导广大资助工作者不断加强新技能的学习，使资助工作者适应新潮流、立足新时代，强化数字化资助工作意识，人人成为自媒体，利用微博、微信、抖音等新媒体平台开展精准的资助宣传工作，促进资助工作的可持续性长远发展。三要提升队伍数字化工作能力，通过课题研究和实践相结合，提高广大资助工作者的大数据归集和数据开发使用能力。加强资助队伍信息化和专业化能力提升，使人人成为数字化、智能化精兵，打造一支学生资助工作智慧铁军。

（五）融合媒体优势，构建资助宣传立体平台

融媒体是信息技术发展的产物，迭代是其重要特征，创新是其本质要求。面对信息技术日新月异的发展势头，推进学生资助宣传工作的融媒体建设，不仅要让全体工作者

加强学习，及时运用信息技术的新手段、新方法、新机制，实现宣传最大效度，更要加强对大数据、人工智能的研究运用，准确有效地宣传党的资助政策方针，及时感知和把握工作内外态势，畅通全环境沟通渠道，辅助支撑科学决策。要把线上和线下、"键对键"和"面对面"紧密结合起来，不断提升学生资助宣传的针对性和有效性。一要全力构建资助宣传立体平台，融合传统媒体和新媒体优势，真宣传、求实效，加强学生资助宣传工作。面向学生和家长、教育战线及社会各界全方位开展资助政策、资助工作、资助队伍和资助成效宣传。继续发挥资助手册、门户网站、电视、报纸等常规渠道的作用，加大各类新媒体的宣传阵地作用。二要强化精准宣传，抓住中高考等关键时间节点，结合招生工作和暑期实践，不断创新宣传形式，开辟宣传阵地，在青年学子关注较多的抖音、哔哩哔哩、知乎、豆瓣等平台精准投放相关信息、政策。在组织开展征信金融知识宣传、"校园贷"警示教育中运用新手段，多运用与公众互动的宣传方式，提高学生的金融风险防范意识。重视网上舆情的监控与处置，积极有效应对突发事件。三要切实提高资助宣传工作的针对性和有效性，做到"真宣传""求实效"。在中高考升学季，及时刊印国家及省级各项学生资助政策，联合浙江卫视等制播专题资助宣传片和公益广告，开展资助政策进校园主题宣讲，在学生关注的平台发布资助政策，打破时空限制，做到人人皆可查、处处皆可查、时时皆可查。同时，通过大数据分析，针对相对闭塞地区组织开展暑期学生资助政策实地宣传和走访慰问活动，形成资助政策家喻户晓、资助队伍人人理解、资助成效人人有感、资助工作人人参与和支持的良好格局。四要推进高校与区县"共建资助育人平台、共创资助文化品牌、协同推进资助宣传、共享互通资助数据"的协作融合试点工作。线上线下相结合，组织本科和高职高专院校国家奖学金特别评选活动，组织面向高中和高校学生的获奖学生优秀典型事迹巡回报告会，通过主题突出、内容丰富的活动推进全方位、全覆盖立体宣传，激发广大学子努力奋进，为实现中国梦而不懈努力。

六、结　语

学生资助工作数字化建设进程是浙江数字化改革的一个小篇章，是忠实践行"八八战略"的具体行动，是深化"最多跑一次"教育改革中学生资助信息化建设的必然要求。"互联网＋"、大数据给资助工作带来了新的机遇和挑战，我们不仅要积极运用大数据思维，探索实践新形势下学生资助工作的新平台、新机制、新模式，更要立足浙江实际，勇于创新，借助大数据等信息技术提升浙江省学生资助工作的智慧化和数字化水平，对标建设需求牵引、适度超前、整体智治的浙江智慧资助体系，构建"完善政策体系、规范工作流程、精准资助育人、强化队伍建设、增强宣传实效"的"五维一体"资助工作新机制，大数据赋能推进资助工作高质量发展，助力浙江教育治理体系和治理能力现代化，努力打造符合"重要窗口"特色、独具浙江辨识度的学生资助文化。

（主持人单位：浙江省教育厅）

治理能力现代化背景下浙江省青少年事务社会工作专业人才队伍建设研究

一、研究背景

（一）青少年事务社会工作专业人才队伍建设的缘起与发展

青少年事务社会工作专业人才队伍建设经历了从点到面再到普遍开展的变化。2004年，上海市阳光社区青少年事务中心成立，在国内最早探索青少年事务社会工作专业人才队伍建设。2007年，共青团中央等 5 部门联合印发《关于开展青少年事务社会工作者试点工作的意见》，首批 13 个试点城市不同程度地开展了青少年事务社会工作的尝试，形成上海、广州、深圳、北京等模式。

2014 年 1 月，共青团中央、中央综治委预防青少年违法犯罪专项组等 6 部门印发《关于加强青少年事务社会工作专业人才队伍建设的意见》，标志着青少年事务社会工作专业人才队伍建设开始在全国普遍开展。同年，共青团中央办公厅还会同民政部确定"驻专门学校社工综合服务项目"等 101 个项目为全国首批青少年事务社会工作示范项目。2016 年 8 月，中共中央办公厅印发《共青团中央改革方案》，提出要建设"团干部＋社工＋青年志愿者"队伍。根据国家《中长期青年发展规划（2016—2025 年）》，到2020 年建成 20 万人，到 2025 年建成 30 万人的青少年事务社会工作专业人才队伍，全面参与基层社区社会工作，重点在青少年成长发展、权益维护、犯罪预防等领域发挥作用。

2014 年 10 月，浙江省也印发了《关于加强青少年事务社会工作专业人才队伍建设的意见》，提出"探索完善青少年事务社会工作专业人才队伍建设机制、管理机制、运行机制、政策措施，总结提供符合我省省情和发展需要的青少年事务社会工作专业人才队伍建设经验与模式"。根据文件精神，全省各地开展了富有成效的探索。例如，平湖团市委作为成员单位，积极参与平湖市社会工作委员会的各项工作，并在具体工作中将市社会工作委员会与市青少年工作领导小组、市综治委预防青少年违法犯罪专项组等工作机构结合起来。团市委积极推荐、指导青少年事务相关社会组织和社工机构入园孵化；依托公益创投大赛的平台，主导推进青少年事务领域的供需对接工作；先后成立社会组织创益园团支部和社会组织团工委（团浙江平湖市委，2017）。

（二）治理能力现代化的提出与内涵

在 2013 年 11 月举行的中共十八届三中全会上，通过了《中共中央关于全面深化改革若干重大问题的决定》（以下简称《决定》），提出"全面深化改革的总目标是完善和发展中国特色社会主义制度，推进国家治理体系和治理能力现代化"。《决定》在"创新社会治理体制"部分，强调改进社会治理方式和激发社会组织活力。改进社会治理方式，就是要"坚持系统治理，加强党委领导，发挥政府主导作用，鼓励和支持社会各方面参与，实现政府治理和社会自我调节、居民自治良性互动"。激发社会组织活力，就是要"正确处理政府和社会关系，加快实施政社分开，推进社会组织明确权责、依法自治、发挥作用。适合由社会组织提供的公共服务和解决的事项，交由社会组织承担"。

推进国家治理体系和治理能力现代化，被认为是工业现代化、农业现代化、国防现代化、科技现代化"四个现代化"之后的"第五个现代化"。区别于"政府与社会二元分立"的"社会管理"，"社会治理"是各种公共部门、私人机构、社会组织和公民个人在管理其共同事务过程中采取的诸多方式的总和，这是在新的经济社会环境下，对传统"社会管理"概念的深化和延伸，成为近年来政府倡导的重要执政理念，最大限度地维护人民的根本利益，最大限度地增加和谐因素，增强社会发展活力，并由政府主导社会秩序建设。

（三）治理能力现代化对青少年事务社会工作专业人才队伍建设的意义

治理能力现代化意味着从社会管理创新到社会治理的演进，对我们认识青少年事务社会工作专业人才队伍建设具有重要意义。王思斌（2014）认为，社会治理是社会管理的深化和发展，两者在性质、目标、治理关系和格局上都存在差异。社会治理着眼于现代国家的能力建设；强调标本兼治，强调依法治理、系统治理和源头治理；强调多方参与，既有政府部门之间的垂直和横向关系，也有政府与社会的协商与合作，社会力量之间的合作，乃至各方与居民参与的关系；更加强调现代国家的制度建设。王思斌（2014）还用帕森斯晚年提出的社会进化论中的分化、适应性提高、包容和价值普遍化 4 个机制来解释社会治理体制创新。

落实到青少年事务社会工作专业人才队伍建设，分化意味着党委、政府、社会等治理主体功能和作用的细分与重整，从而提高青少年事务社会工作专业人才队伍建设的成效（适应性提高）。但这也需要党和政府以开放的心态认识社会组织等其他治理主体，允许、支持和承认其在青少年事务社会工作专业人才队伍建设中的作用（包容）。最后，价值普遍化提醒我们不同治理主体在某种程度上的共享价值，对于青少年事务社会工作专业人才队伍建设是非常重要的。

二、文献回顾与研究问题

（一）青少年事务社会工作专业人才队伍的界定与操作化

从实证研究的要求出发，需要明确界定青少年事务社会工作专业人才队伍的外延，并将其操作化。王玉香、尚鹏（2015）把青少年事务社会工作者分为专业社会工作者和从业人员，前者或考取社工证，或有社工专业背景，或在社工机构工作，后者指除前者之外从事青少年服务的人员。青少年事务专业社会工作者所在单位为民间组织机构的为58.4%，行政事业单位为26.0%，两者合计为84.4%。同时，他们也提到大多数青少年事务专业社会工作者分布在社区、街道居委会等基层社会组织与相关单位。许长宾（2016）认为，福建省青少年事务社会工作从业人员的主要来源是12355青少年服务中心、青少年宫等团属组织的社工人员。另外，浙江省关于社会工作机构的统计往往也包括了大量备案类城乡社区社会工作室。例如，嘉兴市近1200家社会工作机构中，除260家民办社工机构，还包括701家城乡社区社工室（备案）（中国新闻网，2018年12月6日）。

由此可以发现，社区居委会、团属组织和以社工机构为主的社会组织是构成青少年事务社会工作专业人才队伍的主要成分。结合浙江省的实际情况，本研究将青少年事务社会工作专业人才队伍分为3个部分：（1）以权益部工作人员为核心的共青团干部，包括专职人员、兼职人员和挂职人员；（2）承担青少年服务管理条线的社区工作者，主要是社区居委会的文教委员、兼职团支书，也可能是其他岗位；（3）工作中涉及青少年服务的社会组织工作人员，包括专职、兼职和志愿者，社会组织的性质则可能是民办社会工作机构、业务范围以青少年服务为主的公益机构，或者是志愿组织／义工协会。

（二）青少年事务社会工作专业人才队伍建设及其问题与经验

南宁市是 2008 年首批青少年事务社会工作试点城市，按"市级（青少年事务社会工作）服务中心—城区社工办公室—社区社工站"三级垂直管理体系对社工队伍进行管理，形成了"1＋1＋1"团干加社工加志愿者、"岗位＋项目"和"一站一特色，试点先行"模式。罗永仕、黄欢、滕海舅（2015）认为"孵化器＋基地"的建设形态是一种新型治理方式。山东省在 2012 年成立"山青社工服务发展联盟"，创新完善了"买""育"结合、"社""校"结合、"社""志（义）"结合的青少年事务社会工作服务模式（吴立忠，2015）。北京团市委在 2013 年孵化成立北京厚德社会事务所，由后者承接社区青年汇等项目；2014 年又主导成立北京青少年社会工作协会，还与高校合作开设社会工作专升本课程、合作培养社会工作专业硕士（共青团北京市委员会，2017）。

吴立忠（2015）认为，山东省发展青少年事务社会工作的突出问题是服务需求不足、服务水平不足和服务力量不足。其中，服务需求不足涉及青少年事务社会工作者、市场需求、政府需求。陈立新等（2015）通过问卷调查和深度访谈，认为湖南省青少年事务社会工作专业人才队伍建设存在需求缺口大、社会认同低、发展水平不高、政府推动不足等问题；针对上述问题，在原则性和操作性层面分别提出了相应建议。罗永仕、黄欢、滕海舅（2015）则建议成立青少年事务社会工作联席会议制度。

张剑、贾聪（2015）把青少年事务社会工作的推进路径概括为以党和政府部门为领导，以共青团组织为协调的全社会联动机制。具体来说，就是要发挥共青团的枢纽作用，以政策制度引领、以教育培训提升、以认知宣传加强认同、以模式创新形成特色，从而建设基层青少年专业社会工作专业人才队伍。王新云（2017）概括了北京以社区为本的平台支持模式、上海以非政府组织运作为导向的政社合作模式和广州共青团以统筹为主的政府购买模式，并将上述三地推进青少年事务社会工作的经验概括如下：逐步纳入地方社会建设的宏观系统，形成政、团、社三级合作良好的运作模式，注重以管理创新促发展，打造以项目方式运行的公益服务品牌，强调以社区为本的青少年服务传输，实施以预防和发展为导向的服务供给。

上述研究大多是从团属院校的角度，描述了青少年事务社会工作专业人才队伍建设的进展，对存在的问题及推进路径进行了分析。其中的不足主要是缺乏理论深度，没有深入福利政策和社会工作整体发展的研究中去，也缺少社会工作者主体性的呈现。

（三）治理能力现代化与社会工作人才队伍建设

刘建伟（2014）把国家治理能力现代化的表征概括为制度化、民主化、协同化和高效化，认为需要进一步研究国家治理能力现代化中政府功能的界定，以及内部结构、各要素地位及相关关系分析。朱光磊（2017）阐释了全面深化改革进程中中国的新治理观，把新政社观概括为发挥社会组织在治理和服务中的积极作用。具体包括推动社会组织成为政府与群众间的桥梁和纽带，将激发社会活力作为重要目标，凸显社会组织在预防与化解社会矛盾中的价值，突出群团组织的引领和示范作用。强调新政绩观，即处理好经济建设与公共服务的关系；强调建设服务型政府，并以核心—基本—全面三个层次为基本的空间架构和次序设计。核心公共服务是基点，基本公共服务是支撑轴，在此基础上，逐步建立起一个全方位、广覆盖、多层次、制度化、信息化的有中国特色的公共服务体系。

王思斌（2019）将社会治理分为管控型治理、博弈型治理、协商型治理和服务型治理。他认为社会工作机构参与社会治理创新是一种服务型治理，但与政府也存在目标差异、非平等合作关系、潜在的维稳思维等张力，而价值普遍化、互为主体性和承认实践为缓解这些张力提供了理论工具（王思斌，2015）。顾东辉（2014）提出社会工作对社会治理的同构演绎需要注重本土导向。具体来讲，在对象上，要关注大规模主体，首先注重其问题而非需求；在主体上，要积极依托既有机构和单位，培训原有服务人员；在目标上，要以任务为载体，以治疗为基础；在伦理上，要在引进外来价值的同时，继承传统助人理念，并综合当代主流意识；在方法上，要优先使用宏观技术，并注意在实务过程中融入本土技术。

杨发祥、叶淑静（2016）认为社会工作者的职业认同是保障社会工作人才队伍稳定的重要因素，并从结构性约束和主体性建构两个方面展开分析，前者是社会工作职业认同的体制环境，后者则是社会工作职业认同的行业动力。徐道稳（2017）基于2015年深圳社会工作者职业状况调查提出：尊重社会工作的专业品格，社会工作与社会治理既相互联系又相对独立，不能把社会工作视为社会治理的附属物；构建以职业评价制度、薪酬福利和晋升制度、继续教育制度为支柱的社会工作职业化的制度体系；完善社工机构内部治理结构。

关于治理能力现代化的研究，大多重视政府功能的界定，同时强调新政绩观和新政社观，前者重视服务型政府，后者肯定社会组织在治理中的积极作用。王思斌（2015，

2019）将社会工作与服务型治理联结起来，而顾东辉（2014）则提醒本土导向的问题。上述观点有助于思考如何将党委领导、政府主导和社会参与落实到青少年事务社会工作专业人才队伍建设中来，尤其是各治理主体之间的关系与协同问题。关于社会工作者职业认同的研究，则为理解青少年事务社会工作的职业化提供了一个整体性框架。

（四）研究问题

基于上述研究背景与文献回顾，本研究的核心问题是：（1）将青少年事务社会工作纳入作为服务型治理的社会工作整体发展格局下，描述浙江省社会工作青少年事务社会工作专业人才队伍的基本状况与特点；（2）在新政绩观和新政社观框架下，运用帕森斯新进化论观点，分析在青少年事务社会工作专业人才队伍建设领域各治理主体之间的互动与协同；（3）在此基础上，提出浙江省青少年事务社会工作专业人才队伍职业化、专业化建设的政策建议。

三、研究方法

（一）机构调研

课题组利用浙江省社会工作与志愿服务协会举行培训的机会，邀请杭州、宁波、绍兴、温州、金华、丽水6市的9家有代表性的青少年社会组织出席座谈会。之后，课题组又前往嘉兴海宁和台州，分别请嘉兴海宁的5家社会工作机构和台州的2家社会组织介绍它们的情况。此外，课题组成员还前往温州，访谈了瑞安和市区1家社会工作机构的负责人。最后，课题组负责人利用督导的便利条件，多次接触嘉兴和金华从事青少年服务及困境儿童服务的2家社会组织。（见表1）

表 1 机构调研情况

时间	地点	参加机构	形式
2018 年 11 月 27 日	杭州	温州新联源社工事务所、东阳市社区矫正工作协会、诸暨市壹加壹义工服务中心、宁波市北仑善爱社会工作服务中心、永康市阳光爱心义工协会、慈溪市慈航公益服务中心、庆元县青少年事务发展中心、瑞安市爱心阳光社会工作服务中心、杭州市余杭区东创社会工作发展中心	座谈会

续表

时间	地点	参加机构	形式
2018 年 12 月 19 日上午	海宁	海宁市和乐家庭社工事务所、海宁红太阳社工服务中心、海宁市心晴社工事务所、海宁市春苗社会工作服务中心、海宁公益社工师事务所	座谈会
2018 年 12 月 19 日下午	嘉兴	嘉兴市拾星者青少年社工事务所	深度访谈
2018 年 12 月 21 日	永康	永康市阳光爱心义工协会	参与式观察
2019 年 1 月 14 日	台州	楚门天宜社会工作服务社、台州市青公益服务协会	深度访谈
2019 年 1 月 17 日上午	瑞安	瑞安市黑眼睛公益发展中心	深度访谈
2019 年 1 月 17 日下午	温州	温州市鹿城区和乐社会工作服务中心	深度访谈

（二）问卷调查

设计问卷通过问卷星平台发放，调查对象分为 3 个部分，即共青团系统工作人员、社区工作者和社会组织从业者。共青团系统通过 2 个方法发放：一是发在团省委权益部微信工作群，二是根据团省委"亲青帮"培训班通讯录点对点发放。社区工作者面向杭州市上城区、宁波市海曙区和嘉兴市南湖区，主要通过 3 个区的社工协会和民政局发放。社会组织主要依托浙江省社会工作与志愿服务协会发放至全体会员，以及会员单位的员工。

此次问卷调查共有 454 人填写问卷，其中有效问卷 408 份，有效率 89.87%。在有效问卷中，共青团系统工作人员 71 人，占 17.4%；社区工作者 150 人，占 36.76%；社会组织工作人员 187 人，占 45.83%。

四、研究的基本发现

（一）青少年事务社会工作专业人才队伍初步形成

结合机构调研和问卷调查，我们认为浙江省已经初步形成以共青团系统为枢纽、以社区为基础、以社会组织为骨干的青少年事务社会工作专业人才队伍。

1. 共青团干部

2015 年，团省委制定了《团省委落实〈关于加强青少年事务社会工作专业人才队伍建设的意见〉的工作规划（2015—2020 年）》（以下简称《工作规划》）。通过对《工作规划》文本的分析可知，团属的青少年综合服务平台、12355 青少年服务台、青少年宫是共青团系统青少年事务社会工作专业人才队伍的基本组成。另外，自2016年《共青团中央改革方案》出台以来，专职、挂职、兼职干部相结合成为共青团干部的基本配置，"团干部＋社工＋青年志愿者"也成为队伍建设的基本方向。上述特点在调查问卷中都有所体现。本次问卷调查，共有71名权益部系统共青团干部参与，其中专职、挂职、兼职干部和志愿者的比例分别是56.34%、16.9%、9.86%和16.9%。

2. 社区工作者

社区负责开展中小学生假期社会实践等工作，部分社区还将青少年服务作为重点工作进行打造。例如，杭州市上城区彩霞岭社区的"家门口的青少年官"就被评为该区2017年"三社联动"金点子案例。该项目还成为2019年杭州市民政局公益创投项目，由江干区彭埠街道普福社区社会组织服务中心承接。社区工作者中与青少年事务有关的主要是条线社工。本次问卷调查，共有149名社区工作者参与，其中专职工作人员139人，兼职工作人员5人，志愿者5人。

3. 社会组织工作人员

以民办社会工作机构为主体的社会组织是开展社会工作专业服务的重要阵地。依照服务范围的聚焦程度，与青少年事务有关的社会组织可以大致分为3种：业务范围涉及青少年事务的综合性社会工作服务机构，如楚门天宜社会工作服务社就有专门的青少年服务团队；面向青少年的社会工作服务机构，如嘉兴市拾星者青少年社工事务所就聚焦于社区层面的青少年服务；提供专项服务的青少年事务社会组织，如瑞安市黑眼睛公益服务中心的业务聚焦涉案未成年人，永康市阳光爱心义工协会主要为当地的困难儿童提供服务。除此以外，还有部分业务范围相对广泛的公益类青少年事务社会组织，如台州市青公益服务协会和庆元县青少年事务发展中心。本次问卷调查，共有187名社会组织工作人员参与，其中专职工作人员占59.89%，兼职工作人员占18.72%，志愿者占18.72%。

从问卷调查的数据看，浙江省青少年事务社会工作专业人才队伍的基本特点是：以中青年为主、性别比相对合理、学历较高、政治素质强、工作经验不多。具体来看，受访者的年龄主要集中在25—44岁，接近总数的80%；45—59岁的占13.73%；24岁及以下的占6.62%。受访者中男性占比35.54%，女性占比64.46%。接近七成（69.12%）的受访者为已婚，26.47%为未婚，离异占4.41%。党员比例超过一半（53.43%），1/3为群众，共青团员占11.27%。受访者中学历为大学本科的占2/3，大学专科的占17.16%，研究生及以上的占7.84%，高中（中专、技校）的仅占6.37%。在现机构工作超过10年的，只有 11.3%，有一半受访者在现机构工作的时间不超过 4 年，2017 年和 2018 年入职的受访者分别占 14% 和 14.2%，2019 年入职的也占 11.3%。其中，社会组织受访者中，2017 年以来入职的受访者占 45.99%。

（二）服务领域全面覆盖，工作方法多元整合

1. 服务领域全面覆盖

调查数据显示，青少年成长发展和青少年合法权益维护分别有 87.25% 和 86.03% 的受访者涉及，青少年违法犯罪预防略少，为 74.51%。分项来看，在青少年成长发展领域中，受访者的工作主要涉及思想引导（78.4%）、习惯养成（52.5%）、社交指导（43.6%）、职业指导（32.1%）、婚恋服务（18.1%）。在青少年合法权益维护领域中，受访者的工作主要涉及困难帮扶救助（66.4%）、心理疏导（58.6%）、权益保护（48%）和法律服务（30.9%）。在青少年违法犯罪预防领域，受访者的工作主要涉及社会观护（45.3%）、正面联系（44.6%）、行为矫治（41.1%）和临界预防（30.1%）。

2. 团干部枢纽作用突出

团干部在上述服务领域的枢纽作用非常突出。作为执政党青年工作的承担者，在绝大多数领域，团干部工作涉及的领域都高于社区工作者和社会组织工作人员，具体为思想引导（91.55%）、困难帮扶救助（88.73%）、权益保护（77.46%）、心理疏导（70.42%）、婚恋服务（61.97%）、社会观护（61.97%）、正面联系（54.93%）、法律服务（52.11%）、社交指导（49.3%）、职业指导（43.66%）、行为矫治（43.66%）和临界预防（39.44%）。社会组织工作人员则在习惯养成方面发挥较大作用，有 65.78% 的受访者有所涉及。

3. 工作方法各有所长

在最近一年中，71.08% 的受访者开展过青少年社区活动，44.61% 和 43.63% 的受访者分别开展过青少年小组活动和青少年个案工作，另外有 32.6% 的受访者开展过青少年政策倡导工作。青少年政策倡导是共青团干部的优势工作方式，有 57.75% 的受访者在工作中有所涉及；社区活动则是社区工作者的最主要工作方式，有 80.67% 的受访者在工作中有所涉及；社会组织的长处主要体现在小组活动，有 57.75% 的受访者在工作中有所涉及。

4. 具有一定的专业化水平

柴定红（2015）把衡量社会工作专业化程度的指标设定为 4 个维度，即科学性、利

他性、社会需要性和自主性。该指标体系也可以用来观察青少年事务社会工作专业人才队伍的专业化水平，其中：科学性是客观基础，表示服务能力；利他性是主观基础，表示服务意愿；社会需要性，是指所提供服务是否为服务对象需要，并且在何种程度上回应了需要；自主性是指青少年事务社会工作者在做出决定时，是否基于专业判断，而不是外界的不适当干预。

因此，本研究参考上述维度设计了相应问题，并基于调查结果对浙江省青少年事务社会工作专业人才队伍的科学性、利他性、社会需要性和自主性做出初步评估。整体来看，社会需要性和自主性较高（社区工作者略低）；科学性有待提高；利他性则存在认识上的张力，需要进一步整合。

（1）科学性低于65%。虽然有65.2%的受访者非常同意或同意，"我具备与青少年社会工作有关的科学知识基础"（社会组织工作人员和社区工作者中表示非常同意的，都超过17%，高于共青团干部的12.68%），但是综合考虑以下3项数据，浙江省青少年事务社工队伍的科学性实际上要低于65%。

其一，受访者中大学就读社会工作专业的只有42人，全部分布在社会组织（30人）和社区（12人）。其二，非常了解（5.88%）和比较了解（32.84%）《青少年社会工作服务指南》的受访者不到40%。其三，只有一成多的受访者拥有社会工作师职业资格证书，拥有助理社会工作师职业资格证书的受访者接近一半。社区、社会组织和团系统的持证率分别达到76%、54.55%和42.25%。受访者还拥有其他职业资格证书，如教师资格证（16.42%）、会计从业资格证（15.2%）、心理咨询师（14.71%）和人力资源管理师（5.39%）。

（2）利他性张力明显。数据显示，受访者在青少年事务社会工作的利他性认识上，存在明显的分化与张力。有56.1%的受访者认为，青少年社会工作机构的首要作用是"改善青少年生活"，但也有33.09%的受访者的回答是"参与社会稳定"，另外也有10.78%的受访者认为是"为从业者提供就业机会"。

从单位类型看，有14.67%的社区工作者认为青少年社会工作机构的首要作用是"为从业者提供就业机会"；有43.67%的共青团干部认为青少年社会工作机构的首要作用是"参与社会稳定"。在社会组织内部，一线工作人员、部门管理者、内部督导和机构负责人认为青少年社会工作机构的首要作用是"改善青少年生活"，其比例分别是56.63%、50%、57.14%和61.84%。

（3）社会需要性接近70%。综合下述3个问题的数据，浙江省青少年事务社会工作的社会需要性接近 70%。有 77.7% 的受访者非常同意或者同意，认为"我提供的服务是青少年需要的"；认为"我提供的服务满足了青少年需要"的比例比前者略低，为 65%；认为"公众与社会认可我的服务"的比例为 67.1%。

（4）自主性分化比较明显。有 68.1% 的受访者非常同意或者同意"我在工作中的决策与行为是建立在科学分析与专业判断的基础之上"。但是，在该问题上，社区工作者（60%）的回答要比共青团干部（74.65%）和社会组织工作人员（72.19%）的自信心低。

（三）学习动力较强，专业培训覆盖面超过督导，但评价低于督导

青少年事务社会工作者的学习动力普遍较强。有超过七成（71.32%）的受访者有计划考取更高一级的社会工作职业资格证书，没有计划的只有 8.09%。社会组织工作者表现出较高的考证目标，有 76.47% 的受访者有计划继续考取更高级别的社工证，共青团干部中只有 16.9% 的受访者明确表示有考证计划。

75% 的受访者今年接受过社会工作专业培训或学习，培训或学习的类别从高到低分别为专业实务技能（45.8%）、政策法规（23.8%）、上岗基础知识（23.3%）、考前辅导（21.6%）、项目管理与评估（19.9%）、党的精神和文件（19.6%）、督导能力（17.4%），以及行为、心理治疗（12.5%）。排在前三位的培训或学习项目，共青团干部是专业实务技能（35.21%）、政策法规（25.35%）、党的精神和文件（21.13%）；社区工作者的前两项与共青团干部一样，占比分别为 46.67% 和 34%，上岗基础知识（32.67%）排在第三位；社会组织工作人员则是专业实务技能（49.2%）、项目管理与评估（34.22%）和督导能力（23.53%）。对参加过的社会工作专业培训或学习，受访者认为收获很大的占 11.44%，认为收获较大的占 50.98%，两者合计不到 2/3。

接受督导的情况则不够理想。在 2019 年，只有 17.4% 的受访者能够接受每月 1 次或以上的督导；没有接受过任何督导的超过四成（41.91%）。另外，约四成（40.69%）受访者虽然接受过督导，但频率较低。接受过督导的受访者中，对督导效果的评价整体较高，有 32.91% 表示非常满意，49.79% 表示比较满意，两者合计接近 83%。

1. 对收入不满意，激励覆盖面有待提高

单以专职工作人员计算，共青团干部每个月拿到手的工资平均为 4617 元，中位数为 4850 元；社区工作者的工资平均为 4300 元，中位数为 4000 元；社会组织工作人员的工资平均为 4403 元，中位数为 4000 元。继续观察专职工作人员对收入的满意度，共青团干部不满意的比例刚超过一半；社区工作者不满意的比例高达 76.99%；社会组织工作人

员不满意的比例居中，为 65.18%。

比较常见的激励方式是培训机会（56.37%）、团建活动（35.29%）、绩效补贴（25.49%）、职业晋升（19.85%）、带薪休假（17.4%）和教育资助（9.8%）。有意思的是，只有 46.3% 的受访者回答所在机构实施过激励方式，与前述回答有出入。受访者对机构激励非常满意的超过 1/5，比较满意的超过四成，两者合计占 62.88%。

2. 生活满意度较高，人生意义体验较低

青少年事务社会工作者的生活满意度整体较高。受访者中，对自己的生活感到非常满意的为 15.44%，感到比较满意的为 52.94%，两者合计接近七成。只有 5.15% 的受访者对自己的生活感到不太满意或者很不满意。对于工作单位的性质与其生活满意度的关系，16.9% 的共青团干部、14.67% 的社区工作者和 15.51% 的社会组织工作人员认为关系不大。

人生意义问卷（Meaning in Life Questionnaire）是美国学者 Steger 等于 2006 年编制的。该量表在不同年龄、不同文化背景的样本中，都具有良好的内部一致性和重测信度，本次问卷调查采用其中文版对青少年事务社工进行了测量。数据显示，在人生意义体验维度上，社会组织工作人员为 19.56，高于共青团干部的 19.15 和社区工作者的 18.27；在人生意义追寻维度上，共青团干部为 27.15，高于社会组织工作人员的 26.82 和社区工作者的 25.86。量表发明者建议以 24 为参考值（满分 35）。整体而言，青少年事务社会工作者的生命意义感受得分较低，尤其是社区工作者。

五、进一步讨论

（一）"党委领导"在青少年事务社会工作专业人才队伍建设中的有效落实

从目前的实际情况来看，社会工作委员会是在青少年事务社会工作专业人才队伍建设中有效落实"党委领导"的现实选择。在治理能力现代化背景下讨论青少年事务社工专业人才队伍建设，首先就要考虑治理主体的结构和关系问题，实现制度化和协同化。党的十八届三中全会通过的《决定》提出要坚持系统治理、加强党委领导。党的十九大报告进一步提出"坚持党对一切工作的领导"，要确保党始终总揽全局、协调各方（人民网，2017 年 11 月 17 日）。在广义的政府层面，青少年事务社工专业人才队伍建设涉及的治理主体至少可以细分为以下 4 类：作为群团组织的共青团，民政、人力资源与社会保障、财政等政府部门，检察院和法院，以及党委系统的政法委。因此，必须有一个层级更高的治理主体来总揽和协调各方，而社会工作委员会是现有体制内一个比较合适的选择。

在全国范围内，北京、上海和广东较早建立了社会工作委员会。其中，广东是全国第一个在省、市、县全面设立社会工作委员会的省份（21 世纪经济报道，2012 年 3 月 2 日），涉及社会工作的职责主要是：牵头制定并组织实施社会工作总体规划和重大政策，协调相关部门起草社会工作方面的政策法规；宏观指导和综合协调全省社会工作，督促检查工作落实情况。浙江省嘉兴市于 2008 年在全国地市级中率先成立市委社会工作委员会，由市委常委任书记、市政府副市长任副书记，25 个市级部门单位领导为委员。此外，在市民政局设立社工委办公室，增设 1 名专职副主任和 1 个专门处室，承担全市城乡社区、社会组织和社会工作人才队伍建设的综合协调和综合管理职能（新浪网，2018 年 12 月 6 日）。

社会工作委员会对包括青少年事务社会工作在内的社会工作整体发展起到了关键作用。嘉兴共有社会工作机构近 1200 家，有 8604 人取得社会工作职业资格证书，在浙江省地级市中居于首位（中国新闻网，2018 年 12 月 6 日）。为此，在 2018 年嘉兴市社会工作 10 周年发展论坛上，嘉兴市把"率先成立中共嘉兴市委社会工作委员会"列为嘉兴市社会工作发展 10 件大事之首。

（二）青少年事务领域政社关系的复杂性

发展青少年事务社会工作服务机构是加强青少年事务社会工作专业人才队伍建设的主要任务之一，政社关系的认识与处理是其中的关键。虽然存在把社会工作视作社会治理附属物的倾向，但在机构调研中也发现青少年事务领域社会组织在与政府打交道时存在比较微妙的主动性，使政社关系呈现出多元而复杂的面向。

1.在社会建设相对薄弱的地区，社会组织比较容易占据主动性

例如，丽水某县的社会组织负责人介绍，他们至少承接了 5 个不同政府部门的工作，包括卫健系统的献血动员、民政部门的养老服务机构星级评定和满意度调查、司法局的矫正工作、团委的困境儿童关爱、环保局的"五水共治"。这就使社会组织在与政府部门打交道时更有底气，"民政弄不了孵化基地，协会会帮他们弄的"。

2.社会组织在各个政府部门之间保持平衡关系

例如，温州某县的社会组织负责人把平衡各政府部门的资源作为基本原则和策略，

认为这样做的好处至少有 2 个方面：一方面，不会因为资源过于集中于单个政府部门而处于被动地位；另一方面，由于单个项目的资金较少，政府部门的期望和要求也不会太高，机构有比较宽裕的空间在保持组织自主性的框架下完成项目任务。

3. 企业和公众提供实质性支持，政府提供合法性支持

例如，金华某县的社会组织自成立以来，很少获得政府部门资金上的支持，其 90% 以上的资金依靠企业支持和公众捐款。但是，这并不表示该社会组织就与政府"绝缘"，它同样需要来自政府的合法性支持，如领导视察、出席重大活动、争取各种官方荣誉与奖项等。

4. 社会组织利用政府支持的溢出效应，与企业产生跨界互动

例如，温州某区社会组织在承接政府青少年服务项目过程中，利用跨专业团队的优势，注意服务产品开发，并将开发出来的课程及材料成功申请专利，其中部分课程还被闻风而来的外地市场培训机构买断。考虑到上述成功经验，在政府部门建议下，该社会组织甚至开始考虑将这部分业务独立出来并进行商业化操作。

5. 社会组织面对政府支持增强时拥有选择权

政府不仅对草创阶段的青少年事务社会组织提供实质性支持，更对处于上升期的青少年事务社会组织报以更大的信任，要求其承接更多服务项目。面对后一种情况时，大部分社会组织都乐观其成，但由于业务范围和服务规模扩张，部分社会组织的服务质量下降、行业名声下滑，也有少数社会组织头脑清醒，有选择性地接受政府的支持，尽最大可能保持初心。例如，嘉兴某区青少年社会组织在前期基金会、企业的支持下，影响力越来越大。当地民政局和街道提议由该社会组织负责当地公益创投项目的组织、养老服务、社会组织培育等工作。该社会组织负责人一再强调要聚集于青少年服务主线，即使有选择性地承接政府项目，也会考虑如何与机构的青少年服务整合起来。

6. 社会组织的某些行为可能使政府部门陷入被动

例如，承接杭州某区民政项目的社会组织，在项目开展过程中被迫承担了街道和社区要求的某些不太合理的费用支出和工作任务。另外一个社会组织的项目执行团队，在项目进行到一半时全部离职，由几乎没有任何经验的新团队接手。虽然勉强完成了项目要求的服务活动，但在财务方面留下了非常明显的硬伤。上述社会组织的行为，使作为项目发包方的政府部门被迫承受来自出资方（福利彩票）和纪委的很大压力。

（三）共青团、社区、社会组织在青少年事务领域的分化与整合

共青团、社区、社会组织在青少年事务领域的分化，不仅表现在从业人员的基本特征方面（例如，共青团干部更为年轻，受访者中年龄在 34 岁以下的占 84.51%，社区工作者和社会组织工作人员分别占 52% 和 41.18%），更表现在服务领域、工作方法、价值观方面的差异。如前所述，在服务领域上，共青团干部的枢纽作用明显；在工作方法上，三者分别擅长政策倡导、社区活动和小组工作；在价值观方面，共青团干部最倾向于将青少年社会工作机构与社会稳定联系起来。从帕森斯新进化论的观点看，上述系统结构和功能的分化可以提高整体社会系统在应对青少年事务上的适应力，但同时也带来新的整合问题。

1. 共青团

共青团应该继续发挥好以政策倡导为核心的枢纽作用。团广东省委早在 2005 年就组建了权益和社会工作部，其职责包括负责会同有关部门做好未成年人保护及预防青少年违法犯罪工作；制定有关青少年政策，参与有关青少年立法活动；指导青少年权益维护工作，开展青少年法治宣传教育工作，协助有关部门开展青少年社区矫正工作；负责联系与服务青年社会组织，指导青少年事务社会工作专业人才队伍建设工作。

参考社会工作中有关政策实践（赵万林，2017）、政策影响者和倡导者的理念，共青团可以作为成员单位积极参与当地社会工作委员会的工作，争取出台有利于青少年事务社会工作专业人才队伍建设的各项政策（如岗位开发、薪酬晋升）；倡导建立新的青少年事务领域的社会组织，尤其是行业组织或者发展基金会；发挥引领作用，鼓励和引导青少年事务条线社区工作者的专业化发展。

2. 社区

青少年事务条线社区工作者广泛分布在全省城乡基层，是青少年事务社会工作专业人才队伍的基础，提供了大量核心和基本层面的青少年公共服务。一方面，社区要继续充分利用好"三社联动"机制，允许、支持和承认社会组织在社区青少年服务方面的作用，例如以开放心态积极争取各级各类青少年服务公益创投项目到本社区落地。

另一方面，要提高青少年事务条线社区工作者的专业化水平。在本次调查涉及的受访者中，持有社会工作职业资格证书的比例已经达到 76%，关键是鼓励和引导这支队伍结合社区工作实际，在社区工作专业化整体框架下探索提供更加专业化的青少年服务。以杭州为例，从 2018 年开始以社区工作者为主体选拔和培养杭州市"督导助理"，各个

城区也开展了"项目社工""品牌社区社会工作室""社工达人营"等试点工作。

3. 社会组织

以社会工作机构为代表的社会组织是青少年事务社会工作专业人才队伍中的骨干力量。在本次调查中，42 名拥有社会工作专业教育背景的受访者中就有 30 名来自社会组织，占比超过七成。在群团改革背景下，部分社会组织负责人成为兼职团干部，或者以当地团委委员、青联委员的形式与共青团紧密互动。社会组织的大部分青少年服务都需要在社区落地，或者受街道、社区委托运营公共空间。与共青团和社区相比，社会组织提供的青少年服务层次更加丰富，涉及核心、基本和全面 3 个层面的公共服务。

（四）青少年事务社会工作者的专业化与职业制度保障

1. 专业化程度影响青少年事务社会工作者的生活满意度

在科学性、社会需要性和自主性 3 个维度上，自我评价最高的受访者对自己的生活评价非常满意的比例也较高。相对整体 15.44% 非常满意的比例，自我评价最高的受访者，其比例在 22.86%—32.05%，即认为"我提供的服务是青少年需要的"。例如，非常同意"公众与社会认可我的服务"的受访者，对自己的生活评价非常满意的比例达到 32.05%，接近其余受访者（11.52%）的 3 倍。

也就是说，作为一名青少年事务社会工作者，如果自身具备了良好的知识基础，提供的服务确实是青少年需要的，并且较大程度上满足了服务对象的需要，其工作（成果）也能得到外界的认可，那么他的生活满意度就会比较高。

2. 薪酬水平有待提高

根据浙江省统计局公布的数据，2018 年浙江省全社会单位就业人员年平均工资为 65898 元，即每月 5491.5 元。与此相比较，青少年事务社会工作者要低 1000 元左右。进一步分析发现，拿到手的月工资与不满意率有比较直接的关系。工资为 2000—3999 元的受访者中，不满意率达 79.65%；工资为 4000—4999 元的受访者中，不满意率仍有 71.67%；工资为 5000—5999 元的受访者中，不满意率明显下降，为 50.67%；工资为 6000—6999 元的受访者中，不满意率继续下降，为 30.77%；工资为 7000—15000 元的受访者中，其不满意率再微降到 28.95%。可见，5000—7000 元是一个比较敏感的区域。上述分析也表明，全社会单位就业平均工资是一个比较现实的参照标准，达到或略高于这个标准，就能够有效减少青少年事务社会工作者对收入不满意的情况。具体来说，需要将青少年事务社会工作者的月平均收入提高约 1/3，即从 4500 元左右提高到 6000 元左右。

3. 青少年事务社会工作专业人才队伍的继续教育与激励

青少年事务社会工作专业人才队伍的继续教育涉及考取社会工作资格证书、专业培训与学习、督导等。由于接受过社会工作专业系统教育的受访者只有 10.29%，考取社会工作资格证书就成为青少年事务社会工作者参与继续教育的重要途径。应在目前约六成持证率和七成继续考证意愿率的基础上，支持青少年事务社会工作者通过考证提升专业知识基础。尤其是通过高级社会工作师的考试评审的指挥棒作用，引导在直接服务、专业理论、督导管理、实践研究等方面继续提升。

从问卷调查的数据看，参加专业培训或学习、接受督导、实施机构激励都会比较明显地影响到受访者对生活满意的评价。基于前述分析，需要改善专业培训或学习的回应性和效果，提高督导的覆盖面和频率，增强机构激励的广度和力度。

4. 青少年事务社会工作者的生命意义感受与寻求

生命意义对人类具有重要功能，能够为我们提供生活目标、评断行为的价值和标准、对生活事件的控制感，以及自我价值感（Das，1998）。

浙江省青少年事务社会工作者生命意义感受平均得分为 19.01（标准差为 5.5）。其中，57 名受访者的得分在 26 及以上（最高为 27），占 13.97%；64 名受访者的得分在 13 及以下，占 15.69%。以往的研究发现，生命意义感受对积极情感有很强的预测作用，本次问卷调查的数据也印证了这一点。参考生命意义感受的平均分和标准差，我们把得分在 13 及以下的受访者界定为低生命意义感受组（64 人），把得分在 26 及以上的受访者界定为高生命意义感受组（57 人）。低生命意义感受组中，对生活感到非常满意的有 14.06%，比较满意的有 28.13%，两者合计刚超过 42%；而在高生命意义感受组中，对生活感到非常满意的有 28.07%，比较满意的有 56.16%，两者合计几乎是前者的 2 倍（84.23%）。

程明明、樊富珉、彭凯平（2011）在中国文化情境下探讨生命意义源的结构并编制测量工具，提出生命意义源包含 5 个维度：社会关注、自我成长、关系和谐、生活享受和身心健康。因此，针对青少年事务社会工作者生命意义感受较低的情况，尤其需要提高对社会工作者及其服务的关注，支持社会工作者的专业成长，努力营造和谐的内外部工作环境。

浙江省青少年事务社会工作者生命意义追寻平均得分为 26.52（标准差为 6.9）。其中，74 名受访者的得分在 34 及以上（35 为满分），占 18.14%；52 名受访者的得分在 19

及以下，占 12.75%。以往的研究发现，生命意义追寻与积极情感的关系受文化影响，如彭霞、王鑫强、郭成（2011）就发现，国内被试者对生命意义的追寻与心理健康的积极指标呈显著正相关。我们也同样参考生命意义追寻的平均分和标准差，把得分在 19 及以下的受访者界定为低生命意义追寻组（52 人），把得分在 34 及以上的受访者界定为高生命意义追寻组（74 人）。在低生命意义探寻组中，对生活感到非常满意的有 22.64%，比较满意的有 45.28%，两者合计接近 68%；而在高生命意义探寻组中，对生活感到非常满意的有 40.54%，比较满意的有 44.6%，两者合计超过 85%。两个组的差异主要体现在高生命意义寻求组有更多的人对生活感到非常满意。

虽然 Frank（1963）的意义治疗理论认为，当个体寻求意义受挫时可能产生痛苦等消极体验，但王鑫强（2013）认为，中国人主要受儒家思想文化的影响，强调入世担责，并提倡对挫折要有超脱精神，在追寻生命意义的过程中抱有一种主动进取的心态并享受这一过程，所以中国人在寻求意义的过程中对主观幸福感等积极情感的体验反而较高。我们在调研中，也切实感受到社会组织工作人员，尤其是其创办者和主要负责人的情怀。因此，应该保护和支持这部分有情怀的青少年事务社会工作者对生命意义的寻求，并把这种寻求与个人能力提升和机构服务发展连接起来。

六、研究结论与政策建议

（一）研究结论

本研究将青少年事务社会工作专业人才队伍建设置于治理能力现代化背景下展开，主要关注到治理能力现代化所带来的新政社观和新政绩观；认同社会工作参与社会治理属于服务型治理，将帕森斯新进化论中的分化、适应性提高、包容和价值普遍化作为分析工具；将青少年事务社会工作纳入整体社会工作专业化、职业化发展的框架内，尤其聚焦于制度化体系和社会工作者的生命意义。

本研究基于机构调研和问卷调查，发现浙江省已经建立起以共青团干部为枢纽、以社区工作者为基础、以社会组织工作人员为骨干的青少年事务社会工作专业人才队伍，其基本特点是以中青年为主、性别比相对合理、学历较高、政治素质强、工作经验不多。浙江省青少年事务社会工作的服务覆盖青少年成长发展、权益保护与违法犯罪预防，个案工作、小组工作、社区活动和政策倡导构成基本的工作方法；已经具有一定的专业性，社会需要性、自主性和科学性较好，但利他性存在内部张力。专业培训与学习、督导与机构激励等人才队伍建设制度基本建立。浙江省青少年事务社会工作者的薪酬水平较低，生命意义感受得分低。

（二）政策建议

1. 促进青少年事务社工队伍建设领域各治理主体的协同

本研究自上而下，分别讨论了党委领导的落实、政社关系，以及共青团、社区、社会组织的分化与整合，提出以下4点政策建议。（1）社会工作委员会是在青少年事务社会工作专业人才队伍建设中有效落实"党委领导"的载体，建议推广嘉兴在这方面的基本做法和成功经验。（2）社会组织在政社关系中拥有一定的主动性和选择权，这对落实新型政社观，发挥其在社会治理中的积极作用提出了更高要求。从新进化论来看，需要政府包容社会组织在青少年事务中发挥更大作用，并争取价值普遍化，或者实现某种程度上的"共享价值"。（王名、王超，2016）（3）从新型政绩观看，政府需要将青少年事务领域的公共服务精准划分为核心、基本和全面3个层次，引导社会组织发展出合适的服务定位，实现协同。（4）共青团做好以政策为核心的倡导工作，社区充分挖掘"三社联动"机制的潜力，社会组织则应以服务型治理的理念提供更加专业的青少年服务。

2. 进一步提升青少年事务社会工作专业人才队伍的专业化、职业化程度

本研究还参考一般社会工作专业化、职业化发展的框架，重视生命意义在青少年事务社会工作者主体身份建构中的作用，提升其回应青少年问题的参与意愿和参与能力，提出以下3点政策建议。（1）在现有基础上将青少年事务社会工作者的收入提高约1/3，至每月6000元，可以将不满意率降低至比较理想的水平。（2）青少年事务社会工作者经由追求职业意义和个人价值建构职业认同，应增强对该群体及其提供服务的关注，支持其专业成长，努力营造和谐的内外部工作环境；保护青少年事务社会工作者的情怀，使他们将对生命意义的寻求与个人能力提升和机构服务发展连接起来。（3）进一步扩大专业培训与督导的覆盖面，提高成效，改善机构激励。

3. 丰富青少年事务社会工作的应用场景，培育和发展一批品牌项目

（1）要不断丰富青少年事务社会工作的应用场景。上海市将社会工作专业方法运用到青少年服务的各个领域，形成了一套可供参考的经验。在个案工作层面，主要针对为社会问题所困，无法适应社会环境或缺乏良性人际互动的青少年及其家庭，例如，解决一般青少年的自我认知偏差、社会交往障碍、择业观念误区等问题，帮助处于病态家庭

结构中的青少年、待业的青少年、需要危机干预的青少年。在小组工作层面，可以应用于教育类的亲子小组、任务类的志愿者小组、治疗类的认知行为小组等。在社区工作层面，可以以团康活动的形式开展青少年心理疏导；可以帮助青少年走出家门，走进社区，增强社区归属感；可以开展社区教育活动，影响家长对青少年的教育观念和教育行为；可以成立青少年社区团体，锻炼他们的能力，使他们更好地承担社会责任。

（2）要推进专业项目化和项目品牌化，在较短时期内培育和发展一批可复制、有社会影响力的青少年事务社会工作服务项目。专业项目化，是指以工作项目的形式把好的专业队伍和专业方法固化下来；项目品牌化，是指项目的运作要树立品牌意识，用品牌化的方式来运作和发展项目。国外青少年事务社会工作就特别重视以项目形式推进服务，比较典型的有：英国的青年就业促进、学校对边缘青少年行为介入、流浪青少年救助等项目；美国的青少年攻击性行为替换训练、18—24岁无家可归者社会服务等项目；加拿大的针对辍学高中生的服务项目；日本的青少年药物滥用防治项目；等等。

（主持人单位：浙江树人大学）

大学生参与共青团官博官微互动的实践研究

高校是为党育人的重要阵地，也是共青团组织青年和凝聚青年的工作阵地。大学生参与共青团相关媒介互动是信息时代高校青年参与公共事务及政治活动的重要方式之一，也是其通过社交媒体参与政治传播的主要表现形式，其最终目标不仅仅是信息交换，还有建立高校青年与党和政府之间的信任关系，使得高校青年能够听党话、跟党走。但值得注意的是，青年群体具有自身的特征，尤其是在社交媒体中表现出与其他群体不同的行为特点，因而其在微观政治生活中新生的政治诉求有时与党和国家高远的政治理想存在偏离。为分析和弥合这种偏离，本研究旨在探索促进大学生参与共青团社交媒体政治传播的良性机制，增强大学生对主流声音的理解、接受、认同和支持，提升该群体对党和政府的信任和认同。

本研究试图通过问卷调查与大数据分析相结合的方式，来完整呈现大学生参与共青团官博官微互动的全貌。本研究一方面采用问卷调查法重点考察大学生参与共青团中央官博官微互动的内在机制和动因，另一方面利用大数据与机器学习工具对大量博文与交互数据进行了系统分析，检验大学生参与共青团官博官微互动的影响因素。希望本研究能够进一步发现大学生参与共青团社交媒体政治传播与互动的特征与规律，为以共青团中央媒体账号为代表的全体共青团组织媒体账号丰富传播内容、改善传播方式、更好地与青年大学生有效对话提供借鉴。

一、研究背景与研究综述

（一）信息时代政治传播总体图景

1. 政治传播愿景：做大做强主流舆论

目前在国内，互联网背景下政治传播的愿景之一便是强调要运用信息革命成果，推动媒体融合向纵深发展，做大做强主流舆论，从而巩固全党全国人民团结奋斗的共同思想基础。习近平总书记在全国宣传思想工作会议上强调，"要把握正确舆论导向，提高新闻舆论传播力、引导力、影响力、公信力，巩固壮大主流思想舆论。要加强传播手段和话语方式创新，让党的创新理论'飞入寻常百姓家'"。

2. 政治传播新图景：总体模式蜕变

信息时代政治传播呈现出明显的多元化图景："传—受"关系角色融合，信息流动立体对冲，"权势"格局去中心化，"节点"移位流程再造，线上线下双层互动，参与沟通机制转向，情感意见高度聚合，政治目标共生共享，文明契合价值转化，总体模式类型将从传统媒体下以政治宣传为核心的模式，蜕变为以政治沟通或政治营销为核心的总体模式。

（二）以青年为对象的网络政治传播态势

1. 传播主体

面向青年的政治传播主体主要是各级共青团组织。共青团与中国共产党的政治传播主体地位是同构的。其依据在于，共青团与工会、妇联作为三大主要群团组织，是中国政治体系的基本社会支柱。从某种意义上说，是各级党组织的青年部门、工运部门和妇女部门，直接参与政府活动和社会事务的管理。

2. 传播脉络

共青团的互联网政治传播经历了 3 个阶段：门户阶段（1999—2011 年），在全国范围内启动"县县上网工程"，在各地建立团委门户网站；微博阶段（2012—2015 年），重心转向政务微博，推动"县县开博"计划；移动互联阶段（2016 年至今），实施"网上共青团"模式，利用移动互联网及社交媒体功能将共青团的组织与宣传整合起来，同时试图实现线上与线下的整合。2013 年以来，各级共青团组织在微博、微信、哔哩哔哩等社交媒体上活跃起来，频繁地通过社交媒体传播党团活动、党团文件、党团精神及其他相关政治内容。共青团不仅将互联网尤其是社交媒体当作政治传播的工具，更将其作为在新的社会结构和技术变迁条件下的主要传播场域。

3. 传播方式

意识形态宣传是共青团政治传播活动最显著的特征。甘丽华（2013）认为，改革开放后，意识形态宣传也由单向灌输转向双向互动。郑满宁（2016）认为，共青团采用人格化（"团团"）符号，熟练运用表情包所具有的草根文化和反抗话语，减少与青年网民的距离感。此外，共青团还重点采用了"破壁"策略，将主流文化价值融于网络亚文化，实现网络亚文化与主流文化相互调适和适应，从而达成政治传播目标。

4. 传播效果

陆士桢、潘晴（2015）发现青年网络政治参与的意识虽然较强，但参与层次不高。

在参加网络投票、民意测验和组织网民关注某事件这 3 项典型的网络政治参与上，青年的参与度呈递减趋势。卢涛（2016）认为，互联网的发展对青年政治参与产生了一系列积极影响。但是，青年网络政治参与中也出现了一些非理性的新问题，容易导致极端行为、盲从行为和网络投机行为的发生，诱发"群体极化"，甚至还有可能为国内外别有用心的群体或个人所利用。

（三）社交媒体参与相关基础理论

1. 媒体丰富理论

媒体丰富理论是由 Daft 和 Lengel 提出的。媒体丰富度是指传播媒体的潜在信息加载量，强调其促进共享的能力。该理论认为媒介丰富度并不是越高越好，其取决于组织任务的具体内容。换句话说，最好的效果是出现在媒体丰富度与任务相匹配时。社交媒体通常以纯文本、图片或视频的形式呈现，而相应的媒体丰富度也从低到高有所不同。

2. 情绪的社会分享理论

根据情绪的社会分享理论，具有情绪情感体验的人们往往更渴望和更迫切地想要分享和交谈。当个体接触到社交媒体上的情感内容时，他们会倾向于分享自己的情绪，这将进一步促使分享、点赞和评论等参与行为的发生。

二、研究思路及方法

（一）研究思路

本课题主要解决 3 个问题。首先围绕"是什么"的问题，描绘大学生参与共青团官博官微互动的总体概况。这里主要通过问卷调查法来获得线下大学生的主观反馈，而后分别从主体、偏好和成效 3 个方面来进行具体分析。其次围绕"怎么样"的问题，来探索大学生是如何参与共青团官博官微互动的，参与行为受到哪些因素的影响。这里主要采用大数据分析方法来解读大学生参与线上共青团中央官方微博互动的客观行为。最后围绕"怎么办"的问题，结合线下与线上的发现，提出增强大学生参与共青团官博官微互动实效性的对策。

（二）研究方法

1.文献研究法

本研究对青年网络政治参与、社交媒体政治传播、文化与思想政治教育、媒体丰富度理论，以及情绪的社会分享理论等相关内容进行梳理。从青年特质、媒体传播规律、文化内涵及牵引力等角度为课题建立研究框架与设计提供支持。同时从数据挖掘、机器学习的基础理论中寻求研究方法的交叉融合。

2.问卷调查法

本研究采用问卷调查，了解现实中大学生参与共青团官博官微互动的微观和宏观图景，提供描述性统计结果。主要考察大学生参与共青团官博官微互动的主体、偏好、成效3个方面。

3.大数据分析

本研究采用 Python 进行网络数据抓取，获取的共青团中央新浪微博账号中，新型冠状病毒肺炎疫情公开后一个月内、2020 年下半年开学一个月内的所有博文，以及对应的点赞、转发、评论数和评论文本内容。通过自然语言处理工具（Natural Language Processing，NLP）、情感倾向分析工具分析博文及评论的正负情感倾向。使用回归分析来检验大学生参与共青团中央官方微博进行互动的影响因素。

三、线下问卷调查分析

本研究在线下以调查问卷的方式获取青年的主观反馈。主要进行以下几个维度的分析。

参与主体，即大学生参与共青团官博官微互动呈现的群体特征；参与偏好，即大学生参与共青团官博官微互动呈现的偏好特征；参与成效，即大学生通过参与共青团官微官博互动进行政治传播的效果。我们对高校大学生进行了多阶段抽样，以行政区为抽样框，抽取 2 个行政区；在 2 个行政区内以高校为抽样框，在行政区内按高校总数的比例共抽取 8 所高校；在每个高校按人数比例随机抽取调查对象，对总共 968 名学生进行问卷调查，收回有效问卷 934 份。样本分布情况见表 1。

表 1　样本分布

抽样框		频数／个	百分比／%
高校类别	双一流	2	25.00
	非双一流	6	75.00
高校类别（本专科）	本科一批	3	37.50
	本科二批	2	25.00
	专科	3	37.50
性别	男	451	48.29
	女	483	51.71
年级	一年级	251	26.87
	二年级	236	25.27
	三年级	228	24.41
	四年级	219	23.45
社会工作	学生干部	168	17.99
	普通学生	766	82.01

（一）参与主体

1. 参与面广，但有效参与率较低

为获得大学生的主观反馈，我们选取共青团在新媒体平台的官方账号作为面向大学生的政务社交媒体代表，对共青团官方微博、微信公众号等进行分析。调查发现，87.20% 的大学生关注了共青团中央或省级共青团组织的微信公众号。进一步调查发现，官方微信之所以获得多数大学生的关注，主要在于共青团中央号召的"青年大学习"活动。该活动在全国高校广泛开展，学习入口就设在共青团中央和省级共青团组织的微信公众号内，本科一年级至三年级的学生几乎全员参与，而本科四年级的学生由于实习、就业等，参与比例较低。"青年大学习"活动起到了引导青年了解党史、国情，以及引流青年注意力的双重作用。70.70% 的青年学生认可"青年大学习"活动的机制，认为其能帮助自己长知识，发布的文章贴近青年需要，短小精悍，他们愿意长期坚持学习。然而，"青年大学习"的官方账号引流质量相对较低。把大学生引入共青团官方微信后，微信公众号的浏览及参与转化率并不理想。关于是否主动关注共青团中央或省级共青团组织的官博官微的问题，仅 22.95% 的受访学生表示经常关注，43.84% 的受访学生表示平时几乎不关注。（见图 1）大学生主动关注共青团官博官微的比例较低。

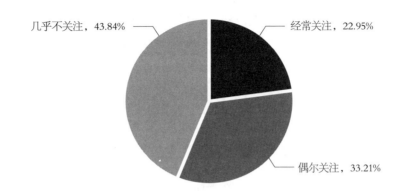

几乎不关注，43.84%　　经常关注，22.95%

偶尔关注，33.21%

图1　大学生主动关注共青团官博官微日常内容情况

2. 青年骨干参与度高，但辐射不广

调查发现，94.52%的学生干部关注了共青团中央或省级共青团组织的官微，以学生干部为代表的青年骨干对于共青团官微的参与度高。进一步调查发现，"加强学习""了解团内信息""参与互动活动"是青年骨干参与的主要原因。值得关注的是，关于"加强学习"，除加强理论学习，了解党史、国情外，参与思政微课和学习如何创作高质量微课作品成为学生干部关注的另一个重点。自发创新思政微课，是大学生参与社交媒体政治传播的新形式，是政治传播顺"去中心化"之势而为的典型代表和成功范本。然而，当回答"作为青年骨干，你是否会把思政微课主动传播到自身社交圈中"这一问题时，88.92%的学生干部选择"不会"。青年骨干仅停留在思政微课的创作阶段，对他人的辐射力和影响力较弱。

3. 利益诉求的官方渠道知晓度低

当大学生在学业、毕业、就业、创业、家业等方面遇到问题寻求帮助时，主要使用熟人社交。当问及是否知道"12355青少年服务台"时，62.69%的被访者表示不太了解。高校青年在遇到问题或困难时，向共青团或官方组织求助的意识较弱。

（二）参与偏好

在参与社交媒体政治传播过程中，大学生表现出特有的偏好。第一，更关注与自己相关的话题。调查发现，在众多社会话题中，与大学生自身利益高度相关的话题最受关注。高校青年的政治需求更加世俗，也更加理性，其政治理念已经悄然改变。利益问题取代政治理想，生活琐事取代宏大叙事，成为影响大学生政治判断的重要因素。这看似脱离政治，实则是一种新的政治态度。第二，权利诉求日益明晰和外显。调查发现，大学生明确将经济权利、文化权利、社会权利、政治权利进行排序。只有在基础权利诉求得到满足后，才会上升到高层次的权利诉求。大学生从自身利益诉求出发，引发对政治判断的情绪性反馈，是影响其政治认同的重要原因。例如，在疫情期间，大学生普遍关心高校防控措施的到位和严密程度。2020年5月，部分大学生对集体错峰返校不理解，在社交媒体上进行情绪化的表达。第三，更偏好亚文化内容和新奇的叙事方式。大学生在社交媒体上关注或交互的内容主要集中在熟人八卦、生活周边、潮流文化、明星娱乐、颜值美妆、体育游戏等内容类别上。（见图2）大学生偏好的生活化、亚文化内容需求与官方社交媒体传播的政治化内容有一定距离；大学生偏好的碎片化、矛盾冲突强烈的猎奇的叙事方式与共青团官博官微完整的、严谨的叙事风格有一定程度的错位。

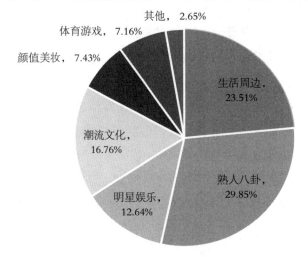

图2　大学生在社交媒体上偏好的内容类别

（三）参与成效

在社交媒体中，大学生与官方媒介虽然聚集在相同的场域，但存在较为鲜明的界限，相互之间的渗透率低，社交媒体的政治传播成效不及预期。从共青团着力打造的传播体系来看，较为理想的框架即以共青团中央为引领，实现意识形态及内容的总体把握和输出，并主导将内容向地方、高校共青团逐层传导。（见图3）为了兼顾中央对青年群体的直接辐射，目前主要采用引流的方式，例如通过"青年大学习"活动，将青年的注意力从基层引流到中央。然而，从自上而下的内容传导看，高校团支部层级的思政社交媒体长期被事务性的通知所占据，共青团中央输出内容在传播至大学生的最后一公里受阻。当被问及"你所在的团支部建立了哪种思政宣传平台"时，有 32.13% 的受访学生选择了"微信公众号"，占比最大。当被问及"微信公众号中最常发布的内容是什么"时，"日常事务通知"占比 75.04%，"各类宣传"占比 16.05%，"党团知识"占比 8.04%。从中可知，高校基层团支部通过社交媒体对青年进行内容传播和思想引领的作用较为有限。

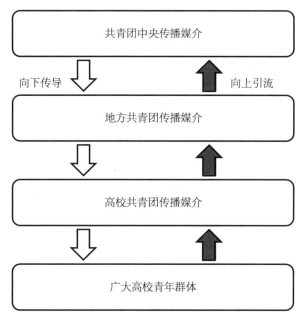

图3　共青团的传播媒介

四、线上大数据分析

本研究对大学生在线上参与共青团中央官方微博的情况进行了大数据分析。主要包括以下几个维度：博文的媒体丰富度属性、内容类别、情感倾向，评论的情感倾向，参与群体对共青团中央官方微博的黏性、流动性情况，主流文化与亚文化交融情况，以及大学生参与共青团中央官方微博的影响因素。

（一）数据源与数据整理

1. 数据来源

为观察大学生在共青团社交媒体平台的客观行为，本研究以共青团中央在新浪微博设立的官方账号作为面向大学生的共青团社交媒体代表。新浪微博的官方账号"共青团中央"是政务微博团委榜排行第一的官方账号，聚集了1521万个粉丝，是全国青年群体最主要的聚集地。自2013年12月入驻新浪微博以来，"共青团中央"共发布4万余条微博，日阅读量超过100万，大学生对该平台的关注度较高，但从平均点赞、转发、评论数较粉丝量的总体规模来看，关注度相对较低。

本研究以新浪微博的"共青团中央"官方账号为数据源，主要抓取两个数据集。第一个数据集为2020年1月20日至2月19日为期一个月的数据，该时期是新型冠状病毒肺炎疫情正式公布后的一段时间，可以考察大学生在危机时期参与共青团社交媒体的特征，此数据集为主数据集。第二个数据集为2020年9月20日至10月19日为期一个月的数据，作为对照参考数据集。本研究主要采用Python抓取上述两个时期的共840条博文，以及对应的点赞、转发、评论数、评论者及评论文本。

2. 变量操作

共青团中央的新浪微博账号从2020年1月20日至2月19日共发布482条博文。根据已有研究并结合现实情况发现，在线上，大学生对共青团中央官方微博的参与度被以下4个方面共同影响。

（1）关于媒体丰富度。本研究根据所使用媒体类型的复杂性将媒体丰富度分为3个层次。这3个层次随着媒体的丰富程度逐级上升，分别为纯文本、图片或Gif（图片＋其他，或Gif＋其他）和视频（视频＋其他）。纯文本内容标记为低媒体丰富度，图片或Gif标记为中媒体丰富度，视频标记为高媒体丰富度。低、中、高丰富度分别编码为1、2、3。

（2）关于内容类别。由于2020年1月20日至2月19日是新型冠状病毒肺炎疫情正式公布后的一段时间，所以我们特别对其中405条与新型冠状病毒肺炎疫情相关的博文及大学生参与情况进行了分析。这些博文主要分为五大类：抗疫文宣、抗疫科普指南、抗疫国家行动、抗疫最新信息、抗疫学习。分类及具体实例见表2。

（3）关于博文的情感倾向。首先，使用Python语言将博文的内容类别用one-hot编码转换成哑变量。其次，使用Word2vec算法计算博文的情感倾向，取对数作为自变量。

最后，每条博文被分配到一个在 0—1.0 范围内的情感倾向值，以 0.5 作为分界，小于 0.5 为负面情感，大于 0.5 为正面情感。趋向 0 为极端消极情感，趋向 1 为极端积极情感。

（4）关于评论的情感倾向。使用与博文的情感倾向类似的处理方式，计算评论的情感倾向的均值与标准差。评论情感倾向的均值代表读者对一条博文的集中意见。评论情感倾向的标准差则代表意见的分散程度。

表 2　疫情窗口期博文的类别及实例

类别	博文实例
抗疫文宣	【夜中灯火，献给疫情中坚守防线的英雄们】他们奋不顾身，坚守一线；他们争分夺秒，抢建医院；他们不分昼夜，与病毒赛跑。各省人民团结一致共同防疫，"万家灯火，解冻冰河"。寒冬过去，必然春暖花开。# 众志成城抗疫情 # 青春山东的微博视频 @ 青春山东
抗疫科普指南	【新冠肺炎大众防护问答上线！】近日，@ 北京协和医院组织编写的《北京协和医院新型冠状病毒感染大众防护问答 2.0》正式出版。本书以电子书的形式免费发布，从认识新型冠状病毒、个人防护、医疗就诊及心理应对等各方面都做了详细解答，可谓面面俱到。有疑问戳→ http://t.cn/A6h48w7D
抗疫国家行动	【运 20 来了！近 1000 名军队医疗队队员抵达武汉！】今日上午 9 时起，11 架运输机，包括多架运 20、伊尔 76、运 9，陆续降落在武汉天河机场，近 1000 名军队支援湖北医疗队队员和大批医疗物资抵达抗疫一线。这是我国国产运 20 大型运输机首次参加非战争军事行动。# 众志成城抗疫情 #
抗疫最新信息	【全国累计治愈出院超 3000 例】2 月 9 日，当日新增治愈出院病例 632 例（湖北 356 例），解除医学观察的密切接触者 29307 人。截至 2 月 9 日 24 时，累计治愈出院病例 3281 例。# 众志成城抗疫情 #
抗疫学习	【中高考时间会推迟？听专家怎么说】教育部应对疫情领导小组办公室主任王登峰表示：将做好高校错峰开学工作，学校所在属地决定开学的具体时间。对于中高考的考试时间是否将推迟，他表示，高考还有一段时间，中考也是如此，我们一定会根据疫情的发展做出相应的安排，今天来讨论这个问题还有点早。

3. 研究假设

结合大学生在共青团中央官方微博上的行为特征，我们提出关于大学生参与共青团官博官微互动影响因素的 4 条假设。第一，媒体丰富度与大学生的参与度正相关。即相较于纯文本，大学生对视频形式的媒体内容表现出更高的参与度。第二，博文的情感倾向与大学生的参与度正相关。第三，博文评论的情感倾向正向影响大学生的参与度。第四，博文评论的情感倾向所呈现的差异化正向影响大学生的参与度。即读者对博文有不同意见评论时，意见的差异越大，大学生的参与度越高。

367

（二）数据分析

1. 描述性分析

从 2020 年 1 月 20 日至 2 月 19 日间收集到的 482 条博文显示了大学生参与共青团中央官方微博的巨大差异。大学生参与量在 1000 次及以下的博文占比 8.3%，参与量在 1000—10000 次的博文为 351 条（72.82%），参与量超过 10 万次的博文为 5 条，参与分布呈现正向的偏态。（见图 4）2020 年 9 月 20 日至 10 月 19 日期间的数据显示，63.43% 的读者依旧活跃在评论区域，一定程度上表明官方微博适度的黏性和流动性。在有关疫情的 405 条博文中，抗疫文宣 234 条（57.78%），抗疫国家行动 82 条（20.25%），抗疫科普指南 56 条（13.83%），抗疫最新数据 25 条（6.17%），抗疫学习 8 条（1.98%）。抗疫文宣获得最高水平的大学生参与度（M = 10012.79），抗疫科普指南（M = 8937.32）及抗疫国家行动（M = 8285.14）次之，抗疫最新数据和抗疫学习最少，均值分别为 5010.64 和 4096。（见图 5）在媒体丰富性方面，482 条博文中 51.66% 的博文（总共 249 条）使用图片来传递信息，使用视频的博文数次之（总共 161 条博文，占比 33.4%），纯文本的博文最少，仅有 79 条（16.39%）。此外，博文的平均情感倾向积极（M = 0.69）。评论的情感倾向整体积极，离散程度适度（M = 0.637，SD = 0.297）。

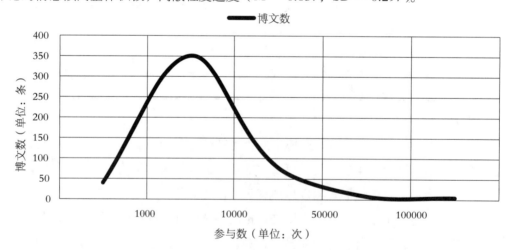

图 4　大学生参与共青团中央官博水平的分布

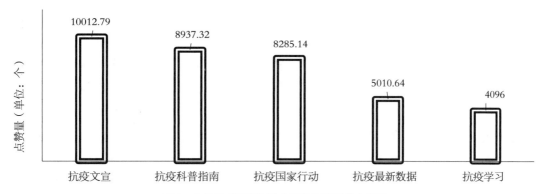

图 5   大学生对疫情相关内容类别的平均点赞量

2. 假设检验

我们使用多元线性回归模型来对大学生参与共青团中央官方微博的影响因素进行预测，其模型为：

$$y = \beta_0 + \beta_1 x_1 + \beta_2 x_2 + \beta_3 x_3 + \beta_4 x_4 + \varepsilon$$

其中 y 为大学生参与度，以点赞量作为因变量，x_1 为博文的情感倾向，x_2 为评论情感倾向的均值，x_3 为评论情感倾向的标准差，x_4 为博文的媒体丰富度。测试结果见表 3，通过计算得到 $R^2 = 0.969$，变量中媒体丰富度的 p 值大于 0.05，但是依然小于 0.1，其余的统计量对应的 p 值都小于 0.05，共线性和自相关不明显。综上所述，判定此模型可以很好地解释各变量对大学生参与度的影响。

假设一为媒体丰富度与大学生的参与度正相关。结果显示假设一不成立。假设二为博文的情感倾向越高，高校青年的参与度越高。结果显示，博文整体的情感倾向为积极，大学生参与度也表现略微正向的响应，因此假设二成立。假设三为博文评论的情感倾向正向影响大学生的参与度。从评论情感倾向均值的系数来判断，大学生参与度表现较为强烈的正向响应，因此假设三成立。假设四为博文评论的情感倾向所呈现的差异化正向影响大学生的参与度。从评论情感倾向标准差的系数来判断，大学生参与度表现最为强烈的正向响应，因此假设四成立。

表 3   通过共青团中央官方微博数据预测大学生参与

类别	coef	std err	t	p
评论情感倾向均值	5.9779	0.277	21.591	0.000
评论情感倾向标准差	13.5102	0.607	22.261	0.000
博文情感倾向	0.3973	0.161	2.475	0.014
媒体丰富度	0.2578	0.14	1.847	0.065

（三）分析结果

通过对共青团中央微博官方账号的数据分析发现：第一，博文的文化蕴涵力非常高，体现了主流文化向青年亚文化靠拢的积极态度，该特性也得到了大学生群体的肯定和接纳。在疫情期间，大学生对抗疫文化宣传的博文表现出最高程度的参与性。第二，大学生受到已有评论意见的集中度和离散度的影响，表现出非常强烈的参与热情。这充分体现了微博的社交属性。其表明大学生浏览博文时，会同时注意已有的评论，并把评论与博文进行整合加工，最终形成综合的意见和价值判断。现实中最典型的例子即为视频网站流行的弹幕机制。观众的已有评论被作为视频的一部分，进入了其他观众的视野，并且在一定程度上影响其他观众的判断。从本研究结果看，在社交媒体上，积极的意见表达能引发大学生的参与热情，并且进一步产生积极的意见，形成良性循环。这表明大学生整体具有积极向上的精神风貌。此外，意见的差异越大，大学生参与性越强。这与大学生求新、求异的特性相符。

五、提升大学生参与共青团官博官微互动实效性的对策建议

线下的研究表明，大学生参与共青团官博官微互动存在以下4个主要问题。（1）共青团中央输出内容在传播至大学生的"最后一公里"受阻，高校基层团支部通过社交媒体对大学生进行内容传播和思想引领的作用较为有限。（2）大学生对自身权益的维护意识日渐增强，但对利益诉求的官方渠道知晓度低，容易导致在网络上进行情绪化宣泄的情况。（3）大学生主动参与共青团官博官微内容互动的比例低；学生干部对共青团思政内容的传播辐射力不强，没有带动广大的大学生群体参与互动、主动学习。（4）大学生偏好亚文化内容和新奇的叙事方式，同时线上研究表明，博文情感倾向、评论的情感倾向和差异程度会影响大学生对共青团官博的参与度，而共青团对大学生群体的受众心理研究不足，其官博官微在内容供给和叙事方式上与大学生的偏好存在偏差。结合线上线下的研究，我们提出提升大学生参与共青团官博官微互动实效性的对策建议，具体如下。

（一）形成分层分类的融媒体框架设计

1.形成层次分明并直达基层"最后一公里"的全媒体矩阵

形成以共青团中央为引领，学联、志愿服务队、维权平台各自发挥专项职能，涵盖

团中央各部门、地方团委、各高校团委的社交媒体矩阵，尤其重视基层团组织的社交媒体群。构建中央思想引领，地方有力传导和监督，高校强力执行和创新，团支部、社团、书院、创新创业团体有力落实和优势互补的格局。从具体实效看，"青年大学习"作为一个成功的典范，衔接了到达青年的"最后一公里"，促使原本影响力较弱的基层团支部以社交媒体为平台，发挥更强的动员力，促进青年参与社交媒体政治传播。

2. 提升基层利益诉求官方渠道的知晓度

青年的日常学习、生活和思想表达主要在熟人社交圈中进行。其各方面需求及权利诉求的解决，以及政治认同的发展变化也主要在熟人社交圈中完成。因此，需要格外重视基层社交媒体的问题沟通渠道的畅通和解决能效，尤其要提升基层利益诉求官方渠道知晓度，建立线上线下的联动机制，线上发现问题，线下解决问题，从而优化青年的体验感，使积极情绪转化为积极认同。

3. 特别重视各层次和不同领域间的引流

针对共青团社交媒体内容基层渗透力弱的问题，注重推荐算法在各层次间的应用和引流，尤其重视从基层团组织到上级团组织社交媒体的引流。大学生群体在社交媒体上被分流到多元化的圈层中，各圈层间需要建立沟通和相互引流。途径一为实现共青团社交媒体矩阵与青年集中聚集的圈层的相互引流。途径二是在不同圈层的"网红"中寻找主流声音的代言人。如哔哩哔哩网络平台上已经涌现出一批亚文化和 IP 博主，以青年喜欢的风格彰显政府基层实干、蕴含主流声音和价值观的内容，得到了青年的广泛认可。

（二）提升大学生政治传播的主体地位

1. 激发大学生对社交媒体话语传播的责任意识

社交媒体的迅猛发展，使得网络话语权成为非常重要的软权利，即通过社交媒体吸引、引导、影响他人接受其理念以达到预期结果的新型能力。而青年学生正手握这种软权利。因此，需要使青年学生树立对话语权利的敬畏意识，做到"守土有责"，不置身事外，积极弘扬主旋律、传播正能量，使所处的网络社交空间清朗起来。

2. 激励学生骨干主动进行社交媒体政治传播

在自媒体时代，大学生尤其是青年学生骨干已逐渐表现出网络政治传播的主体性。部分大学生开始结合身边的话题进行思政内容创新，并重视成果在社交媒体上的传播和社会效应。因此，需要进一步鼓励学生骨干进行思政内容创新，激发推广意识，并凭借其在青年群体中的特殊地位进行有效传播。

（三）强化社交媒体在政治传播中的作用

1. 强化主流文化在社交媒体政治传播中的作用

促进主流文化与青年亚文化交流。从社交媒体的实践和青年的反响来看，主流文化与青年亚文化经历了紧张和对抗阶段，开始进入靠近、接纳和交融阶段。尤其在音乐领域，主流音乐和青年流行音乐实现了创新性交融。主流文化与青年亚文化交融的可能性为以文化为载体实现政治传播开辟了广泛的空间。应加强中华优秀传统文化，尤其是诸子百家、琴棋书画、诗词歌赋、节日、传统音乐等与青年亚文化的有机交融，才能够有力牵引普通大学生群体。

2. 强化社交媒体的社交属性

根据本研究的发现，大学生对社交媒体上已有意见的集中程度和离散程度表现出异常强烈的反应。因此，在微博内容审核机制方面，要注意青年学生意见在积极向上和意见分歧之间的平衡，引导大学生进行积极正面的评价，注意控制负面意见的集中涌现。舆论意见的积极正向，能够提升大学生的参与热情；适度的争鸣也能够引发大学生的热情回应，并且激发大学生对事物的深度思辨。

（四）强调大数据、人工智能对社交媒体政治传播的作用

1. 发挥大数据作用，发现大学生的偏好变化

综合运用大数据、人工智能和云计算来分析大学生需求和不同时期所发生的变化，从而最大限度满足大学生在社会生活、主流文化、价值追求方面的需求。同时运用人工智能的最新技术来进行思政内容的创新，以适应大学生快速的需求变化。

2. 用好推荐算法，在契合大学生偏好的基础上进行思政引领

使用推荐算法的前提是尊重大学生的个体差异性。在共青团社交媒体上灵活使用推荐算法，将意识形态及政治社会化内容以个性化的风格精准传达给每一个大学生，并根据其反馈实时调整推荐策略。

（主持人单位：浙江工商大学）

高校共青团在助力"重要窗口"建设中加强青年思想政治引领的研究报告

在即将迎来建党 100 周年和"十四五"规划开局之际，习近平总书记给浙江提出了"努力成为新时代全面展示中国特色社会主义制度优越性的重要窗口"的新目标定位。"重要窗口"建设是"八八战略"的延伸，是总书记对浙江提出的更高期待和目标，也是浙江省域发展的总纲领。

当前意识形态领域斗争愈演愈烈，尤其是受互联网时代信息传播的无序化、文化多元化、经济全球化等因素影响，高校青年的思想、道德和价值观念经受着巨大的冲击，思想政治工作面临严峻挑战。近年来，习近平总书记在全国思想政治工作会议、团中央新一届领导班子座谈会、全国教育大会等重要场合对如何做好高校青年思想政治引领工作都做出过重要指示，对共青团提出了"落实思想政治引领工作的职责，深刻认识和把握思想政治引领的内涵、重要性和实践路径"的明确要求。在"重要窗口"建设背景下，厘清高校共青团青年工作的历史定位和发展方位，立足浙江高校大学生实际，引领其把自身发展融入浙江发展总目标中，加强对大学生的思想政治引领显得尤为重要。因此，浙江高校共青团要以"新时代"为背景，以"重要窗口"建设为契机，进一步强化和突出大学生思想政治工作的重要性，从高校共青团在大学生中开展思想政治引领工作的内容、载体、成效，以及如何更好发挥青年学生干部的作用等问题出发，提出加强大学生思想政治引领的有效对策。

一、概念界定与研究方法

（一）概念界定

从人类文明发展的角度看，思想政治引领的内涵表现为先进思想的意识形态引领，也表现为先进政治团体在先进的思想武装下领导客体的行动。加强对青年群体的思想政治引领，是五四运动以及中国百年青年运动史的基本经验。从思想政治引领的内涵出发，共青团思想政治引领的范畴就是作为党领导的青年群团组织的共青团用先进的思想理念，在党的领导下，带领各级团组织和广大团员青年投身党的社会主义建设事业的行动与实践。

本研究围绕思想政治引领的核心内涵，以实现大学生社会主义核心价值观的塑造和引领为目标，将共青团思想政治引领的范畴定位为青年对党的指导思想和最新理论的认同，青年思想政治素养、道德品行养成等。从工作范畴来说，就是共青团引领广大青年积极践行社会主义核心价值观，坚定中国特色社会主义道路自信、理论自信、制度自信、文化自信，进一步提高青年思想道德水平和文明素质，为实现中国梦共同奋斗目标打下更加牢固的思想基础。具体而言，涵盖了共青团宣传、组织等各项工作，如"青年大学习"行动、学习宣传贯彻党的指导思想和方针政策、青年马克思主义者培养、社会主义核心价值观培育等。而在现实层面，高校是青年群体聚集的重要单位，也是共青团工作的主阵地、主渠道，无论是从共青团工作活跃度还是有效性来说，都是最具典型性和代表性的场域。

（二）研究方法

为客观分析高校共青团思想政治引领状况，本研究采用问卷调查的方法。在对高校青年思想共性特点和高校思想政治引领工作的普遍困境进行归纳梳理的基础上设计了"浙江高校共青团思想政治引领现状调查问卷"。问卷主要分三部分：一是被调查者的基本信息，包括性别、年龄、学历、政治面貌、是否担任学生干部等；二是青年对马克思主义、中国特色社会主义、社会主义核心价值观、中国梦等指导思想和价值目标的认识与态度；三是被调查者参与所在学校团组织活动情况及其对青年团干部的评价和期待等。

课题组主要通过高校荣誉学院联盟、高校共青团网络交流平台等渠道，利用问卷星进行网络问卷调查。利用 Excel、SPSS 19.0 进行数据分类统计、描述性统计，对相关数据进行卡方检验，从高校大学生视角探讨高校共青团思想政治引领的现状。此外，课题组对浙江省高校共青团网站、微信、微博等宣传媒介平台进行了信息收集，对 2020 年浙江省部分高校共青团工作安排进行文本分析，与问卷调查情况形成对照，以提高研究的真实性、全面性，力求多方面、多维度、客观地分析浙江省高校共青团思想政治工作对青年思想政治引领的作用、效果，以及存在的问题、典型特征等。

（三）调查对象和样本情况

本研究调查对象为浙江高校青年学生，含青年学生党员、共青团员和学生群众。被调查者来自浙江省 28 所高校，学校类别涵盖了公办和民办本科院校以及职业院校，覆盖杭州、金华、嘉兴、宁波、绍兴、温州、湖州等地区。通过 4 轮网络问卷调查，共收集问卷 2384 份，剔除个别省外高校数据和其他无效问卷，得到有效问卷 2359 份。从年龄段来看，调查对象集中在 18—23 岁。从性别构成来看，男性 651 人，女性 1708 人。从学历分布来看，本科以下 1113 人，占 47.18%；本科 1202 人，占 50.95%；硕士及以上 44 人，占 1.87%。（见图 1）从政治面貌来看，中共党员 92 人，占 3.90%；共青团员 1906 人，占 80.80%；民主党派 1 人，占 0.04%；群众 360 人，占 15.26%。（见图 2）调查对象中有 90 人有宗教信仰，占 3.82%；2269 人无宗教信仰，占 96.18%。（见图 3）担任过共青团学生干部的有 665 人，占 28.19%；没有担任过共青团学生干部的有 1694 人，占 71.81%。（见图 4）

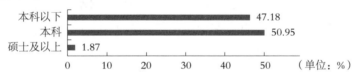

图 1　调查对象在读学历层次

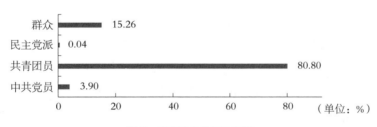

图 2　调查对象的政治面貌

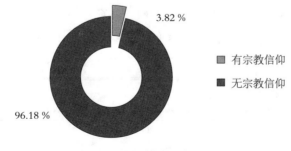

图 3　调查对象的宗教信仰

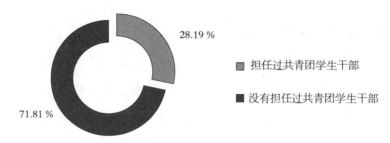

28.19 %

■ 担任过共青团学生干部

■ 没有担任过共青团学生干部

71.81 %

图4　调查对象担任共青团学生干部的情况

二、浙江高校学生思想政治素养现状与特征分析

本文对浙江高校青年学生思想政治现状的考察，主要分认知和行为2个维度。在认知方面，主要是针对高校学生对马克思主义和习近平新时代中国特色社会主义思想理论体系的认同，以及群体内部不同政治身份学生之间的认知差异进行分析。在行为方面，主要是针对大学生组织参与行为和网络政治参与行为2个层面进行分析。

（一）浙江高校学生思想政治认知状况

1. 高校学生对理论的认同度比较高

调查数据显示，党的指导思想在高校青年群体中的传播程度和普及程度高，他们对马克思主义和习近平新时代中国特色社会主义思想抱有较高的信任和认同，较为熟悉社会主义核心价值观，普遍认为个人梦和中国梦相互支撑。被调查学生中，53.58%的学生对马克思主义有所了解，认为有它的道理；44.64%的学生相信马克思主义能够使中国繁荣富强；仅有1.78%的大学生认为马克思主义和自己没有关系或对它持怀疑态度。（见图5）马克思主义对高校大学生产生了积极正面的影响，大部分调查对象认为马克思主义有助于学习各种理论知识，是武装头脑的必备武器，有助于培养自身的创新思维和实践能力，只有8.61%的青年认为对自己没有任何影响。（见图6）

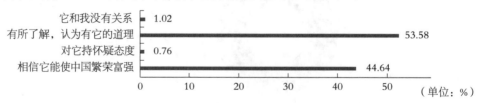

图5　调查对象对马克思主义的态度认知

（单位：%）

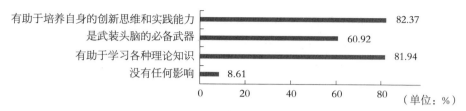

图 6　调查对象对马克思主义对自身影响的认知

对于是否深入了解习近平新时代中国特色社会主义思想，11.10% 的大学生认为自己非常了解，42.14% 的大学生认为自己了解，44.09% 的大学生认为自己了解一点，表示不了解的只有 2.67%。（见图 7）在大学生对中国梦的看法方面，24.67% 的大学生认同个人梦是实现中国梦的前提，63.04% 的大学生认为个人梦想的实现离不开中国梦的支撑，10.39% 的学生认为中国梦是一个理想境界，但实现起来很困难，仅有 1.90% 的学生认为这是一种政治宣传口号，和自己好像没有什么关系。（见图 8）

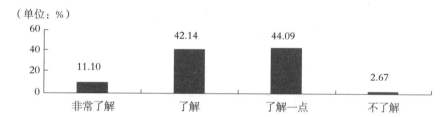

图 7　调查对象对习近平新时代中国特色社会主义思想了解程度

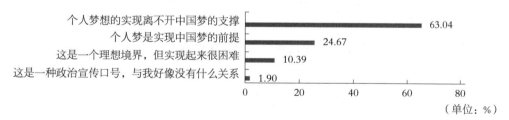

图 8　调查对象对中国梦了解程度的认知

在对社会主义核心价值观的认知方面，64.14% 的大学生对社会主义核心价值观熟记于心，能全部说出；31.62% 的大学生比较熟悉，能说出部分内容；只有 4.24% 的大学生表示不熟悉，说不出相关内容。（见图 9）

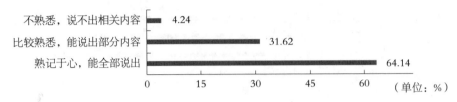

图9　调查对象对社会主义核心价值观的熟悉程度

关于大学生对思想政治教育的理解方面，51.29%的大学生认为思想政治教育对自己的生活、工作方面给予了方向性指导，认为很有必要；36.21%的大学生认为思想政治教育在一定程度上提高了自己的思想认识；10.34%的大学生认为思想政治教育与生活、工作息息相关，但现在未能充分发挥其应有的作用；仅2.16%的大学生认为思想政治教育形式过于虚化，对自己没有帮助。（见图10）

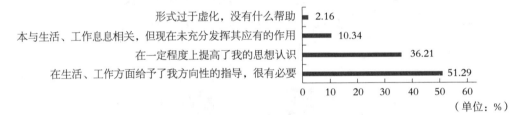

图10　调查对象对思想政治教育的认知

但需要思考的是，调研数据中显示出来的大学生对于思想理论的认同感是被动认同还是主动认同，以及学生对于理论的更深层次的情感认同是否是值得进一步深挖的议题。

2.理论的认同度与学生政治面貌之间有显著相关性

经过对照研究发现，大学生对党的指导思想和社会主义核心价值观等理论知识的认可程度与大学生的政治面貌有显著相关性。（见图11—图16）相对而言，大学生中党员和共青团员对马克思主义和习近平新时代中国特色社会主义等思想更加认同、相信和了解。而对理论知识持怀疑、否定态度，不了解或认为对自己没有影响的比例在群众中明显较高。这说明党组织与共青团组织对大学生的思想政治引领是卓有成效的，但对普通大学生群众的引领力尚有提升空间。

（单位：%）

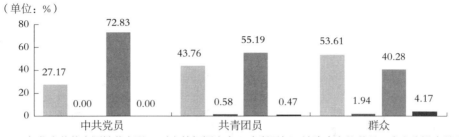

图11 调查对象对马克思主义的认知情况

（单位：%）

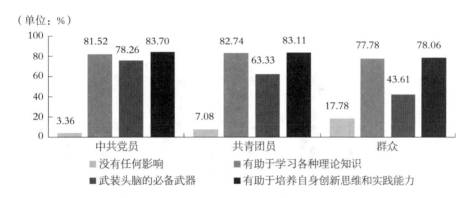

图12 调查对象认为马克思主义对自身的影响

（单位：%）

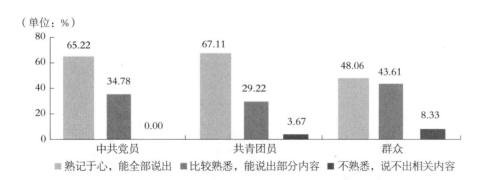

图13 调查对象对社会主义核心价值观的熟悉程度

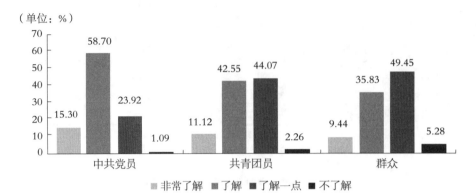

图 14　调查对象对习近平新时代中国特色社会主义的了解程度

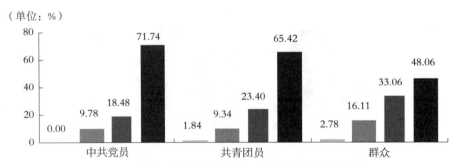

图 15　调查对象对中国梦的看法

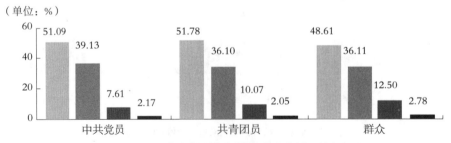

图 16　调查对象对思想政治教育的理解

（二）浙江高校学生思想政治行为状况

1. 高校学生参与团学组织较为积极

调查数据显示，高校学生在入党、参与共青团工作等方面较为积极。在入党方面，申请入党是大学生政治参与的一种表现。在本次调查中，共青团员占多数，入党志愿强烈，47.73%的大学生是为了共产主义信仰，入党动机为政治要求进步的占26.96%，仅9.88%的大学生入党是为了工作或升职。同时，调查发现，大学生参与共青团工作和学生工作的热情高，一方面是希望通过参与共青团工作和学生工作来锻炼自身的能力，另一方面也是希望通过参与工作获得更多向党组织靠拢的机会。

2. 高校学生网络政治参与的积极性不高

网络政治参与被认为是当代大学生参与政治生活最便捷的渠道。但调查显示，高校大学生群体网络政治参与的积极性并不高，77.79%的大学生表示不参与讨论互联网上的政治问题，22.21%的大学生曾有参与。针对大学生对待网络谣言的态度进行调查发现，坚决抵制网络谣言，不看不传的占67.7%；能做到偶尔看看，不转发的占30.35%；经常看，偶尔转发的只有1.95%。对于他人传播网络谣言的行为，只有1.91%的学生会选择随手转发，其他学生会选择不信不转、私信劝阻，公论制止或主动举报等方式来避免谣言传播。同时调研数据显示，政治面貌与网络政治参与和对待网络谣言的态度有一定的相关性，党员和共青团员对网络谣言坚决抵制且不看不转的比例明显比普通群众高，而群众主动看、随手转发谣言的比例明显高于党员和团员（见表1、表2）。

表1　不同政治面貌的调查对象对网络谣言的态度

单位：%

政治面貌	坚决抵制，不看不传	会偶尔看看，不转发	经常看，偶尔转发
中共党员	71.11	28.89	0.00
共青团员	68.89	29.47	1.64
群众	61.36	35.40	3.24

表2　不同政治面貌的调查对象对传播网络谣言的态度

单位：%

政治面貌	不信不转	私信劝阻	公论制止	主动举报	随手转发
中共党员	84.78	75.00	26.09	19.57	1.09
共青团员	85.99	71.46	25.50	29.49	1.31
群众	85.00	68.06	36.39	37.22	5.28

381

三、浙江高校学生思想政治需求与问题

通过对高校青年学生的调查，结合浙江省部分高校共青团网络宣传媒介信息，以及对 2020 年浙江部分高校共青团工作安排进行文本分析，我们发现浙江高校共青团的青年思想政治引领工作还存在不足。尽管各高校围绕学校发展形成了特色鲜明的共青团工作，但共青团自身建设、工作职责、团的作用发挥等方面与各高校自身建设发展阶段的匹配度还有待提高，与高校"大思政"工作的融入还不够紧密，导致共青团思想政治引领的成效还有较大的提升空间。

（一）组织形式单一，组织生活弱化

各高校共青团组织系统架构完备，都建设有校院或院系级别的共青团组织及基层团支部，但基层团支部的组织形态比较单一。通常支部建在班级基础上，团员青年对组织系统的概念不清晰，团员分不清班级和团支部的职能差异，组织归属感不强，对团的基层组织的选举工作、团支部委员的工作、团员和普通群众的权利义务不了解，团员身份意识不强，团组织生活弱化，团日活动次数不足（见图 17）。近年来，浙江高校全面推进共青团、学生会、学生社团改革，部分高校将组织建设和改革工作作为共青团工作的要点。如：浙江农林大学开展"同伴共青团建设"，形成复合型同伴组织网络，提升团的组织力；浙江财经大学加强生活园区团组织建设，以公寓活动构建"团总支、楼层长、团小组"的网络体系；宁波大学以"基石工程"等一系列举措增强组织力。但各高校对组织建设的重视程度差异比较大，有的高校在年度工作安排中没有把团组织建设作为重要内容，甚至没有落实组织生活要求，不按期召开团代会。

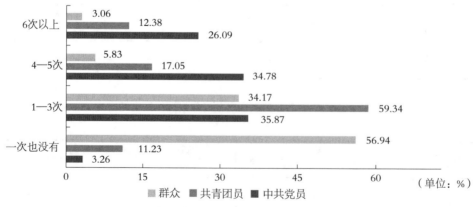

图 17　调查对象一年参加团组织生活的情况

（二）学习浮于表面，联系实际不足

浙江高校共青团对思想理论的宣传都十分重视，广大青年学生除课堂教学以外，还通过共青团"青年大学习"、主题团日活动、团课、团的网络思政平台等加强对党的指导思想和方针政策的学习。此外，还有集中开展的浙江省大中学校思政公开课巡讲（高校开学第一课）、浙江省高校思政微课大赛等学习平台。但学生学习的系统性和深入性不足，学习浮于表面。学生对"马克思主义""中国特色社会主义""社会主义核心价值观"等名词较为熟悉，对思想政治教育工作较为认同，但对这些词内涵的理解不够深入。理论学习常常无法与现实联结，存在"知其然不知其所以然"的情况，从而只学了理论知识本身，无法用理论武装头脑，因此对现实问题缺乏思考和判断力。对意识形态的了解比较匮乏，对意识形态的形势判断比较混乱。（见图18）共青团网络思想政治教育的形式还不够丰富，短视频等平台的应用还未有效纳入宣传工作体系。

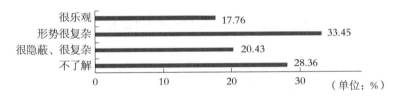

图18　调查对象对意识形态领域斗争的形势判断

（三）深入群众不足，能力亟待提升

团学干部队伍是共青团工作的主力军，但目前各高校的二级院系团委书记通常由辅导员兼任，辅导员队伍流动性大，专职团干队伍缺乏稳定性，加上团学组织每年换届，师生团干整体长期处于流动状态。团学干部是学生群体中的先进分子。调查显示，39.25%的大学生认为团干部应该成为青年朋友，25.23%认为团干部是青年领袖，33.06%认为团干部应该成为青少年社会工作者，仅有1.87%认为团干部应该成为青年官员。（见图19）对于团干部最需要改进的方面，43.49%的调查对象认为团干部最需要深入团员中听取意见；22.72%的调查对象认为团干部最需要提升个人素质，改进作风；19.25%的调查对象认为团干部最应该与青年团员培养情感；13.65%的调查对象认为团干部最需要多组织活动。（见图20）可见，团学干部队伍走近青年、深入青年听取呼声的力度还不够，个人素养和作风还需要改进。超过60%的被调查者认为团干部应该通过提升自身能力、听取青年建议、善于总结和关心团员等方式来发挥最大作用；57.82% 的被调查者认为团干部还应该具有个人魅力。

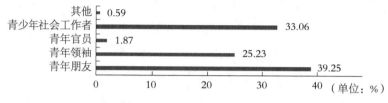

图 19　调查对象对共青团干部的定位

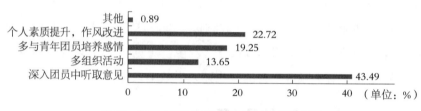

图 20　调查对象认为团干部最需要改进的方面

（四）活动内涵不深，方法缺乏艺术

调查对象普遍认为共青团组织的活动丰富多彩，内容形式多样，但是也存在着重形式场面、轻内容内涵等情况。从参与积极性来说，团员参与团组织活动的频率明显高于群众。48.11% 的调查对象愿意积极参加团的活动，42.26% 的调查对象表示当团的活动与个人的事情不冲突时愿意参加。

大学生对于团组织开展的活动和服务期待高，对于团组织活动内容的需求比较全面，无论是政治学习、技能培训还是心理健康指导与服务都有较大需求。（见图 21）但是调查对象认为，共青团的思想政治工作还不能充分发挥组织动员功能，对上级团组织的精神还未能有效传达。（见图 22）被调查者普遍希望团组织能为团员提供实际的帮助，开展形式多样的服务和活动。

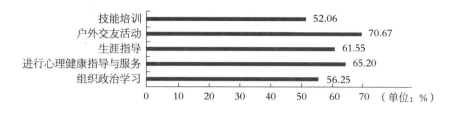

图21 调查对象对团组织活动的需求

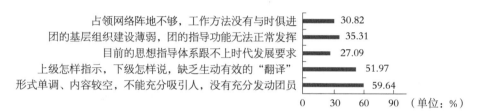

图22 调查对象对共青团思想政治工作不足的认识

四、高校共青团加强青年学生思想政治引领的对策建议

共青团是中国特色社会主义制度创新和创造的体现，在"重要窗口"背景下，浙江高校共青团要进一步明确思想政治引领的工作定位，引领浙江高校青年在"重要窗口"建设中担当作为，将浙江高校青年发展作为展示浙江社会主义制度优越性的"重要窗口"，探明浙江高校青年的特色发展道路。建议从组织引领、宣传引领、队伍引领、服务引领、榜样引领5个维度推进和加强高校共青团思想政治引领。

（一）深化组织引领，筑牢战斗堡垒

国家治理体系与治理能力现代化对群团组织的管理效率和质量提出了更高的要求。共青团是政治属性第一位的群团组织，高校要在新形势下深化和发挥团的组织引领作用，强化基层团组织的引领功能。

1.完善组织运行机制

高校共青团的工作对象具有时间上和空间上的稳定性，从组织管理的角度来说，组织掌控感较强。但由于组织形式较为单一，团工作的覆盖面和融合程度不高，团员身份意识的迁移程度不高。因此，高校团组织要丰富组织形式，完善组织形态，适应大学

生群体活动特征。一方面，基于大学生群体特点以及社会治理技术和治理机制的变化发展，要建设线上线下团支部，要建设校内校外团支部，学生在哪里，支部就建在哪里，从而增强团员青年的身份意识。要不断优化高校群团组织的工作体系和运行机制，提高大学生的社会参与感、获得感。另一方面，要坚定组织目标。高校的各级共青团组织作为大学生群团共同体，共同承担着高校党委对大学生群体发展的要求和期待。旗帜鲜明跟党走，加强思想政治引领体现了共青团组织的使命和政治价值，高校各级共青团基层组织要把党的指导思想贯彻落实到团组织的全部工作、重点工作、核心工作中。

2. 要增强创新意识，提升数字变革能力，加强数字化改革背景下的网上共青团组织建设

袁家军在省委党的群团工作会议上强调，要努力成为新时代群团工作的"重要窗口"，以数字化改革赋能群团工作体系和能力现代化，打造高效协同的数智群团。高校共青团可以围绕信息化建设、"智慧团建"网上共青团管理平台，进一步强化团组织的数字化管理。

3. 要推进团组织建设整体化

高校共青团要做好顶层设计和指导，从团组织网络建设、资源网络整合、服务平台搭建、团建工作机制建设、团建服务活动等方面推动团组织资源整合。构筑团建网络，搭建团支部—团干部—团员—社团组织等互动性组织平台，促进团员之间、团干部之间、团干部与团员和群众之间的交流，进一步强化大学生对团的性质和宗旨的认识，保障活动空间、活动资金、团干指导教师等的配备，促进相互学习和了解，进一步增强团员的身份意识和责任感，提高团组织的凝聚力、战斗力。

4. 要拓展团组织覆盖面

针对低年级团组织覆盖面和活力相对较强，高年级团组织活力不足的情况，高校共青团适当围绕青年学生在职业发展等方面的实际需求，打破团支部壁垒，以职业发展需求（如就业、考研、出国、创业、考公务员）相同的"小众化"群体为对象，灵活设置"小众化"学生群体临时团支部，由群体中的团学干部担任团支书，学校通过组建专业的指导团队（如创业导师、科研导师、朋辈导师等），在高年级团员群体中，侧重开展专业提升型项目和未来发展型项目，通过群体化的团组织建设，凝聚青年团员，加强组织引领，扩大组织的覆盖面，增强团组织的作用发挥，在提升学生的品格修养、专业素养和综合能力方面发挥积极作用。

（二）坚持宣传引领，理论入脑入心

1. 坚持理论宣传与思想引领相结合

高校共青团要进一步坚持和加强政治理论宣传，指导大学生学习先进思想，以先进思想和理论武装头脑。除了要在宣传媒介拓展和宣传形式上创新，还要在理论内涵的深度解读上下功夫。运用多种学习载体，通过沉浸式学习、系统性学习、体验式学习完善大学生团员政治理论学习制度体系。建好理论宣讲队伍和导师库，保障学习资金投入，通过丰富多样的学习内容、学习方式和深度的理论解读提高大学生团员的理论理解和应用能力，改善学习效果。重点培养团组织学生干部、学生党员成为理论宣传员，以贴近大学生的姿态以朋辈身份开展宣传，以贴近大学生的话语方式从大学生的内部来影响大学生。坚守团组织的政治属性，强化思想理论武装，把牢引导大学生成为时代新人的根本任务，增强共青团为党做大学生思想政治教育工作的思想引领力、精神塑造力。

2. 把握宣传思想与解决问题相结合

高校共青团要充分发挥大学生的学生身份优势，推动建设学习型团组织，营造良好学习氛围。立足大学生的所思所感，科学解答青年大学生的学习、生活和思想疑问，以理论的彻底性和科学性解答现实困惑，从而增强理论学习的针对性、实效性、深刻性。贴近大学生思想实际，理论要打动学生，要发现总结大学生的认知特点和逻辑体系，把单纯理论知识变成大学生能够认同的价值追求。破除单纯的理论灌输，将科学理论大众化、方法化，通过情景和案例，用身边人、身边事感染大学生，把方法论装进大学生的头脑，让大学生去思考、辨别、选择和判断。在习近平新时代中国特色社会主义思想和大学生之间架起桥梁，让党的理论为大学生所知、所明、所行。

3. 推进宣传思想引领与信息时代的融合

随着互联网技术的发展，网络在政治、经济与社会发展中的影响力日益增强。相对于传统的行政管理方式，虚拟社会的治理与网络参与具有更加鲜明的特点。尤其是"数字原生代"大学生的信息互动和加工能力更加出众，高校共青团不仅要应用信息技术拓展宣传范围、掌握宣传资源和时机，还要及时占领和创新团的网络宣传阵地，提供有价值、有营养的信息内容，创新信息的沟通和传播方式，用大学生常用的、热衷的形式和语言对他们进行思想引领。尤其是运用互联网自媒体平台，让学生充分参与到自媒体的宣传中，让大学生自己发声，让思想和信息融合，成为陪伴大学生的精神力量。

4. 依托主题团日活动强化团员思想教育

高校共青团要充分发挥基层团支部"战斗堡垒"作用，通过开展以基层团支部为单位、以青年团员为主体、以团日活动为载体的有主题、有意义的主题团日活动，增强团员意识、强化团组织建设、延伸团工作臂膀，努力把基层团支部的神经末梢搞敏感、毛细血管搞畅通。通过顶层设计确定活动主题，充分调动基层团支部和青年学生的工作主动性和创造性，增强青年的政治意识、组织意识和模范意识，发挥基层团组织思想引领作用和服务功能。

（三）加强队伍引领，当好桥梁纽带

高校共青团的思想引领主要优势在于路径的可靠与有效。可靠性主要表现在作为群团组织拥有着广泛深入基层的组织动员能力；有效性在于抓住大学生群体中的先进分子，实现有效的朋辈教育，将理论从纵向灌输转为横向扩散和文化传播。

1. 加强对学生干部的思想政治引领

"一个政治上有问题的人，能力越强、职位越高，危害就会越大。"高校团组织中的共青团员和学生团干直接代表着团的形象，在团员之间，以及对其他学生具有很大影响。这就需要共青团加强对团员的教育，提高团员修养，发挥团员模范带头作用，在思想和行动上体现作为党的助手和后备力量的先进性。青年团干要进一步发挥联系青年、凝聚青年的桥梁纽带作用，要深入团员中听取意见，与青年培养感情，用理想凝聚青年，用党的奋斗目标激励自己和同伴，使青年把党和全民族的共同理想和目标作为自己的理想和追求。团组织要充分教育和信任团学干部，充分发挥其特长和智慧，鼓励他们用自己的方式在实践中丰富自己、完善自己。青年团干需要将改进作风摆在重要的位置，不能简单落实上级指令，要将其内化为个人自发的行为习惯，从个体自身出发，发挥个体的能动性，加强素质建设，不断提高个人在思想政治、科学文化和道德行为等方面的素质，在各方面都能发挥模范带头作用。思想政治引领是广大团员的共同职责，通过对大学生团干和团员中的积极分子的影响从而潜移默化地引领全体学生。

2. 提升团干部的思想引领工作能力

团干部在专业知识和理论素养方面都有着较好的储备，但工作经验和实践能力还有待提高。团干部要加强理论学习，要将大学生在理论知识方面的储备转化为其建设社会主义的动力，激发大学生的参与热情，让大学生在实践中锻炼成长。共青团要以党的群众路线为指导，为了学生，相信学生，依靠学生，引领学生，深入学生。很大程度上，大学生的问题要紧紧依靠学生自己来解决，即依靠学生发现问题、依靠学生实践来解决问题，保障共青团抓思想政治引领路径的可持续性。要把团干部培养成会做思想工作的大学生领袖，要把大学生领袖的思想工作放在思想引领工作的首要位置。

3. 运用好"青年马克思主义者培养工程"等师生骨干培养平台

2020 年，共青团中央、教育部、民政部、农业农村部、国务院国资委联合印发的《关于深入实施青年马克思主义者培养工程的意见》指出，"站在坚持马克思主义在意识形态领域的指导地位，巩固和扩大党执政的青年群众基础，确保党的事业后继有人、兴旺发达的高度，切实增强责任感使命感紧迫感，创新优化体制机制，不断强化'青马工程'为党育人的政治功能"。在工作中，要运用好"青马工程"等师生骨干培养平台，加大培养力度，遵循坚持党的领导、突出核心目标、注重实践导向、遵循育人规律等基本原则，通过持续深化改革和提质增效，在各行业各领域切实为党培养和输送一批具有忠诚的政治品格，浓厚的家国情怀，扎实的理论功底，突出的能力素质，忠恕任事、人品服众的青年政治骨干。

（四）提升服务引领，增进情感联结

为人民服务是党的根本宗旨，服务本身就体现为一种为他人利益而工作的思想境界和行为准则。服务引领就是共青团以服务团员、服务青年群众、服务经济社会发展为出发点，做好共青团组织的内部工作，同时积极参与与社会发展相关的社会实践。志愿服务是团员参与社会生活，参加社会服务工作的主要方式之一。许多高校把志愿服务与高校社会服务职责结合，作为重点工作来抓。高校共青团要以问题意识不断创新各基层团组织的志愿服务机制，不断延伸服务触角，逐步构建宽领域、多层次、广受益的共青团服务格局。

1. 构建大学生社会服务网络

当前"互联网＋社会服务"方兴未艾，数字化、智能化、多元化、协同化的服务需求需要大学生广泛参与。高校共青团要整合资源，搭建服务平台，帮助大学生主动对接学校、企业、地方单位开展服务和实践。尤其是要启发学生创新思维，创造性开展服务，开展创新实践，扩大服务的覆盖面，丰富服务形式，提高服务质量和效益。以社会化、项目化运作增强服务的组织性、系统性、持久性和深入性。以服务树形象，以服务促发展，打造"想得起、靠得住"的服务形象，进而强化身份意识，提升团组织凝聚力、亲和力。

2. 提高服务质量和效率

从"为谁服务、服务什么、如何服务"三个方面强化大学生团员的服务意识，引导高校大学生利用自己的优势和特长主动参与校内外服务，充分发挥桥梁与纽带作用。高校共青团要创造更优的机会，把大学生个人成长发展与服务引领结合起来，使大学生在服务中增长才干、掌握技能、获得精神品格，进一步提高自我服务和服务他人的质量和效率。

3. 坚持青年主体做好精准服务

竭诚服务青年是共青团工作的出发点和落脚点。必须尊重青年主体地位、把握青年特点需求、遵循青年成长规律，打造一批育人所需、青年所求、共青团可为的品牌项目和活动，使之覆盖和带动更广泛的青年，让更多青年受影响、得成长。各级团组织通过结对联系、征集心愿、青春邀约、实现微心愿、跟踪回访、交流总结、活动展示等活动环节，选择相应的"微项目"组织实施，充分尊重青年的主体地位，密切团青关系，真正使学校团组织和团干部"说青年话，知青年事，懂青年情"。

（五）创新榜样引领，提高工作实效

思想政治引领的本质是意识形态引领，但是意识形态对人的影响是潜移默化的，大学生的思想不是被这种思想占领就是被那种思想占领，因此，选择相信什么变得尤为重要。大学生处在世界观、人生观、价值观的确立时期，受同辈群体影响最大、最直接。在同辈群体中树立榜样，以榜样引领大学生群体自身，其有效性遵循了青少年思想意识的发展规律。坚持"依靠青年引领青年"的思想政治教育方法论体现了党的思想政治工作的内在逻辑和根本方法，是马克思唯物史观和人学理论的体现。

1. 树立多元的榜样观

文化多元化的时代产生多元化的榜样，评判榜样的标准是随着时代的变化而变化的，为了适应时代变化带来的泛化信息，榜样教育过程中的榜样观树立也应该更具延展性和包容性。高校共青团要在信息洪流中更新和理清新时代榜样观，以社会主义核心价值观为指引开展榜样典型教育。

2. 推动榜样与偶像的效应互补

偶像具有理想化的色彩，但能够让青年产生一种崇拜感，适应时代发展的榜样教育方法就是推动榜样与偶像的效应互补。从大学生所崇拜的偶像身上挖掘更多鲜活而有吸引力的正能量，转变对偶像的观测角度，让偶像转变成价值观的榜样力量，以偶像的优秀特质使其成为可以学习的榜样典型。让偶像落地，从神坛走向生活，更加生活化、平凡化，从而成为大学生可看、可触、可学的优秀榜样。

3. 增强榜样引领的合力作用

榜样引领只有在学校、家庭和社会的合力作用下才能扩大效应。高校共青团要抓住大学生在校的宝贵机会，从家校联系中，从大学生的婚恋教育、大学生职业生涯教育、大学生社会实践等活动中加强榜样塑造，让家庭美德、社会公德、职业道德、个人品德相互融合，强化榜样引领实效性，形成榜样引领的内容、载体和效应的合力。

（主持人单位：浙江农林大学）

附录 样本表

大学生样本信息表

项目	类别	频数 / 个	百分比 /%	项目	类别	频数 / 个	百分比 /%
性别	男	946	43.88	最高学历	本科	1389	64.42
	女	1210	56.12		研究生及以上	308	14.29
年龄	18 周岁及以下	50	2.32	政治面貌	中共党员	322	14.94
	19—24 周岁	1975	91.60		共青团员	1694	78.57
	25—28 周岁	115	5.33		群众	135	6.26
	29—35 周岁	13	0.60		民主党派人士	2	0.09
	36 周岁及以上	3	0.15		无党派人士	3	0.14
最高学历	大专	459	21.29				

在职青年样本信息表

项目	类别	频数 / 个	百分比 /%	项目	类别	频数 / 个	百分比 /%
性别	男	1097	48.52	最高学历	本科	16781389	74.21
	女	1164	51.48		研究生及以上	167	7.39
年龄	18 周岁及以下	0	0				
	19—24 周岁	481	21.27	政治面貌	中共党员	825	36.49
	25—28 周岁	917	40.56		共青团员	1009	44.63
	29—35 周岁	746	32.99		群众	405	17.91
	36 周岁及以上	117	5.17		民主党派人士	12	0.53
最高学历	初中	26	1.15		无党派人士	10	0.44
	高中	61	2.70				
	大专	329	14.55				

中学生样本信息表

项目	类别	频数／个	百分比／%	项目	类别	频数／个	百分比／%
性别	男	348	46.3	政治面貌	共青团员	321	43.0
	女	403	53.7		群众	421	56.4
年龄	14周岁及以下	169	22.6	独生子女	是	281	37.6
	15—17周岁	571	76.3		否	467	62.4
	18周岁及以上	8	1.1	学习成绩排名	前30%（含）	359	48.2
学生身份	初中生	355	48.0		30%—70%（含）	328	44.0
	普高生	313	42.3		70%以后	58	7.8
	中专生、技校生	2	0.3	家庭位置	省会（杭州主城区）	13	1.8
	职高生	70	9.5		县市区	325	44.6
政治面貌	中共党员	4	0.5		乡镇	204	28.0
					村	187	25.7

志愿者样本信息表

项目	类别	频数／个	百分比／%	项目	类别	频数／个	百分比／%
性别	男	307	37.35	最高学历	本科	460	55.96
	女	515	62.65		研究生及以上	53	6.45
年龄	18周岁及以下	26	3.16	政治面貌	中共党员	144	17.52
	19—24周岁	570	69.34		共青团员	561	68.25
	25—28周岁	90	10.95		群众	113	13.75
	29—35周岁	106	12.90		民主党派人士	3	0.36
	36周岁及以上	30	3.65		无党派人士	1	0.12
最高学历	初中	13	1.58				
	高中	77	9.37				
	大专	219	26.64				

参考文献

霭理士，2015. 性心理学［M］. 贾宁，译. 南京：译林出版社.

安国启，邓希泉，2012. 新世纪中国青年发展报告（2000—2010）［M］. 北京：光明日报出版社.

曹洁，罗淳，2018. "斜杠"青年的收入和福利分析——基于 CGSS 2012、2013、2015 的经验研究［J］. 南方人口，33（3）：56-67.

曹锐，2015. 现代性与传统影响下的当代青年婚恋观——基于阶层认同的解释［J］. 青年探索（3）：92-97.

柴定红，2015. 中美社会工作专业化比较研究［M］. 上海：华东理工大学出版社.

陈华嵩，2019. 提高高校学生干部思想政治素质的思考［J］. 淮南职业技术学院学报，19（2）：30-32.

陈晋，2020. 中国道路上的精神谱系［N］. 天津日报，2020-08-10（10）.

陈静，2019. 教师心理健康教育专业水平提升的实践探索——以江苏省镇江市为例［J］. 中小学心理健康教育（36）：24-27，30.

陈立新，颜敏，彭远春，等，2015. 湖南省青少年事务社会工作人才队伍建设调查［J］. 中国青年研究（6）：17-21.

陈赛金，2016. 高校共青团思想引领的当代价值与对策分析［J］. 思想理论教育（综合版）（4）：70-72.

陈素琴，张丽红，王金生，2010. 跨文化交际模式下的英语教师本土文化意识［J］. 现代教育管理（6）：85-87.

陈志勇，李天丽，2019. 新时代"青马工程"培训读本［M］. 北京：光明日报出版社.

程明明，樊富珉，彭凯平，2011. 生命意义源的结构与测量［J］. 中国临床心理学杂志（5）：591-594.

程淑群，杜蕾，2009. 118 名小学教师心理状况分析［J］. 现代预防医学（22）：4292-

4293.

崔保锋，2020. 模式与路径：培养新时代青年马克思主义者的现实选择——读《新时代青年马克思主义者培养论纲》[EB/OL].（2020-09-01）[2021-04-01]. http://qnzz.youth.cn/zhuanti/shzyll/qyyj/cgkd/202009/t20200901_12474805.htm.

崔宏桥，韩宏，2019. 大学生创业意愿影响因素及提升对策研究——以长春地区高校大学生为例[J]. 创新创业理论研究与实践，2（24）：190-191.

戴晓东，2018. 跨文化能力研究[M]. 北京：外语教学与研究出版社.

邓巴，等，2011. 进化心理学——从猿到人的心灵演化之路[M]. 万美婷，译. 北京：中国轻工业出版社.

丁刚，李珲，2020. 大学生斜杠式多职业发展的理念、难点与路径探析[J]. 中国大学生就业（5）：41-48.

第一财经，2020. 疫情影响调研报告：个体户和民企受影响最严重[EB/OL].（2020-03-29）[2021-04-01]. https://www.sohu.com/a/384031424_99986045?qq-pf-to=pcqq.group.

范文婷，宋健，李婷，2018. 高等教育与女性婚配：基于年龄、时期和队列的视角[J]. 人口学刊（2）：48-59.

范晓光，袁日华，2006. 社会变迁视野中的青年单身：一种社会学的解释[J]. 中国青年研究（12）：8-10.

房天下网，2017. 2016年杭州市场总结及房产政策——2016年12月杭州二手房市场数据分析[EB/OL].（2017-01-10）[2021-04-01]. https://hz.esf.fang.com/newsecond/news/24082098_3.htm.

甘丽华，2013. 中国记者职业身份认同的建构与消解——以中国青年报记者群体为例[D]. 武汉：武汉大学.

高一虹，2002. 跨文化交际能力的培养："跨越"与"超越"[J]. 外语与外语教学（10）：31-35.

高一虹，2017. "本土"与"全球"对话中的身份认同定位：社会语言学学术写作和国际发表中的挑战和回应[J]. 外语与外语教学（1）：18-25.

高永晨，2014. 中国大学生跨文化交际能力测评体系的理论框架构建[J]. 外语界（4）：80-88.

葛斐，2019. 新时代教师心理服务网络评价体系探析——基于员工帮助计划（EAP）视角［J］. 劳动保障世界（33）：78–79，81.

共青团北京市委员会，2017. 北京青少年事务社会工作以专业促发展［J］. 中国社会工作（3）：12.

共青团上海市委员会，2018. 迎接新时代的上海青年［M］. 上海：上海人民出版社.

顾东辉，2014. 社会治理及社会工作的同构演绎［J］. 社会工作与管理（3）：11–13.

顾晓乐，2017. 外语教学中跨文化交际能力培养之理论和实践模型［J］. 外语界（1）：79–88.

何诚颖，闻岳春，常雅丽，等，2020. 新冠病毒肺炎疫情对中国经济影响的测度分析［J］. 数量经济技术经济研究，37（5）：3–22.

何继新，孟依浩，暴禹，2021. 中国高校创新创业政策供给特征及组合评估：一个三维框架的量化分析［J］. 黑龙江高教研究，39（2）：92–99.

胡豹，2012. 农民工返乡创业的政府引导机制研究［J］. 湖北农业科学（19）：4443–4445.

胡卫平，马玉玺，焦丽英，等，2010. 山西省中小学教师心理健康状况调查［J］. 教育理论与实践，30（10）：57–60.

胡献忠，2020. 新时代政治语境下的共青团发展图景——深入学习习近平总书记关于青年工作的重要思想［J］. 中国青年社会科学，39（5）：12–19.

胡艳，2011. 大学生跨文化交际敏感度调查［J］. 外语界（3）：68–73.

湖州档案信息网，2019. 社会考生圆大学梦湖州职院迎来 360 名高职扩招新生［EB/OL］.（2019–12–05）［2021–04–01］. http://daj.huzhou.gov.cn/show-117-22608-1.html.

华东地区住宅设计经验交流会秘书组，1974. 华东地区召开住宅设计经验交流会［J］. 建筑学报（1）：23.

黄碧祺，2012. 她们为何单身？以市场经济为背景的原因探析［J］. 青年探索（2）：82–86.

黄科，2004. 南京创业政策的战略思考［J］. 南京社会科学（A2）：379–383.

黄莉，2019. 新媒体环境下大学生政治认同问题研究［D］. 贵阳：贵州师范大学.

黄晓勇，蔡礼强，何辉，等，2019. 中国社会组织报告（2019）［M］. 北京：社会科学文献出版社.

黄学英，2016. 提升教师心理素养的实践与探索［J］. 教育（15）：73.

吉登斯，1998. 社会的构成：结构化理论大纲［M］. 李康，李猛，译. 北京：生活·读书·新知三联书店.

吉登斯，2001. 亲密关系的变革——现代社会中的性、爱和爱欲［M］. 陈永国，汪民安，等译. 北京：社会科学文献出版社.

贾玉新，1997. 跨文化交际学［M］. 上海：上海外语教育出版社.

姜大源，2019. 论高职扩招给职业教育带来的大变局与新占位［J］. 中国职业技术教育（10）：5-11.

蒋承，李宜泽，黄震，2018. 大学生创业意向影响因素研究——基于对北京大学学生的调查［J］. 高教探索（1）：120-123.

蒋越，2020. 零工经济时代"斜杠青年"的多维分析与职业能力提升路径——基于职业教育的视角［J］. 中国职业技术教育（21）：54-61.

焦松明，时勘，周海明，等，2020. 面对新型冠状病毒肺炎风险信息的民众心理状态及情绪引导策略［J］. 医学与社会，33（5）：98-104.

荆学民，于淑婧，2020. 自媒体时代的政治传播秩序及中国调适［J］. 政治学研究（2）：14-26.

拉德克利夫-布朗，1999. 原始社会的结构与功能［M］. 潘蛟，王贤海，刘文远，等译. 北京：中央民族大学出版社.

李刚殷，2018. 浙江小微企业数量稳定增长："90后"加速投入创业大军［EB/OL］.（2018-05-16）［2021-04-01］. https://www.chinanews.com/cj/2018/05-16/8514865.shtml.

李华晶，朱萌，侯闪闪，2019. 欧盟与OECD老年创业政策及其对我国的启示［J］. 中国人力资源开发，36（4）：109-119，129.

李骥，2017. "大思政"格局下高校共青团思想引领的优先策略［J］. 思想教育研究（5）：114-117.

李俊波，1995. "安居住宅"有戏——1995年国家"安居工程"试点进展概况［J］. 中国国情国力（9）：22-23，33.

李坤军，2015a. 杭州住宅60年演变史（上）［N］. 杭州日报，2015-09-29（T4）.

李坤军，2015b. 杭州住宅60年演变史（下）［N］. 杭州日报，2015-09-29（T6）.

李树拙，孟阳，2017. 中国性别失衡与社会可持续发展［J］. 人口与计划生育（4）：23-25.

廉思，2013. 中国青年发展报告 2013 No.1：城市新移民的崛起［M］．北京：社会科学文献出版社.

廖茂林，张明源，2020. 新冠肺炎疫情对中国经济增长的影响［J］．福建论坛（人文社会科学版），4（4）：25-33.

刘畅，2018. 大学生创业政策演进及评价研究［D］．南京：南京航空航天大学.

刘春雷，任楠，2019. 全媒体时代高校共青团思想引领路径［J］．中国高等教育（24）：47-49.

刘佳，2018. 习近平新时代共青团改革思想研究［J］．中国青年社会科学，37（2）：61-67.

刘建伟，2014. 国家治理能力现代化研究述评［J］．探索（5）：28-35.

刘军，2015a. 我国大学生创业政策：演进逻辑及其趋向［J］．山东大学学报（哲学社会科学版）（3）：46-53.

刘军，2015b. 我国大学生创业政策体系研究［D］．济南：山东大学.

刘娜，2020. 疫情冲击下网民社会心态差异及优化对策［J］．人民论坛（15）：138-139.

刘志彪，2020. 新冠肺炎疫情对中国产业的影响：特点、风险及政策建议［J］．东南学术（3）：42-47.

龙静，苏湘，2020. 男性是否更适合创业：创业领域的性别差异问题研究［J］．扬州大学学报（人文社会科学版）（4）：88-101.

卢涛，2016. 青年网络政治参与的作用与发展［J］．中国青年社会科学，35（6）：15-19.

陆士桢，潘晴，2015. 当代中国青年网络政治参与基本状况研究报告——全国范围内的基础调查［J］．中国青年政治学院学报，34（1）：61-66.

陆峥，刘梦琴，2016. 青年择偶观现状研究［J］．当代青年研究（5）：86-91.

罗莎琳，2020. 近两年 130 个城市发布人才政策［EB/OL］．（2020-12-29）［2021-04-01］．https://www.xxsb.com/content/2020-12/29/content_132363.html.

罗燕，许艳营，梁燕，2013. 河南省中学教师心理健康现状［J］．中国健康心理学杂志，21（3）：387-389.

罗永仕，黄欢，滕海舅，2015. 南宁市青少年事务社会工作发展状况研究［J］．广西教育学院学报（3）：127-133.

吕英，2010. 教师与非教师群体心理健康状况调查分析及比较研究［J］. 教育与教学研究（4）：49-52.

马琳琳，2019. 共青团工作及其在新时代的创新发展研究［D］. 沈阳：东北师范大学.

迈尔斯，2006. 社会心理学［M］. 第8版. 侯玉波，乐国安，张志勇，等译. 北京：人民邮电出版社.

马尔库塞，2012. 爱欲与文明［M］. 黄勇，薛民，译. 上海：上海译文出版社.

苗元江，2003. 心理学视野中的幸福——幸福感理论与测评研究［D］. 南京：南京师范大学.

倪邦文，2020. 新时代青年马克思主义者培养论纲［M］. 北京：中国青年出版社.

澎湃网，2019. 高职扩招：为稳定和促进就业服务——访浙江纺织服装职业技术学院郑卫东校长［EB/OL］.（2019-11-05）［2021-04-01］. https://m.thepaper.cn/baijiahao_4884533.

彭霞，王鑫强，郭成，2011. 重庆某高校大学生生命意义感与心理健康关系［J］. 中国学校卫生（9）：1119-1120.

布迪厄，2009. 实践感［M］. 蒋梓骅，译. 南京：译林出版社.

清华大学二十国集团创业研究中心，2018. 全球创业观察2017—2018中国报告发布［EB/OL］.（2018-11-24）［2021-04-01］. https://www.sohu.com/a/277488650_641792.

曲青山，黄书元，2018. 中国改革开放全景录 浙江卷［M］. 杭州：浙江人民出版社.

人民日报评论员，2017. 必须旗帜鲜明讲政治——一论学习贯彻习近平总书记在省部级专题研讨班上重要讲话［N］. 人民日报，2017-02-14.

人民网，2017a. 问：如何理解坚持党对一切工作的领导［EB/OL］.（2017-11-17）［2021-04-01］. http://dangjian.people.com.cn/n1/2017/1117/c415397-29653477.html.

人民网，2017b. 习近平首次点评"95后"大学生［EB/OL］.（2017-01-03）［2021-04-01］. http://cpc.people.com.cn/n1/2017/0103/c64094-28993285.html.

桑伟林，蔡智，2018. 改革开放40年来青年就业创业政策演进及其优化研究［J］. 中国青年研究（10）：12-18，40.

山东教育电视台，2020. 今年，全国高校毕业生规模将达到874万人……［EB/OL］.（2020-05-09）［2021-04-01］. https://k.sina.com.cn/article_1841589395_

m6dc46c9303300shcz.html?from=edu.

上海市精神文明建设委员会办公室，2018. 上海志愿服务发展报告（2018）［M］. 北京：社会科学文献出版社.

邵丹慧，贾良定，谭清美，等，2018. 一群去专业化的人——斜杠青年的事业发展研究［J］. 中国人力资源开发（6）：109-120.

史兴松，朱小玢，2015. 我国近十年跨文化交际研究回顾与展望［J］. 中国外语，12（6）：58-64.

世界卫生组织，2020. 虐待儿童［EB/OL］.（2020-06-08）［2021-04-01］. http://www.who.int/mediacentre/factsheets/fs150/zh/.

数字档案，1994. 浙江省人民政府关于加快发展建筑业的决定［EB/OL］.（1994-07-07）［2021-04-01］. http://data.zjda.gov.cn/art/2019/8/13/art_319_5482.html.

斯滕伯格，韦斯，2010. 爱情心理学［M］. 北京：世界图书出版公司北京公司.

宋倩倩，毛兴龙，周刚，2017. 中小学教师心理健康问题研究现状及发展趋势［J］. 四川职业技术学院学报，27（1）：92-95.

搜狐网，2014. 杭州打响马年降价第一枪 热销楼盘降近4000元［EB/OL］.（2014-02-20）［2021-04-01］. https://business.sohu.com/20140220/n395352249.shtml.

搜狐网，2019. 宁波老街，据说这条街"包治百病"［EB/OL］.（2019-08-07）［2021-04-01］. https://www.sohu.com/a/332199566_670031.

孙锋，2018. 高校共青团思想引领的三重维度［J］. 江苏高教（9）：95-98.

孙梦兰，1987. 组织住宅商品化的企业集团［J］. 建筑经济（1）：21-23.

孙有中，JANET BENNETT，2017. 走向跨文化教育：孙有中教授和Janet Bennett博士学术对话［J］. 外语与外语教学（2）：138-146.

腾讯网，2019. 跨越70年：从"公房"到"生态科技"住宅，看宁波人居变迁史［EB/OL］.（2019-10-01）［2021-04-01］. https://new.qq.com/omn/20191001/20191001A05G0U00.html.

田美，杨瑞英，2012. 高等教育国际化与"国际化"个人——美国在华留学生经历研究［J］. 复旦教育论坛（4）：10-15.

田素华，李筱妍，2020. 新冠疫情全球扩散对中国开放经济和世界经济的影响［J］. 上海经济研究（4）：109-117.

涂凌波，2019. 从"一体化"宣传到"混合型"传播——以中国共青团网络政治传播活动变迁为中心的讨论［J］．新闻大学（11）：38-54．

涂敏霞，2019．广州青年发展报告（2019）［M］．北京：社会科学文献出版社．

涂敏霞，杨成，2020．广州青年就业创业发展报告（2020）［M］．北京：社会科学文献出版社．

团浙江平湖市委，2017．依托"四个带动" 破解"四个难题" 探索青少年事务社会工作的"平湖方案"［J］．中国共青团（10）：49-50．

万玺，2013．海归科技人才创业政策吸引度、满意度与忠诚度［J］．科学学与科学技术管理（2）：165-173．

汪向东，王希林，马弘，1999．中国心理卫生评价量表手册［J］．中国心理卫生，13（1）：82-83．

汪茵，2010．在风起潮涌中铿锵前行——浙江青年发展报告［M］．北京：中国青年出版社．

王蕾，许慧文，2017．网络亚文化传播符码的风格与转型——以哔哩哔哩网站为例［J］．当代传播（4）：69-72．

王名，王超，2016．非营利组织管理［M］．北京：中国人民大学出版社．

王思斌，2014．社会治理结构的进化与社会工作的服务型治理［J］．北京大学学报（哲学社会科学版），51（6）：30-37．

王思斌，2019．实现有效的社会治理［J］．社会治理（1）：63-67．

王鑫强，2013．生命意义感量表中文修订版在中学生群体中的信效度［J］．中国临床心理学杂志（5）：764-767，763．

王新云，2017．我国青少年事务社会工作的地方经验与启示——基于"北上广"地区的实践［J］．青年探索（4）：28-32．

王尧骏，廖中举，2019．海外高层次人才创业政策体系：文本分析与优化建议［J］．中国人力资源开发（8）：60-68．

王宇锋，2019．改革开放四十年我国城市住房制度体系：演变逻辑与展望［J］．江西财经大学学报（3）：30-39．

王玉香，尚鹏，2015．青少年事务社会工作专业人才队伍建设的实证研究——以山东为例［J］．山东青年政治学院学报，31（5）：24-31．

王玉香，玄铮，2019．"斜杠青年"职业选择的本体性研究［J］．中国青年研究（7）：107-112．

王振霞，2018. 中国住房制度改革 40 年：回顾与反思［J］. 财经智库（2）：128-136，144.

魏启旦，2018. 加强高校共青团思想引领工作的策略研究——基于上海市 10 所高校的实证分析［J］. 学校党建与思想教育（22）：63-65.

吴立忠，2015. 青少年事务社会工作发展状况的现实省视——以山东为例［J］. 山东青年政治学院学报，31（5）：32-36.

吴淑莹，沈贵鹏，2019. 中小学教师心理健康素养及其提升策略［J］. 中小学心理健康教育（32）：66-69.

吴卫平，樊葳葳，彭仁忠，2013. 中国大学生跨文化能力维度及评价量表分析［J］. 外语教学与研究，45（4）：53-59.

吴志鹏，贾驰，2004. 浙江省：中低收入阶层住房解决的政策与实践［J］. 上海城市管理职业技术学院学报（4）：29-32.

习近平，2019a. 推动媒体融合向纵深发展 巩固全党全国人民共同思想基础［N］. 人民日报，2019-01-26（1）.

习近平，2019b. 努力造就一支忠诚干净担当的高素质干部队伍［EB/OL］.（2019-01-16）［2021-04-01］. http://www.gov.cn/xinwen/2019/01/16/content_5358188.htm.

夏建中，1997. 文化人类学理论学派：文化研究的历史［M］. 北京：中国人民大学出版社.

谢宝富，2016. 如何正确解读政治意识［J］. 人民论坛（29）：19.

新华社，2019. 习近平：在纪念五四运动 100 周年大会上的讲话［EB/OL］.（2019-04-30）［2021-04-01］. http://www.xinhuanet.com/politics/2019-04/30/c_1124440193.htm.

徐道稳，2017. 社会工作者职业认同和离职倾向研究——基于深圳市社会工作者的调查［J］. 人文杂志（6）：111-118.

许长宾，2016. 青少年事务社会工作的福建实践［J］. 人民论坛（20）：90-92.

许谨谦，2018. 党员干部当涵养家国情怀［EB/OL］.（2018-03-02）［2021-04-01］. http://www.qstheory.cn/laigao/2018-03/02/c_1122479197.htm.

许力生，2011. 跨文化能力构建再认识［J］. 浙江大学学报（人文社会科学版）（3）：132-139.

央广网，2020. 2020 年中国大学生就业报告（就业蓝皮书）发布［EB/OL］.（2020-

07-10）［2021-04-01］. https://baijiahao.baidu.com/s?id=1671802138576313420&wfr=s pider&for=pc.

央视新闻，2020. 2019 全国高职院校扩招超百万人 符合条件还能免修课程［EB/OL］.（2020-01-22）［2021-04-01］. http://www.dzwww.com/xinwen/guoneixinwen/202001/t20200122_4795407.htm.

杨超，2016. 高校机关青年思想状况及工作对策研究［D］. 青岛：中国石油大学（华东）.

杨发祥，叶淑静，2016. 结构性约束与主体性建构：社会工作者的职业认同［J］. 江海学刊（6）：101-109，238.

杨建华，张秀梅，2020. 2020 年浙江发展报告（社会卷）［M］. 杭州：浙江人民出版社.

杨捷，2019. 新时代加强和改进共青团工作路径研究［D］. 石家庄：河北师范大学.

杨铭，向德平，2020. 重大疫情中负面社会情绪的治理［J］. 社会工作（2）：16-19.

阳琼敏，2019. 扩招百万背景下创新高职院校辅导员思想政治教育方法探析［J］. 中外交流，26（35）：22.

杨慎，2010.《邓小平关于建筑业和住宅问题的谈话》发表纪实［J］. 发展（7）：36-37.

杨团，2019. 中国慈善发展报告：2019［M］. 北京：社会科学文献出版社.

杨团，朱健刚，2020. 中国慈善发展报告：2020［M］. 北京：社会科学文献出版社.

杨鑫宇，2020. 39 次"就业"，给年轻人一颗定心丸［EB/OL］.（2020-05-23）［2021-04-01］. http://news.youth.cn/gn/202005/t20200523_12339867.htm.

杨盈，庄恩平，2007. 构建外语教学跨文化交际能力框架［J］. 外语界（4）：13-21.

杨子珺，张婷婷，2020. 新冠肺炎疫情期间大学生心理状况调查［J］. 卫生职业教育，38（23）：99-101.

叶露滢，2020. 斜杠青年职业发展样态透视——基于易变性职业生涯定向视角［J］. 山东青年政治学院学报，36（5）：27-34.

叶敏，安然，2012. 短期来华留学生跨文化敏感与效力分析研究［J］. 高教探索（2）：102-106.

俞步松，邵庆祥，葛军燕，等，2015. 以培养现代"和谐职业人"为目标的高职文化素质教育创新实践［J］. 中国职业技术教育（31）：52-56.

袁家军，2020. 忠实践行"八八战略" 奋力打造"重要窗口" 争创社会主义现代化先行省［N］. 学习时报，2020-12-30.

袁燕军，赵利军，2016. 北京大学生创业政策环境优化研究［J］. 科研管理（S1）：463-467.

张超，官建成，2020. 基于政策文本内容分析的政策体系演进研究——以中国创新创业政策体系为例［J］. 管理评论，32（5）：138-150.

张桂金，2020. 2020 年广州青年的创业意愿与创业特征研究报告［M］//涂敏霞，杨成. 广州青年就业创业发展报告（2020）. 北京：社会科学文献出版社：97-122.

张红玲，2007. 跨文化外语教学［M］. 上海：上海外语教育出版社.

张剑，贾聪，2015. 青少年事务社会工作的现实推进路径研究［J］. 山东青年政治学院学报，31（5）：37-42.

张清勇，2008. 改革开放三十年中国房地产业的回顾［J］. 建筑经济（12）：35-39.

张卫东，杨莉，2012. 跨文化交际能力体系的构建——基于外语教育视角和实证研究方法［J］. 外语界（2）：8-16.

张艳丽，2010. 中小学教师心理健康研究的元分析［D］. 石家庄：河北师范大学.

赵慧芳，2019. 政治现代化进程中大学生政治素质培养［J］. 教育观察（40）：5-6.

赵万林，2017. 社会工作干预社会政策的路径与方法——政策实践、社会重建与影像发声［J］.社会政策研究（3）：56-65.

浙江省建设厅，2009. 2008 年建设领域各行业发展基本情况［EB/OL］.（2009-01-05）［2021-04-01］. http://jst.zj.gov.cn/art/2009/1/5/art_1229159382_775938.html.

浙江省教育厅，2019. 浙江省教育厅等六部门关于印发《浙江省高职扩招专项工作实施方案》的通知［EB/OL］.（2019-06-10）［2021-04-01］. http://jyt.zj.gov.cn/art/2019/6/10/art_1532983_34566831.html.

浙江省人民政府地方志办公室，2012. 浙江省改革开放 30 年大事记［EB/OL］.（2012-09-21）［2021-04-01］. http://www.zjdfz.cn/tiptai.web/BookRead.aspx?bookid=201209210001.

浙江省统计局，国家统计局浙江调查总队，2021. 2020 年浙江省国民经济和社会发展统计公报［EB/OL］.（2021-02-28）［2021-04-01］. http://tjj.zj.gov.cn/art/2021/2/28/art_1229129205_4524495.html.

浙江在线，2017. 2016 宁波楼市全年销量刷纪录 12 月竟卖出 1 万多套［EB/OL］.

（2017-01-13）［2021-04-01］. http://nb.zjol.com.cn/system/2017/01/13/021421786.
shtml.

郑满宁，2016. 网络表情包的流行与话语空间的转向［J］. 编辑之友（8）：42-46.

智艳，罗长远，2020. 新冠肺炎疫情对中国经济的影响及其思考［J］. 学习与探索
（4）：99-105.

中共中央文献研究室，2017. 习近平关于青少年和共青团工作论述摘编［M］. 北京：
中央文献出版社.

中国共产党新闻网，2015. 习近平谈治国理政之二：实现中华民族伟大复兴的中国
梦［EB/OL］.（2015-07-28）［2021-04-01］. http：//cpc. people. com. cn/xuexi/
n/2015/0728/c385474-27369918. html.

中国蓝新闻，2018. 落地10年，硕果累累！嘉兴社会工作十大事件发布［EB/OL］.
（2018-12-06）［2021-04-01］. http://k.sina.com.cn/article_1829407315_6d0a8a5302
000f15u.html.

中国日报网，中国人民大学，2020. 2019中国大学生创业报告［EB/OL］.（2020-07-
07）［2021-04-01］. http：//cx. xinhuanet. com/2020-07/07/c_139193275. htm.

中国新闻网，2013. 中国成全球创业最活跃地方之一，但国际化程度不高［EB/OL］.
（2013-01-09）［2021-04-01］. http://finance.people.com.cn/n/2013/0109/c70846-
20141108.html.

中国志愿服务联合会，2017. 中国志愿服务发展报告（2017）［M］. 北京：社会科学文
献出版社.

钟华，樊葳葳，2013. 中国大学生跨文化交际能力量具构建的理论框架［J］. 中国外语
教育（3）：19-28.

中华人民共和国教育部，2019. 教育部等六部门关于印发《高职扩招专项工作实施方
案》的通知［EB/OL］.（2019-05-06）［2021-04-01］. http://www.moe.gov.cn/
srcsite/A07/moe_737/s3876_qt/201905/t20190513_381825.html.

钟良，金城，刘东，2012. 对话广东省社会工作委员会专职副主任刘润华："改革，方
向感很重要"［N］. 21世纪经济报道，2012-03-02（18）.

中文互联网数据资讯网，2019. 麦克思：2019年中国大学生就业报告［EB/OL］.
（2019-08-29）［2021-04-01］. http://www.199it.com/archives/930684.html.

中新网浙江，2018. 浙江嘉兴社会工作：十年磨一剑润物细无声［EB/OL］.（2018-

12−06）［2021−04−01］. http://www.zj.chinanews.com/jzkzj/2018−12−06/detail−ifzanvsu6053367.shtml.

周丽苹，张丽珍，1998. 浅析浙江省城镇人口住房现状和发展［J］. 人口学刊（1）：45−49.

朱光磊，2008. 当代中国政府过程［M］. 第三版. 天津：天津人民出版社.

朱光磊，2017. 全面深化改革进程中的中国新治理观［J］. 中国社会科学（4）：27−39.

朱俊伟，1995. "四新"成果在凤凰小区中的应用及效益［J］. 住宅科技（4）：26−27.

朱奕亭，蔡骐，2019. "斜杠青年"的媒体神话［J］. 湖南师范大学社会科学学报，48（6）：150−154.

ABRAMS D E，MANGOLD S, Ramsey S, 2010. Children and the law: doctrine, policy and practice［M］. St. Paul: West Academic Publishing.

ARASARATNAM L A, BANERJEE S C, 2011. Sensation seeking and intercultural communication competence: a model test［J］. International journal of intercultural relations, 35(2): 226−233.

ACEVEDO B P, ARON A, 2009. Does a long−term relationship kill romantic love?［J］. Review of general psychology(1): 59−65.

BIRD B, 1988. Implementing entrepreneurial ideas: the case for intention［J］. Academy of management review, 13(3): 442−453.

BYRAM M, 1997. Teaching and assessing intercultural communicative competence［M］. Clevedon: Multilingual Matters.

CHEN G M, YOUNG P, 2012. Intercultural communication competence［M］// GOODBOY A, SHULTZ K. Introduction to communication studies: translating scholarship into meaningful practice. Dobuque, IA: Kendall−Hunt.:175−188.

DAFT R L, LENGEL R H, 1986. Organizational information requirements, media richness and structural design［J］. Management science, 32(5): 554−571.

DAFT R L, LENGEL R H, TREVINO L K, 1987. Message equivocality, media selection, and manager performance: implications for information systems［J］. MIS Quarterly, 11(3): 355−366.

DAS A K, 1998. Frankl and the realm of meaning［J］. Journal of humanistic education & development, 36(4): 199−211.

DEARDORFF D, 2004. The identification and assessment of intercultural competence as a student out-come of international education at institutions of higher education in the United States [D]. Raleigh: North Carolina State University.

DENKTAS-SAKAR G, SÜRÜCÜ E, 2018. Stakeholder engagement via social media: an analysis of third-party logistics companies [J]. Service industries journal(11-12): 866-889.

DODD C H, 1982. Dynamics of intercultural communication [M]. Boston: McGraw-Hill.

FANTINI A E, 2000. A central concern: developing intercultural competence [EB/OL]. [2020-06-12]. http://www.sit.edu/publications/docs/feil_appendix_f.pdf.

FANTINI A E, 2006. Assessment tools of intercultural competence [EB/OL]. [2020-05-12]. http://www.sit.edu/publications/docs/fell_appendix_f.pdf.

FISHER H, 2005. Why we love: the nature and chemistry of romantic love [M]. New York: Holt Paperbacks.

FRANK V E, 1963. Man's search for meaning [M]. New York: Washington Square Press.

GLICKMAN C, 2010. Child entertainment labor law complaints [J]. Whittier law review(32): 147-148.

HENDRICK C, HENDRICK S S, 1989. Research on love: does it measure up? [J]. Journal of personality and social psychology, 56(5): 784-794.

HOLMES P, O'NEILL G, 2012. Developing and evaluating intercultural competence: Ethnographies of intercultural encounters [J]. International journal of intercultural relations, 36(5): 707-718.

HUSTON T L, 1974. Foundations of interpersonal attraction [M]. New York: Academic Press.

JAHODA M, 1982. Employment and unemployment: a social-psychological analysis [M]. Cambridge: Cambridge University Press.

JI Y G, CHEN Z F, TAO W, et al., 2019. Functional and emotional traits of corporate social media message strategies: behavioral insights from S&P 500 Facebook data [J]. Public relations review, 45(1): 88-103.

KEALEY D J, 2015. Some strengths and weakness of 25 years of research on intercultural communication competence: personal reflections [J]. International journal of intercultural relations(48): 14−16.

KNOX D JR.,1970, Conceptions of love at three developmental levels[J].The family coordinator, 19(2):151−157.

PODLAS K, 2010. Does exploiting a child amount to employing a child? The FLSA's child labor provisions and children on reality television〔J〕. UCLA environmental law review(17):39−45.

STAENBERG M R, Stuart D K, 1997. Children as chattels: the disturbing plight of child performers〔J〕. Beverly hills business association journal(32): 21−23.

MASUDA M, 2003. Meta - analyses of love scales: do various love scales measure the same psychological constructs?〔J〕. Japanese psychological research, 45(1): 25−37.

NOMAGUCHI K M, 2009. Change in work−family conflict among employed parents between 1977 and 1997〔J〕. Journal of marriage and family, 71(1): 15−32.

RIMÉ B, 2009. Emotion elicits the social sharing of emotion: theory and empirical review〔J〕. Emotion review(1): 60−85.

RISAGER K, 2007. Language and culture pedagogy: from a national to a transnational paradigm〔M〕. Clevedon: Multilingual Matters.

RUBEN B D, KEALEY D J, 1979. Behavioral assessment of communication competency and the predication of cross−cultural adaptation〔J〕. International journal of intercultural relations, 3(1): 15−47.

SAMOVAR L A, PORTER R E, 2004. Communication between cultures〔M〕. Beijing: Peking University Press.

SO J, PRESTIN A, LEE L, et al., 2016. What do people like to "share" about obesity? K content analysis of frequent retweets about obesity on Twitter〔J〕. Health communication, 31(2): 193−206.

SPITZBERG B H, 2015. Is past prologue, or just passed and lacking presence?〔J〕. International journal of intercultural relations(48): 24−26.

YUE C A, THELEN P, ROBINSON K, et al. 2019. How do CEOs communicate on Twitter? A comparative study between Fortune 200 companies and top startup companies〔J〕. Corporate communications: an international journal, 24(3): 532−552.

后 记

为全面、准确地掌握浙江青年的工作与生活状况，了解浙江青年发展变化趋势，分析浙江青年发展面临的困难与问题，在共青团浙江省委、浙江省青年发展研究中心支持下，编写组完成了书稿框架设计、问卷编制发放与报告撰写等工作。

各章节分工撰写情况为：总报告由蔡宜旦、卫甜甜、陈昕苗、程德兴撰写。专题调研篇中，《浙江青年思想动态专题报告》由徐峻蔚、鲍倩倩、陈昕苗、张云霞撰写；《浙江青年就业创业研究报告》由沈建良、张文婷、胡仲恺、王睿、姚珂露撰写；《浙江青年的婚恋与家庭分析报告》由朱文欣、刘东海、程德兴、丁小文、胡美如、胡留锋撰写；《浙江青年志愿服务发展报告》由王雁、王新云、周轶撰写；《浙江青年住房保障民生报告》由卫甜甜、陈昕苗、程德兴、朱钰嘉、马速撰写。课题交流篇中，第一篇由许志红、刘永贤、吴少鹏、许宁、梁丹撰写；第二篇由赵国秋、南菲菲撰写；第三篇由严毛新、厉飞芹、徐星星撰写；第四篇由王佳桐、章曼娜、徐芸、李明昊撰写；第五篇由常文豪、李娜撰写；第六篇由沈乐敏、陈少寅、沈逸撰写；第七篇由胡晓梦撰写；第八篇由高永良、黄河、苏敏燕撰写；第九篇由省教育厅供稿；第十篇由孙凌寒撰写；第十一篇由吕静、金文琴、杨杰撰写；第十二篇由张依撰写。在本书编写出版过程中，浙江各类学校、各级团组织、广大团员青年热情参与调查，确保了调研任务高质量完成。浙江工商大学出版社给予了大力支持和帮助，在此一并表示诚挚的谢意！

因时间仓促，本报告难免存在错误疏漏之处，敬请专家学者和广大读者批评指正。

编写组
2021 年 5 月